Experiential Biography of
Reverend David Yonggi Cho

조용기
목사
평전

안준배 지음

쿰란출판사

David Yonggi Cho

조용기 목사 평전

안준배 지음

Q 쿰란출판사

조용기 목사 평전

1판 1쇄 발행 _ 2022년 5월 10일
개정증보판 1쇄 발행 _ 2022년 8월 1일

지은이 _ 안준배
펴낸이 _ 이형규
펴낸곳 _ 쿰란출판사

주소 _ 서울특별시 종로구 이화장길 6
편집부 _ 745-1007, 745-1301~2, 747-1212, 743-1300
영업부 _ 747-1004, FAX 745-8490
본사평생전화번호 _ 0502-756-1004
홈페이지 _ http://www.qumran.co.kr
E-mail _ qrbooks@daum.net / qrbooks@gmail.com
한글인터넷주소 _ 쿰란, 쿰란출판사
페이스북 _ www.facebook.com/qumranpeople
인스타그램 _ www.instagram.com/qrbooks
등록 _ 제1-670호(1988.2.27)
책임교열 _ 김영미 · 박은아

ⓒ 안준배 2022 ISBN 979-11-6143-755-2 93230

책값은 뒤표지에 있습니다.
이 출판물은 저작권법에 의해 보호를 받는 저작물이므로 무단 복제할 수 없습니다.
파본(破本)은 구입처에서 교환해 드립니다.

조용기
목사
평전

추/천/사/

　1901년 미국 토피카의 벧엘성경대학에서 시작된 현대 오순절 성령운동의 불꽃은 1906년 아주사 부흥을 통해 거대한 불길이 되어 전 세계로 확산되어 나갔습니다. 아주사 부흥의 현장에서 '한국으로 가라'는 주님의 음성을 들은 메리 럼시 선교사는 1928년 한국에 건너와 성령의 불꽃을 지폈고, 이 불은 1958년 서울의 변두리였던 대조동 천막교회로 옮겨붙었습니다.

　그렇게 옮겨붙은 성령의 불길은 마침내 전 세계가 주목하는 여의도순복음교회라는 거대한 성령의 불기둥으로 타올랐습니다. 그와 같은 놀라운 부흥의 중심에 하나님의 사람 조용기 목사님이 계셨습니다. 하나님은 폐병으로 죽어가던 한 청년을 살리사 주의 종으로 부르시고 성령으로 기름 부어 주셨습니다. 하나님은 절망의 자리에서 일어난 청년을 능력의 종으로 세우셔서 강력한 성령운동을 통하여 한국과 온 세계에 놀라운 부흥의 역사를 펼치게 하셨습니다. 조용기 목사님은 하나님이 과거에 역사하시던 하나님이실 뿐만 아니라 오늘날에도 여전히 우리의 삶 속에서 동일하게 기적을 일으키고 계시는 살아계신 하나님이심을 선포하셨습니다. 조용기 목사님은 하나님은 병을 고치시고, 우리 삶에 기적을 일으키는 하나님, 영혼이 잘 됨같이 범사가 잘되며 강건하게 하시고 생명을 얻되 풍성히 얻게 하시는 좋으신 하나님이심을 늘 선포하셨습니다.

지금까지 한국의 전통적인 교회에서 전해오던 하나님의 모습은 권위적인 하나님, 죄에 대하여 심판하시는 엄위하신 하나님, 절대 주권자 하나님의 모습이었습니다. 조용기 목사님은 그 절대 주권자이신 공의의 하나님을 사랑하고 용서하고 치유하시며 복을 주시는 좋으신 하나님으로 소개하셨습니다. 기성 교회에서 공의의 하나님을 강조했다면 조용기 목사님은 자비와 긍휼이 무한하신 사랑의 하나님을 강조한 것입니다. 또한 조 목사님은 성령님의 인격성을 강조하시고 성령님과의 교제를 강조하시며 "성령님, 환영합니다. 인정합니다. 모셔드립니다"라고 자주 말씀하셨습니다.

2021년 9월 14일 조용기 목사님은 이 땅에서 성령님과의 동행을 마치고 주님 품에 안기셨습니다. 그리고 이번에 기독교문화예술원장이시고 한국기독교성령역사연구원장이신 안준배 목사님이 조용기 목사님의 생애를 회고하며 《조용기 목사 평전》을 내셨습니다. 조용기 목사님의 86년의 삶을 진솔하게 담아낸 책입니다. 특히 조용기 목사님의 어린 시절 이야기와 가족 이야기가 자세히 기록되어 있고 목사님 소천 이후 한국교회에 일어난 조용기 목사님 추모와 관련된 일련의 활동들도 잘 정리되어 있습니다. 바라기는 이 책이 조용기 목사님을 그리워하는 분들에게 위로와 격려가 되길 바랍니다. 나아가 이 책을 읽는 모든 분이 한국교회의 부흥을 다시금 꿈꾸고 그 부흥을 위해 믿음으로 전진해 나아가게 되길 소망합니다.

2022년 5월 18일 여의도순복음교회 창립 64주년을 맞아서 《조용기 목사 평전》이 출판되어 한국교회사에 헌정하게 되어 감사드립니다.

여의도순복음교회 담임목사
이영훈

머/리/말/

　조용기 목사님의 설교를 처음 듣게 된 것이 1968년 가을, 순복음중앙교회 청년초청성회에서였다. 그 당시 나는 신앙이 없기도 했지만, 설교자의 스피치가 너무 빠르고 분위기가 열광적이어서 쉽게 동화되지 못하여 졸음만 찾아왔다. 서른두 살 청년 조용기 목사의 그날 설교는 다 기억이 안 나지만 이런 내용이 내 마음속에 파고 들어왔다.
　"당신은 어느 배를 타고 있습니까?"
　이미 나는 그때부터 조용기 목사가 조타해서 영생을 찾아 항해하는 배 안에 승선한 것이었다. 나는 조용기 목사님을 따라가는 반세기가 넘는 53년의 시공간에서 때로는 사랑과 격려를 받기도 했지만, 매서운 질책을 받기도 했다. 그 바쁘신 조용기 목사님을 자주자주 면담했고, 어느 날에는 하루에 두 번이나 만나 뵙기도 했다. 언제나 독대하면서 느낀 것은, 조용기 목사님은 꾸밈이 없고 솔직했다는 것이었다. 언제든지 그분이 생각하고 있는 것이나 하고픈 이야기를 있는 그대로 말해 주었다. 면담자가 누구든지 간에 찾아온 용건을 풀어 놓으면 경청했고, 즉시 필요한 답을 주었다.

조용기 목사는 자신의 삶에 관한 역사적 평가에 옷깃을 여몄다. 본서 《조용기 목사 평전》은 그가 걸어간 85년 7개월의 역사서이다. 라이너 마리아 릴케는 인간의 존재는 처음부터 끝까지 길 위에 있다고 하였다. 거기서 인간은 자신만의 하나님을 만나야 한다고 여겼다. 조용기 목사는 전 생애를 바쳐 '한국교회'라는 큰 집을 짓는 건축가였다. 본서는 조용기 목사가 설계하고 건축한 유무형의 한국교회 자산을 짓는 데 동사한 목수 일천여 명의 기록물이기도 하다. 본서 《조용기 목사 평전》이 머지않아서 오페라, 음악, 영화, 연극, 드라마, 문학, 미술 등 문화예술의 전반에 소재가 되기를 바라는 바이다.

본서가 나오기에는 민경배 교수님, 이영훈 목사님, 소강석 목사님의 가르침과 격려가 자못 크다고 할 것이다. 거기에다 내게 누구나 쓸 수 있는 에세이보다는 평론을 쓰라고 한 소설가 백도기 목사, 모름지기 사실적이고 자신이 경험한 것을 있는 그대로 써야 함을 알려준 박완서 작가의 소설이 나의 글짓기를 형성시켜 주었다. 그리고 서울신대 박명수 명예교수, 서울기독대학교 총장 이강평 목사, 백종구 교수는 내게 한국교회 역사신학의 기반을 닦아주었다. 세계성령운동중앙협의회 대표회장 장기철 목사, 배진기 목사, 이수형 목사, 이사 강헌식 목사, 이사 장향희 목사의 동지애를 지면에 담는다. 본서의 반포에 힘써주신 영산의 제자 되는 최성규 목사, 손문수 목사께 감사드린다.

아직도 육필 원고를 써야만 하는 저자를 대신하여 본서를 타이핑한 한국기독교성령역사연구원의 김형미 연구원, 교정을 맡아준 아내 구명혜, 여동생 안종숙, 딸 안세실에게 고마움을 전한다. 덧붙여 쿰란출판사 이형규 장로에게도 감사를 드리는 바이다.

아무쪼록 조용기 목사를 경험해 본 사람들에 의한 전기 〈Experiential Biography of Reverend David Yonggi Cho〉《조용기 목사 평전》이 한국교회 목회자, 평신도, 나아가서는 문화예술가와 한국사회 각계각층에 널리 읽히기를 바란다.

2022년 7월 20일
낙산 아래 대학로 예인사랑에서
한국기독교성령역사연구원장 안준배

차/례/

추천사 이영훈 여의도순복음교회 담임목사 _4
머리말 _7

I. 1936~1961

1. 내 평생 살아온 길 _16
2. 출생과 투병 _20
3. 김정애의 전도와 조용기의 문학성 _27
4. 켄 타이즈 선교사를 만나다 _30
5. 성령 체험을 하다, 돈 라이스 선교사와 교제 _33
6. 순복음신학교 시절, 노방전도 _39
7. 공동묘지 깨밭골 천막교회 _47
8. 예수님 믿고 천당에 갑시다 _70
9. 조용기의 의병 제대와 샘 토드 천막부흥회 _75

II. 1961~1973

10. 삶의 목마름이 절정에 달한 사람들 _82
11. 교회를 조직하다 _87
12. 조용기 목사의 첫 미주성회 _93
13. 조용기 목사의 결혼 _101
14. 메리 럼시 선교사와 허홍, 박성산 _108
15. 기독교대한하나님의성회 창립 _112
16. 조용기 총회장의 국제적인 리더십 _127
17. 새마음운동, 새마을운동 _135
18. 청년초청성회, 나의 배는 어디로 _139
19. 제1회 대학생초청성회 강사 강달희 목사 _148
20. 여의도순복음교회 성전 건축 _157
21. 호서대학교 설립자 강석규 장로 _168
22. 지렁이 같은 너 야곱아! _174

III. 1973~1988

23. 여의도 성전 완공과 세계선교 _178
24. 남미 선교와 라틴아메리카성령2018 _188
25. 타이완과 중화권을 성령으로, 장한업 선교사 _196
26. 조용기 목사의 해외 성회 _201
27. 1973년 빌리 그레이엄 전도대회 _218
28. 엑스플로74, 한 젊은이의 기도 _223
29. 77민족복음화대성회 _227
30. 80세계복음화대성회 _229
31. 1980년대 여의도 광장 성회 _232
32. 순복음중앙교회와 문화선교 _234
33. 조용기 목사에 대한 제반사건 _255
34. 조용기 목사, 예장통합 측의 이단사이비에 대한
    한복총 성명서 _266
35. 한국기독교선교100주년대회 _270
36. 긍정과 희망의 목회자 조용기 목사 _276
37. 오클라호마 털사, 너희가 믿을 때에 성령을 받았느냐 _279
38. 사회구원을 위한 성령운동 _288

IV. 1989~2007

39. 조용기 목사와 92세계성령화대성회 _302
40. 5대양 6대주로 성령행전 _330
41. 미주성령화대성회, 조용기 목사와 한진관 목사 _337
42. 세계를 마음에 품고 하라 _344
43. 라스베이거스에 복음을 심은 김종기 목사,
    김시스터즈와 김영일 _346
44. 기하성희년대회와 조용기 목사 _360
45. 성령역사 일백년, 1907년 길선주 목사, 2007년 조용기 목사 _374

V. 2008~2022

46. 조용기 목사의 후임, 이영훈 목사 _390
47. 여의도순복음교회 창립 50주년 _398
48. 평양조용기심장전문병원 _404
49. 한국교회사의 조용기 목사 _409
50. 큰바위얼굴 조용기 목사 _424
51. 이 땅에 희망을 심고, 예수님 품으로(1936~2021) _428
52. CBS 토론 "고 조용기 목사, 무엇을 남겼나?" _440
53. 꿈과 이상을 이루는 고래 _447
54. 한국교회 건축가, 조용기 목사 _453
55. 한국교회 연합과 국민대통합의 진원지, 여의도순복음교회 _458
56. 조용기 목사 평전, 한국교회사에 헌정 _466

참고문헌 _484
찾아보기 _486

I
1936~1961

천막교회

1.

내 평생 살아온 길

조용기 목사가 떠났다. 주께서 계신 집과 주의 영광이 머무는 곳으로…. 그날 아침의 가을 하늘은 공활하고 산골짜기 이파리는 푸르렀다.

조용기 목사는 2020년 7월 19일, 생애 마지막 주일예배 설교를 하였다. 그가 생명을 다하는 한 포기하지 않았던 여의도순복음교회 강단에서 마태복음 27장 38절에서 44절로 "예수님과 강도"라는 제목으로 메시지를 전했다. 부자와 나사로를 비유로 하여 예수 믿어 구원받아 천국에 들어가자는 영혼 구원의 설교를 하였다.

조용기 목사는 2020년 7월 22일, 그의 집무실에서 뇌출혈이 일어났다. 급히 세브란스병원으로 옮겨져 수술을 받았다. 그후 서울대병원으로 옮겨 1년 2개월 병상에 있었다. 코로나19로 인하여 일반 면회가 제한되는 가운데서도 조민제, 노은아 국민일보 회장 내외와 여의도순복음교회 당회장 이영훈 목사가 매주 방문하여 기도하고 여러 소식을 전해드렸다. 영제회는 회장 연충복 목사를 중심으로 2020년 8월 3일부터 월요일마다 손문수 목사, 김찬실 목사, 유순식 목사 등이 오산리최자실금식기도원에 모여서 조용기 목사의 쾌유를 위하여 중보기도를 했다. 조민제 회장의 배려로 병상을 방문한 연충복 목사는 중보기도회를 녹음하여 조용기 목사에게 들려주었다. 그리고 최성규 목사, 김경문 목사, 전호윤 목사에게 그의 전화로 일방적이나마 조용기 목사와 통화하게 하였다. 코로나 팬데믹으로 인하여 병상 방문이 제한된 가운데도 최성규 목사, 김경문 목사는 조용기 목사를 대면해서 쾌유기도를 드렸다. 그때마다 조용기 목사는 말로 표현할 수 없었으나 눈물을 흘렸다고 한다. 조용기 목사는 말은 못했지만 분명하게 반응을 보이셨다. 자신을 위하여 기도하는 제자들과 성도들에게 이루 말할 수 없는 감사의 표정을 지으신 것이다.

2021년 9월 14일 오전 7시 13분에 조용기 목사는 그토록 사모하는 본향을 찾아갔다. 주께서 왜 조용기 목사를 14개월이나 병상에 머물게 하셨을까. 주님과 대면하기 위한 준비 기간이 필요해서가 아닐까.

1961년 9월은 서울 인구가 겨우 3백만 명을 헤아렸다. 전차가 지나가는 서대문 로터리의 적십자병원 옆 공원에선 서커스단 공연이 가끔 열렸다. 그곳에서 샘 토드 목사를 강사로 천막집회가 열렸다. 신학생들이 나와 나팔을 불고 북을 치며 아주 뜨거운 찬송을 부르는 대부흥성회가 열렸다. 그곳의 통역은 조용기 전도사였다.

천막성회에 병자들만도 2백여 명이나 몰려왔다. 시간 시간마다 병 고치는 역사가 일어나고, 메마른 심령에 단비가 부어졌다. 미국 강사보다 통역하는 조용기 전도사에게 은혜가 넘쳤으며, 성도들은 갖가지 기적을 체험하였다.

1961년 10월 15일에 조용기 전도사와 최자실 전도사는 남녀 일곱 명의 집사와 150여 성도들과 천막부흥회가 열렸던 그곳에서 첫 개척예배를 드렸다. 그해 11월에 서대문 순복음부흥회관을 건축하였다.

교인 수가 3백 명이 넘어서고 매주일 20~30명씩 새로 출석하는 성도들이 늘어났다.

1962년 4월 26일, 조용기 전도사는 목사 안수를 받았다. 그리고 5월 13일에는 '순복음부흥회관'이란 이름을 '순복음중앙교회'로 명칭을 바꾸었다.

개척 2년 만에 1천 명으로 교회가 부흥되었다. 교회는 계속 부흥하여 1천5백 명의 좌석이 빈틈없이 채워졌다. 주일예배를 세 번 나누어서 드리는데도 통로와 빈 공간까지 은혜를 갈구하는 성도들로 예배당이 가득 찼다. 예배시간에 조금만 늦어도 예배당에는 들어갈 공간이 없었다. 주차장과 마당에 비닐과 신문지를 깔고 앉아 스피커를 통하여 조용기 목사의 설교를 들어야 했다. 예배당 입구에는 앞선 예배를 드리고 나오는 사람들과 먼저 들어가 앞 좌석에 앉으려는 성도들로 북새통을 이루었다. 서대문 사거리는 사방에서 순복음중앙교회 예배에 들어가려는 인파들이 뛰다시피 교회로 달려들었다. 예배드리고 나오는 성도들과 엉켜서 걸을 수가 없었다.

조용기 목사는 사방에서 몰려오는 성도들을 창가에서 내다보면서 초기 저서에서 이런 글을 썼다.

"나란 사람을 속속들이 안다면 이렇게 몰려오지 않을 거야."

조용기 목사는 63년 목회사역을 통하여 한국교회와 세계교회에 크고 넓게 신임을 받았다. 그러한 그도 주 앞에 서게 될 때, 하나님께 긍휼을 탄원하는 시간이 필요했을 것이다.

조용기 목사의 찬송시 두 곡이 찬송가에 수록되었다. 1980년에 작시한 "얼마나 아프셨나", 1983년에 작시한 "내 평생 살아온 길"이 각각 김성혜 작곡으로 만들어졌다.

내 평생 살아온 길
뒤를 돌아보니
걸음마다 자욱마다
모두 죄뿐입니다
우리 죄를 사하신
주의 은혜 크시니
골고다의 언덕길
주님 바라봅니다

  조용기 목사는 그가 살아온 85년 7개월의 삶을 참회하는 시간이 필요했을 것이다. 그토록 사랑하는 주님을 대면하고자 준비 기간이 그렇게 길었을 것이다.

2.

출생과 투병

조용기는 천석꾼의 부유한 가정에서 장성한 조두천 씨와 청하골 원님의 손녀인 김복선 여사의 5남 4녀 중의 장남으로 1936년 2월 14일, 경남 울주군 상남면 교동리 31번지의 진장이라는 곳에서 태어났다. 그의 남동생으로 조용우, 조용목, 조용찬, 조용배, 누이로 조현숙, 조혜숙, 조영혜, 조현옥이 있다.

조용기의 조부 조성도 씨는 경남 함안에서 자수성가하여 천석꾼의 지주가 되었다. 그의 조부는 어려서부터 남달리 투지가 강했고, 어떤 일이든 일단 결심하면 흔들리지 않고 무슨 일이 있든지 끝까지 밀고 나갔다. 그는 평소에 새벽 4시면 일어나 하루 일과를 시작했고, 90세에 세상을 떠나기까지 해가 돋도록 잠자리에 누워 있지를 않았다. 조부의 부지런한 성품은 아버지 조두천을 거쳐서 조용기에까지 그대로 이어졌다. 소년 조용기는 한마디로 조부의 좋은 성품을 쏙 빼닮았다. 정돈하는 것, 매사에 치밀한 점, 그리고 한 번 어떤 일을 결정하면 누가 무슨 말을 해도 번복하지 않는 점과 사리판단이 뛰어나다는 점이 그러했다.

조부 조성도 씨는 주관이 있고 강직했으며, 조모 유 씨는 너그럽고 주변에 허물이 있는 이들을 덮어주고 감싸주었다. 가세가 넉넉한 지라 가난한 일가친척들이 큰집이랍시고 하나둘씩 모여들었다. 나중에는 13가정이나 모여들었지만 유 씨는 남편과 상의하여 그들에게 농토를 주어 부쳐먹고 살도록 배려하였다. 당시의 시골 생활상이란 대부분 처참하고 끼니조차 제대로 잇지 못할 형편이었다. 인근 마을의 아낙네들이 과수원 부근 나무 그늘 밑에서 모여 있으면 그들을 불러 밥을 해 먹이거나 과일을 실컷 먹여 보내곤 했다. 이렇게 조모 유씨는 자상하고 덕을 세웠다. 조용기는 어린 시절에 그러한 조부모와 부모의 슬하에서 자랐다.

1931년 만주사변 이후 일본이 중국 대륙을 침략하고 있을 때였다. 일제 강점기 사회상은 공출과 보국대 노동 착취와 어린 처녀들이 정신대로 끌려가면서 수많은 농민이 뿔뿔이 일본과 만주로 떠나며 극도로 피폐하였다.

이때 민족 지도자들은 시대에 대한 꿈과 기대를 잃은 젊은이들이 살던 곳을 이탈하는 풍조가 만연되자 젊은이들에게 농촌계몽을 위한 귀농운동을 부르짖었다.

이즈음 조용기의 부친 조두천 씨는 동래고보를 졸업하고 부산부에 들어가 일본인들과 더불어 근무하고 있었다. 그는 민족의 운이 쇠잔한 이 땅의 곤고 속에서도 민족의 장래를 위해 귀농운동에 투신하게 되었다. 그래서 조두천은 그의 부친으로부터 받은 언양군 진장이라는 곳을 개간하였다. 진장은 수십만 평의 언양군 군사 조련장으로서 국유지였으나 나중에 개인에게 불하한 땅이었다.

진장의 개간은 대역사였다. 일꾼이라곤 조두천과 그의 아내, 그리고 약간 명의 친척들뿐이었다. 이들이 흘린 땀과 눈물이 밑거름이 되어 얼마 안 돼 과수원을 만들게 되었다. 그리고 계속 황무지가 옥토로 변모되면서 일꾼들도 차츰 하나둘씩 늘어났다. 나중에 이곳

진장의 온 지대가 거대한 과수원이 되었다. 조두천과 김복선은 개척 당시의 고생스럽고 어려웠던 일을 상기하면 몸서리가 쳐질 정도라고 했다.

조용기는 그의 부친이 황무지 진장에서 처음 개간을 시작한 후 이듬해 1936년 2월 14일에 바로 이곳에서 태어났다.

조용기는 진장에서 야학과 개간 일을 하는 부친으로부터 강직한 법도를 배우며 자랐다. 그는 어려서부터 유달리 총명했고, 사물에 대한 사고력이 뛰어났으며, 정서가 풍부했다. 그의 나이 서너 살이 되면서부터 어른들 사이에 끼어들어 이야기 내용을 듣고는 말참견을 잘했다고 한다.

조용기는 매사에 많은 질문을 던졌다. 그럴 때마다 한학에 조예가 깊었던 부친은 해박한 유교, 불교 철학을 바탕으로 진지하게 설명해 주었다. 어린 조용기는 차곡차곡 기억하고 익히며 자랐다. 그 후 가끔 조용기 목사가 인용하는 고전적 표현의 재치는 이때 바탕을 이룬 소산이라고 할 수 있다.

조용기는 인근 마을인 평리의 언양국민학교에 입학하였다. 그는 1학년 때부터 실력을 돋보여 1등과 급장을 도맡았다. 그가 국민학교 3학년이 되던 1945년 8월 15일에 36년간의 일제 강점기에서 벗어나 해방이 되었다.

그 무렵 2년 남짓 배운 일본말을 곧잘 구사하여 학교를 오가면서 과수원에서 수확된 농작물 거래의 심부름 내용을 일본인들에게 정확히 전달하였다. 특히 무라다라는 일본인은 일본말을 제대로 전달하는 조용기를 항상 칭찬했다.

사실 이때부터 그는 어학에 뛰어난 자질을 보였다. 조용기 목사가 일본 텔레비전과 일본 일천만 명 구령운동의 대집회에서 일본인 앞에서 유창하고 감동적인 설교를 할 수 있었던 것도 이때 기초를 닦아 놓았기 때문이다.

누구나 그렇듯이 어릴 때 자라난 주위 환경이나 기억들은 평생을 두고 잊히지 않고, 또 인생관을 형성하는 데 커다란 영향을 주기 마련이다.

읍내에서 매우 동떨어진 곳에서 학교를 다녀야 했던 그의 등하굣길에는 울창한 나무숲과 공동묘지가 있었다. 그는 공동묘지를 지날 때 간혹 장례를 치르는 장면을 목격하기도 하고, 생과 사의 갈림길에서 슬퍼하는 모습을 지켜보았다. 그리고 낙락장송이 우거진 숲에서 주위가 으스스한 저녁이 되면 늑대가 울고 부엉이가 '부엉부엉' 하는 소리를 들으며 몸을 움츠린 적이 한두 번이 아니었다. 그때마다 그는 인생과 죽음이 무엇인가를 물었다.

"인생은 어디서 왔다가 어디로 가는가?"

읍내보다 높은 지대에 자리한 진장에 있는 그의 집에서는 마을을 한눈에 굽어볼 수 있었고, 마을 사람들의 생활상을 읽을 수 있었다. 맞은편 문수산 위로 떠오르는 커다란 둥근 달을 쳐다보며 때때로 인생과 죽음과 아름다움에 대한 상념에 사로잡히기도 했다.

그 후 조용기는 진장을 떠나 부산 범일동에 살면서 부산의 명문 동래중학교에 입학하였다. 그의 부친, 백부, 숙부가 모두 동래중학교 출신이었다.

이즈음 아버지 조두천이 1950년 5월 30일에 실시한 면의원 선거에 울산갑구에서 입후보하였다. 그의 부친은 인생의 사활을 걸고 물적 인적으로 엄청난 선거비용을 쏟아부었다. 그러나 결과는 낙선이었다.

이때를 고비로 그의 집안은 더욱 기울기 시작했다. 해방과 더불어 정치에 관심을 갖고 동분서주하는 통에 가세가 기울었다. 1946년

6월 21일에 공포된 농지개혁법에 의해 가지고 있던 농토마저 소작인들에게 넘겨주고, 끝내 면의원 선거에서도 고배를 마셔 빈털터리가 되었다. 설상가상으로 6·25 한국전쟁이 터졌다. 정부는 밀려드는 피난민 수용 대책으로 부산시민들에게 방 한 칸이라도 피난민들에게 제공하게 하였다. 그의 온 식구들이 방 두 개를 사용하게 되고, 또 다른 두 개의 방을 피난민들에게 내어주었다. 전쟁으로 인해서 조용기의 집안에 더욱 가난이 몰려들었다. 범일동 집에서 동래까지 가는 전차가 있긴 했어도 너무 초만원이라 그는 20리 등굣길을 매일 걸어 다녔다.

조용기는 동래중학교를 우수한 성적으로 졸업하고 부모의 권고로 부산공고에 입학하였다. 마침 그가 다니는 부산공고에는 미군 부대가 주둔하고 있어 평소 어학에 뛰어난 재질을 갖고 있던 차에 영어를 배울 수 있는 좋은 기회를 얻게 되었다. 그래서 그는 짬만 있으면 운동장에 있는 병사들에게 쫓아가 영어로 이야기를 나누며 어울렸다.

그의 회화 실력은 영어 선생보다도 더 능숙하였다. 고등학교 1학년 말 즈음에는 학교장과 미군 부대장의 통역을 그가 맡아 했다.

그러나 2학년 1학기의 1953년 어느 날을 고비로 그의 인생에 있어서 뜻하지 않은 먹구름이 몰려오기 시작하였다.

그날도 수업을 마친 후 잠시 운동을 하려고 운동장 한구석에 자리 잡고 있는 철봉 쪽으로 발걸음을 향하였다. 철봉에서 여러 동작으로 연습을 하던 그가 반동을 이용해 철봉 위에 배 부위를 올려놓으려고 힘차게 뛰어오르는 순간, 바로 가슴에 세차게 철봉대가 와 닿았던 것이다. '쿵' 하는 소리와 함께 순간적으로 그의 몸은 땅바닥에 내동댕이쳐졌다. 손으로 가슴 부위를 만져 보았다. 뜨끔뜨끔한 것이 어찌나 아픈지 숨도 제대로 쉴 수 없을 정도였다. 그는 식구들에게 걱정을 끼칠까봐 아프다는 말도 못하고 옥도정기를 바르는 것으로 치료를 그치고 말았다.

그 후 가정생활도 어려운 터라 혼자 아픔을 참으며 지냈으나 얼마 지나지 않아 병색이 현저하게 드러나기 시작했다. 심상치 않은 조용기의 상태를 눈치챈 부친은 서둘러 의사에게 보이게 하였다. 마침 서울대 의과대학 교수로 엑스레이 과장인 조중건 교수를 만날 수 있었다.

조중건 박사가 엑스레이 촬영을 끝내고 필름을 현상하는 동안 조용기는 구석에 앉아 십여 명의 교수들이 모여 환담하는 것을 듣고 있었다.

"여보게들, 대나무를 영어로 뭐라고 하지?" 하고 누군가가 묻자, 그들 모두가 "글쎄" "글쎄" 하며 서로 얼굴만 쳐다보고 갑자기 생각이 안 난다는 듯 고개를 갸우뚱하고 있었다.

이 장면을 멀찍이 바라보고 있던 조용기 학생은 앞뒤 가리지 않고 거침없이 말참견을 하였다. "그거요, 뱀부(bamboo) 아닝교, 뱀부 대나무 말입니더" 하고 자신 있게 말했다.

뜻밖에 대화에 끼어든 까까머리 고등학생의 일깨움에 교수들은 경탄하며 놀라워했다. 그중의 어느 교수가 "아니, 어린 네가 그걸 어떻게 알고 있었니?" 하고 그에게 물어보았다.

이때 그의 부친이 끼어들면서 "아, 얘는 삼성당 영어 콘사이스를 A부터 Z까지 몽땅 외우고 있답니다" 하고 자랑스럽게 대답했다. 잠시 후 현상 결과가 나왔다. 조 박사는 조용기를 먼저 집으로 돌아가게 하고 그의 부친에게 엑스레이를 보여주며 말했다.

"폐의 중엽이 완전히 무너졌습니다. 공동이 매우 커졌는데 이렇게 심하도록 그동안 어찌 그냥 놔두셨습니까?"

그로부터 조용기의 하루는 고통으로 시작되고 고통으로 끝이 났다. 폐병은 전염병이므로 가족들과도 격리되어야만 했고, 그래서 병마의 고통과 더불어 외로움과도 싸워야만 했다.

조용기는 인생의 의미와 가치, 그리고 죽음에 대해 깊이 생각하며 괴로워했다. 마음은 초조하고 위축되어 갔다. 그동안도 가족들은 백방으로 수소문하여 어떻게 하면 살릴 수 있는지 최선의 방법을 다 찾아다녔다. 폐 절제 수술을 하게 되면 갈비뼈 일부를 절단해야 했는데, 그렇다고 건강을 찾는다는 보장도 없었다. 기흉치료로 늑막에 바람을 불어 넣는 기구가 가슴에 닿을 때마다 형언할 수 없는 아픔과 충격을 겪어야만 했다. 청소년 조용기의 투병생활은 실로 견디기 어려운 고통의 연속이었다.

한편으로 집안에 경제적인 부담이 너무나 컸던 것은 두말할 나위가 없었다. 혹독한 아픔을 참아가며 치료를 받은 보람도 없이 몸 상태엔 차도가 없었다. 병원 치료 이외에는 늘 집의 독방에 홀로 누워 지내던 그는 죽음에 대해 더욱 깊이 생각하면서 비감에 빠져 있었다. 모든 것이 귀찮고 그저 하루하루가 괴로울 뿐이었다. -여운학, 《주여 뜻대로 이루소서, 규장문화사, 1982》 참조

3.
김정애의 전도와 조용기의 문학성

이처럼 절망과 외로움 속을 지내던 어느 날이었다. 좀처럼 그 누구도 발걸음을 잘 하지 않는 독방에 뜻밖의 손님이 불쑥 찾아왔다. 다름 아닌 그의 세 살 위 누나 조혜숙의 동래여고 친구 김정애였다.

방문을 쓱 열고 들어선 그녀는 기도의 자세를 취하더니 한동안 무엇이라고 기도하는 것이었다. 그녀가 말문을 열었다.

"글쎄, 내가 도와줄 수 있는 것이라곤 하나님을 소개해 주는 일밖에 없지 않나. 아마 이것이 용기에겐 가장 큰 선물이 될끼다."

그날 그녀는 자신이 믿는 예수 그리스도와 그 신앙에 대해 이야기하며 그에게 예수를 믿고 병을 이기고 죽음의 두려움에서 벗어나라고 권면했다. 그리고는 성경 한 권을 남겨두고 떠나갔다. 그러나 조용기는 저항감만 느낄 뿐 두고 간 성경을 머리맡에 놓은 채 펼쳐 볼 생각조차 하지 않았다.

그 후 일전에 다녀갔던 김정애가 또다시 찾아왔다. 이번에는 성경통신학교 교재를 가져다주었다. 채점을 해서 점수가 좋으면 갖가지 선물을 준다고 해서 성경통신강좌의 수강생이 되었다. 성경 문제 하나하나를 읽어가며 풀어나갔다. 자연히 성경 이곳저곳을 들춰 보았다. 성경을 푸는 것도 재미있을뿐더러 항상 백 점이 되어 돌아오는 자신의 답안지를 받아보니 그에겐 여간 기쁜 일이 아니었다.

재기불능의 사형선고를 받은 그는 독방에 누워 자신이 직접 스트렙토마이신을 주사하며 병과 싸우면서도 또 다른 한편으론 책을 놓지를 않았다. 그가 즐겨 읽는 책이란 영어책과 영어성경은 물론이거니와 세계문학과 사상집들이 주류를 이루었다.

당시 그의 나이 18세, 엘리어트의 시집 《황무지》, 톨스토이 전집, 헤르만 헤세 문학전집, 그리고 릴케의 시집과 《젊은 시인에게 보내는 편지》들도 끼어 있었다. 그중에서도 헤세의 《크눌프》 주인공 크눌프가 폐병 환자여서 같은 처지인 그에게 매우 공감하였다. 그리고 릴케의 《젊은 시인에게 보내는 편지》 중에서, "이런 의문을 우선 조용한 밤 시간에 스스로에게 물어보십시오. 나는 쓰지 않으면 안 될까? 그리고 마음 밑바닥에서 흘러나오는 대답 소리에 귀를 기울이도록 하십시오. 만일 그 대답이 그렇다고 하거나 쓰지 않고는 죽을 수밖에 없다 하고 그 진지한 의문에 대해 명확하고 확고한 대답을 내릴 수 있거든 당신은 당신의 생애를 그 필연성에 세우십시오"라는 내용에 조용기는 깊은 감명을 받았다. 자기 자신도 무언가 목표를 가지고 있지 않으면 죽을 수밖에 없다는 생각을 절실히 느꼈던 것이다.

조용기는 꿈이 많았다. 가끔 사촌 형제들이 모두 모인 자리에서 그들이 듣기로는 엉뚱한 소리를 스스럼없이 했다.

"내가 스물여덟 살이 되면 세계일주를 할끼다."

"또 서른 살이 될 때면 노벨문학상을 받을끼다. 그래서 그때가 되면 내 이름이 세계적으로 유명해질끼다."

이런 그의 허황된 말에 형제들은 10년 후엔 살아 있을지도 모를 주제에 터무니없는 말을 잘도 한다 싶어 동정하면서도 한편으로 어이없어 비웃곤 했다.

조용기는 어릴 때부터 세계 최대 도시에 나가서 억센 경쟁에 부딪쳐 승리하면서 살고 싶다는 꿈을 꾸었다. 그래서 그는 현실보다는 거의 꿈속에서 살다시피 했고, 친구들과 형제들 사이에서도 이러한 꿈에 젖어 이야기해서 '과장쟁이'라는 별명을 듣기도 했다.

한번은 여름방학 때였다. 사촌들이 아버지의 농장에 놀러 와 함께 있었는데 얼마 있지 아니하여 조용기의 별명을 '과장쟁이'라고 부르게 되었다. 조용기는 그 말을 듣고 대단히 화를 내었다. 그때 그의 아버지 조두천은 이렇게 말해 주었다.

"너는 거짓말쟁이나 과장하는 아이가 아니다. 단지 꿈이 많은 아이야. 마음속에 있는 꿈을 보고 현실에 말하기 때문에 거짓말같이 들릴 뿐이지…."

조용기는 28세에 세계 곳곳마다 복음을 전하기 위하여 세계일주를 했으며, 성회 개최국 71개, 지구 120바퀴를 비행기로 이동하며 중대형 집회 370회를 통하여 수억 명에게 복음을 전했다. 노벨상에 못지않은 세계적인 상을 다수 받기도 하고, 대한민국 무궁화장을 수훈했다. -《여의도순복음교회 30년사, 여의도순복음교회, 1989》 참조

4.

켄 타이즈
선교사를 만나다

    진장에서의 6개월 요양도 별 효과를 거두지 못한 채 다시 부산으로 올라와 권길정 박사에게 통원치료를 받던 어느 날이었다.
    우연한 기회에 조용기의 영어 실력에 감탄한 권 박사가 자신과 함께 생활하면서 영어와 의학 공부를 하며 기흉 치료도 하자고 제의를 했다. 물론 치료비는 무료이고, 용돈도 주겠다는 것이었다.
    가족들의 승낙을 얻은 조용기는 그날부터 낮에는 권 박사의 병원 일을 도와주면서 한편으로 자신의 병치료를 받았다. 그리고 밤이면 권 박사와 머리를 맞대고 앉아 영어 공부와 의학 공부를 했다. 받은 용돈으로 동생 용우의 고등학교 등록금을 내어주는 일은 너무도 기뻤다.
    그러나 몸이 성치 않은 그에게 병원 생활은 여간 힘에 부치는 일이 아니었다. 낮에는 병원 잡일에 바빴고, 밤에는 권 박사와 셰익스피어의 고전을 듣고 영문학 공부를 한밤중까지 하다 보니 그의 얼굴은 점점 일그러져 갔고, 가족들은 적이 걱정을 했다.
    그러던 어느 날이었다. 그는 거리를 지나가다 우연히 켄 타이즈 선교사의 천막부흥성회 포스터를 목격하게 되었다. 평소 기독교에 대한 지식은 좀 있었으나 깊이 접하고픈 생각은 없었던 그였다. 그런데 그날따라 거기에 가고픈 묘한 호기심이 일어났다. 어딘지 공허한 마음을 채울 수 있을 것 같은 생각이 들어 그는 곧바로 천막성회 장소로 빠른 걸음으로 내달렸다. 이미 입추의 여지 없이 많은 사람들로 성회장은 붐비고 있었다.

인파 속에 끼어든 그는 한 귀퉁이에 앉아 예배를 드렸다. 열변을 토하는 선교사에 대한 매력과 친밀감을 느끼는 한편 그의 메시지에 깊은 감동을 받았다. 성회가 끝나자 그는 발걸음을 옮겨 무의식중에 주 강사 켄 타이즈 선교사 쪽으로 다가갔다.

"선교사님, 오늘 좋은 말씀 많이 들었습니다. 정말 제게 많은 도움이 되었으면 좋겠습니다."

낯선 청소년이 다가와 말을 걸자 켄 타이즈 선교사는 내심 놀라며 의외의 영어실력에 놀라서 물었다.

"형제는 언제 영어를 배웠습니까?"

"학교 다니며 교과서를 몽땅 다 외웠지요."

켄 타이즈 선교사는 부산에서 활동하는 기독교대한하나님의성회 선교사였다. 한국에 온 지 얼마 안 되는 그는 언어 장벽으로 인해 선교활동에 어려움을 느끼던 차에 조용기를 만나고 보니 너무나 기뻤다. 그래서 켄 타이즈 선교사는 그 자리에서 조용기에게 자신의 통역이 되어 줄 것을 부탁했다. 집으로 돌아온 조용기는 며칠 궁리 끝에 부모에게 현재 병원 생활의 고통을 말하고 켄 타이즈 선교사와 함께 일하고 싶은 심정을 토로했다.

본래 불교와 유교 사상에 젖어 있어 기독교에 대해선 경계심까지 가지고 있던 부모님이었지만 병든 아들의 간절한 소망의 말을 듣고는 두말없이 승낙하였다.

1년여의 권 박사와의 생활을 청산하고 찾아온 조용기를 맞이한

켄 타이즈 선교사는 사막에서 오아시스를 만난 것처럼 기뻐했다.

켄 타이즈 선교사는 조용기의 두 손을 꼭 잡고 감사의 기도를 올렸다.

"하나님 아버지, 감사합니다, 이렇게 훌륭한 통역자를 보내주셨으니 이 젊은 종을 통하여 많은 한국인들에게 예수를 전할 수 있도록 해주십시오…"

켄 타이즈 선교사는 함께 열심히 주의 일을 하는 동안 형제의 병도 고쳐주실 것을 믿는다고 힘주어 말했다.

그들은 서로 손을 굳게 잡았다. 이리하여 조용기, 그는 인간의 생각으론 도저히 헤아릴 수 없는 하나님의 섭리로 말미암아 그분의 계획에 끌려 들어가 드디어 전도사로서 새로운 인생의 전기를 맞게 되었다.

그는 켄 타이즈 선교사와 거처하면서 기독교의 진리를 조금씩 이해하기 시작했고, 많은 기독교 서적을 탐독하여 나름대로 감화를 받았다. 하지만 당시 그에게 구원의 확신이나 소명감이 있었던 것은 아니었다. 그저 지식으로 기독교를 이해하려는 신앙 초년생일 뿐이었다.

켄 타이즈 선교사와 조용기는 병원이나 시장 등 군중이 모이는 곳을 찾아다니며 복음을 전하였다. 켄 타이즈 선교사가 설교를 하면 그는 한 마디의 말도 놓치지 않고 열심히 또박또박 통역을 했다. 선교사가 소리를 크게 내면 그도 역시 따라서 큰 소리로 복음을 증거하였다.

"예수를 믿으십시오. 그리하면 여러분과 여러분 가족이 구원을 얻습니다. 예수는 여러분을 구원하러 오신 구세주이십니다. 생명 되신 예수를 믿으십시오."

켄 타이즈 선교사의 통역을 맡아 큰 소리로 예수 믿으라고 전하지만 자신은 확신이 없으니 그의 젊은 가슴은 이율배반적인 자책감과 아울러 번민에 빠지게 되었다.

5.

성령 체험을 하다,
돈 라이스 선교사와 교제

연속되는 번민과 회의의 수렁 속에 깊이 빠져 지내던 어느 날 저녁이었다. 그는 확신도 없는 무의미한 생활을 더 이상 계속할 수 없다는 생각에 이르자 엎드려 하나님께 기도했다.

"하나님, 정말 살아 계신 분이시라면 제가 예수를 믿어야 되는지, 안 믿어도 되는 것인지 그것을 제대로 깨달을 수 있는 확실한 증거를 보여주십시오. 오늘 밤이라도 주님이 저에게 현현해 주신다면 진정 주님을 섬기며 주님께 일생을 바치겠습니다. 그러나 그렇지 못하다면 괜히 선교사에게 붙어서 그냥 무의미하게 지낼 수는 없습니다. 저는 나름대로 의사가 될 꿈을 가지고 있습니다. 그래서 일생 저처럼 고생하는 불우한 환자를 돌보는 일을 하려고 합니다. 그러니 제게 꼭 뚜렷하게 나타나 주십시오."

조용기는 만약 응답이 없다면 오늘 밤이라도 당장 보따리를 싸가지고 떠나겠다고 마음먹었다.

시간은 흘러 밤이 깊어지는 동안 비몽사몽간에 그의 눈앞에는 실로 놀라운 현상이 일어났다. 그가 바라보니 온 천지가 불길로 인하여 환하게 타오르고 있었다. 당시 전깃불이 들어왔다 나갔다 하는 전기 사정이었고, 대체로 한밤중이면 암흑천지였다. 그런 처지에 상상할 수 없을 만큼 환하게 온 천지를 비추니 깜짝 놀라 일어나 앉았다. 그 순간, 그의 눈앞엔 대낮처럼 환한데 평소 켄 타이즈 선교사가 증거하던 모습의 흰옷 입은 예수님이 광채를 발하며 서 계신 것이 아닌가.

그는 너무나 빛나고 존엄스러운 예수님 앞에서 감히 얼굴을 들어 쳐다볼 수가 없었다. 황홀하면서도 두려움에 떨며 그저 머리를 파묻고 엎드렸다.

"용기야!"

부드러운 주님의 음성이 들렸다.

"네…."

그의 목소리는 떨리고 있었다.

"내가 네 병을 고쳐줄 터이니 평생 나의 종이 되겠느냐?"

"네, 물론 그렇게 하겠습니다."

병을 고쳐주신다는데 두말할 여지도 없거니와 그보다 그 순간 예수님의 사랑에 감격하여 눈물범벅이 된 채 그는 간신히 대답을 하였다. 이런 순식간의 광경이 있은 후 예수님은 곧 그의 시야에서 사라졌다. 이 엄청난 일을 당해 정신을 제대로 차리지 못한 그에게 또다시 이상한 현상이 일어났다. 갑자기 전신에 불덩이처럼 열이 나더니 잠시 후 입술이 떨리며 방언을 하기 시작한 것이다. 밤새 감사와 기쁨으로 눈물로 지새웠다.

다음 날 켄 타이즈 선교사에게 자초지종을 설명했다. 그러자 켄 타이즈 선교사는 놀라워하면서 그의 두 손을 꼭 잡았다.

"하나님께 감사하십시오. 주님이 조 형제를 대단히 사랑하신다는 뚜렷한 증거입니다. 기뻐하십시오. 성령 충만을 받은 겁니다. 두려워하지 마세요."

그날 이후 군중 앞에 선 그의 목소리는 이전의 전도하던 모습과 확연히 달랐다. 확신에 차서 복음을 전하였으며, 통역보다는 그날 밤의 체험을 간증하였다.

"예수를 믿으십시오. 구원받고 병도 고침 받습니다. 저는 폐병 3기의 사형선고를 받았습니다. 그러나 그날 밤 예수님께서 내 병을 고쳐주셨습니다."

조용기의 표정은 밝아지고 생기가 났다. 예수님을 만난 체험과 성령 충만하여 병 고침 받은 신비로운 체험으로 조용기는 기쁨과 보람과 감격의 생활을 이어갔다.

이 세상은 나그네길, 돈 라이스 선교사

그런데 얼마 후의 일이었다. 조용기가 집에 와 있을 때에 마침 켄타이즈 선교사가 아닌 또 다른 선교사 돈 라이스가 찾아왔다. 해방 후 한국에서 성자로 알려진 돈 라이스 선교사였다. 두 사람은 반가이 인사한 후 곧바로 무릎을 꿇더니 소리 내어 기도하기 시작하였다. 어찌나 고함을 치며 큰 소리로 방언기도를 하는지 이웃집 사람들이 무슨 일이 일어났는가 하여 들여다볼 정도였다.

가족들은 남부끄러워 어쩔 줄 몰라 했고, 그의 부친은 화가 치밀었다. 도대체 예수 믿으려면 혼자서 곱게 믿을 것이지 선교사까지 찾아와 동네가 떠들썩하게 큰 소리로 기도하여 집안 망신을 시키기냐 하며 큰 집에서 알면 무어라고 하겠느냐고 야단했다. -여운학, 《주여 뜻대로 이루소서, 규장문화사, 1982》 참조

이날의 방문객 돈 라이스 선교사는 자신에게 뭐라도 생기면 그것이 옷이든지 양식이든지 가난한 사람들에게 다 나누어주며 오직 예

수님만 전하였다. 돈 라이스는 옷도 남루하고 사는 것도 형편없었다. 다만 영혼 구령에 불타서 거리에서나 버스를 타고 가다가도 예수 믿으라고 외쳤다. 그는 경제력이 없어서 통역할 사람이 없어도 서툰 한국어로 때와 장소를 가리지 않고 복음을 전했다. 그러다가 버스 안에서 뜨겁게 "예수 믿으라"고 전도하는 젊은이를 알게 되었다.

"여보게, 젊은이, 나를 도와서 통역을 해줄 수 있으시오? 나는 한국말이 서툴러서 길게 예수님을 증거하기가 어려워요."

"선교사님, 나는 영어를 '예스', '노'만 아는데 선교사님의 메시지를 제대로 통역할 수 있겠어요?"

"아니요, 내가 말하는 것을 바르게 통역할 수 없어도 상관없어요. 형제가 믿은 예수님의 말씀만 뜨겁게 전해주세요."

그렇게 해서 돈 라이스 선교사와 통역인 조창구는 사람들이 모이는 곳은 어디든지 찾아가서 함께 복음을 전했다. 조창구 형제는 그러다 전도집회에서 돈 라이스의 설교를 통역하기까지 했다. 영어를 아는 이들이 가만히 듣다 보니 통역이 전혀 다른 말을 하고 있었다. 집회가 끝나고 나서 그가 돈 라이스 선교사에게 물었다.

"선교사님의 설교를 엉터리로 통역하는데 이런 사람을 쓰시면 안 됩니다."

"아닙니다. 내가 전하는 메시지를 정확하게 전달하지 않아도 조 전도사가 믿는 예수님을, 영혼을 사랑하는 뜨거움으로 전달하면 됩니다."

한 번은 선교사들의 모임에서 이런 일이 있었다. 돈 라이스 선교사의 행색이 너무나 남루하고 생활이 궁핍하게 보여서 이렇게 충고를 했다.

"돈 라이스 선교사는 미국 사람 망신시키고 다닙니까?"

"내가 미국인 체면은 손상시켰는지는 몰라도 하늘나라 체면은 손상시키지 않았습니다."

그 모임의 선교사들은 돈 라이스의 말을 듣고 자신들의 생각을 크게 뉘우쳤다. 돈 라이스의 삶이야말로 예수의 제자로서의 본을 보여주고 있음을 깨달았다. 그를 부끄럽게 여기고 비난했던 자신들을 회개하였다. 모두가 울면서 기도하는 가운데 성령의 임재를 느꼈다. 세상 사람들은 돈 라이스를 바보라고 불렀지만 실상 그는 성자였다.

돈 라이스 선교사는 '예수 구원 천국 복음'을 외쳤다. 그가 작사하고 작곡한 〈순례자〉가 복음성가에 수록되어 있어서 그의 믿음과 신앙관을 느낄 수 있다.

이 세상은 나그네길 나는 다만 나그네
나의 집은 저 하늘 저 너머 있고
천사들은 하늘에서 날 오라고 부르니
나는요 이 땅에 있을 맘 없어요
이 세상 이 세상 나의 집은 아니요
우리 구주 머지않아 다시 오실 때
천사들은 하늘에서 날 오라고 부르니
나는요 이 땅에 있을 맘 없어요

돈 라이스 선교사가 보고 있는 이 세상은 고독, 불안, 슬픔, 괴롬뿐인 세상이라서 주님 의지할 것밖에 없다는 것이다. 이 세상은 어젯밤의 꿈과 같은 천막집이라 그 기쁨은 저마다 물거품 같고 해 아래서 바람 잡는 것과 같이 헛되다는 것이다. 그러므로 모든 인간은 주님만 섬기며 살자는 것이다. 이 세상은 나의 집이 아니라는 것이다. 천사들이 날 오라고 부르니 나는 이 땅에 있을 맘이 없다는 것이다.

조용기는 돈 라이스와의 교제로 더욱 예수 믿어 천당 가자는 영혼 구령에 불타게 되었다. 조용기는 돈 라이스의 방문이 계기가 되어 부모에게 집을 떠나겠다고 무거운 입을 열었다.

"서울에 있는 신학교에 입학할 겁니다. 예수 믿는다고 집안 식구들이 반대를 하시니 더 이상 머무를 수가 없습니다. 정말 죄송합니다. 부디 예수를 믿어 구원받고 축복받으세요. 제가 계속해서 우리 가족 예수 믿게 해달라고 기도를 하겠습니다."

조용기의 결심은 확고히 서 있었으므로 일방적인 선언임에도 불구하고 부모는 말릴 수가 없었다. 그는 부모에게 인사를 하고는 허겁지겁 집을 떠났다. 사실 그는 이때 켄 타이즈 선교사가 소개한 루이스 P. 리처드 선교사를 만나서 신학교에 입학할 것을 의논한 바 있었다.

무엇보다 조용기는 하나님이 살아 계심을 체험했고, 또 하나님의 종이 될 것을 서원했기 때문에 믿음으로 결단을 한 것이다. 이리하여 그는 인생에 두 번째 새로운 전기를 맞이하게 되었다.

6.

순복음신학교 시절, 노방전도

1956년 서울에 올라온 조용기는 곧바로 서대문 '4·19도서관' 건너편에 자리하고 있는 '순복음신학교'에 응시하여 당당하게 수석의 영예를 차지했다. 탁월한 영어실력을 인정받아 학교장 존 허스턴 선교사의 통역을 맡았고, 한편으로 가정교사를 하여 학비와 생활비를 보탰다. 이와 때를 같이하여 신학 동기생 최자실을 만나게 되었다.

조용기 학생회장은 매사에 앞장서 나갔다. 공부도 그러했고, 전도도 마찬가지였다. 그러던 어느 날, 그는 남녀 학생들에게 제안을 하였다.

"우리는 무엇보다도 전도하는 훈련을 해야 합니다. 우리가 신학교에 온 목적도 전도하는 훈련을 받기 위해서입니다. 그러므로 이번 주부터는 매주 토요일에 서울역과 파고다공원에 노방전도를 나가려고 합니다. 여러분 의견은 어떻습니까?"

모두 대찬성이었다. 그리하여 노방전도가 시작되었는데 첫날은 남녀 학생 여덟 명이 모였다. 전도대장은 물론 조용기 학생회장이었다. 그는 그동안 영어 가정교사를 하여 모은 돈으로 전도대를 위해 커다란 북을 사서 앞장섰다.

당시는 전차가 서민들의 유일한 교통수단이었는데 어쩌다가 심사 사나운 전차 기사를 만나 북을 실을 수 없을 때는 아예 서대문에서부터 둥둥 북을 치며 파고다공원으로 향했다. 사람들은 신기하다는 듯 구경삼아 바라보았고, 또는 동정 어린 눈길로 그와 동료 학생들을 쳐다보았지만 아랑곳하지 않았다. 불쌍한 사람들은 우리가 아니고 바로 그 사람들이라는 생각에서였다.

파고다공원에 이르러 그와 동료 학생들이 둥둥 북을 치면서 찬송가 대여섯 곡을 30여 분간 부르면 사람들이 구경삼아 모여들었다. 그러면 조용기 학생회장이 나서서 큰 목소리로 전도 메시지를 외쳤다.

"여러분, 우리는 순복음신학교에서 기쁜 소식을 가지고 왔습니다.

조용기, 최자실 신학생이 학우들과 탑골공원에서 전도. 연세희 그림

예수 믿고 복 받으십시오. 저는 불교 가정에서 태어났고 폐결핵으로 의사가 사형선고를 내린 사람입니다. 그러나 지금은 예수님 믿고 다 고침 받았습니다. 여러분께서도 예수를 믿기만 하면 병도 낫고 축복도 받게 됩니다. 예수 믿으십시오."

조용기 학생회장은 열정적으로 간증 설교를 하였다. 그는 일단 설교를 시작하면 어디서 그런 소리가 나오는지 폭포수가 떨어지는 것 같았다.

"이 세상에는 참 소망이 없습니다. 예수님은 여러분을 위해 십자가를 지시고 두 손과 두 발을 대못으로 박히셨으며 머리에는 가시관을 쓰시고 옆구리는 창에 찔리셨습니다. 성경을 보면 '그가 찔림은 우리의 허물을 인함이요, 그가 상함은 우리의 죄악을 인함이라. 그가 징계를 받으므로 우리는 평화를 누리고 그가 채찍에 맞음으로 우리는 나음을 받았도다. 우리는 다 양 같아서 그릇 행하여 각기 제 길로 갔거늘 여호와께서는 우리 무리의 죄악을 그에게 담당시키셨도다'라고 기록되어 있습니다. 이러므로 예수님은 바로 여러분과 여러분의 가족들을 위해 십자가에 달리셨습니다. 지금 이 시간에 예수님을 환영하고 모셔 들이십시오. 그러면 여러분은 참 소망을 갖게 될 것입니다."

이렇게 열변을 토하며 한 차례 설교가 끝나고 나면 또 북을 치고 찬송을 했다.

1956년 봄부터 시작된 이 전도활동은 순복음신학교 학생들이 매주 방과 후에 노방전도를 하는 전통이 되어 계속 이어졌다. 나 역시 1972년에 순복음신학교에 입학하였다. 신학교에는 매일 채플 시간이 있었다. 1972년 3월 21일, 금요일 오후에 학생회 전도부 주관으로 성령대망회를 갖고 노방전도를 나갔다. 나는 불광동 소년원 가위탁

전도 팀에 끼어달라고 했다. 그러나 소년원 전도 팀은 선배들이 벌써 다 배정되어서 자리가 없다는 것이었다. 그렇지만 노방전도대는 수가 아무리 많아도 되기에 나는 노방전도대에 배정된 것이다.

나는 남산공원에서 전도하는 팀에 속하였다. 선배 신학생 팀장으로부터 왕복 버스표를 받고 대조동 순복음신학교 앞에서 버스를 탔다. 남대문시장 입구에서 내려서 남대문 위쪽으로 찬송을 부르며 북을 치며 남산공원으로 줄을 지어서 올라갔다.

　　하나님이 세상을 이처럼 사랑하사
　　독생자를 주셨으니 누구든지
　　예수 믿으면 멸망하지 않고
　　영생을 얻으리라 영생을 얻으리라

왼손에는 가죽 성경책을 옆구리에 끼고 오른손에는 쪽복음과 전도지를 쥐고 찬송하면서 남산공원으로 북소리에 맞추어 행진했다. 지나가는 사람마다 나만 바라보는 것 같았다. 나는 전도대 뒤에서 되도록 대원들 사이에 몸을 숨기면서 난생처음으로 전도행진을 하였다. 내 뒤에 거지 하나가 따라붙더니 큰 목청으로 우리를 따라 전도가를 불러대는 것이었다.

"하나님이 세상을 이처럼 사랑해서 독생자를 주셨으니 누구든지 예수 믿으면 멸망하지 않고 영생을 얻으리라 영생을 얻으리라~"

우리는 남산공원에 도착하였다. 미끄럼대 위에 올라서거나 그 주변에 모여서 통성기도를 하였다. 그리고 찬송을 불렀다.

　　주 예수의 강림이 가까우니 저 천국을 얻을 자 회개하라
　　주 성령도 너희를 부르시고 뭇 천사도 나와서 영접하네

찬송가 여러 곡을 30분가량 불렀다. 이번에도 공원에 모여 있는 이들이 나만 쳐다보는 것만 같았다. 선배 한 사람이 큰 목소리로 설교하였다. 그러고 나서 각자 흩어져서 전도를 하였다. 공원 벤치에 앉아 있는 이들에게 다가가서 전도지를 건넸다. 나는 입이 좀체 안 떨어져서 간신히 "교회 나가세요"라고 짧게 전도하였다.

이런 내 모습을 조금 떨어져서 지켜본 최수곤 선배가 이렇게 권면을 했다.

"안 형제, 교회 나가라는 말보다 먼저 '예수 믿으세요'라고 하세요. 예수 이름에는 구원의 능력이 있어요. 그러고 나서 주일날 가까운 교회로 나가라고 하세요."

1956년에 조용기 학생회장이 시작한 노방전도가 16년이 지나서도 순복음신학교 후배들에게 이어졌다. 그리고 지금도 신학생들에겐 전통적으로 계승되고 있는 전도훈련인 것이다. 노방전도를 이끄는 선배들은 자랑스럽게 내게 말했다.

"우리가 하고 있는 노방전도는 조용기 목사님이 신학생 때 시작한 거야."

그해 겨울이었다. 이때 조용기는 미국 유학을 떠나려고 마음먹었다. 박사학위를 얻어 훌륭한 목사를 길러내는 교수가 되고 싶어서였다. 그래서 그즈음 존스턴 목사에게 한국말을 가르쳐주면서 유학 수속을 밟고 있었다.

그런데 첫눈이 내린 지 사흘 후, 그는 갑자기 심하게 앓게 되었다. 국방색 담요 위에 작은 이불을 뒤집어쓰고 기숙사 방 한쪽 구석에 누워서 나흘 동안 아무것도 먹지 못하고 앓았다. 손발은 차기가 얼음장 같고, 심장은 멈출 것 같았으며, 핏기가 가신 얼굴은 백지장 같았다. 다행히 어머니 같은 최자실 전도부장의 극진한 간호와 동료 신학생들의 간절한 기도로 건강을 회복할 수 있었다. 분명 그에겐 크게 깨달음을 가져다준 사건이었다.

목사가 되어 주님을 위해 일생을 바치겠다던 마음이 변하여 자신의 명예를 위해 박사나 교수의 꿈을 가지고 유학을 가려고 했던 생각이 바로 하나님 앞에 합당치 못했다는 것을 깊이 깨달은 것이다.

그로부터 조용기는 더욱 열심히 학업에 몰두했다. 수업이 파한 후에도 그는 언제나 혼자 앉아 책을 펴들고 공부를 하였고, 밤낮 영어 원서를 파고들었다. 그리고 밤이 되면 삼각산에 학생들과 더불어 올라가 기도하곤 했다. 한밤중이 되면 그들이 부르짖는 "주여! 할렐루야" 하는 기도 소리가 적막을 깨고 온 삼각산에 메아리쳐 울려 퍼졌다.

허만 목사와 스텟츠 선교사의 통역설교와 조두천의 회심

1958년 10월 그믐의 일이었다. 중앙청 광장에서 세계적인 대부흥사 허만(Herman) 목사를 주 강사로 한 부흥회가 개최되었다. 전쟁의 상처를 위로받겠다는 듯 뭇 심령들이 연일연야 구름떼처럼 몰려왔다. 이때 강사 허만의 통역을 조용기가 맡았다. 그는 부흥강사보다 더 큰 음성으로 열변을 토하므로 성도들은 누가 강사인지 분간키 어려울 정도였다.

조용기는 강단에서는 불을 통하는 통역자였으나 신학생의 신분이었기 때문에 정당한 대우를 받지 못했다. 선교사들과 한국 목사들은 끼니마다 외식하였지만, 그는 신학교 기숙사에 돌아가 찬 없는 안남미 밥을 먹어야 했다. 그러나 그는 그것마저도 너무 오랜 시간 통역을 한 까닭에 혀가 아려서 먹지 못했다.

부흥회 기간 밤마다 신학생들은 중앙청 광장에 앉아 철야기도를 했다. 밤중이 되어 기온이 내려가면 학생들은 여기저기서 가마니를 주워 덮어쓰고 기도했다. 그는 주위 사람들이 철야기도는 그만두자고 말려도 이 기회에 은혜받지 못하면 언제 받느냐고 매달리는 것이었다. 몸도 약하고 통역까지 맡은 터에 먹은 것도 시원찮았으나 새벽 미명이 되기까지 가마니를 세 장이나 겹쳐 덮고서 크게 고함치며 방언으로 기도하였다. 그 모습은 보는 사람들에게 깊은 감동을 불러일으켰다.

허만 목사의 부흥회가 끝난 얼마 뒤였다. 조용기의 부친 조두천은 친구와의 동업으로 장갑을 대량 만들었는데 판로를 얻지 못해 당황하던 차 서울의 여관에 묵고 있었다.

마침 겨울방학을 앞둔 부흥회가 열리고 있어서 여관에 묵고 있던 부친에게 최자실 전도부장과 함께 달려갔다. 조용기 전도사는 이렇게 말했다.

"아버지, 오늘 비가 와서 수금도 안 될 터이니 이왕 여관에 계실 바에는 우리 신학교에서 부흥회가 매일 열리고 있는데 한 번 참석해 보세요."

최자실 전도부장도 아버지를 설득하고 있는 조용기 전도사 옆에서 거들었다.

"그렇게 하세요. 아드님이 미국 선교사의 통역을 하는데 참 잘해요."

이렇게 해서 학기 말 부흥회에 그의 부친이 참석하게 되었다. 부흥강사 스텟츠 목사는 예수밖에 구원이 없다고 외쳤다. 불교나 마호메트는 종교이지만 우리가 믿는 기독교는 종교가 아니요, 생명이라고 힘차게 설교했다. 그날따라 통역하는 조용기는 성령이 충만하여서 얼굴에 유난히 빛이 나고 있었다.

반면에 장사하느라고 수염도 깎지 못하고 작업복 차림에 있던 그의 부친은 자신의 초라한 모습이 통역하는 아들에게 누가 된다는 생각에서 한쪽 구석에 앉아 마루만 내려다보고 있었다. 그리고 지루하게만 느껴졌다. 통역하면서 조용기는 부친을 쳐다보곤 했는데 고개를 숙이고 있어서 '아, 아버지가 서양 목사의 설교에 흥미가 없어서 저러시는구나' 하며 걱정을 하였다.

설교 후 합심기도 시간에 그의 부친이 울고 있었다. 스텟츠 목사와 최자실 전도부장, 그리고 조용기 학생회장이 곁으로 가서 부친의 등에 손을 얹고 안수기도를 해주었다. 그의 부친은 진실한 회개의 눈물을 흘렸다.

천석꾼 부모의 재산을 자기 허영 때문에 부모 생전에 모두 날려보내고 나니 아내와 9남매에 대한 죄책감이 한꺼번에 몰려오면서 그만 오열한 것이다. 또한 지난날 예수 믿는다고 아들을 핍박했던 것을 회개하게 되었다.

이리하여 그의 부친이 예수를 믿기 시작하였고, 그 후부터 아들 조용기 목사의 목회를 위해 심혈을 기울여 기도하였고 장로가 되었다. 조두천 장로는 '각공'이라는 아호를 사용하면서 "지렁이의 잠꼬대"라는 글을 여러 지면에 연재하였다. 한학에 조예가 있는 데다 불교, 유교를 깊이 연구하였기에 독특한 문장으로 여러 단행본을 출간해서 문서선교를 하였다. 조두천 장로는 주변에서 그를 통하여 조용기 목사에게 청탁을 하려는 이들의 부탁을 단호히 거절하였다. 그리고 아버지로서 아들의 목회에 조금이라도 부정적인 영향을 끼칠까 조심하며, 매사에 절제하고 겸손하여 드러나지 않게 조용기 목사를 도왔다. -《여의도순복음교회 30년사, 여의도순복음교회, 1989》 참조

7.

공동묘지
깨밭골 천막교회

비가 주룩주룩 내리는 늦봄 저녁이었다. 시멘트 블록으로 지은 허름한 집 안에 찬송가가 울려 퍼졌다. 1958년 5월 18일 저녁 8시가 넘은 시각이었다. 서울시 서대문구(현 은평구) 대조동 산기슭 최자실 전도사의 집 거실에서 조용기 전도사가 최자실 전도사와 그 세 자녀 성혜, 성수, 성광을 좌우로 앉히고 예배를 드리기 시작했다. 마가복음 16장 17절 말씀을 본문으로 조용기 전도사는 "믿는 자에게 따르는 표적"이라는 주제로 설교를 시작했다. 비록 사과 상자에 보자기를 씌운 강대상 앞에서 4명에게 한 설교였지만, 그의 가슴속에는 타오르는 열정과 역사하시는 예수 그리스도에 대한 믿음이 넘쳐났다.

밖에서는 여전히 비가 내리고 있었다. 신바람이 난 조용기 전도사가 한창 설교를 하고 있는데, 허리가 꼬부라진 할머니가 소쿠리를 든 채 "할렐루야 아줌마, 나 왔수" 하며 안으로 쑥 들어왔다. 쏟아지는 비를 피해 최자실 전도사의 집을 찾아온 것이지만, 최자실 전도사는 누구보다도 반가웠다. 이날 첫 예배에 참석하기로 약속했던 5명이 모두 오지 않았기에 더욱 그러했다. 훗날 세계 최대교회로 성

왼쪽 신학생 최자실, 서울예고 1학년 김성혜, 신학생 조용기. 1958.

장하는 여의도순복음교회가 예수 그리스도의 복음을 세상에 전하는 첫 시작이었다.

이 무렵 조용기 전도사는 상도동 존스턴(R.A. Johnston) 선교사의 집에 머물면서 미국 유학을 준비하고 있었다. 조용기 전도사가 하나님께서 주의 종으로 부르심을 처음 느낀 것은 신학교 학생회장 시절 병마와 싸우고 나서부터였다. 그러나 하나님의 부르심을 확신한 것은 1958년 10월 중앙청 광장에서 열린 허만(H. Herman) 목사의 부흥성회 때였다. 그는 24일간 계속된 부흥성회에서 통역을 맡았다. 그는 부흥사와 통역자를 분간하기 어려울 정도로 열정적으로 통역 설교를 하는 메신저였다.

첫 예배 후 최자실 전도사는 성도들이 30여 명이 될 때까지 교회 일을 도와줄 것을 조용기 전도사에게 부탁한다. 이를 계기로 그는 최자실 전도사의 집으로 거처를 옮기고 목회사역을 시작했다. 이때가 그의 나이 스물두 살이었다.

최자실 전도사는 기도만 하면 마음속에서 "천막교회를 세우라"는 음성이 들려오는 것 같았다. 부자찌끼 삼 년 간다더니 어려운 가운데서도 깊이 간직해 두었던 패물 한두 개가 이럴 때 유용했다. 복숭아 모양의 금 단추 하나를 팔아서 동대문시장으로 천막을 사러 나갔다. 천막 가게가 즐비한 시장 뒷골목을 몇 차례 오르내리며 이집 저집 흥정을 해 봤으나 수중에 있는 돈으로는 가격이 맞지 않았다. 그런데 한 가게에 들어서니 주인이 아주 상냥하게 맞이했다.

"지금 아주머니가 말씀하신 그런 천막이라면 여기 꼭 안성맞춤이 하나 있습니다마는…."

"가격이 얼마인데요?"

"8천 원만 내세요."

"저런, 돈이 좀 모자라는데요. 아저씨, 저는 불광동에서 동네 아이들 모아놓고 예수 전도하는 개척전도사예요."

"예, 아 그렇다면 헌금하는 셈치고 싸게 드리지요. 6천 원만 내세요."

다른 집에 비하면 절반 가격에 불과했다. 최자실 전도사는 마음속으로 노다지를 캤다는 생각을 하며 다시 한 번 다짐했다.

"천막은 찢어지지 않았지요?"

"아, 찢어지다니요. 이게 새 천막입니다. 낡은 것 아니에요."

"그럼 좀 펼쳐볼까요?"

"아이참 아주머니, 예수 믿으면서 사람은 믿으려 안 하시네요. 아, 이거 무겁고 거추장스러운데 이 복잡한 골목에서 어떻게 펼쳐 봅니까? 우리 신용 하나 가지고 이 장사 해오고 있습니다. 안심하시고 짐꾼 불러 지우고 가세요."

"여기서 먼데요. 한 오십 리…."

"아, 그까짓 거 50환이면 돼요. 여보, 여보!"

가게 주인은 길가에 앉아 있는 지게꾼을 큰 소리로 부르더니 천막을 짊어지고 최자실 전도사보다 앞서 가게 하였다. 자꾸만 마음에 걸렸지만 이미 지게꾼은 저만큼 달아났으므로 최자실 전도사는 부지런히 천막 뒤를 따라서 50리 길을 걸었다. 저녁나절에야 마을에 도착하니 주일학교 학생들이 뛰어나오면서 천막 사 왔다고 신이 나서 야단이었다. 최자실 전도사도 기뻤다. 그는 미리 교섭해 두었던 공동묘지 옆 깨밭 백여 평 위에 천막을 세웠다. 아이들이 도와주고 지나가던 동네 청년들이 거들어서 멋있는 천막교회가 섰다. 그런데 천막 안에 들어와 천장을 쳐다보니 이상하게도 구멍이 숭숭 뚫려 있고 하늘이 얼비치는 것 같았다. 그는 이거 속았구나 싶어 지게꾼을 불렀다.

"아저씨, 이 천막 잘못 사왔어요. 왜 이렇게 숭숭 구멍이 나고 꿰

맸지요?"

"이 아주머니 천막 처음 사보셨구만."

"예, 나 처음 사봐요. 하나도 꿰매지 않았다고 했는데, 왜 이렇죠?"

"거 모르시는 말씀입니다. 천막이라는 것이 구멍이 숭숭 있어야지 그렇지 않으면 태풍이 불 때 탁 찢어져서 저 앞산에 내팽개쳐집니다. 그것이 어디 닳아서 그런 줄 아세요? 처음 나올 때부터 그렇게 된 것입니다. 성글게 꿰매야 바람이 쑥쑥 나가서 끄떡없거든요."

그러고 보니 무식한 사람은 최자실 전도사였다. 지게꾼이 기가 나서 계속했다.

"아주머니, 그 국회의원 선거할 때 현수막 못 보셨어요? 그 광목에 구멍을 군데군데 뚫어놓지 않습니까? 그것이 바로 바람구멍입니다. 바람 나가라고 우정(일부러) 뚫어놓은 구멍이에요. 아셨어요?"

듣고 보니 그럴싸했다. 그래서 그 좋은 광목에 구멍을 뚫어놓았구나 싶었다. 그는 어딘가 마음이 안 놓였지만, 더 우겨봐야 별것 없

대조동 깨밭 천막교회

을 것 같아서 지게 삯을 주어 보냈다. 그러자 돈을 받아든 지게꾼은 마치 공 굴러가듯 쏜살같이 언덕을 뛰어 내려갔다.

'아, 저 사람이 천막집하고 서로 짰구나.'

그러나 속수무책이었다. 최자실 전도사는 '이거라도 어디냐, 밤마다 기도할 때 이슬을 맞으며 했는데 이제는 비바람이라도 가리게 되었으니 하나님, 감사합니다' 하고 스스로 위로했다. 동네 몇 집에서 가마니를 사다가 펴놓고 나니 제법 천막교회 같았다.

하루 끼니를 거르지 않는 것이 최대 소망인 달동네 공동묘지 옆 깨밭에 세워진 초라한 천막교회, 어느 것 하나 변변한 것이 없는 순복음교회였다. 모든 것이 불가능해 보이는 상황에서 하나님은 초라한 교회를 돌보셨고, 성령님의 능력으로 교회는 부흥하기 시작했다.

서울역 앉은뱅이 소년, 일어나라

온갖 병자들이 성령의 능력으로 고침을 받고 악한 영들이 쫓겨나는 역사가 나타나자 소문을 듣고 멀리서 찾아오는 성도들이 나날이 늘어났다. 그들 중에 서울역에서 구걸하며 연명하던 앉은뱅이 소년이 있었다. 어느 날 행인이 동전을 던져주며 "대조동에 있는 조용기 전도사를 만나면 네 다리가 나을 것이다"라는 말을 들려주었다.

소년은 지푸라기라도 잡는 심정으로 나무 꼬챙이로 땅을 찍어가며 천막교회를 찾아왔다. 순간 조용기 전도사는 사도행전에 베드로가 성전 미문에 앉아 있던 앉은뱅이를 일으킨 사건이 생각났다.

신유의 기적은 곧바로 일어나지 않았다. 조용기 전도사는 맨바닥에 무릎을 꿇고 5시간 이상 엎드려 앉은뱅이 소년을 고쳐달라고 간절히 부르짖어 기도했다. 갑자기 그의 마음 가운데 '하나님은 기적의 하나님이시다'라는 믿음이 솟아났다.

기도를 마친 그는 소년에게 다가갔다. 소년은 한쪽 구석에서 졸고 있었다. 소년을 눕게 하고는 조용기 전도사가 구부러진 다리를 힘껏 누르자 '우두둑' 하는 소리가 났다. 그 순간 비명소리와 함께 소년이 죽겠다고 굴렀다. 조용기 전도사는 마음을 진정시킨 뒤 청년 성도 박종선과 조병호에게 소년을 일으켜 세워 달라고 부탁했다.

소년은 청년들에게 매달려 힘없이 두 다리를 흔들고 있었다. 조용기 전도사는 다시 소년의 등을 밀면서 크게 외쳤다.

"나사렛 예수님의 이름으로 일어나 걸어라."

그리고는 소년을 밀었던 두 손으로 자신의 눈을 가린 채 고개를 숙였다. 잠시 후 박수와 환호 소리에 고개를 들어보니 소년이 울면서 천막교회 안을 뛰어다니고 있었다.

소문은 금세 옆 동네를 거쳐 먼 동네까지 퍼져 나갔다. 이날 낮 예배가 끝나고 조용기 전도사는 저녁 예배시간에 병자를 위한 기도 시간을 가질 것이니 이웃에 사는 병자들과 함께 교회에 나오라고 광고를 했다. 이 소식을 듣고 사람들이 구름처럼 몰려와 천막이 터져 나갈 정도가 되었다. 그리고 이날 저녁, 신유부흥집회에서 성령의 도움으로 다시 신유의 기적이 일어나 귀머거리 처녀 두 사람이 완전히 고침을 받은 것을 비롯해 많은 기적이 일어났다. 이 일을 계기로 천막교회는 급속히 부흥되기 시작했다.

무성이 엄마의 중풍병이 낫다

6월 하순 어느 날이었다. 아랫길로 김을 매러 가던 동네 아주머니가 가다 말고 최자실 전도사를 불렀다.

"할렐루야 아줌마, 좋은 일 한번 하시오."

"무슨 일인데요?"

"저 산 너머에 7년 동안 중풍을 앓고 있는 애기 어멈이 있는데, 다 죽게 되어 오늘내일한답니다. 그런데 어디서 할렐루야 아줌마 소식을 들었는지 찬송 소리 한 번 듣고 죽으면 원이 없겠다고 좀 오시래요."

그 집은 동네에서도 한참 떨어져 있었는데 다 찌그러진 오두막이 겉으로 보아도 가난과 병고로 절어 있었다. 조심스럽게 마당에 들어서니 봉창으로 갓난아기의 힘없는 울음소리가 새어 나왔다.

'원, 세상에, 중풍병자가 애기는 어떻게 낳누?'

인기척을 한 다음 방문에 대고 소리를 질렀다.

"나 저 아래서 온 할렐루야 아줌마인데, 누구 계시오?"

아무 대답이 없고, 아기 울음소리만 더 커졌다. 최자실 전도사는 조심스럽게 방문을 열고 들여다보았다. 화창한 오뉴월 봄날인데도 방 안에는 때가 끼어 색깔을 구분할 수 없는 두툼한 솜이불을 덮고 병자와 갓난아이가 누워 있었다. 어머니는 뼈와 가죽만 남아 있고, 아기는 큰 개구리만 한 몸에 머리만 유난히 커 보였다. 엉거주춤 들어가 앉으니 환자가 퀭하게 들어간 눈으로 힘없이 쳐다보는데 온 방에 배어든 환자의 냄새가 코를 찔러 견딜 수 없었다.

7년 동안이나 중풍으로 누워 똥오줌 받아내었고 농촌에서 돌보아줄 사람은 없는데 그 팔자에 아기까지 낳았으니 이것은 사람의 세상이 아니고 짐승의 세상이었다. 그는 차마 코를 막을 수도 없고, 그렇다고 엉거주춤 견디고 앉아 있기도 어려웠다. 보통 고역이 아니었다. 할 수 없이 그는 하나님께 하소연하였다.

"하나님 아버지, 사랑을 주십시오. 저도 사람인데 도저히 이 환자 붙들고 기도할 수가 없습니다. 불쌍히 여길 수 있는 사랑을 주십시오."

최자실 전도사는 물끄러미 쳐다보고 있는 환자가 즉시라도 운명

할 것 같았다. 그때 그의 마음속에 뭉클한 성령님의 감동하심이 일어났다.

"사랑 달라고 하지 말고 앞 개울가에 가서 물을 떠다가 손발 먼저 씻어 주어라."

부엌으로 나가 보니 그릇들이 성한 것이 없었다. 냄비, 바가지 할 것 없이 구멍이 나서 주르르 샜다. 겨우 쭈그러진 냄비 하나를 찾아 물을 떠다가 씻기니 몇 달이나 안 씻었는지 손등에서 국수 가락 같은 때가 일어났다. 불쌍하고 측은했다.

"그래, 이 집 아주머니는 친정어머니도 없수?"

"아무도 없어요. 아주머니는 누구세요?"

"나 저 산 넘어 할렐루야 아줌마요."

"정말로 고마워요."

수건에 물을 묻혀 부인의 얼굴을 닦아주고 있는데 조그마한 사내아이가 쪼르르 들어왔다.

"저 낳고부터 이렇게 드러누워 있어요."

"너 이름 뭐니?"

"무성이요."

"몇 살이니?"

"일곱 살."

무성이도 더럽기는 매한가지였다. 무성이에게 물을 떠 오라 하여 손발을 씻어 주었다.

"이 아이는 또 몇 살이에요?"

"두 돌 돼요."

두 돌 되었다는 아이가 한 달도 안 된 것 같아 큰 식용 개구리를 엎어 놓은 것 같은데 들어보니 한 손에 몽땅 올라갔다.

"무성아, 엄마 왼손 잡아라."

7. 공동묘지 깨밭골 천막교회

최자실 전도사는 무성이와 함께 엄마의 손가락 발가락부터 시작하여 온몸을 씻어 주었다. 방 안에 생기가 도는 것 같았다. 오랫동안 문을 열어 놓았더니 냄새도 좀 덜 나는 것 같았다.
"자, 찬송합시다."
최자실 전도사는 큰 소리로 찬송을 부르기 시작했다.

나의 죄를 씻기는 예수의 피밖에 없네
다시 성케 하기도 예수의 피밖에 없네
예수의 흘린 피 날 희게 하오니
귀하고 귀하다 예수의 피밖에 없네

무성이는 최자실 전도사의 턱 밑에 얼굴을 갖다 대고 쳐다보고, 애기 엄마는 힘없이 겨우 눈을 뜨고 있으며, 아이는 잠들어 있었다. 이렇게 되자 최자실 전도사만 혼자 독창을 하고 있는 셈이었다.
"성령님, 이 자리에 저와 함께 계시옵소서. 이 집에 7년 묵은 중풍 마귀 쫓아내시옵소서."

주여 나의 병든 몸을 지금 고치소서
병을 고쳐주시기로 약속하신 말씀에
믿음으로 굳게 서서 간구하는 나의 병을
주 예수의 이름으로 고쳐주옵소서

그는 계속하여 찬송하고 기도하고 또 찬송했다. 이 동네에 하나님의 역사가 나타나고 어린이들뿐 아니라 어른들도 하나님 앞에 나와 하나님의 집이 세워질 수 있는 계기가 되기를 기도했다. 얼마나 지났을까. 해가 중천에 떠올라 있었다. 정말 뜨거운 사랑이 그의 마음에 가득히 피어오르고 있었다. 최자실 전도사는 무성이 엄마의 손을 붙잡고 마음속으로 울었다. 젊은이가 어쩌다가 이렇게 되었나 싶으니 동정과 연민의 정이 물밀듯이 밀려왔다.

"저도 소녀 시절에는 감리교회에 다녔어요. 부모도 없이 삼촌 밑에서 자라다가…술주정뱅이인 줄 모르고 열다섯에 시집왔는데…. 속이 너무 썩어서 십 년 전부터 모진 병에 걸렸어요. 이렇게 눕게 된 것은 7년째구요. 그이는 지게 품팔이해요."

힘이 없어 더듬거리는 무성이 엄마의 말을 들으면서 최자실 전도사는 다시 한 번 고개를 돌려 휘이 구석구석 둘러보았다. 천장이나 벽이나 할 것 없이 가난이 다닥다닥 붙어 있었다. 곧 쓰러질 것처럼 기운 담벼락과 흙이 군데군데 삐져나온 방 안에는 변변한 고리짝 하나 없었고, 구석마다 거미줄이 엉켜 있었다. 그는 마음속에 울컥 치밀어 오르는 역겨움을 걷잡을 수 없었다.

'예수 믿는 구라파와 미국은 다 자손 대대로 잘산다는데 우리 민족은 우상을 섬긴 죄로구나. 이렇게 가난할 수가 있나? 째지게 가난하다고 하더니 정말로 그렇구나.'

최자실 전도사도 가난했지만 무성이네는 너무너무 비참했다. 그는 다시 무성이 엄마의 손을 잡고 눈물의 기도를 했다. 성령이 충만히 임하고 있었다. 그 감격 때문에 둘이서 찬송하고 울고, 기도하고 울면서 해가 기우는지도 모르고 자리를 뜰 줄 몰랐다.

밖으로 나오니 서산의 붉은 노을이 마당에 널려 있는데 지게를 어깨에 걸친 무성이 아버지가 곤드레만드레 된 채 싸리문으로 들어섰다.

"누구시더라?"

"예, 나는 이 마을에 예수 믿는 아줌만데 무성이 아버지는 부인이 불쌍하지도 않아요? 술 좀 그만 잡숫고 예수 믿으세요. 그러면 무성이 엄마도 병 나아요."

"예수 믿으면 술 나와요? 누가 거저 사준답니까?"

술 취한 사람하고 더 이상 말을 해보았자 쓸데없을 것 같아 그는 그길로 동네로 내려왔다. 최자실 전도사는 무성이 엄마를 생각하며 금식기도에 들어갔다. 예수님이 병자를 고쳐주실 때 "기도 외에는 이런 유가 나지 않는다"고 말씀하셨으니 중풍병으로 죽어가는 불쌍한 영혼을 위해 금식기도하지 않을 수 없는 불같은 사랑이 성령의 감동하심으로 그 마음에 일어났기 때문이다.

그 밤이 맞도록 밤하늘을 벗 삼아 최자실 전도사는 언덕의 천막교회 안에서 금식 철야기도를 하였다. 최자실 전도사는 금식기도와 철야기도는 성령의 은사로 주시는 방언기도와 함께 삼박자 기도라는 것을 목회 초년에 깨달았다.

날이 밝자 그는 아이들을 학교에 보낸 뒤 곧장 무성이 엄마에게 달려갔다. 환자에게 억지로 죽을 떠먹인 뒤 최자실 전도사는 상을 들고 설거지를 하기 위해 부엌에 들어갔다. 이 구석 저 구석에 빨래가 쌓여 있었다.

우선 비누 하나를 사다가 빨래부터 하기 시작하였다. 어제 채 씻겨주지 못한 아이를 씻겨주려고 바가지에 데운 물을 담아 들어갔다. 이름도 없고 뼈와 가죽만 남은 계집애가 "애- 애-" 하고 힘없이 울고 있었다. 작년에 씻겨주고 아직 손에 물도 묻혀주지 않았다니 줄잡아 예닐곱 달은 목욕 구경 한 번 못한 것 같았다.

그는 옛날 간호사 실력을 발휘하여 물을 데워다가 아이 목욕을 시키고 이불 껍데기로 씌워 눕힌 다음 보리죽 물을 먹여 주었다.

최자실 전도사를 슬글슬금 보며 방구석에 쪼그리고 앉아 있던 무성이와 아빠는 언제 나갔는지 보이지 않고, 다시 방 안에는 셋만 남게 되었다. 그는 또 기도하고 찬송하기를 계속했다. 지금 무엇보다도

급한 일은 무성이 엄마 중풍병 낫는 일뿐이었다. 다행히 어제보다는 조금 기운을 차리고 목소리도 조금 크게 내면서 찬송을 따라 불렀다.

최자실 전도사는 이렇게 그녀를 위해 사흘 동안 금식하고 기도하며 간호했다. 우물이 멀어서 물동이를 이고 산비탈을 올라가기가 퍽 힘들었지만 냉수 한 그릇 먹고 "예수 승리!"를 외치면 새 힘이 부쩍 솟아나곤 했다.

나흘째 되는 날 아침, 다시 무성이네 집으로 갔더니 그날따라 무성이 아버지가 웃는 얼굴로 부엌에서 나오면서 말했다.

"아주머니, 감사합니다. 내 아내가 어제부터 갑자기 '나는 안 죽어요. 나는 안 죽어요' 하는데 내 생각에도 살 것 같아요. 괴로우시지만 좀 자주 오셔서…"

최자실 전도사는 그 말이 하도 반가워서 "아, 죽긴 왜 죽어요. 예수님이 우리 질병을 위해 등에 채찍을 맞으시고 십자가에 못 박혀 돌아가셨는데 염려하지 말고 믿기만 하세요. 무성이 엄마는 틀림없이 낫습니다"라고 말해 주었다. 그리고는 무성이 아버지를 데리고 방으로 들어가서 두 부부가 큰 소리로 따라서 입으로 시인하고 고백하게 했다. 기도하는 법을 가르쳐 주니 부부가 곧잘 따라 했다.

그날 오후 시계가 없어 해가 진 줄도 모르고 앉아 팔다리를 주물러 주며 기도하고 있는데 갑자기, "예수님! 할렐루야! 시원해요. 시원해요" 하며 무성이 엄마가 소리를 지르는 것이었다. 깜짝 놀라 얼굴을 보니 땀이 뚝뚝 떨어지는데 환한 빛이 넘쳐흐르고 있었다.

"마귀를 대적하라 그리하면 너희를 피하리라"는 성경 야고보서 4장 7절 말씀에 의지하여 더욱 담대하게 마귀를 대적했다.

"중풍 귀신아, 고통을 주는 귀신아, 가난을 주는 마귀야, 내가 예수 그리스도의 이름으로 명하노니 묶음을 놓을지어다. 물러갈지어다."

"시원해요, 시원해요, 아이구 시원해요."

최자실 전도사는 마귀 물러가라고 소리치고, 무성이 엄마는 시원하다고 소리치고, 그리고 방 안은 뜨거운 열기로 가득 차 있었다. 땀이 비 오듯 하고 환자의 몸이 진동하기 시작했다. 순간 무성이 엄마가 소리쳤다.

"아주머니, 아주머니, 나 좀 나 좀…."

혼자서 일어나려고 애를 쓰면서 최자실 전도사를 부르고 있었다. 밤낮 누워 살던 터라 몸이 뻐쩍 마른 사람이 어디서 그런 용기가 났는지 무성이 엄마는 전심으로 일어나려고 애를 썼다. 몇 차례 일어나려다가 엉덩방아를 찧었지만 그 정도 된 것도 큰 기적이었다. 방 한쪽 구석에서 무성이 아버지는 놀라 입을 다물지 못하고 있었다.

"예수님, 감사합니다. 하나님, 감사합니다."

무성이 엄마가 감격에 넘쳐서 소리쳤다. 나흘 동안 믿음이 급속도로 자랐다는 증거였다. 최자실 전도사는 그를 벽에 기대앉게 하고 땀을 닦아주며 왜 그렇게 갑자기 일어나려고 했느냐고 물었다.

"아줌마가 나를 붙잡고 기도할 때 갑자기 바람이 부는 것 같았어요. 소나무 그늘에 불어오는 시원한 바람처럼…. 그러더니 쏘고 저리던 것이 뚝 그치고 시원해지는데 이렇게 말이 크게 나오네요. 고마워요, 아줌마. 나는 어릴 때 엄마 잃고 형제도 없이…외롭게 자랐는데요…."

눈물이 글썽하더니 무성이 엄마는 최자실 전도사를 붙들고 엉엉 울었다. 네 설움 내 설움 겹쳐서 둘 다 같이 울었다.

"하나님은 어머니나 형제보다 더 무성이 엄마를 사랑하십니다. 당신의 중풍 병을 고쳐주시기 위해 예수님이 십자가를 지시고 피를 흘리셨어요. 그러니 용기를 가지고 계속해서 예수님을 부르고 감사하세요."

최자실 전도사는 나흘 동안 금식한 뒤였는데 힘은 오히려 더 솟아났다. 그것은 성령의 능력이었다. 무성이 엄마 머리를 감싸고 방언으로 기도하며 마귀를 물리쳤다. 바로 그때였다. 무성이 엄마의 입에서 유창하게 방언이 터져 나오는 것이 아닌가. 그것은 성령이 그의 영혼 속에 충만히 임하여 계신다는 증거였다.

최자실 전도사는 무성이 엄마에게, "나 지금 가서 더 훌륭한 사람 데려올 테니 쉬지 말고 '예수님, 감사합니다' 해요" 하고는 단숨에 파출소로 내달았다. 그곳의 전화기를 빌려 상도동에 있는 조용기 전도사에게 전화를 했다.

"웬일이세요, 어머니?"

"조 전도사, 지금 빨리 좀 와줘. 여기 7년 된 중풍병자가 있는데 지금 기적이 나타나고 있어요. 조 전도사가 와서 도와주면 확실하게 일어날 것 같으니까 지금 빨리 와서 기도 좀 해줘야겠어."

"그래요? 나 공부하던 것이 있는데 요것 마쳐놓고 떠나지요."

그러나 그날은 너무 늦어 못 오고 다음 날 아침 일찍 왔다. 조용기 전도사와 최자실 전도사는 무성이 엄마 머리에 손을 얹고 방언기도를 쏟아부었다. 성경에 두세 사람이 기도하는 곳에는 주님이 함께 계시겠다고 했는데, 그날은 전날보다 힘이 덜 들고도 더 큰 능력이 나타나는 것 같았다. 방 안은 세 사람의 방언기도로 떠나갈 듯했다.

"예수 이름으로 명하노니 중풍병은 나을지어다."

기적이 일어나고 있었다. 무성이 엄마가 벽을 붙잡고 일어나기 시작했다. 그리고는 조심스럽게 한 발자국씩 걸었다. 가다가는 엉덩방아를 찧었지만 포기하지 않고 다시 일어났다. 그때 그 기쁨으로 충만하던 얼굴, 신기한 세계를 보는 듯한 맑은 눈망울이 은혜로 빛났다.

그날로 무성이 엄마의 중풍병은 완전히 고침을 받았다. 그 뒤로

7. 공동묘지 깨밭골 천막교회

도 열흘 남짓 최자실 전도사가 무성이네 집안일을 도와주었지만, 보름이 지나면서부터는 손수 나와서 일을 했다. 더 도와줄 필요가 없었다. 이렇게 머리를 곱게 빗고 천막교회에 나오는 무성이 엄마를 보고 동네는 발칵 뒤집혔다. 내일모레 죽는다던 무성이 엄마가 혈색이 도는 얼굴로 일어났기 때문이다.

무성이 엄마가 7년 된 중풍병에서 고침을 받았다는 소문이 나자 제일 먼저 반응을 보인 사람은 그 동네에 사는 무당 할멈이었다. 그동안 일 년에 한두 번씩 무성이네 집에서 굿을 해오던 그 할멈이 한편으로는 단골손님을 놓쳤고 다른 한편으로는 칠성신의 위력이 땅에 떨어졌기 때문에 심술을 부렸다.

그러던 어느 날, 무당 할멈의 아들이 투전판을 다녀오다가 술이 억수로 취하여 뒷간에 빠졌다. 최자실 전도사는 때마침 신학생들이 토요일 노방전도하러 와 있어서 함께 달려가서 그 아들을 겨우 끄집어내어 우물 곁에서 그 큰 몸을 씻겨주었다.

무당 할멈은 최자실 전도사의 결신기도를 따라 했다. 이후 감나무골 할머니는 칠성신 섬기던 집기 등을 모조리 끌어내다가 불태우고 천막교회 성도가 되었다. 뒷간에 빠졌던 그 아들이 나중에 목사가 되었다.

천막교회로 가기만 하면 병자가 낫고 문제가 해결된다는 소문이 퍼지면서 대조동 달동네 사람들이 모여들기 시작했다. 어느덧 교회는 20여 명이나 모이게 되었다. 당시 천막교회를 찾아오는 사람들은 하나같이 못 배우고 질병과 가난에 시달리던 사람들이었다. 어렵고 힘들기는 천막교회도 마찬가지였다. 교회 재정이라고 해봐야 조용기 전도사가 일주일에 몇 차례 신학교에 가서 통역하고 받는 2만 7천

환과 고등학교 2학년 학생이던 김성혜가 피아노 교습으로 받은 돈 약 2만 환이 전부였다.

주일학교가 부흥되어 찬송가 괘도를 만들어서 함께 불러야겠다는 생각 끝에 최자실 전도사는 종이를 사다가 붓으로 써 보았지만, 글씨가 꾸불대고 고르지 않았다. 그는 뒷동네에 사는 고등학생에게 좀 써달라고 부탁도 할 겸 전도도 할 겸 집을 나섰다. 가는 길에 집집마다 들러서 "예수 믿으세요" 하는데 어느 초가집에 들어서니 모두들 논밭에 가고 집이 텅 비어 있었다. 돌아서 나오려다 보니 아랫방에 누가 시커먼 솜이불을 뒤집어쓰고 누워 있었다.

"어디 편찮으세요?"

"아니요, 이 집에 사람 없으니 가세요."

"청년 있지 않아요?"

"나는 이 집 주인이 아니니 어서 가세요."

그날 밤에 집에 돌아와서 최자실 전도사는 그 이상한 청년을 위해 간절히 기도하고 다음 날 다시 찾아가니 여전히 이불을 뒤집어쓰고 있었다.

"청년, 그렇게 밤낮 누워만 있으니깐 앓지."

"아 싫어요, 싫어. 말 걸지 말고 가세요."

최자실 전도사는 다음 날 밀가루를 조금 사다가 강냉이 가루하고 섞어서 밀지짐이를 해서 가지고 다시 찾아갔다.

"청년 계세요?"

"왜 또 오셨어요?"

"이것 좀 잡숴 보시라구요."

청년은 밀지짐이를 보더니 일어나 앉았다.

"청년은 고향이 어디예요?"

"강화도요."

"왜 밤낮 이렇게 이불을 뒤집어쓰고 있지요?"

"취직하려고 올라왔는데 희망도 없고 그래서 고민하고 있습니다."

"이것 많이 잡수시고 내가 희망 찾는 일 하나 드리지요. 그저 좋은 일 하는 셈치고 백지에 찬송가 좀 적어 주세요."

청년 조병호는 다음 날 아침나절에 올라오더니 "예수의 피밖에 없네"부터 시작해서 찬송가 가사를 열 장이나 써주고 내려갔다. 그리고 이것이 인연이 되어서 교회에 나오고, 주일학교 반사도 했다.

이 청년이 훗날 간증할 때 들어보니 부인이 예수 잘 믿는 사람이었는데 죽을 때 머리맡에 십자가 그려 놓고 죽어서 그 믿음이 한

대조동 천막교회 시절 교회의 종을 대신한 산소통 옆에서. 왼쪽부터 최자실 전도사, 조병호 청년

알의 밀알이 되어 자기가 예수 믿게 되었다고 했다. 조병호는 북한에 여덟 번 침투했다가 살아돌아온 특수부대 출신이었다. 인천 세관 담당 헌병대에서 근무하다가 업자들로부터 부정하게 돈을 받은 것이 드러나 불명예제대를 하였다. 그때 그는 총을 품고 나와서 이승만 대통령을 죽인다고 매일 술을 마시며 떠돌다 변두리 대조동까지 가게 되었다. 그리고 그는 방 한 칸 얻어놓고 날마다 술을 마시고, 밤마다 울고 있을 때 최자실 전도사의 전도를 받아 천막교회의 충성된 일꾼이 된 것이다. 그는 예배 때마다 북을 쳤고 교회의 종을 대신하여 산소통을 치며 예배시간을 알렸다.

그가 훗날 예수원의 부원장과 새서울순복음교회(여의도순복음새성북성전)를 담임한 조병호 목사이다.

1973년에 순복음중앙교회 대학부 수련회가 오산리금식기도원에서 있었을 때 최자실 목사의 소개로 그가 대학생들에게 설교를 한 적이 있었다. 조병호 목사는 문제적 청년들에게 복음을 전하고 신앙을 길러 여럿을 신학교에 보내서 주의 종이 되게 하였다.

조병호 목사는 대조동 천막교회에서 조용기 목사를 통하여 성령을 받았다. 그는 성령의 은사가 갖가지로 나타났지만 인격적으로 여전히 불완전하다고 느꼈다. 그러던 차에 그는 강원도 황지 산골짜기인 하사미리 마을에 위치한 대천덕(R. A. Torrey) 신부가 하는 믿음의 공동체 '예수원'에서 수도원의 영성훈련을 받게 되었다. 그 후 조병호 목사는 갈전이라는 곳에 예수원 분원을 세워 예수원을 찾는 이들 가운데 일부를 일정 기간 맡아서 순복음의 영성으로 그들을 이끌었다. 그래서 많은 사람이 예수원 본원에 들어가기 전에 조병호 목사가 운영하는 갈전 분원에서 교육을 받게 되었다.

예수원 갈전 분원 코이노니아 수련회. 왼쪽부터 서 있는 줄 이영훈, 미상, 윤남인, 오인정, 이명순, 최옥화, 김사모, 조난희, 조병호, 안준배, 김일, 허승실, 강명선, 이방석, 김여호수아, 앉은 줄 미상, 안승희, 차옥화, 미상, 최부경, 배진기

그러다보니 여름방학과 겨울방학에는 청년들과 대학생들이 예수원을 찾게 되었다. 1978년 여름에 이영훈 전도사가 인도하는 코이노니아회가 예수원 분원에서 여의도순복음교회 대학부 리더를 초청하여 수련회를 하였다.

그때 여의도순복음교회 대학부 후배 되는 배진기가 1978년 육군병장으로 제대하고 수련회에 참가하였다. 시간마다 찬양의 시간이 있었다. 배진기는 맨 앞줄의 마룻바닥에서 두 손을 높이 들고 "살아계신 주"를 뜨겁게 찬양했다. 나는 그가 복음성가를 간절히 부르는 것을 보고 이렇게 생각했다. '신학생이 되어 군대 가서 얼마나 힘들었으면 저렇게 찬양으로 고백하고 있나.'

배진기는 훗날 군대 시절을 회고하기를 "내 생애 신앙의 세계를 떠나 처음으로 세상이란 것을 체험한 시기로, 군대 생활 3년은 그야말로 지옥이었다"라고 말했다.

조병호 목사는 예수원을 찾는 이들에게 조용기 목사의 순복음 영성과 대천덕 신부의 수도원 영성으로 수많은 이들을 치유하고 회복시켜 사명을 따라 일할 수 있게 하였다.

대천덕 신부는 1918년 1월 19일 중국 산동성 제남에서 당시 산동성 주재 선교사의 아들로 태어났다. 그의 부친은 태평양 전쟁으로 한쪽 팔을 잃고 나서 장애인을 위한 목회에 전념하였다. 대천덕 신부의 할아버지 르우벤 아처 토레이 목사는 디 엘 무디와 함께 사역하였다. 그는 무디성경학교 초대교장을 지냈으며 세계적 부흥사로 많은 신학서적을 남겼다.

대천덕 신부는 한국의 평양 외국인학교에서 고등학교를 졸업하고 프린스턴신학대학원, 하버드대학교, 영국의 성어거스틴중앙신학대학원 등에서 수학했다. 그는 1957년 한국에 와서 대한성공회 성미가엘신학원을 재건, 원장을 지냈으며 1965년 예수원을 설립했다. 그는 한국 성령운동의 선구자이며 2002년에 소천할 때까지 20세기 살아있는 성자로 불리었다.

조병호 목사는 대천덕 신부에게서 겸손과 온유, 사랑의 영성을 이어받았다. 대천덕 신부는 평생 기도와 노동을 똑같이 실천하였으며 세계와 한국의 전반사에 대한 중보기도를 끊이지 않고 하였다. 그는 무슨 일을 당하여도 "그래도 할렐루야!"로 하나님께 감사하였다. 대천덕 신부는 모든 구한 것을 오직 기도로 응답받았다.

그 시절 박종선도 동네 불량배로 조용기 전도사의 집에서 쓸 만한 물건을 가져가기 일쑤였다. 세숫대야나 뭐가 없어지면 박종선네

천막교회 집회, 왼쪽 박종선

집에 가면 찾을 수 있었다. 박종선은 매일 새벽 4시가 되면 천막교회에서 가스통을 두드리는데 그 소리에 잠을 잘 수가 없었다. 당시 천막교회는 종이 없어서 종 대신 가스통을 두드리는 것으로 새벽 기도회를 알렸었다. 박종선은 '저 가스통만 없으면 나도 아침까지 잠을 푹 잘 수 있겠다'라는 생각이 들었다. 그래서 교회에서 종으로 사용하고 있는 가스통을 떼어다가 지나가던 엿장수에게 팔아 버렸다. 그랬더니 교회 성도들이 박종선을 찾아와서 난리를 쳤다. 어느 날은 교회 성도들이 다시 그를 찾아와서 "예수 믿고 구원받아야지, 그렇지 않으면 교회 종을 팔았기 때문에 지옥 간다"고 말했다. 그런데 그 지옥 간다는 말이 계속 귓가를 떠나지 않았다.

그 일이 있고 나서 예수 믿으라고 하면 "예수요? 내 주먹을 믿으시오" 하던 박종선은 성령 받아 천막교회에서 예배 때마다 북을 치면서 찬송을 불렀다. 박종선도 신학교를 졸업하고 봉천순복음교회를 개척하고 크게 부흥시켰다. 미주선교사가 되어 한인 목회를 하고 귀국하여 의정부순복음교회의 원로목사가 되었다.

그 당시 천막교회 주일학교 교사는 조병호, 박종선, 권부현, 김을수, 권태관, 김경자, 서기원, 김정준, 김옥자, 곽복영 등이었다. 주일학교는 교회가 서대문으로 이전할 때까지 3년 반 동안 운영되면서 학생은 350여 명, 교사는 20여 명에 이르렀다.

천막교회에 노란 똥을 싸고 배가 불러오는 복학병에 걸린 두 살배기 이방석이라는 아이가 있었는데 기도로 병 고침을 받았다. 그의 아버지 이재연은 장로가 되고, 어머니 길봉희는 집사가 되었다. 주일학교에 나오는 욱정이의 아버지는 술 먹고 장마당에서 자다가 밤새 얼어 죽었다. 최자실 전도사가 교인들과 찾아가 보니 마당에 조그마한 천막을 치고 객사한 자는 방 안에 들여놓지 않는다면서 땡땡 언 시체를 밖에다 두고 있었다. 시체에는 술 먹고 토한 오물이 엉겨붙어 냄새가 지독했다.

최자실 전도사 혼자서 기도하며 시신을 염해서 무사히 장례를 치렀다. 그 아들 장욱정이 목사가 되어 군포에서 교회를 개척하고 미주 시카고로 건너가서 시카고순복음제일교회 이민목회를 하였으니 이 모두 다 눈물로 뿌린 씨앗들의 열매였다.

그 당시 천막교회로부터 수십 명의 목회자가 배출되었으니 하나님의 은혜이다. -최자실,《나는 할렐루야 아줌마였다, 영산출판사, 1978》참조

8.

예수님 믿고
천당에 갑시다

들판 한가운데 다 찌그러진 집 한 채가 눈에 들어왔다. 가까이 다가가서 보니 말이 집이지 문짝은 다 떨어져 나가고 서까래가 내려앉아 처마 밑으로 겨우 들어가고 나올 만한 집인데, 아이들이 쉴 새 없이 들락거리고 있었다.

함경북도 북청에서 피난 온 유화문, 이초희 부부가 단칸방에서 열 명의 자녀들과 함께 살고 있었다. 이들이 가진 재산이라고는 저녁에 덮는 솜이불 한 장이 전부였다. 열두 식구가 이불 속에 들어가 서로 이불을 끌어당기다 보면 이불 속 솜이 양쪽 끝에만 볼록하게 몰려 이 이불을 가리켜 '백두산 한라산 이불'이라고 불렀다. 이들은 대조동 달동네에서도 가장 비참한 삶을 살고 있었다. 아버지 유화문은 10년 이상 술에 빠져 지내고 있었고, 어머니는 심장병과 위장병을 앓고 있었다.

어느 날 조용기 전도사는 노방전도를 다니다가 축호전도를 하고자 이 집을 방문하였다.

"순복음교회에서 왔습니다. 예수님 믿고 천당에 갑시다."

"천당? 당신이나 가시오."

"그러지 말고 내 말을 들어 보십시오. 예수님 믿지 않으면 죽어서 지옥에…."

"무엇이 어쩌고 어째? 지옥에 간다고? 이보다 더 무서운 지옥이 어디에 있어. 당신들 예수쟁이들은 천당, 천당 하지만 천당이 그렇게 좋거들랑 천당 부스러기라도 좀 갖다 줘. 천당 부스러기도 갖다 주지 못하면서 무슨 천당이야. 남편이라는 작자는 10년째 술에 빠져 고함이나 치고 있고, 아이들은 학교에도 못 가고 구두닦이와 소매치기나 하고 있어. 이곳보다 더 처참한 지옥이 또 어디에 있을 수 있어? 우리 집이 바로 지옥이야. 우리는 날마다 지옥에서 살고 있다고."

조용기 전도사는 그 말에 아무 답을 줄 수 없었다. 그는 깊은 충격으로 교회에 돌아와서 성경을 다시 펴보았다. 계속 성경을 읽다가 요한3서 2절의 말씀이 들어왔다.

"사랑하는 자여 네 영혼이 잘됨같이 네가 범사에 잘되고 강건하기를 내가 간구하노라."

얼마 후 조용기 전도사는 이초희 씨를 다시 찾아갔다.
"왜 또 왔노?"
"오늘은 천국과 지옥에 대해서 말하려고 온 것이 아닙니다. 좋은 소식을 전해주기 위해 왔습니다. 하나님께서는 아주머니의 남편을 알코올 중독으로부터 벗어나게 해주시고, 직장도 주십니다. 그리고 아주머니의 위장병과 심장병도 고쳐주시고, 아이들이 전부 학교에 갈 수 있게 해주실 것입니다."
"아니, 젊은 사람이 어디서 사기를 치고 난리예요."
"거짓말이 아닙니다. 아주머니께서 교회에 나와 하나님을 믿고 의지하면 하나님께서 이러한 모든 것을 다 해주실 것입니다."

그 말을 듣고 이초희 씨는 조용기 전도사와 최자실 전도사를 따라서 천막교회가 세워진 깨밭에 도착했다.

"도대체 교회가 어디에 있다는 거요?"

"이곳이 바로 우리 교회입니다."

그러자 그녀는 천막교회를 좌우로 살펴보더니 깔깔 웃기 시작했다.

"내 꼴이나 당신 꼴이나 마찬가지네. 여보시오, 젊은 양반, 당신 팔자나 먼저 고치시오."

"아주머니 말씀이 맞습니다. 저 역시 좋은 소식이 필요합니다. 아주머니와 제가 함께 기도하면 하나님께서 우리에게 좋은 소식을 더 빨리 주시지 않겠습니까?"

그러자 그녀는 더 이상 웃지 않았다.

"좋아요. 그러면 우리 같이 믿어 봅시다."

그녀는 열 명의 아이들을 데리고 교회에 나오기 시작했다. 열흘이 지났을 때 그녀는 머리 아프던 것이 사라지고 위장병이 다 나았다고 기뻐했다. 이초희의 남편 되는 유화문은 만취해서 교회로 들이닥쳐 시비를 걸었다.

"여기 전도사 어디 있어? 전도사 나오라고 해. 내 말 안 들려?"

그러던 어느 날, 그 집 큰아들이 아버지가 죽어간다며 심방 오기를 청하여 달려가 보니 유화문은 얼굴과 배 전체가 시커멓게 된 채 바닥에 누워 "우우, 우우" 하면서 괴로워 꿈틀거리고 있었다.

조용기 전도사와 최자실 전도사는 그의 머리와 배 위에 손을 얹고 간절히 기도하기 시작했다.

"예수의 이름으로 명하노니 이 악독한 귀신아 나오라! 나오라!"

그러자 "으윽" 소리를 내면서 그는 자신을 붙잡고 있는 사람들을 내동댕이쳤다. 조용기 전도사와 최자실 전도사는 발버둥치는 그를 붙잡고 다시 기도했다. 한참 동안 실랑이를 하다가 그의 코에서 시

천막교회 부흥회. 신문지로 도배한 내부. 조용기 전도사와 켄 타이즈 목사. 1959.

커먼 피가 주르르 흘러내리기 시작했다. 그리고 그는 큰 비명을 지르고 나서 "후우-" 하고 한숨을 쉬더니 정신을 잃고 뒤로 쓰러졌다. 조용기 전도사와 최자실 전도사와 이초희는 하루 종일 기도하고 찬양했다. 그리고 저녁 7시가 되어서 그는 정신을 차리게 되었다. 그 후 유화문은 완전히 새사람이 되어 가족들과 함께 예배에 참석하였다.

민중신학의 주창자 서남동 교수는 이렇게 말했다.

"우리는 한을 우리의 신학적 주제로 삼아야 한다. 실로 한은 민중의 언어이며, 그들의 실제적 경험이다. 우리가 만일 민중의 한의 신음을 듣지 않는다면 그리스도가 우리의 문을 두드리는 소리를 듣지 못하게 될 것이다."

한국전쟁이 1953년에 끝나고 휴전되고 나서 당시의 한국사회는 오랜 억압과 극한 가난, 병고로 시달리는 시대였다. 민중은 절대 절망으로 한이 켜켜이 쌓여가고 있었다.

바로 그 시기에 조용기 전도사는 삼중구원의 메시지와 예배의식을 통하여 출구를 제시하였다. 조용기 목사의 신학의 근거는 1958년 대조동 천막교회에서의 가난하고 병든 최하층 대중들에 대한 사역에서 시작되었다. 해한(解恨)의 목회자 조용기 목사의 신학적 스펙트럼은 넓어서 민중신학과도 맞닿아 있다고 할 것이다. -김동수, 류동희 공저, 《영산 조용기 목사의 삶과 사상, 킹덤북스, 2010》 참조

9.

조용기의 의병 제대와
샘 토드 천막부흥회

조용기 전도사가 대조동 공동묘지 깨밭에 천막을 치고 순복음교회를 개척한 지 3년 만에 3백 명 이상이 모이는 교회가 되었다.

매서운 북풍이 살을 에는 듯한 1961년 정월 초사흘 날 아침, 우편배달부가 빨간색 종이 한 장을 던져주고 갔다. 그것은 조용기 전도사에게 군에 들어오라는 영장이었다.

재적성도 수가 4백 명에 육박해 가고 지난 겨울 RCA 주택을 두 채 가지고 있던 이화숙 집사가 심장병을 고침 받고 감사헌금으로 바친 집 한 채 값으로 교회 터도 6백 평을 사놓아 금년에야말로 교회를 지으려고 했었다. 그런데 갑자기 조용기 전도사가 나라의 부름을 받고 1월 30일에 논산으로 입영하게 되었다.

조용기 전도사는 3월 15일경에 훈련이 끝나고 서울 인근의 부대로 전출되었다. 그는 서울 근교 미군 부대에 배치되어서 주일마다 교회에 나오게 되었다. 조용기 전도사는 부활절을 맞이하여 침례식을 하였다. 4월 첫 주일에 세례문답과 동시에 침례를 수색 강에서 하게 되었다.

그날따라 봄비가 부슬부슬 내리고 있었다. 말이 4월이지 아직도 바람 끝이 매서웠다. 침례를 행하는 수색 강물은 차갑기만 한데 오랜만의 침례라 침례 받을 사람이 수십 명이었다. 성도들은 잠깐 물속에 들어갔다 나와서는 새 옷으로 갈아입고 모닥불에 몸을 녹일 수가 있었다. 그렇지만 허스튼 선교사와 함께 두 시간 가까이 가슴까지 차는 물속에 서 있는 조용기 전도사는 입술이 새파랗게 질려 있었다. 마땅히 갈아입을 옷도 없이 덜 마른 군복을 입고 조용기 전도사는 그날 밤 귀대했다.

그다음 날 조용기 전도사는 밤새 탈장되어 육군병원에 실려갔다. 열두 시간 수술을 마치고 조용기 전도사는 중환자실로 옮겨졌다. 밤늦게 허스턴 목사 내외가 조용기 전도사를 문병하였다.

"허스턴 목사님, 하나님께서 나 이제 천국 데려가시려나 봅니다."

"노노, 브라더 조, 할 일 많아 하나님이 안 데려가십니다."

최자실 전도사와 허스턴 목사는 눈물을 흘리면서 간절히 기도해 주었다. 그날 밤부터 천막교회에서 교인들과 더불어 매일 조용기 전도사를 위해 철야기도회를 열었다.

그러나 밤이 되니 조용기 전도사의 열이 40도를 오르내렸다. 이렇게 며칠 밤이 지난 아침, 의사가 최자실 전도사를 불렀다.

"수술 후유증이 심한 데다가 폐렴까지 겹쳐서 기침만 하면 수술 부위가 자꾸 벌어지고 아물지 않습니다. 수술했는데 이러다가는 아무래도 회복이 어려울 것 같습니다."

그래서인지 조용기 전도사는 간밤부터 다시 열이 오르고 기침을 하며 가끔 혼수상태에 빠져 헛소리를 했다. 최자실 전도사는 병실 뜰로 나와서 가랑비를 맞으며 정원 바위 위에 앉아 결사적인 기도를 드렸다.

비가 주룩주룩 쏟아지고 있었다. 통행금지 시간이 지나서 서울 시가는 깊은 산골짜기처럼 적막하고, 길 건너에 서 있는 가로등 불빛이 빗방울에 흔들리고 있었다. 그는 대강 치마폭으로 빗물을 훔치며 병실로 들어갔다. 조용기 전도사는 다행히 잠이 들었는데 온몸이 땀으로 질퍽했다. 잠이 깰까 봐 조심스럽게 땀을 닦아주고 최자실 전도사는 침대 곁에 앉아 계속 방언으로 기도했다.

그런데 조용기 전도사가 갑자기 최자실 전도사를 부르더니 얼굴에 평화의 빛이 가득하여 "어머니, 저 이제 살았습니다. 참 시원합니다" 하고 말하는 것이 아닌가?

"내가 어제 꿈을 꾸었는데요, 큰 구렁이가 나를 삼키려고 둘둘 감아 오는데 저 요단 강 건너편에서 연기가 자욱이 피어오르더니 그 연기가 나를 감싸니까 구렁이가 그 자리에서 죽고 말았습니다."

"아멘, 할렐루야, 우리 성도님들의 기도가 연기처럼 하늘에 상달되고 조 전도사 잡아먹으려는 병마귀가 죽었습니다. 할렐루야!"

"예에?"

"지난 3일 동안 천막교회가 몽땅 철야기도, 금식기도 야단났어요."

"감사합니다. 우리 성도들 기도와 어머니 기도로 불같은 시험 이기고 내가 또 살아났습니다."

그러던 어느 날, 밤중쯤 되어 침대 옆에 앉아 기도하고 있는데 갑자기 중앙청 쪽에서 기관총 쏘는 소리가 들려왔다.

그날이 바로 1961년 5월 16일, 말하자면 5·16혁명이 일어난 것이었다. 조용기 전도사는 6월 1일에 대전으로 후송되어 갔다.

한편 조용기 전도사가 없는 가운데 '하나님의성회' 교단은 교단대로 불같은 시험을 겪고 있었다. 당시 서대문 로터리에는 미국 하나님의성회 동양선교부(부장 케참 선교사)에서 한국교단의 진흥책으로 마련한 부흥센터가 있었다. 이와 같은 부흥센터는 한국뿐만 아니라 대만에도 있었다. 그런데 한국의 부흥센터만 유난히 말썽을 일으키고 있었다.

이렇게 되자 교단 총회는 잘못하다가 둘로 나뉠 위험에 처하게 되었다. 총회 나흘 동안 시시비비를 가리며 팽팽하게 맞섰고, 사태는 자꾸만 벼랑으로 다가가고 있었다. 그런데 마지막 날에 허스턴 선교사가 일어나더니 비장한 어조로 말했다.

"한국 목사님, 전도사님들은 아무 잘못 없고 이것은 우리 선교사들이 회개하지 않은 죄입니다. 우리 선교사들이 먼저 회개하겠습니다."

그러면서 시멘트 바닥에 팍 엎드려 회개의 통곡을 시작했다. 스텟츠 목사 부부와 케참 목사 부부도 함께 엎드려 울면서 기도했다. 사태가 여기에 이르자 총회장 분위기는 숙연해져서 싸움을 그치고 그날은 산회하였다. 그날 밤에 선교사들은 죄를 회개하는 금식 철야

1961년 9월 1일부터 한 달 동안 열린 샘 토드 천막집회. 서대문로터리 공터

기도를 시작했고, 여러 사람이 함께 기도했다.

  총회가 무사히 끝나자마자 기쁜 소식이 전해졌다. 조용기 전도사가 1961년 8월 25일에 의병 제대한다는 통지였다. 입대한 지 만 7개월 만의 제대였다. 까까머리 조용기 전도사가 제대하고 천막교회로 돌아오니 잔칫집 같았다. 그러나 조용기 전도사는 아직도 상처가 다 아물지 않아서 넓은 광목 붕대로 배를 칭칭 감고 있었다. 그리고 조금만 힘을 쓰면 수술 부위가 아프다고 했다.

  그런데 조용기 전도사가 돌아온 지 며칠 뒤인 1961년 9월 초하루부터 한 달 동안 서대문 로터리의 서커스단이 공연하던 터에서 샘 토드 목사의 천막대부흥회가 열렸다. 조용기 전도사의 통역으로 찌는 듯한 무더운 날씨였지만 천막성회는 구름떼같이 많은 성도가 사방각지에서 몰려왔다. 병자들만도 2백여 명이나 되었고, 시간 시간마다 놀라운 신유의 기적이 일어났다. 윤보선 대통령의 모친 이범숙 여사까지 참석할 정도로 부흥회의 열기가 온 장안을 흔들었다. -최자실,《나는 할렐루야 아줌마였다. 영산출판사, 1978》참조

II

1961~1973

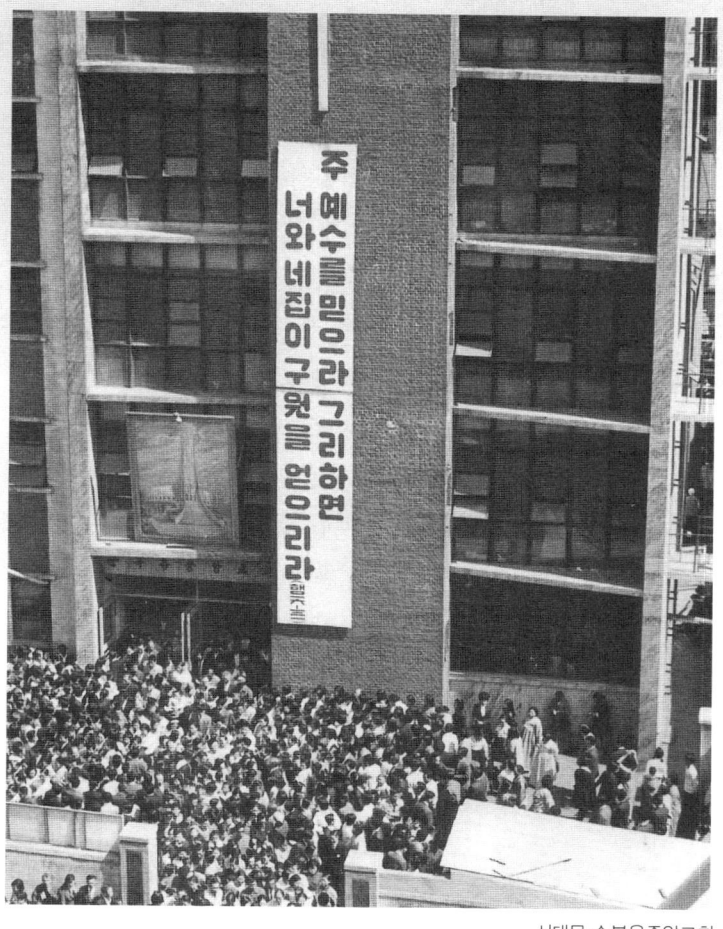

서대문 순복음중앙교회

10.

삶의 목마름이
절정에 달한 사람들

샘 토드 목사의 천막대부흥회는 끝났지만, 조용기 전도사는 엎드려 기도만 하면 새로운 교회 개척의 소원이 마음 한가운데서 불타올랐다. 성령께서 서대문 천막대성회를 가진 바로 그 자리에 교회를 세우라고, 그의 마음속에 레마로 부딪쳤다.

조용기 전도사와 최자실 전도사, 박재형, 김순혜 등 일곱 명의 집사와 150여 성도들은 마침내 천막부흥회가 열렸던 바로 그 천막에서 첫 개척예배를 드렸다. 이듬해를 완공목표로 삼고 길가 쪽으로 부흥회관 공사가 진행되었다.

개척예배 후 존 허스턴 선교사와 조용기 전도사는 3주 동안 아침저녁으로 연속 부흥회를 가졌다. 부흥회 첫날, 무려 1천 명에 가까운 사람들이 천막으로 몰려왔다. 매일 수십 명이 결신을 하고 병 고침을 받았으며, 수많은 사람이 성령체험을 하였다. 최자실 전도사와 여성도들은 인근 동네를 집집마다 방문하며 사람들을 부흥회로 인도했다.

날이 갈수록 조용기 전도사의 설교는 능력을 더해 갔다. 평소에는 말수가 적었지만 일단 강단에 올라가기만 하면 천막을 쪼갤 듯한 강렬한 음성과 깊고 오묘한 말씀이 폭포수처럼 쏟아졌다. 카랑카랑한 그의 음성이 성령의 불을 앞세우고 천막을 태우며 지나갔고, 수많은 기사와 이적이 일어나면서 하루가 다르게 교인이 늘어났다.

두 번째 개척교회가 불같이 일어나는 가운데 서울시 서대문구 충정로 1가 90-21번지에 순복음중앙부흥회관이 건립되었다. 대조동에서 서대문으로 교회를 옮긴 지 4개월 만이었다. 그 사이 교회부지에 얽혀 있던 재판도 황성수 변호사의 지혜롭고 열렬한 변호로 말끔하게 해결되었다.

당시 조용기 전도사는 한국에서 가장 큰 교회를 세우고 싶어 했다. 순복음중앙부흥회관이 완성되기 직전, 그는 존 허스턴 선교사와 함께 한국에서 가장 큰 교회인 영락교회를 찾아갔다. 한경직 목사가 목회하는 영락교회는 6천 명 가까운 교인이 있었고, 하루에도 여러 번 예배를 드리고 있었다. 조용기 전도사는 들어가지 못하게 막는 사찰 집사에게 한경직 목사처럼 훌륭한 목회자가 되고자 하는 자신의 뜻을 설명했다. 조용기 전도사는 성전을 줄자로 재며, 의자 수까지 종이에 자세히 적었다. 놀랍게도 서대문에 짓고 있는 순복음중앙부흥회관이 길이와 폭 면에서 각각 2m 정도 컸다. 그 교회보다 의자가 두 줄은 더 들어갈 수 있었다.

드디어 1962년 2월 18일 순복음중앙부흥회관 헌당예배를 드리게 되었는데, 윤치영 국회부의장, 김상협 문교부장관, 전 합참의장 정달빈 장군 등 3천여 명의 축하객과 성도들로 초만원을 이루었다. 1천 5백 석 규모의 부흥회관은 물론, 부흥회를 열었던 공터의 천막까지 차고 넘쳤다.

저녁예배에는 더 많은 성도가 몰려들었다. 걷지 못하는 한 여성도는 양손과 무릎으로 시내에서 서대문의 부흥회관까지 기어와 통로에 누운 채 설교 말씀을 듣고 있었다. 조용히 설교를 듣고 있던 그녀는 서서히 마비된 근육이 살아나는 것을 느끼기 시작했다. 신유기도가 끝날 무렵, 그녀는 껑충껑충 뛰면서 팔을 흔들고 기뻐하며 하나님을 찬양했다. 그날 밤 거의 2백 명이 거듭났고 100명 이상이 치유를 받았다. -《여의도순복음교회 50년사, 여의도순복음교회, 2008》 참조

순복음중앙부흥회관 개척은 존 허스턴 목사가 한국어에 유창하지 않았기 때문에 조용기 전도사와 최자실 전도사의 협력 아래 성장하기 시작했다. 1962년이 되자 출석 교인이 1천2백여 명으로 늘어났다. 드디어 1962년 4월 28일 기독교대한하나님의성회로부터 조용기 전도사가 목사 안수를 받았다. 5월 13일에는 순복음중앙부흥회관으로부터 순복음중앙교회로 교회명칭을 바꾸었다.

서대문 시대는 불과 3년 만인 1964년에 성도가 무려 3천 명이나 되었다. 순복음중앙교회가 3천 명을 넘어가면서 주일엔 교회 앞 도로가 막힐 정도로 인산인해를 이루었다. 성도들은 대부분 병자였고, 아현동, 현저동, 영천 같은 산동네의 가난한 사람들이었다. 심지어 생선 행상을 하는 아주머니는 생선 상자를 아예 교회 안에 갖다 놓고 예배를 드렸다. 아이들을 굴비처럼 새끼줄로 묶어 멀리 가지 못하게 해놓고 예배를 드리는 사람들도 있었다.

그때만 해도 가난한 사람들이 아이는 더 많은 터라 온통 떠들고 오줌과 똥을 싸고, 온갖 냄새가 진동하고 시끌벅적한데, 그래도 사람들은 모여들었다. 이런 모습을 본 어느 외국인 선교사는 조용기 목사에게 예배드리기 전에 먼저 저 사람들 목욕 좀 하게 하라고 핀잔을 했다. 이에 조용기 목사는 그 선교사에게 이렇게 해댔다.

"이보세요. 이 사람들이 목욕하기 싫어서 목욕 안 하는 줄 아시오. 이 사람들 사는 데 한번 찾아가 봐요. 목욕은 고사하고 죽도 못

먹어요. 얼마나 가난한지 연탄불도 안 잡아가요. 방 안에 연탄불을 피워놓고 있어도 방에 구멍이 하도 숭숭 뚫려서 바람이 왔다 갔다 하니까…. 이 사람들이 여기 와서 위로받지 못하면 갈 곳이 없어요. 냄새나도 좋고 시끄러워도 좋습니다. 아, 예수님도 거지 대왕이었지 않아요."

그 선교사는 아무 말도 할 수 없었다. 조용기 목사가 전하는 복음이야말로 가난하고 병든 자들에겐 기쁜 소식이었기 때문이다. 그의 메시지는 처음부터 끝까지 도시 빈민을 위한 메시지였다. 꾸역꾸역 밀려드는 것은 가난하고 병든 교인들뿐이지만, 그곳은 삶의 목마름이 절정에 달한 사람들의 우물이었다. 거기서 위로받지 못하면 정말 갈 곳이 없는 사람들이었다.

"냄새나도, 시끄러워도 좋다. 모두 다 와서 값없이 받으라."

이것이 조용기 목사의 절대 절망에서 절대 희망으로 가는 복음의 진수였다.

한번은 다른 교회를 다니는 성도가 조용기 목사를 찾아와서 이런 말을 했다.

"저는 목사님 설교가 좋아서 이 교회에 다니고 싶은데 이곳 성도들 하는 수준이 너무 맞지 않네요. 보세요. 교회 벽은 아이들이 오줌을 싸서 지린내가 진동하고, 성전 곳곳에는 쓰레기가 너저분하게 버려져 있어요. 예배시간에 애들을 데리고 와서 이곳저곳에서 애들 우는 소리가 들리는데 어떻게 온전하게 예배를 드릴 수 있겠어요. 이런 사람들 다 정리되면 이 교회에 나오겠어요."

조용기 목사는 그의 말을 듣고 나서 단호하게 대답했다.

"성도님이 말씀하셨듯이 저희 교회에는 가난하고 못 배운 분들이 많습니다. 이들은 이 교회를 안식처로 생각하고 나옵니다. 만약 이들이 이 교회에 나오지 못한다면 어디에서 위로를 받겠습니까? 그리고 저는 바로 이런 분들을 섬기기 위해 이곳에 있는 것입니다. 성도님께서 저희 교회 성도님들과 수준이 맞지 않으시다면 이곳에 나오지 않으셔도 좋습니다."

조용기 목사는 늘 가난하고 병들고 소외된 사람들을 섬기는 것이 자신이 해야 할 사역이라고 생각했다. -박계점,《포올. 조, 장원사, 1988》참조

11.

교회를 조직하다

순복음중앙부흥회관은 미국 하나님의성회 총회 본부의 선교정책으로 동양선교부가 주관하는 한국복음화사업의 센터로 세워졌다. 그래서 1964년 2월까지 미국하나님의성회 파송 선교사인 존 허스턴이 담임하게 되어 있었다.

그러나 존 허스턴 목사는 순복음부흥회관을 지을 당시부터 한국교회의 목회자는 한국인이 담당해야 한다고 생각하고 있었다. 조용기 목사에게 서대문에 새 교회를 짓고 함께 교회를 개척하자고 권유할 당시부터 존 허스턴 선교사는 "하나님께서 조용기 전도사가 장차 서대문 교회의 담임목사가 되기를 원하신다"며 교회 지도권을 조용기 목사에게 돌려줄 계획을 갖고 있었다.

그래서 조용기 전도사가 목사 안수를 받자마자 존 허스턴 선교사는 담임목사 직분을 내려놓고 그 스스로 고문선교사(Missionary Advisor)가 되었다. 그리고 1964년 2월 23일 조용기 목사가 담임목사 직분을 맡고, 존 허스턴 선교사는 협동선교사로 활동하게 되었다.

1964년은 조용기 목사가 담임목사가 되고 나서 대대적인 변화를

순복음중앙교회 새 성전 헌당. 1964. 12. 13.

맞게 된 해였다. 1964년 2월 16일, 순복음중앙교회는 남녀 집사를 임명하였다. 남집사는 박영호, 박재영, 노석진, 이경화, 박성용, 이재열, 송영달 집사 등 7명이었다. 여집사는 이건희, 차왈수, 김영옥(옥천동), 김영옥(을지로), 이영숙, 황진안, 김마리아, 정연희, 임지옥, 김향선, 조순희, 김석금, 백금녀, 박희순, 이옥근, 김정순, 김성심, 김순덕, 김신애, 이용녀, 노옥진, 지예연, 손북남, 이명순, 오양순, 최노득, 유갑녀, 박보원, 이련화, 최이식, 한성옥, 안정옥, 정성화, 차실백, 양삼성, 함순녀, 이화순, 정희조, 김여원, 김온겸, 차정순, 박창전 등 42명이었다.

또한 이날 송재덕, 박재형, 백낙순, 정용일, 김응호, 강형인, 이학천, 한명설 등 8명의 성도가 장로로 임명되었다. 그러나 정식으로 장로 장립식이 열린 것은 조용기 목사의 목사 위임식이 거행된 1966년 4월 5일이었다. 이날 김응호, 한명설, 강형인, 이학천, 이상직, 송재덕, 노동수 장로가 장립됨으로써 교회 건립 후 최초로 당회가 구성되었다. 비로소 조용기 목사를 당회장으로 하여 교회 치리에 박차를 가할 수 있게 되었다. 그리고 1967년 3월 1일에 제2회 장로 장립식에서 박재형(박여호수아) 장로가, 1969년 4월 24일 제3회 장로 장립식에서 이경화, 이철익, 이재열, 주완순, 김형모 장로가 장립되었다. 1971년 4월 12일에 노석진, 송영달, 이창길, 이경선, 허균이 장로 장립되었고, 김영옥 외 23명의 권사 임명식이 있었다.

최초 장로 장립 후 10년이 지난 1975년에는 장로들의 화합과 친목을 위해 장로친목회가 결성돼 송재덕 장로가 초대회장에 임명되었다. 장로친목회는 장로들의 신앙향상을 위해 정기적으로 예배를 주최하는 한편, 당회장을 보필하는 역할을 담당해 왔다. 장로친목회는 1988년 장로회로 명칭을 변경하면서 이규화 장로를 초대회장으로 선임했다. 이후 장로회는 교회 성장과 더불어 여의도순복음교회에서 중추적인 역할로 교회 발전에 기여하고 있다. 한편 2004년 5월 원로장로회가 발족되어 초대회장에 송재덕 원로장로가 추대되었다. 원로장로는 기독교대한하나님의성회 헌법 3편 49조에 의해 교회에서 추대된 공로자들로서 성도들의 울타리가 되고 있다.

1964년 성도는 누룩같이 늘어나 3천 명을 바라보게 되었다. 그러던 어느 날, 3백 명의 성도에게 침례식을 행하느라 조용기 목사는 몹시 지친 상태였다. 그러나 오후에는 미국에서 초청한 복음 전도자를 맞이해 저녁 집회에 통역을 맡아 강단에 올라섰다. 부흥사가 이리저리 뛰면서 열정적으로 설교를 하자 통역을 맡은 조용기 목사도 같이 강대상을 뛰어다닐 수밖에 없었다. 그렇게 반시간가량 지나자 조용기 목사는 심장 주변에 심한 경련이 일어나는 것을 느끼면서 그대로 강대상에서 쓰러졌다.

"존, 나는 죽어가요."

이 말을 남긴 채 조용기 목사는 존 허스턴 선교사의 팔에 안겨 정신을 잃었다. 눈을 떠보니 병원 침대였다. 의사는 심신이 극히 쇠약해져서 당분간 요양이 필요하다고 하였다.

일주일 후 조용기 목사는 병원을 나와 다시 강대상에 섰다. 온몸이 떨리면서 다리가 풀어졌다. 더듬거리며 간신히 설교를 이어나간 지 8분, 끝내 그는 실신하고 말았다. 다시 깨어나 2부 강단에 섰으나 5분 뒤 정신을 잃고 말았다.

이때 조용기 목사에게 '내가 죽어가고 있구나' 하는 절망이 엄습해 왔다. 그 순간 "아들아, 나는 너를 치료할 것이지만 그 치료는 10년이 걸릴 것이다" 하는 음성이 들려왔다. 주위에는 아무도 없었다. 하지만 너무나 정확하고 청명하고 명백한 목소리였다. 죽음의 절망에서 다시 임하신 하나님, 그것은 하나님께서 조용기 목사를 '광야학교'를 졸업시키고 새로운 '목회학교'로 입학시키기 위한 것이었다.

다시 그의 마음 가운데 하나님의 음성이 들려왔다. "너 혼자 모

1969년 춘계부흥성회. 순복음중앙교회

든 것을 다 하겠다는 조용기의 울타리를 허물어라. 그리고 내 백성이 떠나가서 성장할 수 있도록 도와주어라."

사도행전 2장 46절의 "집에서 떡을 떼며" 구절이 조용기 목사의 가슴에 와 닿았다. 그는 교회에서만이 아니라 가정집에서 예배를 드려야 한다는 생각을 하게 되었다.

조용기 목사는 그다음 주일에 여선교회를 소집했고, 최자실 전도사를 총책임자로 삼아 서울을 20개의 교구로 나누는 구역조직을 만들었다. 조용기 목사는 각 구역장들에게 담당구역의 성도들을 모아 양육하고 성경을 가르치면서 함께 기도하는 일들을 담당토록 하는 한편, 나아가 이웃들에게 예수 그리스도를 전도해 그들을 구역모임과 교회로 인도할 것을 당부했다.

조용기 목사는 매주 수요일 저녁 예배 직전에 여성 리더들을 모아 다음 주 구역예배에서 그들이 가르쳐야 할 내용을 지도했다. 구역조직이 잘 정착된 후기에는 구역예배용 책자를 만들어 구역장들이 사용토록 하였다. 또한 구역원이 15명 정도가 되면 새로운 구역으로 분리하고, 구역예배 보고서를 작성해 교회에 제출토록 했다. 그 결과 구역조직이 순조롭게 성장하여 1967년에는 수백 개의 그룹으로 확대되었다. 3년 후 1968년이 되자 구역조직의 활동에 힘입어 성도 수가 8천 명을 바라보게 되었다. 이어서 남성구역이 조직되고 청년구역, 아동구역까지 확장되었다.

1960년대에 가난하고 병들고 문제가 있는 이들이 서대문 사거리에 있는 순복음중앙교회로 몰려들었다. 그 가운데 순복음중앙교회 CA 고등부에 다니는 김찬묵의 강권적인 권유를 받아 막 고등학교를 졸업한 누나 김명화가 1966년 4월 첫째 수요예배에 참석하게 되었다. 그날 조용기 목사는 마가복음 16장 17~18절 '믿는 자에게 따르는 표적'이라는 설교를 하였다.

원래 김명화의 가정은 대대로 유교 집안으로 13번씩 제사를 지내고 철 따라 고사를 지내는 가정이었다. 그날 조용기 목사의 설교와 기도로 김명화는 병 고침을 받는 체험을 하게 되었다. 김명화는 1966년 6월부터 CA 청년회(회장 한상국)에 매주 화요일 저녁마다 참석하게 되었고 청년구역에서 전도에 앞장섰다. 이런 열정으로 그녀는 주일학교 교사를 거쳐 변종호 목사의 권유로 신학을 하고 여의도순복음교회 대교구장을 하게 되었다.

1960년대에는 서대문에 있는 순복음중앙교회의 강단에서 말씀을 증거하는 조용기 목사에게 성령의 소낙비가 부어져 그때 청년회와 구역에 속한 이들의 대부분이 훗날 주의 종이 되었다. -《여의도순복음교회 50년사, 여의도순복음교회, 2008》 참조

12.

조용기 목사의
첫 미주성회

1964년 4월 12일부터 열리는 미국하나님의성회 교단 창립 50주년 기념식에 미국하나님의성회 본부에서 조용기 목사를 초청했다. 당시는 해외여행이 자유롭지 못해 해외 선교가 극히 어려울 때라 조용기 목사에게는 큰 의미가 있는 기회였다. 조용기 목사는 초청장을 받고 여비 100달러만을 지닌 채 성도들의 기도에 힘입어 최초의 미국 선교 여행길에 올랐다.

한국 하나님의성회 대표 자격으로 50주년 기념식에 참석한 조용기 목사는 유창한 영어로 한국교회의 상황과 비전을 제시하였다. 그의 성령 충만한 희망이 넘치는 메시지는 참석자들에게 강력한 인상을 심어주었다. 그들은 한국을 전쟁으로 잿더미만 남은 나라로만 알고 있었다. 전쟁의 참화를 겪은 지 채 10년도 안 되는 한국에서 온 대표가 긍정적이며 희망에 넘친 메시지를 전하자 각국 대표들은 큰 감명을 받았다.

조용기 목사는 기념식이 끝나자 2개월 동안 미국 전역을 순회하였다. 한번은 2천여 명의 성도가 가득한 교회에서 온 힘을 다해 설교를 했다. 설교를 마치자 온 성도들이 일어나 조용기 목사에게 박수갈채를 보냈다. 그는 이 모습에 감격하며 하나님께 영광을 돌렸다.

그런데 조용기 목사가 예배를 마치고 숙소로 돌아가려고 하는데 미국인 할머니 한 분이 그에게 다가왔다. 그녀는 조 목사에게 인사말을 건네고 나서 잠시 머뭇거리더니 입을 열었다.

"그런데 목사님, 제가 목사님 설교를 들으면서 생각했는데 한국어가 영어랑 비슷한가 보지요?"

"무슨 말입니까?"

그녀의 질문에 놀라 눈을 휘둥그렇게 뜨고 쳐다보는 조용기 목사에게 그녀는 다시 입을 열었다.

"아니, 내가 목사님의 설교를 들으니까 영어 비슷한 언어로 말씀을 하시는 것 같은데 영어는 아닌 것 같기도 해서 물어보는 거예요. 아니면 목사님이 한국어와 영어를 섞어서 설교하시나요? 사실 내가 좀 알아듣기가 힘들었어요."

그녀의 말을 들은 조용기 목사는 그 할머니가 약간 가는귀가 먹어서 안 들렸나 생각했다. 그러나 혹시나 해서 자신을 초청했던 교회의 담임목사를 찾아가 물어보았다.

"목사님, 혹시 오늘 제가 영어로 설교하면서 표현이나 문장에 문제가 있었던 것은 아닙니까?"

조용기 목사의 질문에 담임목사는 난처하다는 표정을 지으면서 조심스럽게 대답했다.

"조 목사님, 오늘이 목사님께서 처음으로 미국에 와서 영어로 설교하신 날이시지요? 처음치고는 너무나 잘하셨습니다."

"알겠습니다. 그러면 오늘 제가 한 설교는 얼마나 이해를 하셨습니까?"

"절반 정도 이해를 했습니다."

'절반'이라는 말이 미국인 목사의 입에서 흘러나왔을 때 조용기 목사는 엄청난 충격을 받았다. 사실 그동안 조용기 목사는 미국인 부흥사들의 통역을 오랫동안 해왔고, 미군 부대에서 영어로 수없이 설교를 했었지만, 마음 한구석에 자신의 경상도식 영어 발음에 대한 콤플렉스가 있었다.

그는 앞으로 두 달 동안 미국에 머물면서 어떻게 복음을 전할 수 있을지 도저히 엄두가 나지 않았다. 이대로 다시 한국으로 돌아가 버릴까 하는 생각에 주저앉아 한참 동안 소리 내어 울면서 기도했다. 그러자 그의 마음 한가운데 들려오는 음성이 있었다.

"생명을 다해 준비하라. 내가 너와 함께 있으리라."
-국제신학연구원,《여의도의 목회자, 서울말씀사, 2008》참조

순복음영산신학원 학장 조용찬 목사는 조용기 목사가 소천한 후 "나의 형님, 조용기 목사"라는 글을 〈국민일보〉 지면에 적었다.

"내가 아직 어렸을 때부터 형님이 부엌 앞 한편에 놓인 돌절구에 몸을 기댄 채 열심히 책을 읽던 모습이 지금도 눈에 선합니다. 책 표지는 눈을 가지 위에 잔뜩 얹은 나무들이 빼곡히 섰는데 어떤 사람이 스키를 타고 그 사이를 내려오는 사진이었습니다. 나중에야 그 책이 '리더스 다이제스트'라는 잡지인 걸 알았습니다.

형님은 독서광이었습니다. 그뿐만 아니라 영어사전을 통째로 암기하려는 시도도 했습니다. 훗날 형님이 영어설교 통역하는 것을 들으면서 형님이야말로 대한민국에서 영어를 제일 잘하는 사람이라 확신했습니다.

내가 영어를 웬만큼 하게 되어서야 형님이 한국에서 영어를 제일 잘하는 사람은 아니라는 사실도 알게 되었지만, 한 가지 여

전한 것은 형님이 세계에서 제일가는 영어 설교가라는 분명한 사실입니다."

조용기 목사는 1960년대 말 효과적인 해외설교를 위해 선교지 언어에 능숙해야 할 필요를 느끼고 불어 공부를 시작했다. 독일어와 일본어를 습득하기 위해 계속 노력하였다. 정규과정을 거치며 공부한 평균적인 사람보다 비교할 수 없을 만큼 노력을 했다. 설교, 선교, 교육, 구제, 목회 모든 분야에서 조용기 목사는 누구보다도 노력했다. 이런 노력이 자신이 아닌 하나님 나라를 위해 바쳐졌기 때문에 하나님께서 그를 위대하게 쓰신 것이다. 그리고 조용기 목사의 그 영향력은 여전히 한국과 세계의 크리스천에게 지속되리라고 조용찬 목사는 회고했다.

조용기 목사는 하나님께서 자신에게 부여하신 모든 일에 기도하면서 최선의 경주를 다하였다. 그가 서는 강단이 여의도순복음교회이든지 한국교회의 강단이든지, 여의도 광장이나 영어권, 불어권, 독일, 일본, 중화권 어디서나 베스트 메시지를 전하고자 생애를 다 바쳤다.

대천덕 신부가 조용기 목사를 처음 만난 것은 그가 순복음신학교 학생 시절 때였다. 존스턴 선교사가 그 신학교의 학장이었고, 그는 오류동에 있는 성공회신학교 학장이었다. 대천덕 신부와 현재인 사모가 순복음신학교로 존스턴 부부를 만나러 갔을 때 존스턴 선교사는 그들을 한모퉁이에 세워진 낡은 군용 천막으로 안내했다. 그 천막으로부터 뜨거운 기도 소리가 들렸다.

"저 학생이 우리의 가장 장래가 촉망되는 학생입니다"라고 존스턴 선교사가 말했다. 바로 그가 대천덕 신부가 처음 만났던 때의 조용기 전도사였다.

　약 5년 후에 정기적으로 존 허스턴 부부와 목사 안수를 받고 서대문순복음교회에서 목회 중이던 조용기 목사와 몇몇 선교사와 성령이 충만한 평신도들과 만나 기도회를 갖게 되었다. 그때에는 그러한 성령 충만한 모임이 흔치 않았기에 대천덕 신부에게도 그 기도 모임은 놀라운 것이었다. 대천덕 신부는 그 모임을 매우 열렬하게 사모하며 기대했으며 특히 모임을 통해 조용기 목사와 많은 교제를 나눈 것을 기뻐했다.

　대천덕 신부는 그의 몇몇 친구들과 조용기 목사의 설교를 듣기 위해 서대문교회로 찾아가곤 했다. 그런데 한번은 너무 늦게 도착하여 좌석을 얻을 수가 없었던 대천덕 신부가 뒤편에 서 있었는데, 그곳에는 팔에 '안내원'이라는 완장을 두른 많은 봉사자가 있었다. 설교를 듣다가 대천덕 신부는 한 아이를 화장실로 데려가기 위해 성전을 빠져 나와야만 했었고 다시 성전으로 들어갔었을 때 조용기 목사가 그의 이름을 부르는 것을 들었지만 확실히 알아들을 수가 없었고, 안내원들도 아무도 그에게 주의를 기울이지 못했었다. 그때 뒤쪽 발코니 아래에서는 음향 상태가 매우 좋지 않았다. 예배가 모두 끝난 후에 훨씬 앞쪽의 좌석에 앉아 있었던 동행 중의 한 사람이 "조 목사님이 신부님을 앞으로 나오시라고 했을 때 왜 안 나오셨어요?" 하고 물었다. 하지만 그때에는 수천 명의 사람들이 성전 밖으로 쏟아져 나오고 있어서 앞으로 나가기에는 너무 늦었었다.

　그 후 수년 동안 대천덕 신부와 조용기 목사는 많은 만남을 통하여 서로가 항상 일치되며 조화된다는 것을 발견했다. 조용기 목사와 대천덕 신부는 서로 각기 나름대로 사역에 바빠서 많은 대화를 나누지 못했던 것을 항상 서운하게 여겼다.

　대천덕 신부가 조용기 목사로부터 깊은 감명을 받은 일이 있는데,

조용기 목사가 그에게 편지를 써서 자기의 개인 헌금을 예수원에 보내기 원한다고 말했던 것이다. 대천덕 신부는 그 후에도 조용기 목사의 계속된 예수원에 대한 실제적인 관심에 깊은 감사를 표명했었다. 또한 조용기 목사는 대천덕 신부에게 신앙계에 글을 기고해 줄 것을 요청했다. 그는 그로부터 3년 동안 신앙계에 글을 기고하면서도 서로 너무 시간에 쫓기어 오직 한 번만 자리를 같이 해서 그가 기고한 글에 대해 이야기를 나누었다. 조용기 목사와 대천덕 신부의 만남은 전적으로 간접적인 것이었지만, 성령 안에서 기도로 조용기 목사와 대천덕 신부는 영적 만남을 이어갔다.

조용기 목사와 동문수학했던 목사들은 그의 기도하는 모습을 기억했다. 그 가운데 최창업 목사는 그가 천막교회에서 엎드려 기도하고, 서대문의 순복음중앙교회 강단에서 예배를 시작하기 전에 강단 의자를 붙잡고 무릎으로 기도하는 뒷모습을 볼 적에 가슴이 뭉클해지며 저절로 은혜가 임했다고 말하였다.

조용기 목사의 엎드림은 하늘의 풍성함을 이 땅에 가져오는 비밀 병기였던 것이다. 우리는 조용기 목사로부터 기도의 유업을 잇고 그 유업을 다시 길러내야 할 것이다.

서대문 시절은 날마다 대규모 부흥성회가 이어지는 가운데 조용기 목사의 지방 부흥회 인도가 끝없이 이어졌다. 날마다 증가하는 성도들을 맞이하기 위해 세 차례에 걸친 교회 증축공사가 뒤따랐다.

최자실 전도사의 일본집회

조용기 목사와 최자실 전도사가 교회 부흥을 위해 헌신하는 모습을 지켜보던 미국 하나님의성회 동양선교부장 메이나드 케참 목사가 1964년 가을에 최자실 전도사에게 뜻밖의 선물을 보냈다. 교회 개척으로 불철주야하는 최자실 전도사에게 1964년 10월 20일부터 열리는 제18회 동경올림픽을 구경하면서 새로운 충전을 통해 교회 성장에 매진하라는 뜻에서 준 일본 왕복 비행기 표였다.

그 당시는 해외여행이 극도로 제한된 시기라 동경올림픽이 중간이나 지나가도록 일본 비자를 발급받지 못했다. 간신히 1964년 10월 25일 일본 비자를 받은 최자실 전도사는 10월 28일 처음으로 일본 여행길에 올랐다.

노스웨스트 비행기에 올라 은빛 날개가 하늘을 가르는 것을 보면서 최자실 전도사는 대조동 천막교회 시절에 조용기 전도사에게 임했던 예언의 말씀을 떠올렸다. 당시 새벽예배 후 조용기 전도사는 최자실 전도사가 은빛 날개를 타고 세계선교를 할 것이라는 하나님의 계시 말씀을 예언했다. 그때 상황으로는 그야말로 꿈같은 이야기였다. 그렇지만 불과 6년 뒤에 그의 나이 마흔아홉 살에 하나님께서는 그 약속을 이루셨다.

일본 하네다 공항에 도착한 최자실 전도사는 고마고메 신학교 여자 기숙사로 안내되었다. 곧바로 신학교 예배에서 간증하였다. 그는 옛날 배운 일본어를 기억해 가면서 띄엄띄엄 한 10여 분 동안에 자살하려 했던 일, 신학교를 졸업하고 개척교회 했던 일, 그리고 지금은 조용기 목사와 함께 3천 명 교인들을 섬기고 있다고 간증했다. 그랬더니 이곳저곳에서 "할렐루야 아멘"이 터져 나왔다.

이렇게 최자실 전도사가 예배를 마치고 밖으로 나왔더니 일본 목사 셋이서 한 사람은 최자실 전도사의 가방을 들고, 다른 이는 코트를 들고, 다른 이는 그의 손목을 잡아끌면서 "사이센세이 자동차 준비됐으니 우리 교회로 먼저 갑시다" 하고 성화였다. 고엔지 무라가미,

12. 조용기 목사의 첫 미주성회

요시야마 목사가 시무하는 교회에서 차례로 또다시 간증 설교로 전도집회를 인도했다. 요시야마 목사의 두 아들이 폐렴에 걸려 몇 달 동안 앓고 있었는데 최자실 전도사의 기도로 병 고침을 받았다.

이렇게 동경지방을 중심으로 선교집회를 갖는 동안 보름이 기한인 비자를 연기하고 또 연기한 끝에 40일 만에 동경지구 전체를 순회하게 되었다. 일본하나님의성회 주최로 복음전도부흥회를 최자실 전도사가 인도했다. 가는 곳마다 성령께서 역사하셔서 당달봉사가 눈을 뜨기도 하고, 중풍병자가 일어나기도 하며 갖가지 은사가 나타났다.

13.

조용기 목사의 결혼

1961년 9월 1일부터 한 달 동안 서대문 로터리 교회에서 샘 토드 목사 부흥회가 열렸다. 이때 옥천동에 살던 조정희가 2주간 매일 부흥회에 참석했다가 성령세례를 받았다. 그래서 그의 어머니 되는 김영옥과 맏아들 조명호, 차남 태호, 열 살 된 차녀 오희까지 천막부흥회에 가서 성령의 충만한 은혜를 받게 되었다. 그 가정은 당시 평동감리교회에 출석하였고, 온 식구가 주일학교 반사를 하며 교회에 열심 있는 가정이었다. 그런데 평동감리교회에 다니는 이금순 집사가 산 기도하다가 성령체험을 하고 교회에서 방언기도를 하는 것을 보고 담임목사는 크게 경계하고 단속하였다.

온 가정이 천막성회에서 은혜를 받은 조재창 가족은 더 이상 평동감리교회에서 신앙생활을 하기 어려워졌다. 그로 인하여 치과의사인 신현철 집사 가정과 함께 순복음중앙부흥회관으로 옮기게 되었다.

신현철 집사는 신학교를 나와 순복음중앙교회에서 교역자로 섬기다가 1976년 시흥에서 순복음영광교회를 개척하였다. 그 아들 신성순 목사가 대를 이어서 목회를 하였다. 대조동 순복음교회, 서대

순복음중앙교회 여름어린이성경학교 교사. 1973. 7. 30.~8. 3. 왼쪽부터 1열 중앙의자. 김선구, 이광지, 문남이, 유병숙, 박순자, 박경숙, 조문숙, 2열 김경애, 박은순, 3열 허현숙, 김동선 4열 이상숙, 이영훈(여의도순복음교회 위임목사) 김정래, 박용래, 구명혜, 5열 변근영, 김종호, 김상길, 최명우 이 사진 속의 교사들이 훗날 대부분 목사, 선교사, 장로가 되었다.

문 순복음중앙교회에서 수많은 목회자와 선교사가 나와서 하나님의 나라를 확장하였다. 여의도순복음교회로 이어지면서 국내외 선교의 못자리가 되었다.

김영옥 집사는 1964년에 서리집사가 되었고 여전도회 회장이 되어서 최자실 전도사의 기도부대가 되었다. 최자실 전도사 좌우에서, 나중에 양태홍 목사의 장모가 되는 김마리아 집사와 더불어 동행하며 기도사역을 했다.

김영옥 집사는 1961년부터 순복음중앙교회에서 매월 첫 주일에 갖는 성찬식 백설기 떡을 집에서 토요일에 쪄서 밤새 성찬용 떡으로 썰었다. 교인 수가 수천 명으로 증가하게 되어 나중에는 부인회가 인계받아 성찬 떡을 만들었다. 김영옥 집사의 자녀들은 어머니 김영옥 집사가 최자실 전도사의 오른팔이 되어 전도와 심방, 봉사하는 모습을 보며 성장했다.

최인선 집사가 아홉 살이었던 1961년에 어머니 이엽이 집사를 따라 서대문의 순복음중앙교회에 출석했다. 그는 종로구 충신동 89-2에 살고 있었을 때 최자실 전도사를 수행하여 심방한 김영옥 집사를 지금도 생생하게 기억하고 있다고 했다. 세 자매 권사인 최인선 집사의 모친 이엽이 권사, 큰이모 이한염 권사, 작은이모 이은엽 권사는 순복음중앙교회의 여전도회 일꾼이었다. 이엽이 권사의 딸 최경옥은 윤재한 목사의 사모로서 보광동에 있는 성광순복음교회를 섬겼다. 윤재한 목사는 잭홈 선교사를 도와서 월드선교회, 새소망소년의 집에서 사역했었다. 큰이모 이한염 권사의 사위 윤재호 장로와 그의 동생 윤재혁 장로는 차례로 여의도순복음교회에서 장로회장을 지냈다. 작은이모 이은엽 권사의 아들 박길성 목사와 조용기 목사의 비서였던 그의 아내 차덕희 사모는 산호세순복음교회에서 사역을 했다.

김영옥 집사의 맏아들 조명호는 교회학교 교사로 섬겼으며, 순복음신학교를 나와 돈암순복음교회를 개척하고 순복음신학교에서 교수로 신학생을 가르쳤다. 둘째 아들 조태호는 성가대를 지휘하며 교사로 섬겼다. 큰딸 조정희는 순복음중앙교회 대학부 지도교역자를 거쳐 강남순복음교회 목사를 지냈다. 조오희는 도미해서 남편 나다윗 목사와 함께 아틀란타순복음교회 사모로 일하고 있다. 막내 조순희는 최자실 목사의 비서로 여의도순복음교회에서 근무했었다. 최자실 목사의 중매로 전명진과 결혼하여 남미 아르헨티나와 볼리비아 선교사로 사역했다. 그러다 전명진 선교사가 2013년 소천하였고, 조순희 선교사는 2021년 11월 24일 로스앤젤레스에서 네 명의 딸과 사위가 지켜보는 가운데 주님 품에 안겼다. 그녀가 다니던 나성순복음교회에서 진유철 목사의 집례로 성도들의 애도 속에 장례예배를 드렸다.

여의도순복음교회 위임목사가 되는 이영훈 목사의 가정은 1964년 4월에 순복음중앙교회로 이적하였다. 이영훈 목사의 조부 되는 애국지사 이원근은 1964년 1월 냉천동으로 이사 온 후 거리가 먼 장로교회에 새벽기도 참석하기가 힘들어 집에서 5분 거리에 있던 순복음중앙교회에 출석하였다. 당시 조용기 목사가 매일같이 인도하던 새벽예배에 석 달간 참석하며 큰 은혜를 받은 조부는 가족을 한자리에 모았다. 조부는 비장하고 엄숙한 표정으로 말하였다.

"이번 주부터 우리 가족은 모두 순복음교회에 출석한다. 내가 3개월 동안 조용기 목사님 설교를 귀담아들었다. 큰 은혜를 체험했다. 젊은 종인데, 아주 성령 충만한 사람이다. 말씀에 은혜가 넘친다."

그때가 1964년 4월, 이영훈 목사는 초등학교 4학년이었다. 당시 조용기 목사는 나이가 만 스물여덟이었다. 조용기 목사는 이영훈 목사의 가족이 순복음중앙교회에 등록한 이듬해인 1965년 3월 1일 결혼식을 올렸다. 그 결혼식에는 이경선 장로, 김선실 전도사와 교회학교 중등부에 다니던 맏아들 이영범과 둘째 초등부 이영훈이 하객으로 참석했고, 조오희, 김은숙, 그리고 중등부에 출석하던 구명혜도 참석하여 결혼식을 지켜보았다.

하나님의 계시를 따라 서대문에 세운 순복음중앙교회에서 조용기 목사와 교회 반주자인 김성혜는 3천여 교인들의 축복 속에 부부로 맺어졌다. 최자실 전도사의 딸인 신부 김성혜는 1주일 전에 이화여자대학교 음악대학 피아노과를 졸업한 상태였다. 신부 김성혜는 어머니 최자실 전도사의 손을 잡고 입장했다. 주례는 미국하나님의성회 선교사로 국내에서 활동 중인 루이스 P. 리처드 목사가 맡았다. 주례를 맡은 루이스 P. 리처드 목사는 흥이 나서 한 시간 동안이나 주례사를 하였고, 몸이 좋지 않았던 조용기 목사는 쓰러지지 않기 위해 안간힘을 써야만 했다. 두 사람은 결혼예물로 백금 반지를 교환했고, 해운대로 신혼여행을 떠났다.

이로써 1956년 초겨울 신학교 시절, 조용기 학생회장이 급성폐렴에 걸려 사경을 헤맬 때 그를 간호하기 위해 기숙사를 찾았던 최자실 전도부장에게 "네 사윗감이니 잘 간호해 주어라"라고 하셨던 하나님의 말씀이 결실을 맺은 것이다.

두 사람의 첫 만남은 이화여중으로 진학한 김성혜가 신학교에 재학 중이던 어머니 최자실 전도부장을 방문하면서 이루어졌다. 그 뒤 1958년 대조동 천막교회에서 김성혜가 교회 반주를 담당하면서부터는 친오빠 이상으로 여기고 따르게 되었다.

어려서부터 음악에 남다른 재능이 있던 김성혜는 진해여중에서 음악 특기생으로 이화여중으로 전학했다. 진해여중 2학년 시절인

1956년 크리스마스 때, 진해 군인교회에서 이승만 대통령 내외를 모시고 성탄 축하예배를 가졌을 때 김성혜가 성가대 반주를 맡기도 했다.

당시 성도들 사이에서는 총각이던 조용기 목사를 사위로 맞기를 원하는 사람들이 있었다. 사실 조용기 목사 주변에는 영어를 배우던 여대생이 여럿 있었다. 조용기 목사가 혼자서 아파트에 살고 있을 때 미8군에 근무하는 유대계 미국 여자가 있었다. 그녀는 문학 석사여서 문학성이 뛰어난 조용기 목사와 대화가 잘 되었다. 그녀는 주일마다 부대에서 나와 조용기 목사를 도와주다가 아예 아파트 옆으로 이사를 왔었다. 그러나 최자실 전도사가 그녀에게 막 해대서 판을 깨버렸다. 그래서 조용기 목사는 허스턴 목사와 의논을 하였고, 그가 내려준 결론에 따라 김성혜를 평생의 반려자로 맞이했다.

조용기 목사는 결혼 직후부터 6개월간 부흥회 스케줄이 한 주도 빠짐없이 잡혀 있었다. 그의 소원은 한국의 빌리 그레이엄이 되는 것이었다. 그는 주일예배가 끝나면 다음 월요일부터 토요일까지 지방교회를 순회하며 부흥회를 인도해야만 했다.

그 당시만 해도 부흥회는 월요일부터 한 주 내내 토요일까지 했었다. 그러다가 금요일까지 줄어들기도 했지만, 주중에 전국 각처에서 요청한 지방교회 부흥회를 인도한 후 주말에 올라와 주일예배를 인도한 후 곧바로 또 부흥회를 떠났기에 신부 김성혜 사모는 신혼의 달콤함은커녕 신랑 얼굴도 제대로 보기 어려울 정도였다. 조용기 목사가 지방 부흥회를 다녀와 내미는 선물이라고는 땀에 찌든 빨래 보따리뿐이었다. 심지어는 강사 사례비도 어려운 교회는 그대로 감사헌금으로 내놓든지, 부흥회에 찾아온 사람들의 딱한 사정을 듣고 봉투째 넘겨주기도 하였다.

1994년에 올림픽체조경기장에서 조용기 목사, 라인하르트 본케 목사를 강사로 서울성령화대성회가 열린 때의 일이다. 조용기 목사는 세계성신클럽이 숙소로 잡아 놓은 잠실 롯데호텔에 투숙하여 아침에 조찬을 하게 되었다. 그 자리에 세계성령부흥사연수원을 졸업한 박종문 목사가 동석했다. 대화 중에 박종문 목사가 1960년대 후반 서천군 갈산교회에 부흥회 강사로 오신 조용기 목사를 통하여 300여 명의 성도가 낮 시간에 성막 공부를 해서 큰 은혜를 받았다는 이야기를 했다. 박종문 목사는 그날 부흥회가 끝난 후 교회로부터 사례비를 받은 조용기 목사가 그곳에 있던 시골교회 목회자와 성도 두 명의 사정을 듣고 나서 목회자가 아닌 평신도에게 자신이 받은 사례비를 봉투째 넘겨주었던 일화를 들려주었다. 내가 "어떻게 목회자보다 평신도에게 사례비를 주셨나요?"라고 조용기 목사에게 물었더니, 조 목사는 그 일을 잘 기억하고 있으며, 그 순간에 성령께서 지시하는 대로 했을 뿐이라고 담담하게 말해 주었다.

　이렇다 보니, 조용기 목사의 수중에 여유가 없었다. 더구나 결혼 후 얼마 되지 않아 교회를 증축하면서 3년간 조용기 목사는 사례비를 받지 않았기 때문에 김성혜 사모는 대문 앞에 '피아노 개인레슨'이라는 간판을 내걸고 학생들에게 피아노를 가르치면서 생활비를 벌어야만 했다. -《여의도순복음교회 50년사, 여의도순복음교회, 2008》 참조

14.

메리 럼시 선교사와
허홍, 박성산

한국 오순절 운동의 전래는 1928년 봄, 메리 럼시(Mary C. Rumsey) 선교사가 서울에 도착하는 것으로 시작되었다.

럼시 선교사는 뉴욕시 근교에 있는 감리교회 성가대원이었다. 그녀의 아버지는 목사였고 어머니는 일찍 세상을 떠나서 그녀는 외할머니 슬하에서 성장하여 간호사로 일했다. 1906년 4월 로스앤젤레스 아주사 부흥 집회에서 성령세례를 받은 그녀는 "한국으로 가라"는 성령의 말씀을 듣고 선교사의 꿈을 갖게 되었다. 그러나 선교비를 마련할 길이 없어 근심하며 기도하던 차에 같은 교회의 텐버드라는 사람의 지원으로 한국 선교의 열망을 이루었다.

럼시 선교사가 한국 땅에 도착할 당시 한국은 3·1운동을 치르고 난 후로 교회가 크나큰 수난기에 접어들고 있었다. 럼시 선교사는 며칠간 조선호텔에서 유숙하다가 1907년의 대부흥의 기수였던 하디(Robert Alexa Hardie, 1865~1949) 선교사가 기거하던 시병원에 여장을 풀었다. 이 병원은 감리교 의료선교사 스크랜턴(William B. Scranton)과 헤론(Jack F. Heron)이 세운 것으로 감리교 측 정동제일병원이었다.

럼시 선교사는 정동 시병원 숙소에서 꿇어 엎드려 "하나님이시여! 하나님의 명령에 따라 이역만리 조선에 왔습니다. 저로 하여금 이 땅에서 이루시고자 하는 하나님의 뜻을 온전히 이루게 하옵소서"라고 기도드린 후 발길이 닿는 대로 걸어 정동 구세군 조선 본영 사무실 문을 두드리게 되었다.

럼시 선교사는 이곳에서 허홍(1907~1991) 청년을 처음으로 대면하였다. 허홍은 구세군 본영에서 성경통신과 사무를 보는 중이었으며, 어려서부터 선교사들과 접촉할 기회가 많아 영어를 잘하였다. 두 사람은 대화 중에 마음이 통하게 되어 허홍은 구세군의 사무를 그만두고 럼시 선교사를 돕게 되었다.

럼시 선교사는 하나님의성회 교단의 파송을 받지 않고 개인 자격으로 한국에 왔다. 그녀는 "오순절 신앙이란 방언하는 것이며, 기도로써 병 고침을 받는 것이다"라고 역설하며 조선인에게 뜨거운 열정으로 전도했다.

럼시가 개인 자격으로 선교를 시작한 지 2년 후인 1930년에는 미국 오순절교회 소속인 팔선(T.M. Parsons) 선교사가 개인 자격으로 한국에 왔다. 1933년 영국 오순절교회의 신자 메레디스(E.H. Meredith)와 뵈시(Vessey) 등이 한국에 들어오게 되었다. 그들 역시 영국 오순절교회의 파송이 아닌 개인 자격으로 내한하여 선교활동을 펴나갔다.

당시 오순절교회는 두 그룹으로 나누어 선교활동을 하였다. 박성산과 허홍은 럼시 선교사와, 배부근은 메레디스, 뵈시 선교사와 팀을 이루었다. 열정적인 선교사역은 한국 최초의 오순절교회를 세우게 되었다. 1932년 4월 럼시 선교사와 허홍의 적극적인 노력으로 서빙고교회가 개척되었다. 1932년 일본 성서신학원에서 오순절 신앙으로 신학 과정을 마친 박성산(1908~1962)이 담임하였다. 럼시 선교사가 일본 성서신학원의 박성산을 한국으로 보내 달라고 요청했던 것이다.

서빙고교회 다음으로 수창동교회가 창립되었다. 뵈시, 메레디스, 팔선은 일본 성서신학원을 졸업하고 귀국한 배부근과 함께 사직공원 앞 300m 지점에 그리스도의 교회 건물을 임대하여 수창동교회를 세웠다.

세 번째로 연희장교회가 세워졌다. 연희장교회는 허홍 목사가 당시 '능만'이라 불리던 지금의 북아현동 중앙여중 동남쪽, 연희역이 있던 자리에 한식 기와의 위풍당당한 집에서 개척하였다. 그 후 허홍 목사와 럼시 선교사는 흑석동 집회소를 세웠다. 배부근 목사는 1939년 당인리에 개척교회를 세웠으며, 박성산 목사는 연신장내에 연소교회를 세웠다.

박성산 목사는 "성령세례의 표적은 방언이며, 기독교 신앙은 사회구원, 현실 참여 없이는 이뤄질 수 없다"라고 주장했다. 박성산은 1938년 10월 조선 오순절교회 최초로 허홍, 배부근과 함께 목사 임직을 받았다. 1940년에는 일제에 의하여 교회가 강제 폐쇄되자 광화문에 '성문당'이라는 서점을 내서 현실참여에 앞장섰다.

한국신학대학장과 기독교장로회 총회장을 지낸 조향록 목사가 1976년에 내게 이런 말을 했었다.

"순복음교회에 박성산이라는 분이 있었는데 참 특이하고 진취적인 분이었어요. 성령운동하는 기도파인데도 사회참여에 앞장서는 선구자였습니다."

1940년 12월 20일, 영국 오순절교회 선교사인 뵈시, 메레디스가 일본의 종교박멸정책으로 강제 출국당하고 오순절교회는 해산되었다.

해방 이후 1950년 6·25 한국전쟁이 일어났다. 이때 한국에 참전한 미군들 중에 미국하나님의성회 소속 군목 엘라우드가 한국 내에서 오순절 신앙을 가진 교회를 찾다가 허홍 목사를 만나게 되었다.

그들은 같이 예배를 드리며 허홍 목사에게 미국하나님의성회와 유대관계를 맺기를 권유했다. 그 후 미국 군종장교들의 소개로 미국하나님의성회 동양선교부장 오스굿(Osgood) 목사가 방한하여 한국의 현황을 취재하여 갔고, 뒤이어 아더 B. 체스넛(Arthur B. Chesnut) 목사가 초대 선교사로 한국에 입국하였다.

15.

기독교대한하나님의성회
창립

    박성산 목사는 기독교 신앙에 무지하여 미신에 얽매인 서빙고 주민들에게 삶의 비전을 심어주고 복음의 진리를 체험하게 하였다. 주위에서 방언하는 이단으로 공격을 받았으나 열정적으로 복음을 전했다. 박성산 목사는 여느 날과 다름없이 유지욱, 김동업, 단희동, 최용돌 등 교회 청년들과 함께 북을 치며 노방전도를 하던 중 동네 불량배들이 몰려와 시끄럽다고 하며 손목을 비틀어 부러지게 하였다. 그는 중상을 입고 3개월이나 병상에 있었으나 오히려 교회는 나날이 부흥되어 1934년 장년 백여 명, 주일학교 2백여 명으로 부흥되었다.

    전쟁 말기에 일제 탄압은 더욱 극심하여 마침내 수창동교회는 폐쇄되고, 선교사는 추방되었다. 박성산 목사는 신사참배를 거부하여 서대문 감옥에 수감되어 고문과 핍박에도 신앙을 지켜, 8·15해방 후 옥문을 나오게 되었으나 몸은 만신창이가 되어 그 후유증으로 교회 사역에 괴로움을 당하였다.

    그러나 일제의 압박보다 더 처참했던 6·25전쟁 시에 혹독한 시련을 겪게 되었다. 한동안 피난을 가지 못하여 서울 북아현동 집에서 은신하다가 패주하는 인민군들에게 사살될 위기에서 아내가 되는 유지혜 사모의 기지로 모면하였다.

1·4후퇴 시 부산의 피난지에서 신앙 동지들을 규합하여 미국 오순절 교단 중 가장 활발하고 규모가 있는 스프링필드 미주리 주에 있는 하나님의성회 동양선교부장과 중국선교를 겸임했던 아더 B. 체스넛 목사가 부산에 와서 임시 선교부를 세우고 1952년 11월 20일에 부산시 서대신동 3가 292번지 소재의 작은 방을 빌려 가정예배를 드림으로 순복음부산교회를 개척하였다.

1953년 휴전이 되자 서울 수복으로 박성산 목사는 서울로 올라와서 1953년 4월 8일에 서울 남부교회에서 기독교대한하나님의성회 창립을 주도하였다. 체스넛, 배부근, 허홍 목사 등 신앙의 동지들과 서울 용산구 한강로 남부교회에서 교단 신학교를 개설하였다. 1953년 8월 1일, 서울 서대문구 충정로로 학교교사를 이전하여 순복음신학교의 초석을 닦았다.

오순절교회 지도자 배부근, 곽봉조, 윤성덕, 김성환, 박귀임, 김길윤, 박헌근

기독교대한하나님의성회 개척자 중에 배부근(1906~1970)은 1928년 일본으로 건너가 나고야에서 신학원을 다녔다. 그 후 존 주르겐센 원장의 일본성서신학원에서 성령세례를 받았다. 1931년에 귀국하여 수창동교회를 개척하게 되었고, 팔선 선교사가 임대료를 부담했다. 그는 교단 창립 멤버로서 순복음신학교 사감이자 성경을 교수했다.

초기 오순절교회 지도자 중 곽봉조 목사는 이치오카에 있는 일본인 오순절교회의 노방전도대에 의해 입교했다. 이 노방전도대는 특히 야간에 수십 개의 큰 초롱을 들고 많은 사람들이 행렬을 지어 전도를 다녔는데 거기에 끌려서 이치오카 교회까지 갔다가 입교하게 되었다. 그 후 이코마 신학교에 입학하여 성령세례를 받은 후 1932년에 이코마 신학교를 제1회로 졸업하였다. 오사카 오순절교회를 개척하고, 낮에는 직장에 나가 일하고 저녁에는 온 시내를 누비며 노방전도를 했다. 그의 노방전도로 성도가 2백여 명으로 부흥되었다.

윤성덕은 1915년 고향 친구 곽봉조에게 전도를 받아 그리스도를 영접했다. 그 후 청년들과 독립운동을 추진하다가 실패하자 1932년 돈도 벌고 공부도 하자는 마음으로 밀선을 타고 일본으로 건너갔다. 일본에서 돈을 모은 1933년 어느 날, 신앙에 동떨어진 생활을 하는 것에 회의가 들어 자살하려고 전철 레일을 목침 삼아 누워버렸다. 그때 어디선가 찬송 소리가 아름답게 들려왔다. 귓가에 은은하게 맴도는 소리에 끌려 발길을 옮기니 그곳에서는 오순절 천막전도 집회가 열리고 있었다. 영국인 선교사의 구도에 은혜를 받고 곽봉조 목사가 권면하여 이코마 신학교에 입학하여 목회자가 되었다.

목포지역에서 오순절 신앙운동을 전하던 김성환 목사는 이코마 성서신학교를 졸업하였다. 그는 목포시 산정동에 소재한 절간인 자기 집에서 1948년 여름에 목포오순절교회를 개척했다. 오순절 부흥운동으로 무안, 송죽, 대서교회를 개척하여 목포 지방교회의 부흥을 일으켰다.

박귀임 전도사는 목포시 온금동에서 1912년 1월 9일 태어나 상업에 종사하는 문성원 씨와 1938년 결혼하였다. 줄곧 병마에 시달려오다가 친구 딸의 전도를 받고 논산감리교회를 다니게 되었다. 박귀임은 1943년 이성봉 목사의 집회에서 은혜를 받고, 1947년 목포에 내려와 표씨 부인을 만나 오순절 신앙을 받아들였다. 1947년 6월 표씨 부인 집에서 박귀임은 성령세례를 받았다.

박귀임은 순천 철도국에 근무하는 남동생 집에 가정집회소를 세우고 성령이 크게 역사할 즈음 순천중앙장로교회 교인들이 집회소에 와서 오순절 체험을 하였다. 이에 순천중앙장로교회 목사는 박귀임과 동조하는 신자들을 출교시켰다. 박귀임은 남내동에 있는 적산 가옥을 빌려 집회소로 정하고 '대한기독교순천오순절교회'라 간판을 붙였다. 나날이 교회는 부흥되어 곽봉조 목사 등과 친분관계가 있었으며 일본 오사카의 이코마 신학교를 졸업한 박헌근 장로를 전임사역자로 청빙하였다. 1949년 11월 박헌근 장로가 부임한 뒤 순천오순절교회는 3백여 명이 출석하는 큰 교회로 성장했다. 박귀임은 덕림교회, 광주불로동교회로 불렀던 지금의 광주순복음교회를 세웠으며, 전남지역 오순절 역사에 지대한 영향을 남겼다.

민족상잔의 잔혹한 6·25전쟁으로 유엔군 3만 6천 명과 한국군 30만 명이 희생되었고, 70만 명이 부상을 입었다. 또한 민간인은 24만 명이 죽고, 13만 명이 학살당했으며, 8천 명의 저명인사가 피랍되거나 월북하였다. 이때 파괴된 교회만도 2천여 교회가 넘고, 530여 명의 교역자가 순교했다.

순천오순절교회를 크게 부흥시키면서 제1회 대한기독교오순절교회대회의 성회를 인도했던 박헌근 장로를 잃게 되었다. 그는 공산군이 순천시를 점령하고 갖은 만행을 다 부리는 와중에도 숨어다니며 교우 집을 심방하고 방언, 신유 등 오순절적 역사를 뜨겁게 일으켰다. 그러다 공산당 치안대원들에게 검거당하여 순천경찰서에 수감되었다. 순천경찰서 북쪽 가까운 곳에 있는 순천교회에서도 박헌근 장로가 고문당하여 부르짖는 비명과 신음소리를 들을 수 있었다. 그러던 중 유엔군이 인천상륙작전에 성공하자 인민군들은 순천시에서 철수하면서 유치장에 갇혀 있던 박헌근 장로를 무참하게 총기로 난

사하였다. 한국에 오순절신앙이 전래된 지 22년이 되는 1950년 9월 말, 한국오순절교회는 최초의 순교자를 낸 것이다.

6·25전쟁으로 남한을 지배했던 공산당과 인민군들은 곳곳에서 교회 지도자들을 체포하고 가두었다.

충남 서천군 마서면 한성리의 한성성결교회를 세운 노승우 장로의 아들 되는 노형래 집사는 아버지 노승우 장로, 동생 학래와 함께 공산당에 체포되어 내무서에서 갖은 고문을 당하였다. 장작을 목에 올려놓고 양쪽을 발로 밟고 거꾸로 매달아 놓고 고춧가루 물을 코에 붓는 등의 갖은 고문을 당했다.

노형래 집사는 서천내무서에서 대전형무소로 이송되었다. 북한 인민군들이 급히 퇴주하면서 노형래 집사와 애국지사를 모두 처형했다. 스물여덟 살 노형래의 시신을 찾을 수 없어서 평소에 노형래 집사가 사용하던 밥그릇을 빈 관에 넣어 교회 앞산 가족묘지에 안장했다.

순교자의 피는 큰아들 노태철과 유복자 노희석에게로 이어져 형제가 나란히 예수교대한성결교회 총회장을 지냈으며, 교단과 교계에 형제 목사가 중요하게 쓰임 받았다. 노태철 목사의 장손자가 되는 노윤식 목사의 맏아들 존 노(노종윤)는 존스 홉킨스 피바디 음악대학, 줄리어드 음악대학원, 예일대 음악대학원을 졸업하였다. 그는 2020년 JTBC 팬텀싱어3에서 다채로운 음악 스펙트럼을 보여주며 라비던스 팀을 결성해 준우승했다. 존 노의 클래식 앨범은 초동 판매량이 3만 장을 돌파했고, 2021년 예술의 전당에서 열린 국내 첫 리사이틀이 전석 매진되었다. 존 노는 바로크 음악에서부터 현대음악까지 클래식을 기반으로 팝, 힙합, 국악, 월드 뮤직 등 다양한 장르를 소화하는 미국과 한국의 미성의 테너로 활동하고 있다. 그는 순교자의 후손으로 세계 민족 위에 뛰어난 복을 받았다.

일제 강점기 기독교 말살 정책, 신사참배로 인한 기독교 탄압, 그리고 민족의 비극인 6·25 한국전쟁을 통한 오순절교회의 참상은 말로 할 수 없을 정도였다. 최초 한국 오순절교회인 서빙고교회는 물론 해방 전에 설립하였던 예배처는 하나도 남김없이 초토화되었다. 그러나 1952년 각고의 노력과 눈물로, 서울 용산 남부교회(설립자 허홍 목사), 전남 순천 순천교회(설립자 박귀임 전도사), 광주 불로동 불로동교회(설립자 박귀임 전도사), 부산 부산교회(박성산 목사), 목포 목포교회(설립자 김성한 목사), 광주 진월동 진월교회(설립자 윤성덕 목사), 거제도 거제교회(설립자 김길윤 목사), 대구 대구교회(설립자 김두년 전도사) 등 8개의 교회가 재건되었다. -《기독교대한하나님의성회 50년사, 기독교대한하나님의성회, 2005》참조

미국하나님의성회 파송 선교사

6·25 한국전쟁이 막바지에 이르렀을 무렵, 미국하나님의성회에서 파송된 선교사들이 한국에 들어오게 되었다.

* **아더 B. 체스넛**(Arthur B. Chesnut) **선교사**

체스넛 목사는 당시 일본에 주재해 있던 선교사로 1952년 한국에 도착했다. 그는 한국 하나님의성회를 조직하였고, 서울, 부산, 대구, 순천 등 도시에 거주하면서 그곳에서 교회를 창립하고 발전시키는 일을 하였다. 그는 교회 개척, 교육, 전도, 문서, 군인선교 등을 했다.

* **루이스 P. 리처드**(Louis P. Richards) **선교사**

　루이스 P. 리처드 목사는 1952년 한국에 와서 부산에 정착하였다. 그는 1966년 한국에서 은퇴할 때까지 부산에서 복음 전도와 교회를 신설하고 문서선교를 하였다. 조용기, 소교민, 정덕환 목사들은 리처드 목사에 의해 사역의 길로 인도를 받았다. 그의 저서 《하나님과 만남-전도인 지침서》는 박성산 목사의 아들 박재주 목사가 번역하여 1966년에 출판되었다. 그의 저서는 신학교에서 영혼 구원과 개인 전도의 교과서로 널리 사용되었다. 나 역시 순복음신학교에서 최자실 목사의 전도학 시간에 교재로 구입해서 공부했다. 루이스 P. 리처드 선교사는 전국을 순회하며 교역자들과 성도들을 모아 전도인 강습회를 열었다. 실제로 앞으로 나오게 해서 전도방법을 실습시키고 강습회가 끝날 때 필기시험을 치렀다.

　전도학을 교수하던 최자실 목사는 《하나님과 만남》을 바탕으로 전도 일화를 강의했다. 그리고 상기 저서의 성경 구절을 적어내는 것으로 학생들에게 시험을 치르게 하였다.

* **존 스텟츠**(John Stetz) **선교사**

　존 스텟츠 목사는 1954년부터 한국에 첫 번째 선교사로 파송되어 1977년 7월까지 장기간 사역했다. 존 스텟츠는 2차 세계대전 동안 마리아나 군도에서 한국인을 상대로 봉사하였다. 존 스텟츠와 그의 아내 에디스는 처음 5년 동안 언어를 공부하고 신학교에서 학생들을 가르쳤다. 행정사무를 보고 구제 식량과 의류를 한국인들에게 배급하는 일을 했다. 그 후 에디스는 고아원 원장이 되었고, 고아원의 2층 건물을 짓고 운동장 시설까지 갖추는 데 5년이 더 걸렸다.

　존 스텟츠는 이 기간에 교단 총회장, 선교부장, 신학교 재단 이사장, 순복음지 편집인을 했다. 그리고 교도소를 찾아가 재소자들에게 설교하여 구원의 초대로 수많은 이들을 결신시켰다. 그는 한국을 떠나 오스트리아로 가서 유럽의 여러 나라에서 신학교 교수를 했다. 1989년 은퇴하고는 다시 한국에 와 사역을 했을 정도로 한국에서 생애를 헌신하였다.

* 리처드 존스턴(Richard Johnston) 선교사

존스턴 목사는 일본에서 선교하다가 한국으로 전근발령을 받아 1957년 1월 한국에 입국하였다. 그는 1957년 4월 20일에 기하성 교단의 총회장이 되었다.

신학교 강의와 전도, 교회 개척 등의 일을 하였다. 그가 사역하는 기간에 대조동 신학교 대지를 구입하였고, 선교사 주택을 세웠다. 그곳 선교사 사택에서 미군들을 초청하여 식사를 대접하며 성경공부를 시켰다. 그의 집 욕조에서 여러 사람에게 침례를 베풀기도 하였다. 존스턴 목사는 1960년 6월 다음 사역을 위해 미국으로 돌아가려고 귀국을 준비하던 중에 이 땅에서 갑자기 소천하였다.

* 존 허스턴(John Hurston) 선교사

존 허스턴과 그의 아내 맥시는 1948년부터 1958년 아프리카 서부 리베리아에서 선교사로 일했다. 존 허스턴은 전도집회를 하고자 1958년에 랠프버드와 함께 한국에 왔다. 그는 한국 복음화와 대도시에 교회를 설립하는 것에 큰 사명을 느끼게 되었다. 그는 미국에 들어갔다가 1960년에 자신의 사명을 성취하게 될 때까지 한국에 머물 준비를 하고 가족과 함께 다시 한국에 왔다.

그 당시 한국에서는 1961년부터 서울 시내에서 천막부흥회가 시작되었다. 성막 형태의 골조로 된 1천2백 명을 수용할 수 있는 강당 모양의 건물이 설립되었다. 이곳에 성도들이 구름처럼 몰려들어 2년 만에 빈자리를 메웠다. 바로 서대문 로터리에 있는 순복음중앙교회가 시작된 출발 지점이었다. 존 허스턴 목사는 자신의 대표권을 조용기 목사에게 넘겨주고 문서선교와 원주, 청주, 인천 등지에 교회를 세우는 데 기여하였다.

그는 순복음중앙교회의 고문이 되어서 조용기 목사를 담임목사로 내세워 지금의 재적 교인 70만 명의 여의도순복음교회를 형성하는 데 크나큰 역할을 하였다. 그 후 허스턴 목사는 베트남에서 5년간 선교하다가 다시 한국에 와서 국제교회성장위원회 설립에 기여하였다.

* **아더 C. 솔티스**(Arthur Sholtis) **선교사**

솔티스 목사는 오하이오 주 루이스빌에 있는 제일하나님의성회에서 4년 반 동안 목회한 후 1960년에 한국에 왔다. 그가 순복음신학교의 학장으로 사역하면서 주간부에 이어서 1967년에 야간부를 설치하였다. 1967년에는 신학교 새 건물을 건축하였으며, 주야간 졸업생이 180명으로 늘어났다. 그가 학장으로 재직하면서 순복음신학교는 한국 복음화의 주역들을 배출하게 되었다.

* **찰스 버더필드**(Charles Butterfield) **선교사**

찰스 버더필드 목사와 그의 아내 린다는 남부 아이다호 주와 오레곤 지역에서 6년간 목회를 하고 1965년 한국 선교사로 입국하였다. 그는 순복음신학교에서 강의하며 2년간 학장직을 수행하였다. 그의 아내 린다는 영어를 가르쳤다. 린다는 영어를 교수할 적에 존 뉴턴의 "나 같은 죄인 살리신"(Amazing Grace)을 가르쳐주었다. 그 당시는 찬송가에 수록되어 있지 않았기에 그 노래를 신학생들이 배울 때 큰 감동이 일어났다.

찰스 버더필드 목사는 젊은이 선교를 목적으로 이화여자대학교 근처에 청년회관을 개설했고, 선교부의 행정 부문에서 일했다. 1976년부터 1994년까지 기독교군인수양관 관장을 했고, 또한 6년간 일본의 오키나와에서 군인사역에 종사하였다.

1969년 버더필드 목사와 브라운 선교사는 김포공항 근처의 화곡동에서 개척하여 권부현 목사로 하여금 화곡순복음교회를 목회하게 하였다. 1990년 한국에 다시 돌아와 선교부 회장을 맡았고, 하나님의성회 선교부 건물을 신축하였다.

* **엘던 브라운**(Eldon Brown) **선교사**

엘던 브라운 선교사와 그의 아내 슈는 1965년 7월 4일에 부산 명륜동 선교사 사택에서 명륜순복음교회를 개척하였다. 그는 명륜동에 대지 150평을 매입하여 천막교회를 세웠으며, 그곳에다 교회를 건축하였다. 1968년 3월에는 〈기상나팔〉(Riveille)을 한국어판으로 출간하여 2개월마다 6천 부씩을 비무장지대의 기지들과 병원, 그리고 월남에 파병된 한국군 부대에도 배부하였다. 그는 농아교회, 고아원 원장, 한국 Filed Fellowship 간사, 크리스천용사의집 원장으로 사역했다.

명륜순복음교회 2대 교역자로 최창수 전도사가 임명되었으며, 안병관, 신원삼, 박재주, 김가은, 정구영, 신수균 목사 등이 차례로 담임목사를 역임하였다. 그러다가 2021년 11월 28일 최성구 목사가 부산시 동래구 명륜동 239번 길에 대지 150평, 건평 270평으로 하나님의성회의 역사적인 교회를 봉헌했다.

* **윌리엄 민시**(Willam Mincey) **선교사**

윌리엄 민시와 그의 아내 팝은 1960년에 한국에 들어왔다. 한국 전쟁이 휴전되었지만 이 땅에는 수많은 미군이 주둔하고 있었다. 윌리엄 민시 목사는 기독교군인수양관을 거점으로 타국에서 외롭고 향수에 젖어 있는 젊은 군인들을 가정적인 분위기와 환경으로 신앙생활을 할 수 있도록 하였다.

그가 운영하는 '용사의집'은 식사를 무료로 제공하였으며, 밤새울 수 있는 설비를 갖추었다. 그곳에서 개인 상담을 하며 주일학교와 토요일에는 복음을 나누는 시간을 가졌다.

* **맥신 스트로브리지**(Maxine Strobridge) **선교사**

1950년대 말에서 60년대 초반 한국에는 15만 명의 농아들이 있었다. 1967년 맥신 스트로브리지는 선교 분야의 사명을 받고 미주리 주 스프링필드 센트럴 성서대학에서 4년 동안 공부하고 선교부에서 7년 반 동안 고아와 맹아를 위한 사역 조정 담당자로 일했다. 1953년부터 1959년까지 미시간에서 농아단체를 지도하였다.

그는 한국에서 한국 농아단체와 더불어 도시에서 최성만 목사, 베리 헨리와 농아교회를 세우고 농아교역자와 비농아교역자와 함께 매년 캠프 활동, 세미나, 성경학교를 운영하였다.

* **헨리 스웨인**(Henry Swain) **선교사**

헨리 스웨인은 한국전쟁 기간인 1952년과 1953년에 군의관으로 보병부대에 있었다. 그는 전쟁에서 하나님의 손에 의해 기적적인 구출을 체험하였다.

1964년에 선교사로 한국에 도착한 후에 헨리 스웨인과 그의 아내 리디아는 신학교에서 가르쳤으며 2년 동안 고아원을 경영하였고 충청지역 31개의 미자립교회의 고문으로 사역하였다. 그는 대전, 부여, 단월, 광천, 공주에 있는 교회의 건축을 도왔다. 리디아 선교사는 후일 조용기 목사를 도와 외국에서 오는 메일들을 정리했고, 해외 선교지와 연락하며 조 목사의 선교 일정을 관리하는 역할도 감당했다.

* **알리 데스크**(Arlie Teske) **선교사**

알리 데스크 목사는 1965년에 한국에 들어와서 세 곳의 교도소에서 주일마다 설교하였다. 1967년에는 부산에서 성경통신학교의 교장으로 사역하였다. 그가 운영하는 성경통신학교에는 학생, 농부, 수감자들이 등록하여 한 해에 1백여 명이 통신 과정을 통하여 그리스도인이 되었다.

* **마가렛 칼로우**(Margaret E. Carlow) **선교사**

마가렛 칼로우 목사는 1962년에 한국에 들어와 전주에 있는 영생고등학교와 대학에서 사역하였다. 약 1천 명의 상담자로 일하였고, 순복음중앙교회 청년부에서 사역하였다. 익산, 전주 우아동교회 개척을 도왔다.

* **워너 마일스**(Waner L. Miles) **선교사**

워너 마일스 목사는 1968년에 한국에 들어와 라디오로 복음 설교를 하였다. 그는 전주 영생고등학교 채플 담당 목사로 일하였고, 영생대학교와 영생고등학교 총 책임자로 사역하였다.

그는 천막부흥회를 열정적으로 인도하였다. 미국에서 한국에 개척교회를 세우고자 상당한 금액을 모금하였다. 그리고 기독교대한하나님의성회 총회를 통하여 전국 지역에 2년마다 1백 교회를 개척할 수 있게 이른바 마일스 개척비 150만 원을 지원했다. 워너 마일스 목사는 전국에 개척교회를 설립하게 하여 기독교대한하나님의성회 교단 성장에 기여했다.

이외에도 두엔 돌싱 선교사는 1996년에 한국에 들어와서 한세대학교와 오순절세계선교훈련원에서 선교학을 교수했다. 그의 아내 마르린은 여의도순복음교회 조용기 목사의 국제비서로 세계하나님의성회협의회에 관한 사역을 했다.

웨인 시몬스 선교사와 그의 아내 슈는 2001년 6월부터 미군기지와 국제단체의 사역을 하였다. 로버트 마론과 그의 아내 아베 나오미는 세 딸인 론다, 린다, 쉐리와 1971년에 한국에 들어와서 서대문 총회회관 1층에서 기독교서점을 운영하며 문서선교와 국제성경통신학교장으로 일했다. 렛셀 에머슨, 데니스톤 로버트 허디슨, 웨슬레이 웨스트, 유진 네스, 더그라스 크레어 선교사들이 교단 선교사로 사역했다.

미국하나님의성회 선교사들은 1953년부터 시작해서 반세기가 넘도록 한국하나님의성회 발전에 중요한 일익을 담당하였다. -《기독교대한하나님의성회 50년사, 여의도순복음교회, 2005》

기독교대한하나님의성회 창립 50주년을 맞아 2003년 5월 22일 서울상암월드컵경기장에서 7만 명의 목회자, 선교사, 성도들이 가득한 2003기하성희년 대성회가 열렸다. 이날 세계 하나님의성회를 대표하여 존 스텟츠 목사가 이렇게 축사하였다.

"저는 오늘 이 뜻깊은 자리에서 두 분의 목사님을 소개하고자 합니다. 하나님께서 50년 전에 미국에 역사하던 오순절운동을 한국에 접목시키셨습니다. 하나님께서는 부산에서 열여덟 살이라는 젊은 나이에 폐병으로 죽어가던 한 젊은이를 지도자로 선택하셨습니다.

기하성50주년 희년대회에서 공로상을 받는 존 스텟츠. 2003. 5.
왼쪽부터 박정근, 조용기, 존 스텟츠, 김용완 목사

하나님께서는 이 젊은이에게 병 고침의 기적을 체험케 하셨고, 그를 불러 목회자로서의 책임을 다하도록 사명을 주셨습니다. 그때 죽어가던 젊은이가 오늘날 오순절 교단의 가장 큰 교회를 섬기는 지도자가 되었습니다.

그 뒤 하나님께서는 또 다른 지도자를 세워야겠다고 계획하셨습니다. 이번에는 부산이 아닌 전라도로 내려가셨습니다. 그를 통해 오순절 신앙을 확고히 세우기 위한 계획을 실천하기 위해서였습니다. 50년이 지난 지금 그도 한국하나님의성회 지도자로서 자리매김을 하였습니다.

앞에서 말한 두 분이 오늘 이 자리가 있기까지 가장 수고한 조용기 목사와 박정근 목사입니다.

앞으로도 한국하나님의성회가 향후 100년을 향한 확장 운동을 전개하기를 바랍니다. 왜냐하면 1953년, 50년 전 일어났던 미약한 시작이 오늘날 큰 축복을 이룬 것을 우리는 지금 보고 있기 때문입니다."

스텟츠 목사는 1954년에 한국에 첫 선교사로 미국하나님의성회에서 파송되어 1977년까지 가장 오랫동안 사역했다. 그가 한국하나님의성회 총회장과 순복음신학교 학장으로 있을 때 조용기 목사와 박정근 목사를 가르쳐서 한국교회에 배출하였다. 그 당시 조용기 신학생이 훗날 70만 명의 재적 성도로 성장한 세계 최대 단일교회를 세울 줄은 몰랐을 것이다.

1953년 4월 8일 남부교회에서 열한 명의 목회자와 성도가 모여서 창립한 한국하나님의성회를 조용기 목사는 성령역사 50년에 3천 교회 120만 명의 성도로 성장시켰다. 존 스텟츠 목사는 한국교회와 세계교회에 가장 크고 넓으며 깊은 영향을 끼친 조용기 목사를 바라보며 하나님께 영광을 돌릴 수밖에 없었다.

이어서 선교사를 대표하여 찰스 버더필드 목사는 세계 최대 교회와 농어촌교회에서 목회하는 교역자와 성도들 7만 명이 모여서 교단 창립 50주년 희년을 기념하고 다시 50년을 향한 비전을 선포하는 것을 보고 기쁨으로 축하하였다.

미국하나님의성회 총회장 토마스 E. 트라스크 목사는 영상 메시지로 기독교대한하나님의성회 창립 50주년을 축하하였다. 그는 미국의 1,289개 교회와 3만 3천여 명의 목회자들과 세계의 4,500만 성도를 대신해서 감사의 메시지를 보냈다.

미국하나님의성회가 체스넛 선교사를 파송한 지 50년 만에 미국과 세계 곳곳의 믿음의 동역자들이 한국을 방문해 하나님이 한국에서 기독교대한하나님의성회를 통해 역사하신 것과 지금 또한 이루시는 일들을 크게 치하했다.

미국하나님의성회와 세계 하나님의성회는 미주리 주 스프링필드에 있다. 그들이 선교사들을 파송한 세계 모든 나라에서 한국은 단기간에 가장 큰 성과를 이루었다.

16.

조용기 총회장의
국제적인 리더십

한국 오순절교회의 존재가 너무나 미미한 것을 안타까워하는 사람들 중에 당시 미군부대 군목으로 나와 있는 엘라우드라는 목사가 있었다. 오순절 신앙에 열렬한 그는 한국에 나오자 곧 오순절교회를 찾아보다가 허홍 목사를 만나게 되었다. 그는 한국에 복무하는 1년 동안에 매 주일 허홍 목사를 찾아와 함께 예배를 드렸다. 그러다가 1951년 겨울 한국을 떠나 미국으로 돌아가는 날 아침 비행장에 나가는 길에도 허홍 목사를 찾아와서 "내가 미국 가면 곧 하나님의성회를 한국에 세우도록 힘쓰겠다"는 말을 남기고 갔다.

1952년 여름에 미국하나님의성회 동양선교부 오스굿(Osgood) 목사가 한국에 나와 허홍 목사를 만나서 상세한 사정을 알아가지고 갔다. 1952년 겨울에 체스넛 목사가 한국에 나오게 된 것 등은 엘라우드와의 연락에서 된 것이다.

체스넛 목사는 본래 중국에 선교사로 나와 있었는데 중국대륙이 공산국가가 되자 일본에 들어가 선교를 하고 있었다. 그는 미국 본부의 지시에 따라 한국에 하나님의성회를 조직하고 관리하기 위해서 나온 것이었다.

체스넛이 한국에 나와서 쓴 보고서에 보면, 한국에 와보니 오순절 계통의 목사가 이미 7인이 있더라고 했고, 오순절교회 지도급 12인과 사진을 찍은 것을 첨부했다. 그것은 허홍, 박성산, 곽봉조, 배부근, 윤성덕, 김길윤 등 여섯 명의 목사와 박귀임 여전도사, 김성환, 김두년 씨와 이름을 알 수 없는 한 명의 남자와 또 한 명의 여자와 체스넛이 함께 정면을 바라보며 찍은 사진이었다. 1953년 4월 8일 오전, 바로 기독교대한하나님의성회 창립총회를 마치고 함께 찍은 사진이다.

서울시 용산구 한강로 1가 65번지 소재 남부교회에서 하나님의성회가 결성되었다. 남부교회는 목조 2층 건물이었는데 아래층에는 허홍 목사의 사택과 7-8평 정도의 예배실이 있고, 위층에 체스넛 선교사가 기숙하고 있었다. 새로 시작된 신학교가 이곳을 한 학기 동안 교사로 썼다.

중국에서 선교사로 일했던 체스넛 선교사는 교단의 명칭을 '신소회'(神召會)로 하자고 하였지만 허홍은 '하나님의성회'라고 주장하였다.

교단 명칭에 있어서는 미국하나님의성회에서도 여러 논의가 오랫동안 지속되었다. 표준새번역 히브리서 12장 23절 "하늘에 등록된 장자들의 집회와 만민의 심판자이신 하나님과 완전하게 된 의인의 영과"에서의 Assemblies of God이라고 하자는 결정을 이루었다. 해마다 교단 명칭을 변경하자는 안이 나와서 Assemblies라는 말을 두고 Church로 하자는 의견이 대다수가 되어 Pentecostal Evangelical Church로 변경되려는 찰나에 실무진이 일어나 수많은 지방교회의 재산 등기를 어떻게 뜯어고치며 그 비용이 얼마나 들 줄 아느냐고 반론을 제기하여 다시 고려하는 편으로 기울어져서 결국은 하나님의성회로 교단명이 존속되었다.

1966년 5월 18일 기독교수양관에서 제15회 기독교대한하나님의성회 정기총회가 부총회장 석상희 목사의 사회로 개최되었다. 이날 윤진환 목사가 대외적으로 교단 명칭이 혼돈되어 있다는 것을 들어서 '순복음회' 또는 '오순절회'라고 교단 명칭 변경을 시도하였지만 부결되었다.

19세기 말 진보적인 신학자들에 의해 성경 문서비평과 편집설이 확산되자, 복음주의 진영에서 성경 전체를 모두 다(fully) 하나님의 말씀으로 믿고 받아들여야 한다는 'Full Gospel'을 주장하게 되었다. 이 용어가 한국에 들어온 복음주의 선교사들에 의해 순복음으로 번역되었고, 초기에 성경의 무오성을 강조하며 자유주의 신학의 물결에 반대하며 종종 '순복음'(Full Gospel)이란 용어를 사용하였다. 이 '순복음'이라는 명칭은 1953년 신학교를 개교할 때 사용되었다. 'Full Gospel'이란 용어는 미국하나님의성회가 주로 사용했고, 복음주의 성결, 오순절 운동에서도 두루 사용되었다. 그리고 1954년, 세계선교부 루이스 P. 리처드 선교사가 김해군 맥도리에 교회를 세우고 그 이름을 '순복음맥도교회'라 명명한 것을 위시하여 한국 하나님의 성회 부산 선교부에서 방송 선교시간을 마련해서 그 명칭을 '순복음의 시간'이라 한 것에서 '순복음'이란 이름이 기독교 대한 하나님의 성회 교단에서 널리 통용되었다.

기독교대한하나님의성회는 1953년 4월 8일 오전 10시에 체스넛 선교사의 사회, 허홍 목사의 통역으로 "한국의 하나님의성회 조직을 위한 성회를 열겠습니다"라는 개회사로 총회가 시작되었다.

창립총회는 기독교대한하나님의성회 헌장에 관한 체스넛 선교사의 설명이 있은 후 곽봉조 목사의 사회로 경건예배가 드려졌다. 이후에 임시회장 선거에서 박성산 목사가 선출되었고, 총회장에 체스

기하성 교단 창립 서울남부교회. 1953. 4. 8. 연세희 그림

넛 목사, 서기 겸 재무에 허홍 목사가 선출되었다.

1953년 5월에 남부교회에 순복음신학교를 설립하고 초대교장 체스넛 목사, 학감 허홍 목사를 중심으로 하여 1953년 8월 1일 교사를 서대문구 충정로 1가 21번지, 지금의 강북삼성병원 위치로 이전했다. 재단법인의 등록은 1957년에 마쳤다. 이로써 기하성 교단은 신학교 설립과 교회 재산을 보존하는 재단법인을 통하여 교단 발전의 기틀을 마련했다.

1954년 3월 22일, 이날 순복음신학교(교장 체스넛 목사)는 최요열, 강정호, 문재호, 이태구, 조동천, 여성으로는 정봉의, 함상군 등 총 7명의 졸업생을 배출하여 이후 기하성 발전의 효시로 삼았다. 신학교 맹휴사건으로 교단분열의 움직임이 있었던 1956년에는 강대연, 김기병, 김상건, 김왕호, 김유정, 동봉금, 마명숙, 박조수, 박광수, 박종수, 박정근, 송준섭, 이안식, 우옥암, 정두영, 조숙자, 한정희, 허순회 등 18명을 2회로 배출시켰다.

제3회는 1957년에 김원주, 김일회, 양태현, 조명록, 최경락, 한명자, 이종낙이 졸업하였다. 제4회는 1956년에 입학하여 1958년에 졸업하게 된 조용기, 최자실, 강만원, 강성숙, 노기영, 안홍기, 양동원, 이규곤, 배정국, 정동성, 홍성국, 신창균, 김병순, 김승열, 최성만, 이춘식, 전권식, 박보배, 김동희 등 19명이 졸업하였다.

1958년에 순복음신학교를 제4회로 졸업한 조용기와 최자실은 대조동에 천막 순복음교회를 개척하였다. 1961년에 서대문으로 순복음중앙교회를 이전하여 60년대에 비약적인 부흥을 하였다. 이는 한국교회사와 세계교회사에 유례가 없는 대부흥의 표지인 것이다.

하나님의성회 교단이 창립된 지 20년 만에 한국 교단사에 급성장한 교단으로 나타나게 되었다. 여기에는 조용기 목사가 그 중심에 있었기 때문이다.

기독교대한하나님의성회 교단장은 1953년 4월 8일부터 제1대, 2대 총회장 체스넛 목사, 제3대 총회장 허홍 목사, 제4대, 5대 존스턴 목사, 6대, 7대 피터슨 목사, 8대 허스턴 목사, 9대 베델 목사, 1966년 10대 스텟츠 목사까지 교단 설립자 허홍 목사를 제외하고는 선교사가 교단 초기 13년 동안 총회장으로 교단의 간판이었다.

1966년 5월 19일, 제15차 정기총회에서 조용기 목사를 제12대 총회장으로 선출하였다. 이때부터 선교사 총회장 시대를 넘어서 한인 총회장 시대를 열게 되었다. 조용기 목사는 서른세 살의 젊은 목사로 1977년까지 11년간 총회장이 되어서 기독교대한하나님의성회 교단의 위상을 장로교, 감리교, 성결교에 이어 공고하게 하였다.

그 무렵 조용기 목사는 총회장으로서 교단을 대표할 뿐만 아니라 국제적인 복음 설교자로서 두각을 나타내게 되었다. 1966년에 미국 국무장관 초청으로 미국 순회 집회를 인도하였다. 1967년 부활절에는 세계 하나님의성회 각국 대표들이 참가한 영국 웨스트민스터 센트럴홀에서 열린 기독대학생 주최 부활절 예배에서 조용기 목사가 설교하였다.

조용기 목사는 세계 오순절 총회를 마치고 100일간 프랑스, 독일, 네덜란드, 스웨덴, 노르웨이, 그리스, 이스라엘, 이란, 태국, 미얀마, 베트남, 대만, 일본 등 17개국 30여 도시를 다니며 복음을 전했다. 무리하게 복음을 전하고 다니던 조용기 목사는 결국 스위스에서 쓰러지고 말았다.

스위스에 있는 한 싸구려 여관에서 꼼짝없이 며칠을 앓아누워 있던 그는 병상에 누워 '이렇게 외국에서 가족도 모르게 쓸쓸하게 죽게 되는 것은 아닌가?' 하는 생각이 들었다. 그는 간신히 침대에서 일어나 엽서 한 장을 집어 들고 자리에 앉았다. 그는 엽서에 "주님의 종으로 부름을 받았으니 이 시대에 한 획을 긋는 종이 되리라"는 글을 영문으로 쓰고 자신의 이름과 사인을 같이 적어 넣었다. 그러고 나서 그는 무릎을 꿇고 하나님께 부르짖어 기도했다. 그러자 다음 날 새벽부터는 차츰 열이 내리기 시작했고, 주님이 주시는 새 힘으로 복음의 행진을 계속 이어갈 수 있었다.

그리고 10여 년의 세월이 흐른 어느 날 조용기 목사의 사무실로 스위스에서 편지 한 통이 도착했다. 조 목사는 편지를 뜯어보고 깜짝 놀랐다. 10여 년 전 자신이 스위스의 한 여관에서 기록했던 엽서가 그곳에 들어 있었던 것이다. 그리고 엽서와 함께 여관 주인의 편지가 들어 있었다.

"10년 전 한 동양인 젊은이가 우리 여관에 머물면서 이 엽서를 써서 방에 두고 그냥 갔습니다. 그때는 그 젊은이가 누군지 몰라 엽서를 보관만 하고 있었는데, 이제야 그가 조용기 목사라는 것을 알게 되어 이렇게 다시 보내 드립니다."

이렇듯 당시 100일간의 선교여행은 조용기 목사에게 앞으로 그가 해나가야 할 목회의 방향을 결정짓는 중요한 계기가 되었다. -국제신학연구원,《여의도의 목회자, 서울말씀사, 2008》참조

조용기 목사는 기독교세계오순절대회 중앙 실행위원으로 피선되었다. 조용기 목사의 국제적인 리더십이 1969년 7월 7일 제3회 하나님의성회 동북아시아대회가 서대문 순복음중앙교회에서 열리도록 하였다. 한국을 비롯한 일본, 대만, 홍콩, 싱가포르, 태국, 인도네시아, 마셜군도, 피지, 말레이시아, 호주 등 13개국 대표 190여 명과 200명의 옵서버가 참석한 대규모 국제대회였다. 정부에서도 신범식 문화공보부 장관과 김현옥 서울특별시장을 비롯한 각계 인사들이 대거 참석한 것은, 그 당시만 해도 서울에서 열리는 국제적인 행사가 많지 않았기 때문이었다.

성회가 시작되자 미국하나님의성회 선교부장 호건(J.P. Hogan) 목사의 설교에 이어 기독교대한하나님의성회 총회장 조용기 목사가 개회를 선언했다. 개회사에서 조용기 목사는 "바로 이 시기야말로 오순절적인 기독교 단체가 일어나서 오늘날 우리 복음이 전 세계에 퍼져나갈 때"라며 이 대회의 역사적 의의와 성도들의 자세를 강조했다. 이어서 동양선교부장 케참 목사의 인사와 소개, 신범식 장관과 김현옥 서울시장의 축사가 이어졌다.

7월 11일까지 계속된 동북아시아대회는 매일 3차례씩 성회가 열렸다. 오전과 오후에는 주일학교, 신학교, 전도, 교회, 방송전도, 문

동북아시아대회 짐머만 총회장, 통역하는 조용기 목사

서전도 등의 각종 활동에 대한 강연, 남·여선교회 모임을 실시했다. 저녁 집회에는 한국의 밤을 비롯해 일본의 밤, 필리핀의 밤 등 각국의 밤을 마련해 그 나라의 교회가 소개되었다.

　이 행사에서는 호건 목사와 미국하나님의성회 총회장 짐머만(T.F. Zimmerman) 목사가 설교했다. 7월 14일 오전까지 한국에 머물렀던 각국 대표들은 여러 교회를 방문해 함께 예배드렸다. 국제 하나님의성회 행사인 동북아시아대회를 성공적으로 마침으로써 극동지역의 기독교 부흥에 동기부여가 되었다. 이뿐만 아니라 한국의 국제 위상이 아직 미미했던 시점에 서대문의 작은 교회가 세계적인 대규모 행사를 유치해 성공적으로 마무리한 것이 대한뉴스로 보도되어 기독교계는 물론 사회의 이목까지 집중시키는 계기가 되었다. -《여의도순복음교회 50년사》 참조

17.

새마음운동, 새마을운동

1960년대부터 조용기 목사가 세계 곳곳을 다니며 복음을 전할 때 그에게는 '가난한 후진국에서 온 목사'라는 꼬리표가 항상 따라다녔다. 조 목사는 세계 각국을 돌면서 잘사는 나라들을 주의 깊게 살펴보았는데 대부분 일찍부터 복음을 받아들인 나라들이 잘사는 선진국이 되었다는 사실을 깨달았다.

조용기 목사는 그가 집필한 《삶과 사색》에 이렇게 적었다.

"기도할 때마다 조국에 대한 희망의 묵시가 파도쳐 왔습니다. 수많은 환경적인 어려움이 엄습해 왔고 또 식자 간에 절망적인 조국에 대한 진단들이 논의되었지만 나의 가슴속에 비춰오는 광명한 내일에 대한 우리 조국의 발전은 사라지지 않았습니다. '예수 그리스도의 복음이 한국에서 폭발하여 기어코 온 세계를 뒤덮을 것이다.' '한국은 금세기 최대의 선교국이 될 것이다.' 이것이 바로 조국에 대한 내 마음의 외침입니다. 소원입니다. 그리고 믿음입니다."

그러던 어느 날 청와대에서 박정희 대통령이 조용기 목사를 급하게 만나보고 싶어 한다는 연락이 왔다. 며칠 후 조용기 목사는 청와대 접견실에서 박정희 대통령을 만나게 되었다.

"사실은 내가 오늘 조 목사와 상의할 것이 있어서 이렇게 와 달라고 한 거요. 조 목사도 알다시피 우리나라는 돈도 없고, 기술도 없고, 그렇다고 자원도 없는 그런 형편 아니요. 나는 이 나라를 제대로 한 번 이끌어 가고 싶은데 도대체 어디서부터 시작해야 할지 모르겠소. 조 목사는 전국을 다니며 설교하고 해외도 많이 나가 보았으니 세상 돌아가는 실정을 좀 알지 않겠소. 지금 우리나라가 가지고 있는 가장 심각한 문제가 뭐라고 생각하오?"

조용기 목사는 박정희 대통령의 질문에 그동안 자신이 마음속에 생각해 오던 것을 명쾌하게 설명했다.

"지금 우리나라의 가장 큰 문제점은 국민들 안에 '할 수 없다'는 패배의식과 부정적인 생각이 꽉 들어차 있다는 것입니다. 제가 해외를 다녀 보면 북유럽과 같이 날씨도 좋지 않고 천연자원이 없는데도 불구하고 잘사는 선진국이 있고, 남미나 아프리카처럼 따뜻한 기온과 풍부한 자원을 가지고 있음에도 못사는 후진국을 보게 됩니다. 그런데 이들 선진국들은 일찍이 기독교를 받아들인 나라들입니다. 왜냐하면 기독교는 '할 수 있다', '하면 된다', '해보자'라는 긍정적이고 적극적인 사고를 가르치기 때문입니다. 모든 것은 물질적인 자원이 아니라 마음의 자원에서 출발합니다. 우리 국민이 잘살기 위해서는 물질적인 것 이전에 먼저 마음에 큰 부흥이 일어나는 새로운 마음의 운동을 일으켜야 이 나라가 잘살 수 있습니다."

조용기 목사의 설명을 듣던 박정희 대통령은 '새로운 마음의 운동'이라는 말에 고개를 끄덕이며 말했다.

"새로운 마음의 운동이라. 그거 아주 좋은 생각이군. 그럼 이 운동을 뭐라고 부르면 좋겠소?"

조 목사는 잠시 생각한 후에 대답했다.

"마음을 새롭게 하는 운동이라는 뜻에서 '새마음 운동'이라고 부르시면 어떻겠습니까?"

"새마음운동. 그거 마음에 드네."

그때 옆에서 듣고 있던 박 대통령 비서실장이 두 사람 사이의 대화에 끼어들었다.

"각하, 새마음운동이라는 표현은 너무 기독교적인 느낌이 강하게 풍깁니다."

박 대통령은 비서실장의 말에 잠시 생각에 잠기더니 조 목사를 바라보며 다시 말했다.

"아무튼 오늘 조 목사를 만나서 많은 것을 배웠소. 앞으로도 종종 와서 나에게 좋은 의견이나 조언을 해주시오."

그러고 나서 얼마 후 박정희 대통령은 부산 지역을 순시하면서 '새마을운동'이라는 말을 처음 사용했다. 초기 새마을운동이 시작될 때 덴마크 국왕 초청으로 덴마크에서 농촌개발을 연구하고 돌아온 류태영 박사가 청와대 새마을운동 담당실에서 모든 실무를 기획했다. 이렇게 청와대의 주도로 전국적으로 새마을운동이 전개되었고, 조용기 목사와 순복음중앙교회는 농촌활동을 돕는 등 이에 적극적으로 참여했다. -국제신학연구원,《여의도의 목회자, 서울말씀사, 2008》참조

순복음중앙교회는 처음에 순복음중앙부흥회관으로 출발하였다. 서대문에 위치한 순복음중앙교회 시절은 계속되는 대부흥회를 비롯해 여러 부흥성회가 이어졌다. 그런 만큼 조용기 목사는 각종 성회를 인도하거나 세계적 부흥사를 맞이해 통역 설교를 했다.

1962년 3월 18일부터 3주간 성령부흥회를 개최한 것을 시작으로 4월 1일부터 5월 3일까지 리드 목사의 심령부흥회가 이어졌다. 1963년 4월 24일부터 28일까지 젠 스코트 목사의 심령부흥회, 1964년

7월 1일부터 12일까지 미국 랄프 버드 목사를 초청해서 신신백화점 뒤 광장에서 심령대부흥회를 가졌다.

1965년 1월에는 학생 심령부흥회, 1966년 11월 7일부터 11일까지는 샘 토드 목사 부흥회, 1967년 4월 23일부터 28일까지는 소련에서 미국으로 망명한 쇠보체크 목사 초청 부흥회가 잇따라 열렸다. 1969년 3월 30일부터 4월 6일까지 미국 베다니성서대학 바넷 총장을 강사로 춘기 대부흥성회를 실시했다. 1970년 5월에 조용기 목사가 강사가 되어 춘기 대부흥성회를 가진 다음 8월 27일부터 30일까지 세계적인 부흥사인 모리스 세를로 목사를 초청해 남산야외음악당에서 대전도대회를 개최했다. 1971년에도 남산야외음악당에서 세계오순절협의회 총무 브루스터 목사와 대부흥성회를 인도했다.

권경환은 대학 친구와 남산 야경을 보고 내려오는데 야외 음악당에서 흘러나오는 찬송 소리와 유창한 통역 설교에 이끌렸다. 브루스터 목사와 통역하는 조용기 목사의 설교에 그는 불신앙의 지난 죄를 눈물로 회개하게 되었다. 그때부터 순복음중앙교회에 출석하게 되었고, 1974년에 순복음신학교를 졸업해서 여의도순복음교회 전도사, 대교구장, 워싱턴순복음교회 창립 목사, 최자실금식기도원 원장을 세 번 역임하고 은퇴를 하였다.

조용기 목사가 미국을 비롯해서 세계적으로 부흥회를 인도하다 보니 국제적인 교류가 이어졌다. 세계 각국의 목회자들이 한국의 순복음중앙교회 강단에 서고자 내한하였다. 그러나 성도들은 미국 강사의 통역 설교보다 조용기 목사의 한국어 설교를 더 원했다. 이에 조용기 목사는 잔칫집에는 손님들이 많이 오게 되어 있다며 성도들에게 서양식이나 한국식이나 가리지 말고 다양한 은혜를 받아야 한다고 설득하기도 했다.

18.

청년초청성회, 나의 배는 어디로

 1967년 9월에는 청년회 주최로 청년초청부흥회를 열어서 청년들에게 성령 충만을 체험하게 하였다. 1968년에 친구 손광호의 어머니 되는 박경희 권사에게 설득되어 나 역시 순복음중앙교회 청년초청성회에 한 번 가보았다. 조용기 목사는 강단의 마이크 외에 핀마이크를 양복 상의에 고정시키고 열정적으로 설교를 하였다. 설교자의 스피치가 너무 빠르고 분위기가 열광적이어서 쉽게 동화되지 못하여 졸음이 찾아왔다. 물론 설교 내용도 알아들을 수가 없었다. 졸음만 오는 것이었다.

 조용기 목사는 때때로 핀 마이크만 사용해서 설교를 하다가 강조할 때는 강대상에 놓여 있는 마이크에 가까이 와서 아주 큰 음성으로 속사포처럼 메시지를 쏟아냈다. 그러면 나는 깜짝 깨어서 조 목사의 설교를 들었다. 다른 설교는 생각나지 않는데 이런 내용이 내 마음속에 파고 들어왔다.

 "두 배가 바다 위에 떠 있는데 바람이 불자 한 배는 동쪽으로, 또 한 배는 서쪽으로 흘러갑니다. 동쪽으로 흘러가는 배가 영생으로 가는 길이라 하면 서쪽으로 가는 배는 영멸의 뱃길입니다. 당신은 어느 배를 타고 있습니까?"

그날 조용기 목사는 모두 눈을 감으라고 했다. 구원의 초대 시간을 갖고 나서 아픈 사람은 아픈 곳에 손을 얹고 강사가 인도하는 대로 기도를 따라 하라고 했다. 나는 시력이 약해서 안경을 꼈다. 하나님이 안경 없이 내 눈을 잘 보이게 한다면 기도를 못할 이유가 없었다. 나는 안경을 벗고 내 두 손을 눈 위에 얹고 기도했다.

옆에서 내 모습을 지켜보았던 손광호는 시력이 좋아진다는 믿음을 갖고 기도하는 내게 "기도한다고 해도 눈은 안 고쳐지는 거야"라고 말했다. 그러나 나는 개의치 않고 두 손을 두 눈에 대고 조용기 목사가 인도하는 대로 기도하였다.

1990년에 마포 알코올중독치료센터에서 손광호가 당시 노트에 '손광호, 안준배'를 나란히 써놓고 자신과 나의 차이를 적어 보았다고 한다. 후에 그가 나에게 이런 말을 들려주었다.

"안준배는 나와는 달리 믿음이 있다는 것을 느꼈어. 그것이 너하고 나의 미래를 결정한 것이라는 생각을 했어. 나는 기독교 집안에서 기독교 신앙을 지식적이고 상식적으로 믿었고, 준배는 믿음으로 기도를 한 거야."

청년초청성회에서 열광적으로 손을 들고 뜨겁게 소리치며 기도하고 박수 치며 찬송하는 광경을 목격한 것을 다음 날 학교에서 클래스 친구들에게 들려주었다. 이구동성으로 "그 교회 이단이 아닐까? 보통 교회하고는 달라 보여. 잘 알아보고 가는 게 좋아"라고 말했다. 그 당시는 오순절의 열광적인 예배를 대부분 이해하지 못했다.

손광호는 크리스천 가정에서 성장했다. 그가 네 살 때 갓 태어난

동생 성호를 남겨 두고 당시 서른일곱 살 부친이 스스로 생을 정리했다. 그때 그의 어머니는 스물일곱 살이었다. 어머니가 재혼하게 되어 새아버지가 생겼다. 그의 새아버지 우상인은 해주사범대학과 국제대학을 졸업하고 뒤에 서울소비조합을 창업하였다. 그러나 손광호는 서서히 방황하고 술을 마시기 시작했다. 그는 남산 기슭 남창동에 실외수영장이 있는 넓은 주택에서 살았다. 내가 살던 남영동에서 그의 집까지 가기 위해 용산중학교를 지나서 후암동길 남산 쪽으로 20분 정도 올라가다 보면 지금의 힐튼호텔이 나왔다. 건너편에 광호가 살고 있었다. 그러다 보니 1966년 양정중학교 다닐 때부터 서로의 집에 놀러 다녔다.

광호는 남영동 집의 내 방에서 처음으로 담배를 피워보았다. 크리스마스 이브에는 여학생 여러 명과 어울려 춤을 추고 노래하며 술까지 마셨다. 처음에는 샴페인이나 포도주로 시작했지만, 광호는 그때부터 서서히 폭음하기 시작했다.

내가 들어간 홍익공업전문학교는 고등학교 3학년 과정에 초급대학 2학년을 보태서 학제 5년제로 실기 위주로 실용미술을 가르쳤다. 그때만 하여도 중고등학생은 까까머리를 하였다. 홍익공전은 두발을 어느 정도 길렀고, 교복은 대학생복이었다. 나는 외형적으로 일찍 어른행세를 할 수 있다고 해서 양정고등학교에 진학하지 않고 홍익공전을 선택한 것이다.

나는 홍익공업전문학교 도안과에 진학하였다. 여전히 광호와 나는 다니는 학교가 달랐지만 어울려서 명동과 종로의 유흥가에서 그저 노는 것으로 시간을 보냈었다.

우리는 명동의 음악다방인 명동 국립극장 앞에 있던 청자다방에 모여들었다.

개명제화점을 시작으로 콜롬비아제화점, 베니스제화점 등 명동의 신발가게가 즐비하게 늘어서 있는 곳에 1968년 4월 7일 청자다방이 오픈하였다. 이용복, 김세환, 송창식, 홍민, 양희은, 박미선이 출연하고, 4채널 사운드 시스템으로 동양 최대의 음악으로 청자다방과 다양한 고객의 취향에 부합하는 파라다이스 라운지를 신설하여 문을 연다는 광고를 냈다. 한 가닥 논다는 젊은이들이 구름같이 몰려들었다. "담배는 청자, 노래는 추자, 다방은 청자"라는 유행어가 나올 정도로 청자다방은 음악다방의 핫플레이스였다. 나중에 정명소, 정경화, 정명화, 정명훈이라는 클래식 연주가들의 어머니가 되는 이원숙 여사가 그 자리에다 미즈백화점을 세웠다. 청자다방은 1960년대 말 서울 시내 1,400개의 다방에서 가히 첫손에 꼽혔다.

우리의 다방 순례는 이름나고 특색 있는 곳은 어디든 마다하지 않았다. 충무로에 있는 본전다방은 국내 최초의 오페라 극장 스타일의 이층구조로 되어 있었다. 400석이나 되는 넓은 좌석에 하루에 최소 천 명 이상, 3천 명이나 드나드는 대형다방이었다. 우리는 1층을 지나서 계단을 밟고 올라서 가장 전망 좋은 테이블에 자리 잡았다. 청자다방에 비하여 음악이 조용한 편이어서 대화하기가 좋았다.

광화문 초원다방에는 젊은이들이 찾아들었다. 초원다방을 자주 찾던 십대들이 '아더매치 클럽'을 조직하였다는 주간지 기사가 나왔다. 기성세대가 갖고 있는 아니꼽고 더럽고 매스껍고 치사한 성향에 반항하는 문화현상이었다. 손광호와 박병무, 김동용, 최현, 김광덕, 공수형, 김동욱 등이 주간에는 다방, 저녁에는 살롱인 충무로의 산수갑산에 모여서 '훠체노'라는 조직을 만들었다. 'Four 체 No'는 잘난 체, 못난 체, 있는 체, 없는 체하는 네 가지 기성세대를 거부한다는 의미이다.

명동성당 오르막길 좌측에는 명동 YWCA가 있다. 조금 지나서 왼편으로 내려가다 보면 향린교회가 있다. 향린교회 못 미쳐서 뉴중앙다방이 있었다. 그곳은 본전다방보다 규모는 작지만 이층구조라서 우리는 이층 구석진 자리에 전세 낸 것처럼 자리 잡았다. 뉴중앙다방에는 쎄미라는 DJ가 있어서 우리가 메모지에 써서 신청하는 곡들을 노래에 얽힌 사연을 덧붙여서 틀어 주었다.

나는 퍼시 솔레이시가 1966년에 데뷔앨범으로 발표한 타이틀곡 "남자가 여자를 사랑할 때"(When a Man Loves a Woman)를 자주 신청하였다. DJ 쎄미는 남자가 여자를 사랑할 때에는 한없이 어리석어진다고 해설하였다. 꽃다발을 들고 사랑하는 여자의 집 앞에서 내다보지 않는 여자에게 구애하며 밤새도록 비를 맞고 있는 바보 남자 얘기를 들려주었다. "이게 사랑인 거야"라고.

레이 찰스가 1962년에 크게 히트시킨 "사랑을 멈출 수 없어요"(I can't stop loving you)와 흑인 혼성 5인조 그룹 플래터스의 "오직 그대뿐"(Only you), 싱어송라이터 폴 앙카의 "미친 듯한 사랑"(Crazy love) 같은 노래를 나는 메모지에 신청곡으로 써서 DJ 박스에 보냈다.

1969년의 어린이날이었다. 광호와 동용, 현이와 종로3가 관철동의 라틴쿼터에서 쟈니 화이브 그룹사운드와 박인수의 소울 버전 "봄비"와 황규현의 "애원"을 듣고 나서 거리로 나섰다. 인근 중국집에 가서 빼갈과 볶음밥 종류를 먹고는 어두움이 짙게 깔린 밖으로 나왔다. 그날따라 뭔가 울적했던 광호가 서너 살 위로 보이는 청년들과 시비가 붙었다. 나는 호신용으로 몸에 지니고 있던 양잿물을 담은 병뚜껑을 열어서 그중에 가장 격렬하게 주먹을 휘두르는 청년의 얼굴에 뿌렸다. 그는 비명을 지르며 얼굴을 감쌌다. 누군가의 신고로 경찰이 떴다. 우리는 뿔뿔이 도망쳤다. 이런 패싸움이 종로나 명동이나 가리지 않고 벌어졌다.

나는 싸움을 하면 지지 않았다. 죽기로 싸웠더니 상대방이 뒤로 물러섰다. 학교 수업은 노상 빼먹고 명동과 종로를 매일 쏘다녔다.

종로3가에는 최현이가 하는 백운당 인쇄소가 있었다. 옆 점포는 삼진사, 우승사, 양품점 세느가 다닥다닥 붙어 있었다. 우승사는 붓글씨를 잘 쓰는 동신교회 박 장로가 상패와 상장을 주문 제작하였다. 양품점 세느에는 원희라고 부르던 점원이 있어서 일과가 끝나면 우리들과 종로3가 뒷골목의 대포집에서 막걸리를 마시기도 하였다.

그 당시 자주 드나들던 주점은 종로3가 서울극장 뒤편에 있는 '태평옥'과 작부가 있는 속칭 니나노집이라고 부르는 '아담집'이었다.

명동의 골목마다 있는 할머니집, 25시, 낙동강, 만월대, 삿갓집, 삼일집, 사장실, 삼등실 등 주점을 찾아다녔다. 그중에는 문인들이 자주 찾는다는 은성주점과 아방궁도 있었다. 아방궁은 호화스럽다는 연상이 되는 주점이지만 천장이 너무 낮아서 머리를 숙여야만 들어가 자리를 잡을 수 있었다.

은성주점과 아방궁은 전혜린이 1965년 1월 9일에 그의 생전 마지막 들렀던 주점이기도 했다. 전혜린은 경향신문, 조선일보 문화부 기자를 지낸 서울대 법대 3년 후배 이덕희와 학림다방에서 우연히 만나서 명동의 은성으로 갔다. 거기서 연합신문 문화부장인 명동백작 이봉구와 합석하였다. 전혜린과 이덕희는 은성을 나와서 신도호텔 살롱에 자리를 잡았다. 어느 정도 취기가 돈 전혜린은 전화통 앞에 가서 여러 곳에 전화를 걸었다. 전화를 걸고 전혜린이 자리에 돌아와 얼마 되지 않아 작가 김승옥과 이호철이 나타났다. 그들과 합류하여 꼬불꼬불한 골목을 한참 돌아 천장이 머리에 와 닿는 허술한 대포집 아방궁에 자리 잡았다. 그곳에서 전혜린은 술을 꽤 마셨다. 10시쯤 되었을 때 전혜린은 눈인사로 작별인사를 대신하고 영하의 거리로 나섰다. 그리고 그다음 날 아침 시신으로 발견되었다.

손광호와 내 친구들은 술맛이 좋다고 소문난 곳은 아방궁같이 머리가 천장에 닿는 허술한 곳이더라도 찾아서 막걸리 잔을 기울였다.

그러나 친구들과 어울리다 혼자가 되어 돌아오는 차편에서, 잠자리에서, 계속 내 마음에 메아리쳐 오는 메시지가 있었다. 그것은 1968년 9월의 청년초청성회에서 들었던 조용기 목사의 메시지였다. "아, 도대체 나의 배는 어디로 가고 있는 것일까?"

순복음신학교를 제16회로 졸업한 우영숙 전도사가 있다. 그는 1934년생으로 이화여대 법학과를 졸업하고 순복음신학교에 들어갔다. 신학교에서 조용기 목사에게 강의를 들으며 구령열에 불타게 되었다. 그래서 근로 재건대 넝마주이에게 복음을 전하고자 영광복음선교회를 창립하였다. 1960년대에는 남대문을 중심으로 재건대가 2백여 개가 있었다. 대부분 한국전쟁으로 인하여 고아가 되었거나 시대적으로 가난해서 먹고 살기 위하여 넝마주이가 되었다. 그들 중에 많은 사람들이 전쟁통에 손과 발을 다쳐서 갈고리 손을 하고 집게를 사용해서 각종 고물을 수집하여 등에 메고 있는 소쿠리에 담았다. 자연히 언행이 거칠고 삶은 비루했다.

우영숙은 넝마주이에 대한 전도열이 불타고 있어서 그들의 거점인 양동과 남대문시장촌에 영광복음선교회 전도처를 마련하고자 했다. 퇴계로 쪽 남대문시장 건너편 남창동에 우상인 집사의 소유 대지빌딩 5층을 무상으로 전도집회처로 마련했다. 그곳에서 신학생들로 구성된 회원들이 전도훈련과 예배로 사명감을 고취하고는 넝마주이를 찾아 나섰다.

나는 1972년에 순복음신학교에 입학하였다. 한번은 선배 신학생을 따라서 남창동 대지빌딩 5층에 있는 영광복음선교회에 참석하기도 했다. 그 당시 선교단체가 드물었는데, 영광복음선교회는 그중에서도 영혼 구령에 불타는 기독교기관이었다.

이곳에 조용기 목사가 여러 차례 초청되어 말씀을 전하였다. 그러다 보니 손광호의 남창동 집에도 10여 차례 심방을 와주었다. 내가 광호의 문간방에 있을 때 안채의 거실에서 조용기 목사가 인도하는 심방예배가 열리기도 하였다. 광호는 그런 날이면 예배에 참석하기가 싫어서 밖으로 나돌았다.

그러던 어느 날 광호의 부모님이 다니시는 김문제 목사가 시무하는 재건중앙교회에서 심방을 왔다. 그때 나는 광호의 문간방에 머물고 있었는데 방문을 열고 전도사 일행이 들어서는 것이었다. 내가 그만 그 방에서 나가려고 하자 광호의 어머니는 내 손을 부여잡고 교회 안 나가도 되니 예배에 참석하라고 하셨다. 나는 딱히 거절할 수도 없어서 난생처음으로 심방예배에 들러리가 되었다.

다 같이 찬송을 부르고 전도사가 성경을 읽고 말씀을 전했다. 그리고 기도를 하는데 전도사가 내 이름을 호명하며 간절히 나의 미래를 위해 기도해 주었다. 나는 속으로 '믿지도 않는 나를 위해 기도한다고 하는데 이게 뭐지?' 하는 생각이 들었다. 그렇지만 들어보니 나를 위해서 간절히 축복하는 내용인지라 내심 싫지는 않았다. 더 들어 보니 이런 내용이었다.

"주님이 사랑하시는 안준배 형제가 예수 믿고 구원받게 해주십시오. 나아가서는 모든 것이 잘되고, 나라에 꼭 필요한 인재가 되고, 교회에서도 주님께 쓰임 받는 그리스도인이 되게 해주세요"라는 기도였다.

아무튼 심방예배를 받고 나니 마음이 편하고 좋았다. 그날의 갑작스러운 심방기도가 열매를 맺게 되었다.

1970년대 초반, 손광호의 할머니가 되는 유원옥 집사가 하루는 영적인 꿈을 꾸었다. 유원옥 할머니가 포도송이를 가져왔는데 광호 친구 안준배가 한 송이를 냅다 받아 교회로 들어가는 꿈을 꾸셨다고 했다. 실제로 나는 일찍 주의 종이 되는 길을 걸었다. 반면에 손광호는 순복음신학교를 두어 달 다니다가 세상으로 갔다. 그 후 그는 오랜 세월을 험하게 살았다. 그러나 하나님의 섭리는 30년이 지나서이지만 손광호를 주의 종이 되게 하였다. 원래부터 유원옥 집사 꿈에서 본 포도송이는 두 송이였다.

19.

제1회 대학생초청성회
강사 강달희 목사

    나는 1972년 3월에 순복음신학교에 편입시험을 치르고 입학하였다. 그리고 기숙사에서 지내면서 서대문 사거리에 있는 순복음중앙교회에서 주일예배와 수요예배를 드렸다.
    1972년 6월 17일이었다. CA 대학부 토요예배가 교회 3층 소예배실에서 있었다. 예배시간에 외국어대학교 영어과에 다니던 조용찬 회장이 광고하기를, 회비납부가 저조하다며 임원들은 의무적으로라도 회비를 납부해 달라고 하였다. 예배가 끝나자 조용찬 회장에게 회비를 내고 싶은데 방법을 가르쳐 달라고 하였다. 회원등록을 하자마자 회비부터 내는 회원은 처음 보았다고 조용찬 회장은 훗날 이야기했다. 파주 곰시에 있는 조규선 전도사가 담임하는 순복음천현교회에 가서 봉사할 때는 우편엽서에다 결석하게 된 이유를 적어서 조용찬 회장에게 보냈다. 이 역시 대학부 모임에 불참석하게 된 것을 엽서로 보내는 회원은 안준배 형제가 유일했다는 이야기를 들었다. CA 대학생회 회원이 50여 명 되었는데 나는 초짜 신앙이었지만 매사에 열심이었다.
    연세대학교 식생활과에 다니던 구명혜가 여부회장이고 남부회장은 서울대학교 기계과를 다니던 이영범이었다. 토요모임과 수요일 5시 장년예배 후에 3층 대학부 사무실에서 갖던 기도회에 열심히 참석하였지만 다른 임원들은 내게 관심이 없었다. 그렇지만 이영범 부회장은 계단까지 따라 나오면서 언제 또 오는지 물어보고 악수를 나누었다. 연세대 치대 변근영도 더러 인사를 나누었다. 구명혜 부회장은 대학부 예배실에 꽃꽂이를 하거나 여러 가지 봉사를 했는데 나를 보면 먼저 반갑게 인사를 하였다.

철원에 있는 대한수도원에서 여름방학을 맞아 대학부 하기 수련회가 있어서 홍익공전 김삼호를 전도하여 수련회비까지 내주면서 참석하게 하였다. 강사는 금란교회 김홍도 목사였다. 대학부 지도교역자 최남규 전도사와 부장 나시윤 전도사의 지도를 받으면서 한 주간 수련회를 하였다. 신앙계에 근무하던 김국도 전도사는 한탄강에서 수구대회의 심판과 레크리에이션을 가르쳐 주었다. 이화여대 식품영양학과를 다니는 강명희는 캠프송으로 오후 시간을 이끌어주었다. 기도원 식당이 좁아서 점심 식사는 숙소 앞마당에 차렸다. 구명혜 부회장이 식사담당이었다. 점심시간에 녹음기에 팝송 테이프를 틀어놓았다. 보다 못한 조용찬 회장이 정색을 하고 말했다.

"안 형제, 녹음기 이제 그만 끄세요."

생통이 신자인 나는 무안했다. 외국어대학 불어과를 다니던 문금선이 나중에 내게 오더니 회원들에게 잘 보이지 않는 한탄강 바위틈으로 가자고 하였다.

"안 형제님, 엘비스 프레슬리의 '러브 미 텐더'가 있으면 들려주세요. 나는 그 노래가 가장 좋아요. 조용찬 회장님은 왜 그래요? 교회에서 팝송 들으면 죄짓는 거예요?"

"뭐가 문제가 있겠어요? 이런 게 다 문제가 되면 지구를 떠나야 하죠. 그냥 우리끼리 듣지요."

휴식시간이 끝날 때까지 문금선과 김삼호와 커다란 바위틈에 숨어서 팝송을 들었다.

수련회가 끝나고 2학기가 시작될 때 CA 대학생회 정기총회가 열렸다. 회장 이영범, 부회장 황영교, 최태일이 선출되었다. 다음 날 이영범 회장이 내게 선교부장을 하라고 하였다. 여선교부장은 서울대 의과 대학생 송미영이 되었다. 나는 선교부장이 무엇을 어떻게 하는지 아무것도 몰랐다. 김국도 전도사에게 자문을 받기 위하여 신앙계나 불광동 신혼셋집에 자주 찾아갔다. 김국도 전도사는 아이디어뱅크였다.

"선교부를 맡았으니까 우선 교회 옆에 있는 적십자병원에 병원전도를 시작하세요. 서대문경찰서 유치장 전도도 시도해 봐요. 그러나 사업을 벌이기에 앞서서 선교부장으로서 리더십을 갖추세요. 회원들의 친구가 되어야 합니다. 남에게 충고하지 말고 항상 겸손하세요. 개는 짖어도 기차는 달린다는 자세로 목표를 정했으면 밀고 나가십시오."

나는 대학부 예배에 외부 강사를 초청하자고 제안하였다. 이영범 회장은 나의 의견을 전적으로 뒷받침해 주었다. 매월 마지막 주 토요예배는 성령대망회로 해서 신현균 목사, 최복규 목사, 강달희 목사, 이호문 목사 등 부흥사를 초청하게 되었다. 반면에 김선도 목사, 황성수 국회부의장 같은 지적이고 교육적인 강사를 초청해서 조화를 꾀했다.

최자실 전도사의 남편 되는 김요한 전도사는 설교 중에 바이올린을 연주하였다. 나는 그 모습이 멋있어서 이화여대에서 플룻을 하는 이나미에게 바이올린을 가르쳐줄 수 있는 선생을 소개받았다. 이화여대에서 바이올린을 전공하는 최영란을 소개받아 구수동에 있는 한국구화학교에 가서 바이올린 교습을 받았다. 최영란의 아버지가 청각장애자를 교육시키는 한국구화학교 최병문 교장이었다. 최영란은 사택과 비어 있는 교실에서 내게 바이올린 레슨을 해주었다.

한번은 대학부 예배에 순복음신학교 교장 버더필드 선교사를 강사로 세웠다. 김성광 전도사가 통역을 하였다. 대학부 사무실로 김성광 전도사가 버더필드 목사와 찾아왔다. 김성광 전도사는 와이셔츠 윗단추를 채우지 아니하고 그의 넥타이는 목에서 조금 떨어져 매여 있었다. 의자에는 반쯤 누워 있는 자세였다. 대뜸 반말이었다.

"야, 너희들 말이야, 내가 선배로서 말하겠어. 버더필드 선교사 같은 분을 모시려면 대학생들 숫자를 늘려놓고 오라고 해야지."

순복음중앙교회 개척자 최자실 전도사의 막내아들이라서 그런지, 매형이 조용기 목사라서 그런지, 선배라서 그런지는 모르겠다. 그렇다고 불쾌하다고는 느끼지 않았다. 김성광 전도사의 당당한 태도는 오히려 친밀감이 들 정도였다.

이원희 전도사가 상계동에서 개척교회를 시작하였다. 1972년 10월 16일에 개척예배를 드린다고 해서 서울대 음대에 재학하고 있는 신중호 형제와 여경숙, 홍진숙으로 성가전도단을 만들었다. 예배시간에 단국대 성악과에 다니는 대학부 문달숙이 "거룩한 성"을 특송으로 불렀는데 고음이 뛰어났다. 함께 성가전도단 멤버가 되어달라고 요청했지만 자신의 전문성을 아무 데나 사용하는 것은 죽어도 못한다고 했다. 할 수 없이 비전문가로 성가전도단을 구성하였다.

먼지가 풀풀 일어나는 상계동 개척교회를 찾아갔다. 상계주유소 앞 만화가게를 했던 네댓 평 되는 하꼬방 교회였다. 순복음신학교 학감 되는 김진환 목사가 초청강사로 개척예배에 설교했다. 우리까지 합해서 열댓 명이 되니 작은 예배실이 차고도 넘쳤다. 그곳을 두세 번 더 찾아가서 특송을 하였다. 거기서 대학부에 나왔던 고려대에 다니는 황경옥 자매를 보았다. 그녀의 집이 상계동에 있었고 순복음상계교회가 세워져 나가게 되었다. 개척교회라서 일손이 모자라 주일학교 교사를 하게 되었다고 했다.

그즈음 나는 가까운 곳에서 부흥회가 열린다고 하면 열심히 쫓아다녔다. 백석장로교회와 불광동 우국기도원에서 강달희 목사의 부흥회에 참석하여서 은혜를 받았다. 선교부장 송미영과 강달희 목사가 담임한 영등포성결교회를 주일날 찾아갔다. 강달희 목사의 부흥회는 날이 갈수록 은혜가 된다는 입소문이 나서 회중들이 늘어나 나중에는 예배당 내부가 성도들로 가득 찼다.

우리가 다니는 순복음중앙교회는 주일예배가 4회, 오후예배는 오후 5시와 7시, 2회가 있었다. 1부 예배가 끝나기 무섭게 2부와 3부 예배에 입장하려는 성도들이 서대문 사거리에 줄을 지어 섰다. 나오고 들어가는 데 30분가량이 걸렸다. 그러나 영등포성결교회 주일예배는 빈자리가 많아서 자리 잡는 데 편했다. 사택이 교회 뒤편에 있었다. 예배가 끝나고 나서 찾아온 용건을 말했다. 강달희 목사는 부흥사 수첩을 꺼내들고는, "내 집회 스케줄은 2년 이상 한 주간도 빠짐없이 잡혀 있어요. 대학생 토요예배에 시간을 낼 수 없어요. 이왕 왔으니 길 건너편 중국식당에 가서 잡탕밥이나 먹고 가게나."

나는 포기하지 않고 한두 차례 더 찾아가서 부탁을 했다. 그런 결과 강달희 목사는 12월 1일 금요일부터 주일 저녁까지 사흘간 주말집회를 내주겠다고 하였다. 나는 이영범 회장에게 상의하여 교회학교 교장 박승우 목사에게 제1회 대학생초청성회 기안을 올렸다. 그 당시 나는 CA 대학부의 선교부장으로서 제1회 대학생초청성회를 기획하게 된 것이다. 일일 성령대망회가 사흘로 늘어났고, 대예배실을 사용하게 되었다. 그런데 박승우 목사가 나를 불렀다.

"안 형제, 조용기 목사님이 불허했어요. 강달희 목사가 욕을 많이

해서 우리 교회하고는 안 맞는다는 거야. 그러니 직접 조용기 목사님께 말씀을 드려봐요."

나는 주일예배를 마치고 집회허가 기안용지를 들고 조용기 목사님을 면담하였다.

"조 목사님, 제가 강달희 목사 부흥회에 참석했는데 이런 설교를 들었습니다. 강달희 목사는 차를 타고 여의도를 지나다닐 때마다 순복음교회가 성전을 건축하다가 건축비가 부족하여 중단된 모습을 보고는 늘 기도하며 지난다고 합니다. 여의도에 짓는 순복음교회는 민족성전인데, 교회가 완공되면 한국교회를 크게 일으키고 세계복음화를 이루는 교회가 되게 해달라고 빠짐없이 기도한다고 합니다."

조용기 목사님은 상의 안주머니에서 부흥사 수첩을 꺼내 들고 말했다.

"강달희 목사가 우리 한국기독교부흥협의회원이구만. 좋아 결재하지. 단 우리 교회 와서는 되도록 욕설은 하지 말고 하라고 해."

이렇게 해서 을지로 인쇄골목에 있는 이규화 장로의 삼화인쇄소에서 포스터를 제작하여 골목과 거리마다 전봇대나 담벼락에 붙이고 다녔다. 그전까지는 기독교서점에서 파는 붉은 십자가가 그려진 백 원짜리 포스터에 강사 이름과 일시, 장소를 매직으로 써서 전봇대와 담벼락에 붙이는 포스터였는데, 단도인쇄지만 제1회 대학생 초청성회 강사 강달희 목사 사진까지 넣어서 제작하였다. 이영범 회장이 교회에서 가까운 평동에 살고 있는 구명혜 선배에게 풀을 쑤어 달라고 부탁하면 들어줄 것이라고 했다. 구명혜 선배에게 풀통을 받아들고 나는 신중호 형제와 서대문과 광화문 일대에 전지 반 절짜리 대형 포스터를 붙였다. 어떤 날은 구명혜 선배가 거들어주기도 해서 500장이나 되는 포스터를 붙일 수 있었다.

강달희 목사의 집회는 대학생뿐만이 아니라 일반 성도들까지 참석하여 하루에 수천 명이 모였다. 주일날 오후 예배는 5시와 7시에 2회를 하였다. 5시 예배에 참석한 성도들이 집회가 끝나도 나가지 않고 7시 집회에도 참석하려고 하였다. 7시에 입장하려는 성도들이 앞서 5시에 참석한 신도들에게 서서 나오라고 항의까지 하였다.

이영범 회장의 어머니가 되는 김선실 전도사가 강사식사를 집에서 모시겠다고 하였다. 강달희 목사는 개인 가정집에서 식사를 안 한다는 원칙을 갖고 있었으나 쾌히 승낙하였다. 냉천동 한옥 안방에 교자상을 차려놓고 이영범 회장의 아버지 이경선 장로와 어머니 김선실 전도사가 강달희 목사를 맞이하였다. 그 후 강달희 목사는 나를 보면 이렇게 말했다.

"어머니께서는 안녕하시지요? 김선실 전도사님은 기도의 의인이에요, 그렇게 기도하는 여종은 다시는 없습니다."

나는 강달희 목사에게 김선실 전도사는 내 어머니가 아니고 대학생회 회장 이영범의 어머니가 되신다고 해명했다. 그렇지만 다음에 만나도 여전하였다. 내 아버지 안병기 집사가 1991년 7월 25일에 소천하여 안양병원 장례식장에 강달희 목사가 조문을 왔다. 장례식장에서도 강달희 목사는 김선실 전도사님을 나의 어머니로 알고 '어머니 전도사님 지금 어디에 계시냐'고 물었다. 강달희 목사는 김선실 전도사와 냉천동 한옥에서 만나서 짧은 대화를 나누었지만 영원히 잊지 못하는 것이었다.

김선실 전도사의 기도열매로 여의도순복음교회 2대 위임목사 이영훈과 케냐 뭄바사 모슬렘 지역에서 학교를 세워 크게 선교하는 이영찬 선교사가 있다. 맏아들 이영범 장로는 미국 뉴저지 두산중공업의 이사로서 아내 황영교 장로와 성은장로교회를 섬기고 있다. 김선실 전도사의 기도로 자자손손이 세계 열방에 뛰어난 축복을 받고 있다. 막내 이영석은 미국 일리노이 대학에서 물리학 박사학위를 받고 실리콘밸리에 있는 IT 산업계에서 활동하다가 한국에 자회사 대표로 나와 CEO로 일하고 있다.

성회 기간 중에 토요일 날 대조동 자취방에서 아침 식사를 끝냈는데 복통이 일어났다. 함께 자취하던 손소개 전도사의 부축을 받아 신촌 세브란스병원 응급실에 실려 갔다. 나는 너무 고통스러워서 침대에 누워 있지 못하고 내려와서 바닥을 기었다. 손소개 전도사가 기도를 해주고 이런 말을 전해주었다.

"의인은 환난을 당하면 하나님과 가까워지나 죄인은 환난을 당하면 하나님과 멀어집니다."

나는 골고다에서 십자가에 손과 발에 못 박혀서 매달린 예수님을 생각하였다. 그 고통에 비하면 이런 고통은 아무것도 아니라고 생각했다. 응급실 의사는 맹장염은 아닌지 진찰도 하고 엑스레이도 찍어 보았다. 그 사이에 연세대 간호학과를 졸업하고 세브란스병원의 수간호사로 있는 신재옥 선배가 찾아와서 세브란스에 입원하면 자신이 나를 간호해 주겠다고 격려를 하였다. 대형병원의 간호사를 한 명만 알아도 큰 힘이 되었다. 별다른 문제가 없어서 일단 퇴원하여 대조동 집 셋방으로 돌아왔다.

다음 날 주일예배를 드리고 초청성회 마지막 날 성회를 성황리에 마치게 되었다. 선교부장이 되어 큰일을 치러냈다. 그러나 월요일 아침에 또다시 복통이 찾아왔다. 이번에는 어머니가 살고 있는 신길동에서 가까운 영등포 성모병원에 입원을 하게 되었다. 검사를 하였더니 결석증이었다. 창자 속에 돌들이 생겨나서 아팠던 것이었다. 의사는 배를 째는 수술보다는 약물을 투입하여 돌들을 요로 가까이 모아서 시술로 빼게 하였다.

어머니가 다니는 대길교회 박용묵 목사님과 배인조 부목사님이 오셔서 기도해 주셨다. 다음 날에는 이영범 회장과 문선길 형제가 병문안을 왔다. 그다음 날은 박승우 목사와 군입대한 고등학교 동창생 김형택과 정혼한 현매향, 신영수, 대조동 셋집의 고미라 이모까지 병문안을 와주었다. 구명혜 선배가 김은숙과 함께 와주었다. 믿음의 형제, 자매들이 병원 입원실에 와서 기도해 주었다. 주일날에는 양복으로 갈아입고 걸어서 갈 수 있는 영등포제일교회에서 예배를 드렸다. 오후에는 선교부장 송미영과 정광희, 박순열, 신중호, 허규행, 박정선이 구명혜 선배의 인도로 함께 왔다. 2인 입원실 건너 침대의 환자에게도 기도를 해주었다.

매일 방문하는 믿음의 형제들로 인하여 병실은 지교회가 되었다. 나는 간호사는 물론 병원에 있는 모든 사람들에게 전도지를 건네며 예수 그리스도가 구주시라고 전도하였다.

20.

여의도순복음교회
성전 건축

1968년 서대문에 있는 순복음중앙교회는 성도가 8천 명에 이르자 예배를 3부로 늘렸다. 그래도 기존 성전으로는 이들이 모두 예배를 드릴 수 없어 주차장 마당에 비닐을 깔고 스피커를 통해 설교를 들으며 예배를 드려야 했다. 그러던 어느 날 아침 조용기 목사가 교회에 출근해서 기도하는데 주의 음성이 그의 마음 가운데 들려왔다.

"이곳을 떠나 1만 명이 들어갈 수 있는 성전을 지어라. 그곳에서 너는 오백 명의 선교사를 파송하게 될 것이다."

조용기 목사는 기도를 마치자마자 당회를 소집해 하나님의 명령을 설명하고, 새 성전을 지을 부지를 물색했으나 시내에서는 마땅한 부지를 구하기 어려웠다. 터가 너무 작거나, 마음에 들면 값이 너무 비쌌다.

그때 제직 중에 한 사람이 여의도를 추천했다. 그 소식을 들은 6백여 명의 장로와 집사들은 거의 모두가 반대하고 나섰다. 교회 재정이라곤 단돈 100만 원뿐이기도 했지만, 그 당시만 해도 여의도는 비행장으로 사용하던 허허벌판의 모래섬이었다. 여의도로 건너가는 다리도 단 하나뿐이었고, 버스도 다니지 않아 교통이 매우 불편했다. 단지 공군들을 위해 설치된 전기와 수도시설밖에 없었다. 현실적으로 그 모래벌판에 누가 찾아갈지도 걱정스러웠다.

그러나 조용기 목사는 미래에 대한 원대한 꿈을 가지고 있었고, 그보다도 예수님의 명령이었기에 순종하고 따라야 할 일이었다.

이 무렵 뉴욕 맨해튼 섬을 본떠 여의도를 개발하고 있던 서울시는 여의도에 국회의사당을 새로 짓고, 그 앞에 종교건물을 하나만 허가하기로 기본계획을 세워놓고 있었다.

그런데 며칠 후 권사 한 사람이 조용기 목사를 찾아와서 이런 말을 하였다.

"실은 제 아들이 지금 서울시 부시장을 하고 있는 차일석입니다. 아들에게 교회 이전 문제를 이야기했더니 마침 서울시에서 좋은 땅을 융자로 분양하고 있다고 해서 말씀드리러 왔습니다."

이를 계기로 조용기 목사는 차일석 부시장의 도움으로 김현옥 시장을 만나 여의도에 부지 5천 평을 융자로 확보할 수 있었다. 미국 뉴욕대학교(New York University) 유학 시절 도시행정학을 전공한 차일석 부시장은 의욕적으로 여의도 개발을 총지휘하고 있었다.

조용기 목사는 교회 이전 문제로 하나님께 계속해서 기도했다. 그러자 그의 마음 가운데 하나님의 음성이 들렸다.

"너의 가진 모든 것을 먼저 드려라."

"하나님, 저는 돈이 없어요."

"네가 살고 있는 집을 건축헌금으로 드려라."

"하나님, 그 집은 결혼하면서 제 평생에 태어나서 처음으로 산 집입니다. 그런데 이제 와서 어떻게 아내에게 그 집을 달라고 말합니까?"

그때 조용기 목사의 마음에 또다시 하나님의 음성이 들려왔다.

"너희가 먼저 모든 것을 드리지 않으면 기적은 일어나지 않는다."

그날 저녁 조용기 목사는 일찍 퇴근해서 아내에게 조심스럽게 입을 열었다.

"교회를 새로 건축하려고 하는데, 하나님께서 나에게 먼저 믿음의 씨앗을 심으라고 말씀하시는군요. 그래서 말인데 당신의 도움이 필요해요. 우리가 이 집을 팔아서 건축헌금으로 하나님께 드립시다."

다음 날 아침 조용기 목사가 집을 나서는데 김성혜가 그에게 다가와 조용히 집문서를 내밀었다. 집문서를 받아든 조용기 목사는 교회로 오자마자 하나님의 제단에 자신의 집문서를 내려놓고 기도하기 시작했다.

"하나님, 제가 가진 모든 것을 주님 앞에 드립니다. 이제는 살든지 죽든지, 흥하든지 망하든지, 주님께서 모든 일들을 인도해 주십시오."

그날 오후 조용기 목사는 여의도 백사장을 분양받기 위해 김현옥 서울시장을 찾아갔다. 조용기 목사는 3만 평을 주겠다는 김 서울시장의 말에 깜짝 놀라서 말을 잇지 못했다. 그러자 김 시장은 3만 평이 적으면 10만 평까지는 줄 수 있다고 했다. 조용기 목사는 3천 평이면 충분하다고 하며 현금이 없으니 어음으로 지불하고 나중에 천천히 갚겠다고 했다. 그랬더니 김현옥 시장은 웃으면서 나중에 공사 끝나고 천천히 갚으라고 했다.

드디어 1969년 4월 6일 조용기 목사와 순복음중앙교회 성도들이 참석한 가운데 여의도에 새 성전 착공 예배를 거행하였다. 동양 최대의 돔식 매머드 교회가 착공되는 날 여의도의 신축공사장 앞에서 열린 착공 예배에서는 조용기 목사, 최자실 전도사와 존 허스턴 목사가 성도들이 모인 가운데 미래의 부푼 꿈을 안고 감격적인 첫삽을 뜨게 되었다.

그러나 공사를 시작한 지 얼마 되지도 않아서 열악한 재정 상태 때문에 성전 공사가 큰 난관에 부딪히고 말았다. 당시 교회 재정은 불과 100만 원뿐이었는데 공사비는 자그마치 10억 원의 거금이었다. 게다가 착공 예배 직후 제2차 석유파동이 발생하여 전 세계적인 불황이 찾아왔다.

국내에서는 하루아침에 원화 가치가 폭락하면서 물가가 치솟아 건축자재 가격이 폭등하고 심각한 경기침체로 성도들이 실직함으로 헌금이 대폭 줄어들었다. 은행융자가 축소된 것은 물론 대출이 거의 불가능해졌다. 그런데다 건축기술상의 문제까지 겹쳐 성전 건축이 완전히 중단되고 말았다.

또한 착공 직후 건축자금에 조금이라도 도움이 될까 해서 성전 옆에 지은 순복음아파트(현 초원아파트)까지 분양이 극히 저조해 어려움이 가중되었다. 어느 누구도 석유를 난방 연료로 사용하는 아파트에는 들어오려고 하지 않았다. 상황이 이렇게 되자 조용기 목사는 공사대금을 제때 지불하지 못했고, 건설회사는 아파트 공사는 물론 교회 건축도 중단하였다.

조용기 목사는 가족들을 데리고 아직 공사가 마무리되지 않은 아파트 701호로 이사를 했다. 그는 매일같이 눈만 뜨면 돈을 빌리기 위해 은행으로 향했지만 늘 아무런 소득 없이 들어와야만 했고, 일꾼들은 인건비를 안 준다고 아우성이었다. 조용기 목사는 극도로 예민해져서 임신 중인 아내와 크게 다투기까지 했다.

건축 대금 문제로 시달리던 조용기 목사는 순복음아파트 701호 베란다 너머로 골조만 앙상한 채 공사가 중단된 성전을 바라보고 있었다. 그 모습이 마치 모든 것을 잃고 아무런 희망도 남지 않은 자기 자신처럼 느껴졌다. 조용기 목사는 그 순간 창문을 열고 뛰어내리고 싶은 충동을 느꼈다고 한다.

조용기 목사는 매일 새벽마다 공사가 중단된 성전 안으로 들어와 철골을 붙잡고 하염없이 흐느끼며 하나님께 기도를 드렸다.

어느 날은 성전의 녹슨 쇠기둥을 붙들고 "주님, 차라리 이 교회가 내 머리 위에 무너지게 해주시옵소서" 하며 부르짖었다. 어떤 날은 비가 와서 흠뻑 젖은 성전 바닥에 가마니 한 장을 깔고 시멘트 바닥에 꿇어앉아서 울부짖으며 기도를 드렸다.

그러던 어느 날, 새벽기도에 참석한 80세 정도 되는 할머니가 할 말이 있다며 조용기 목사에게 마이크를 잠시 빌려달라고 했다.

"난 동에서 주는 구제금으로 먹고사는 가난한 노인네요. 여러분, 이러다 우리 목사님 죽어요. 밤낮 우리가 이곳에 모여서 기도만 하면 뭐 합니까? 저도 뭔가 도와드리고 싶지만 제가 가진 것은 이 낡은 밥그릇과 수저 한 벌뿐입니다. 저는 이 모든 것을 주님의 일에 바치고 싶습니다. 밥은 마분지에 떠서 손가락으로 먹을 수도 있습니다."

새벽기도에 참석했던 성도들이 여기저기서 흐느끼기 시작하더니 곧 온 성전이 눈물바다로 변했다. 그때 뒤에 앉아 있던 장로 한 명이 손을 들었다.

"목사님, 그 밥그릇과 수저 제가 백만 원에 사겠습니다."

이 일을 계기로 어려운 상황에서도 성도들은 특별헌금을 작정하기로 했다. 그런데 며칠 후 새벽예배를 마치고 나오는 조용기 목사에게 운동복 차림의 중년 남성이 찾아왔다. 한일은행 불광동지점의 심범수 지점장이었다. 그는 얼마 전 여의도시범아파트로 이사 온 뒤에 교회 사정을 알게 되었다고 밝혔다. 그리고 조용기 목사에게 건강진단서만 가지고 오면 아무런 담보도 없이 5천만 원을 융자해 주겠다고 말하는 것이었다.

그 돈으로는 턱없이 부족했지만 건설회사에 현금을 건네자 중단되었던 공사장이 다시 살아나기 시작했다. 조용기 목사는 은행장을 만나서 교인 수에 해당되는 일만 개의 계좌를 개설하는 조건으로 추가로 대출을 받아 공사대금을 지불하였다.

그러자 순복음아파트에도 603, 605호를 터서 최자실 전도사가 이사 왔고, 508호에는 조두천 장로가 이사를 들어온 데다 602호에는 조용목 전도사가 부산에서 사업을 접고 올라와서 살게 되었다. 열심이 있는 성도들도 입주하기 시작했다. 1961년도 순복음부흥회관 시절부터 교회에 나오기 시작한 김은숙 가정이 1208호, 이경애 가정이 1103호, 홍오례 가정이 710호로 앞다투어 입주하였다. 분양평수 26평, 실평수 19평에 성도들이 집을 팔아 순복음아파트로 이사하였다.

이런 가운데 1972년 1월 초 제직총회에서 민족제단인 여의도성전을 완공하고 세계오순절대회를 맞아 조국의 구원과 세계복음화를 위해 성전 완공에 최후의 헌신을 할 것을 만장일치로 결의했다.

이때 제직은 2년 적금으로 최소 10만 원 이상, 일반 성도들은 2년 적금으로 5만 원 이상(매달 1,850원)을 작정했다. 아울러 믿음의 장로들을 비롯한 제직들이 한마음으로 뭉쳐 발 벗고 나섰다. 특히 '교회 살리기 운동'이 성도들 사이에서 자발적으로 일어나 매일 저녁 수백 명의 성도들이 살을 에는 듯한 추위와 싸우며 지하실 바닥에 엎드려 간절히 금식기도를 드렸다.

시간이 갈수록 성도들의 교회 살리기 운동이 가속화되었다. 어떤 성도는 패물을 팔아 건축헌금을 드렸고, 어느 성도는 집을 팔아 순복음아파트에 입주하면서 차액을 헌금하기도 했다.

홍오례 집사는 마포 공덕동에 살면서 경동교회를 다녔었다. 강원용 목사의 지식적인 설교가 마음에 닿지 않던 터에 이웃에 사는 순복음중앙교회 구역장에게 권유받아 교회를 옮기게 되었다. 그의 남편 되는 이승환은 을지로 방산시장에서 크라운 미싱상회를 하고 있어서 부자였다. 그 옆에는 이경선 장로가 삼신미싱이라는 상호로 미싱상회를 경영하였다. 큰딸 이영희는 어머니를 따라서 순복음중앙교회 고등부에 출석하였다. 그녀의 동생 이정희는 아역배우로서 1966년 제작된 김동혁 감독의 영화 〈땅〉에 출연했다. 김승호, 황정순, 태현실, 안인숙, 이대엽이 출연하였고 이정희는 연기력이 뛰어나서 인기를 끌었다.

그러나 이영희 3남매의 부친 이승환 집사가 병으로 타계하고 어머니마저 1971년에 심근경색으로 세상을 떠났다. 이영희가 어머니의 유품을 정리하다 보니 건축헌금을 바친 적금 통장이 열두 개나 나왔다. 이영희의 모친 홍오례 집사가 그 많은 패물을 모두 팔아서 건축헌금으로 봉헌한 터라 별로 값이 안 되는 옥반지만 남겨져 있었다고 한다.

이렇게 성도들이 드린 건축헌금으로 여의도성전 신축공사가 점차 활기를 띠기 시작하자 순복음중앙교회는 1971년 10월 11일부터 16일까지 여의도 성전 옆 광장에서 민족제단 신축기념 대성회를 개최했다. 이때 조용기 목사는 매일 저녁 7시부터, 최자실 전도사는 매일 새벽 5시부터 각각 성회를 인도했다. 쌀쌀한 가을철, 새벽과 밤에 성회가 연속되었지만, 성도들은 오직 믿음과 헌신으로 대성회를 마무리 지었다.

1971년 12월 16일 신축 성전에서 드려진 민족제단 신축 상량 기념예배에서 조용기 목사는 "성령 안에서 하나님이 거하실 처소"라는 주제로 설교를 했다. 조용기 목사와 전 성도들의 기도와 불퇴진의 믿음으로 건축공사는 조금씩 진행되었다.

오산리기도원

최자실 전도사의 인도로 여의도 신축공사장 지하층을 일부 막아서 성전완공을 위해 매주 금요일마다 철야기도회가 열렸다. 성도들이 계속해서 모여들었다. 너무 많은 성도들로 인하여 안전사고가 대두되어 순복음아파트 지하층으로 옮겨서 밤새 찬송하며 기도하였다.

준비찬송을 한 시간도 넘게 불렀는데 아주 뜨거웠다. 안이숙 사모가 작사하고, 미국인 이라 스탠필(Ira Stenphil)이 작곡한 "내일 일은 난 몰라요"를 주로 불렀다.

내일 일은 난 몰라요 하루하루 살아요
불행이나 요행함도 내 뜻대로 못해요
험한 이 길 가고 가도 끝은 없고 곤해요
내일 일은 난 몰라요 장래 일도 몰라요
아버지여 날 붙드사 평탄한 길 주옵소서

부산 광안교회 장로이며 지휘자였던 김보훈 작사 작곡의 "주만 위해", 작자 미상의 "성도의 행진곡"도 여러 번 반복해서 불렀는데 거듭 부를수록 은혜가 넘쳐났다. "올라가세 올라가세 구름 타고서 성신 바람 불어오면 높이 올라가 천군천사 나팔 불며 환영하노라 할렐루야 이 하루를 기다렸노라"라는 부분에서는 7년 환난 오기 전에 승리의 흰옷 입고 주님 만날 것을 기원하며 찬송했다. 설교와 기도, 그리고 은혜를 받은 이들이 차례로 간증했다.

여의도 성전 공사가 한창 진행되고 있을 때 최자실 목사가 나를 찾았다. 그가 오산리에 있는 교회 공동묘지에 기도원을 세우려고 하던 때였다. 최자실 목사는 순복음중앙교회 대학생회 총무인 나를 불러서 식목일에 대학생들이 나무도 심고 기도회를 하라는 것이었다. 그래서 회원들을 데리고 가서 나무를 심고 모임을 가졌다.

오산리 묘지에는 자그마한 단독주택이 있었는데 그곳 마루방에서 하루 세 차례 기도회가 있었다. 얼핏 문가에서 보았는데 박용래 집사가 기도회 사회를 보고 있었다.

박용래 집사는 남아현장로교회에 다니다가 1963년 2월 18일에 순복음중앙교회에서 성령 체험을 하였다. 그는 1966년 9월 7일에 조용기 목사의 주례로 이영례와 결혼하였다. 그 후 그는 사업관계로 속초에 거주하다가 다시 서울로 올라와서는 1971년부터 순복음중앙교회 집사가 되었다. 그러다가 최자실 목사가 개척하는 오산리기도원에 들어가서 기도원의 온갖 잡일을 도맡게 되었다. 그러던 중 최자실 목사의 배려로 하루에 세 번 드리는 기도원 예배의 사회를 맡아 보게 되었다.

최자실 목사는 여의도에 짓고 있는 성전 건축을 위하여 경기도 파주군 조리면 오산리에서 기도굴까지 만들어 놓고 시간만 생기면 달려가 부르짖어 기도했다. 마침내 1973년 3월 7일에 기도의 집을 외상공사로 완공하였다.

그리고 교회에 속한 모든 기관으로 하여금 오산리기도원에서 수련회와 모임을 갖도록 최자실 목사는 방침을 세웠다.

나는 1973년 7월에 갖는 순복음중앙교회 대학부 여름수련회를 준비하고 있었다. 지난해처럼 물이 흐르고 경치가 좋은 강원도 철원 한탄강을 끼고 있는 대한수도원에서 수련회를 갖고자 변근영 회장과 임원회가 계획을 세웠다. 그런데 어느 날 최자실 목사가 나를 불렀다.

"안 총무, 이번 하기 수련회를 어디에서 하려고 해?"

"작년처럼 물 좋고 산 좋은 대한수도원이나 버들캠프장 같은 곳에서 하려고 합니다."

"거기보다는 새로 지은 오산리기도원에서 하도록 해라."

오산리기도원 대학부 하기수련회. 서 있는 왼쪽부터 최태일, 강명희, 신종희, 차성호, 황경옥, 이영범, 김해만, 최완호, 박형우, 심명규, 엄의자, 이경애, 문금선, 강석하, 중간열 권혁창, 조용목, 조정희, 앉아 있는 신덕희, 구명혜, 이영희, 안준배, 윤남인, 신설영, 김용덕, 김인찬, 최태옥, 오완숙 등 CA 대학부 회원. 1973. 7.

나는 오산리기도원은 수영장도 없고 모든 게 열악해서 원래 추진하던 대로 해야 한다고 주장했다. 내 이야기를 들어보더니 최자실 목사는 어쩔 수 없이 마음대로 하라고 하셨다. 나는 임원들에게 최자실 목사의 허락을 받았으니 계획대로 추진하자고 했다. 그러자 지도교역자 조정희 전도사가 내게 안타까워하면서 말을 했다.

"안 총무, 최자실 목사님이 좋아서 허락하신 게 아니에요. 지금이라도 장소를 오산리기도원으로 하세요."

"조 전도사님, 최 목사님이 분명히 허락하셨는데요. 왜 그러세요?"

"안 형제도 나중에 목회를 해봐요. 심는 대로 거둔다고, 그대로 불순종하는 교인을 만날 거예요."

나는 눈물로 호소하는 조정희 전도사의 지도를 받아서 오산리기도원으로 장소를 변경하고 대학부 여름 수련회를 하게 되었다.

1972년에 예수 믿고 성령 받은 나는 열성적으로 대학부에서 일하면서 좌충우돌했다. 나만 잘 믿고, 잘하는 것으로 판단했었다. 그 무렵 순복음신학교 졸업반에 있으면서 대학부 지도교역자로 부임한 조용목 전도사가 내 행태를 보고 기가 막혀 했다. 그는 내게 이런 말을 해주었다.

"안 형제는 야생마예요. 그러나 조련사로부터 길을 잘 들이게 되면 준마가 될 수 있어요."

21.

호서대학교 설립자
강석규 장로

　대학부 수련회의 특별 강사 섭외를 부회장이고 총무를 겸임하고 있던 내가 주로 담당하였다. 신흥종교에 대한 연구가 탁명환 신흥종교문제연구소장이 현장 취재를 통해 《한국의 신흥종교》라는 책을 써서 주목을 받았다. 그러나 학적으로는 연세대학교 신학대학의 문상희 교수가 신흥종교에 대하여 강연을 학술적으로 잘하였다.
　나는 문상희 교수에게 대학부 수련회에 특강을 요청했다. 문 교수는 이제 막 부흥되는 순복음중앙교회에 관하여 비판적인 시각이 있었다. 문상희 교수의 특강 사회는 이화여자대학교 식품영양학과에 다니는 강명희 부회장이었다. 그녀는 캠프송도 잘 인도하였고, 활달하여 분주한 스타일이었다. 그러다 보니 수련회 준비 모임에 빠질 때가 더러 있었다. 그녀가 다른 스케줄을 소화하고 오산리기도원의 대학부 수련회에 도착하여 사회를 보았는데 이 과정에서 조금은 미숙한 일이 있었다. 그로 인하여 변근영 회장이 나를 나무랐다. 이때 나는 순간적으로 격하게 반응했다. 변 회장은 얼른 나를 데리고 기도원의 준비실 방으로 들어갔다. 그는 분노하는 내 언행을 가라앉히고자 달랬다. 그러자 준비실 문밖에 서 있던 강명희 부회장이 수습하고자 나섰다.

"회장님, 부회장님, 제가 잘못했습니다. 나 때문에 이런 문제가 생긴 것입니다. 두 분 화를 푸세요. 미안합니다."

강명희 부회장은 다재다능하고 친화력이 뛰어났다. 그녀의 중재로 그 사건은 잘 수습되었다.

강명희는 교육자 가정에서 성장했다. 그의 부친이 호서대학교를 설립한 강석규 장로이다.

강석규는 1913년 충청도 논산 시골의 가난한 집안에서 태어났다. 어릴 때부터 그는 병약했다. 논산보통학교를 졸업하고 농사일을 하며 독학으로 초등학교 자격증을 얻었다. 그는 성연보통학교와 천안 직산보통학교에서 교사로 재직하였다. 그는 초등교사 재임 중 중등교사 자격증을 취득해 일제 말기 10여 년 동안 강경여중, 강경공립고, 대전공립공업학교, 경동중학교에서 교사생활을 하였다.

강석규는 해방 후 더 배우고자 하는 열망에 따라 대학 진학을 결심하고 서울대학교 공과대학 전기공학과에 입학하여 대동아전쟁이 일어난 해에 졸업하였다. 그 후 군산여고 교사를 거쳐 충남대학교 교수로 재임하다가 명지대학교로 옮겨 교수로 재임하였다. 그리고 1970년 환갑을 앞둔 나이에 대성중고등학교를 설립해 교장과 이사장을 역임했다.

어느 날 강석규는 유난히 인생의 허무함을 더 느끼며 정처 없이 거리를 거닐었다. 쓸쓸히 무작정 거리를 걸어가고 있는데 어딘가에서 찬송가 소리가 들려왔다. 그 찬송가 소리에 이끌려 들어간 곳이 바로 서대문 순복음중앙교회였다. 마침 그때 조용기 목사의 설교가 시작되었다. 강석규 교수는 보통학교를 졸업하고 독학으로 공부하여 교사, 교수가 되었기에 반항적인 기질을 갖고 있었다. 누가 권하면 더 안 나갔을 것인데 하나님께서 그의 마음에 외로움을 주셔서 스스로 교회에 들어서게 된 것이다. 그것이 조용기 목사와의 첫 만남이었다.

조용기 목사는 말이 빠른데다가 생소한 기독교 용어를 구사하여서 강석규는 반 정도만 알아들을 수 있었다. 그런데 잘 알아들을 수 없는데도 이상하게 그의 맘에 와 닿았다. 예배가 끝나고 나올 때는 들어갈 때와는 완전히 다른 심정으로 변하였다. 희한한 노릇이었다. 들어가기 전에 인생의 허무와 쓸쓸함을 느끼던 심정은 깨끗이 사라지고 새 희망과 용기가 충만해서 교회당을 나서게 되었다.

그로부터 10년 후 강성규는 큰 꿈을 꾸기 시작했다. 대학 건립의 꿈이었다. 그는 오랜 대학교수 생활 중에 막연하지만 대학을 하나 세워 경영해 보고 싶었다. 그러나 모든 조건이 너무 안 맞아 엄두를 내지 못했다. 그런데 이 막연한 꿈이 교회에 나오기 시작하면서부터 자주 꿈틀거리기 시작하고 커가는 것이었다.

"꿈을 가지라, 꿈이 없는 백성은 망한다."

"할 수 있거든이 무슨 말이냐 믿는 자에게는 능치 못할 일이 없느니라."

조용기 목사의 설교 말씀은 꼭 강석규에게 하는 말이었다. 그의 수첩에는 대학 설계로 꽉 차갔다. "믿음은 바라는 것들의 실상이요 보지 못하는 것들의 증거니"(히 11:1)라는 말씀은 그의 기도 제목이 되었다.

하지만 여러 사람들에게 알릴 수 있는 것이 아니라서 그의 마음속에만 간직하고 있었다. 그런데 어느 날, 조용기 목사가 느닷없이 "대학을 세워 보시죠" 하는 것이었다. 강석규는 순간 조 목사님이 어떻게 내 마음을 알아차렸는가 싶었다. 그는 누가 봐도 불가능에 가깝다고 할 것이기 때문에 아무에게도 대학 설립의 꿈을 이야기한 바가 없었다. 그 후 조용기 목사는 그에게 여러 번 되풀이해서 이 말을 했다.

강석규의 집에서는 매일 가정예배를 드렸는데 그중에 공동기도문에 "대학을 세워 주소서"라는 기도제목을 넣고 가족들이 함께 기도하며 예배를 드렸다. 조용기 목사가 이용달 집사 집에서 구역예배를 인도할 때였다. 그 자리에서 강석규의 아내가 "이이가 대학을 세우겠다고 하는데요…" 하고 조용기 목사의 반응을 물었다. 그러자 조용기 목사는 주저 없이 "됩니다. 해보십시오" 하는 것이 아닌가. 그 단호하고 명료한 대답에 조금은 부정적이었던 그의 아내는 다시 말을 못하고 말았다.

이렇게 환갑을 훌쩍 넘긴 1979년에 강석규는 천원공업전문대학을 설립하였다. 1981년에 당시 여의도순복음교회에 출석하던 이규호 교육부장관의 도움으로 4년제 호서대학으로 승격하고 조용기 목사가 초대 이사장이 되고, 강석규 장로가 학장이 되었다. 1987년에 대학원을 설립, 종합대학으로 승격되어 총장이 되었고, 학교는 중부지역의 명문학교로 발돋움하게 되었다.

그가 95세 되던 해에 "어느 95세 어른의 수기"라는 글을 썼다.

"나는 젊었을 때 정말 열심히 일했습니다. 그 결과 나는 실력을 인정받았고 존경을 받았습니다. 그 덕에 65세 때 당당히 은퇴를 할 수 있었죠. 그런 내가 30년 후인 95세 생일 때 얼마나 후회의 눈물을 흘렸는지 모릅니다.

만일 내가 퇴직할 때 앞으로 30년을 더 살 수 있다고 생각했다면 난 정말 그렇게 살지는 않았을 것입니다. 그때 나 스스로가 늙었다고, 뭔가를 시작하기에 늦었다고 생각했던 것이 큰 잘못이었습니다.

나는 지금 95세이지만 정신이 또렷합니다. 앞으로 10년, 20년을 더 살지 모릅니다. 이제 나는 하고 싶었던 어학 공부를 시작하려 합니다.

그 이유는 단 한 가지….

10년 후 맞이하게 될 105번째 생일날, 95세 때 왜 아무것도 시작하지 않았는지 후회하지 않기 위해서입니다."

강석규 장로의 삶은 포기하지 않는 도전의 일생이었다. 그는 호서대학교 총장, 서울벤처정보대학원대학교 총장을 지내고 1989년 국민훈장 모란장, 2009년 청조근정훈장을 수훈 받았다. 그는 103년을 영원한 현역으로 살았다.

그의 다섯 자녀 강일구 호서대 총장, 강철구 동우건축그룹 회장, 강명희 한남대 교수, 강순구 목사, 강명선 목사가 아버지 강석규 장로의 2015년 9월 1일까지의 103세 일기를 학계, 교계, 경제계에서 이어가고 있다.

여름수련회 때 최자실 목사가 매일 저녁에 성령대망회를 인도했다. 그런데 그다음 날에는 대조동 천막교회 출신 중 1호 목사가 되었던 조병호 목사가 설교를 하게 했다. 조병호 목사의 간증은 성령의 능력을 원색적으로 보여주는 것이었다. 그리고 조병호 목사를 통해서 구제불능의 불량배가 변화되어 목사가 되었다는 것이다. 그 자신이 믿기 전에 완악했던지라 조병호 목사는 자신의 과거를 닮은 청년들을 성령의 능력으로 깨어지게 하였다. 그리고 그들 대부분이 목사가 되었다. 그래서 간증의 끝에는 "목사가 됐답니다"라고 하는데 우리들은 감동을 받았다.

그중에 전재중이라는 청년은 뾰족한 꼬챙이로 여성들만 보면 엉덩이를 찌르고 다니는 사고뭉치였다. 그는 조병호 목사를 만나 성령받고 변화되어 신학교에 들어갔다. 그는 군대에 갔다가 나중에 복학해서 나와 함께 순복음신학교 20회로 졸업해서 경상도에서 목회를 하고 있다.

나는 수련회 기간 중에 입고 있던 바지 뒤가 터졌다. 쫙 달라붙는 스키니 진이었는데, 거듭나기 전부터 입었던 옷이라 수련회 활동을 하다가 바지 뒤가 투둑 터져버린 것이다. 할 수 없이 여학생 숙소로 찾아가서 동국대 국문과를 다니는 이영희에게 바지가 뜯어졌으니 꿰매 달라고 주었다. 그러자 이영희는 "으악" 소리를 치면서 기겁하여 바지를 내던졌다. 그러자 옆에 있던 연세대학교 식생활과 졸업반 구명혜 선배가 아무것도 아닌 양 바지를 수선해 주었다. 그런 일이 있고 나서 구명혜 선배는 나의 구애를 7년간 거절하다가 1979년 10월 15일 사당동에서 개척교회를 하고 있는 나와 결혼을 하였다.

22.

지렁이 같은 너 야곱아!

1973년 8월 초 마침내 성전 공사와 준공 검사가 모두 마무리되었다. 조용기 목사는 웅장하게 세워진 여의도 성전을 바라보면서 벅찬 감격에 젖었다. 그의 나이 서른일곱 살, 지난 3년 4개월 동안 성전 건축을 위해 겪었던 고생이 순식간에 눈 녹듯 녹아내리는 듯했다.

8월 둘째 주 내내 조용기 목사는 오산리기도원에 올라가 8월 12일에 있을 서대문 순복음중앙교회에서의 마지막 설교를 준비했다. 그는 매일 기도굴에 들어가 온 힘을 다해 하나님께 부르짖었다. 그러던 어느 날 기도굴에서 한참 기도하고 있는데 갑자기 그의 마음속에 이사야 41장 14절에서 16절의 말씀이 떠오르면서 "지렁이 같은 너 야곱아!"라는 음성이 들려왔다. 그는 너무나 놀라 기도굴 문을 열어 보았다. 기도굴 밖에는 소나기가 퍼붓듯이 내리고 있을 뿐이었다. 조용기 목사는 다시 온몸이 땀에 흥건하게 젖도록 하나님께 부르짖었다.

그렇게 한참 기도한 후 기도굴 문을 열고 나오는데 그때 큰 지렁이 한 마리가 꿈틀거리며 그의 앞을 지나가고 있었다. 조용기 목사는 이 지렁이를 보는 순간 방금 전 자신에게 들렸던 음성을 생각하며 움찔 놀라고 말았다. 1973년 8월 12일 서대문 순복음중앙교회에서 행한 마지막 설교에서 조용기 목사는 당시 자신이 보았던 지렁이의 모습을 이렇게 묘사했다.

"귀도 코도 없고 손과 발도 없는 지렁이가 흉한 몸으로 진흙 속에서 꿈틀거리며 기어 나오는데 아무리 봐도 천한 모습이었습니다. 거기다가 그것은 무지하고 무력한 존재였습니다. 왔던 길을 되돌아가기도 하고 되돌아갈 길에서 또다시 돌아오는 무지하고 어리석은 존재일 뿐 아니라 누가 와서 밟으면 죽을 수밖에 없는 무력한 존재였습니다."

그 순간 조용기 목사는 자신의 모습이 이 지렁이의 모습을 닮았다고 생각했다. 그는 다시 기도굴로 들어가 하나님 앞에 엎드렸다.

"하나님, 저는 하나님께서 함께하시지 않으면 아무것도 할 수 없는 지렁이 같은 천하고 낮은 자입니다. 저의 무지함과 무력함을 하나님 앞에 고백합니다. 저를 불쌍히 여겨주십시오."

조용기 목사는 이날 자신이 받은 말씀을 중심으로 주일 설교를 했다. 얍복 나루터에서 주의 천사와 밤새 씨름을 하다가 환도뼈가 위골이 된 야곱은 지렁이가 되었다는 설교였다.

"야곱은 이에 어쩔 수 없이 하나님 앞에 전폭적으로 꿇어 엎드려 간장이 끊어지는 기도를 드릴 수밖에 없게 되었습니다. 그러자 하나님은 깨어져서 눈도 없고 코도 없고 귀도 없고 팔다리도 없는 지렁이 같은 그를 승리자로 만들어 주셨습니다."

조용기 목사의 서대문에서의 마지막 주일 설교를 듣는 성도들은 많은 감동을 받았다. 이날 처음으로 교회에 나온 사람 중에 서른한 살의 젊은 나이에 '새한화공업주식회사'라는 화장품 회사를 인수해 성공적인 사업가의 길을 가고 있던 청년 사업가가 있었다. 그는 자신이야말로 조용기 목사가 말하는 지렁이의 모습이라고 생각했다. 그가 훗날 사업가의 길을 접고 조용기 목사의 제자가 된 최성규 목사이다. 그는 여의도순복음교회 교무국장으로 지내고 있을 때 '순복음중앙교회'라는 교회명이 여의도 시대에 부합하지 않다는 것을 느꼈다. 그래서 최성규 교무국장은 조용기 목사께 각 지역에 '순복음중앙교회'가 흔하니 오직 하나뿐인 '여의도순복음교회'로 개명할 것을 진언하였다. 당회에서 두 차례나 심의한 끝에 '여의도순복음교회'가 새 교회명으로 통과되었다. 1984년 1월 1일부터 '순복음중앙교회'에서 '여의도순복음교회'로 공식 개칭하여 한국 사회와 세계에 '여의도순복음교회'라는 고유명사를 각인시켰다. 그후 최성규 목사는 인천순복음교회를 담임해서 한국의 대표적인 교회로 성장시켰고, 또한 효도대학원대학교를 설립하여 총장이 되었다. 최성규 목사는 보수 한국기독교총연합회 대표회장과 진보 한국기독교교회협의회 회장을 두루 역임한 한국교회의 지도자가 되었다.

-국제신학연구원,《여의도의 목회자, 서울말씀사, 2008》참조

III

1973~1988

여의도순복음교회와 선교센터, 교육관 등 순복음타운

23.

여의도 성전 완공과 세계선교

여의도 성전은 불안한 정세와 재정적인 어려움에도 불구하고 1973년 8월 15일에 완공되었다. 4천여 평의 대지 위에 연건평 3천2백 평의 규모로 건립된 여의도 성전은 총 공사비 8억 4,100만 원이 소요되었다. 1958년 5월 18일 대조동 천막교회 5명이 첫 예배를 드린 지

여의도성전 입당을 앞두고 조용기 목사와 CA 대학부 멤버 1973. 8.

15년 만의 일이었다.

마침내 1973년 8월 19일 첫 주일설교를 시작으로 조용기 목사는 여의도 시대를 열었다. 새 성전의 완공과 함께 1973년 9월 18일부터 22일까지 효창운동장과 여의도 신축교회에서 제10차 세계오순절대회(PWC: Pentecostal World Conference)가 개최되었다. 세계오순절교회협의회(1946년 설립)는 3년에 한 번씩 전 세계 90개국에서 성령운동을 하는 오순절주의자들을 한자리에 모아 대규모 정기대회를 개최했다. 1973년 제10차 대회를 순복음중앙교회 주관으로 서울에서 개최하게 된 것이다.

이 대회는 1970년 미국 댈러스에서 열렸던 제9차 '기독교대한하나님의성회'에 총회장 자격으로 참가했던 조용기 목사의 국제적인 리더십을 통하여 개최가 성사된 것이다. 또한 이 대회를 위해 기독교한국오순절협의회(PEK)가 창립되었으며, 준비위원장에 조용기 목사가 선임되었다.

제10차 PWC 대회. 효창운동장

PWC서울대회 오전집회 후, 왼쪽부터 PWC 총무 브루스터, 최태일, 최재열, 조용목, 안준배, 권혁창, 조용기, 짐머만, 최명우, 배진기, 김용덕
아래줄 왼쪽부터 신덕희, 조오희, 신종희 1973. 9.

"복음증거와 성령의 은혜"라는 주제로 열린 PWC 서울대회에는 39개국에서 2천여 명의 목회자와 성도들이 참가했으며, 국내에서도 총 5만여 명이 참석했다. 9월 18일, 개회예배에 이어 오전, 오후 집회가 여의도 순복음중앙교회에서 열렸고, 저녁 집회는 효창운동장에서 개최되었다. 이와 함께 각 분과별 회의와 세미나가 5일간 차례로 진행되었다. 대회기간 동안 순복음중앙교회 8천여 성도들이 헌신하였다.

제10차 세계오순절대회는 한국은 물론 동양에서 최초로 열린 대규모 국제대회로, 한국 교회사에 길이 남을 뜻깊은 대회였다. 아울러 김포공항이 개항한 이래 최대의 외국인을 맞이하는 기록을 남기기도 했다.

2천여 명의 외국인들이 PWC 대회 본부에 사전 등록한 대로 각 숙소로 입숙하게 되었다. 주로 외국어 회화 가능자와 대학생들이 안내를 맡아서 김포공항에서 팻말을 들고 외국 대표들을 맞았다.

나는 기본적인 중국어 회화를 할 수 있어서 대만에서 들어온 참가자들을 안내하게 되었다. 대회 본부에서 배정한 대로 대만 참가단을 인솔하여 만리동에 있는 여관에 도착하였다. 그들은 여관의 외양을 보더니 아주 실망해서 자신들이 별도로 호텔비를 내겠으니 다른 호텔로 옮겨달라고 하였다. 나는 회현동에서 남산국민학교를 다녔기에 퇴계로에 있는 프린스호텔로 그들을 인도하여 비교적 만족할 수 있는 숙소에 체크인할 수 있게 해주었다.

효창운동장에서 열린 저녁 성회에 대학생들은 연합성가대와 외국인 안내를 맡아서 봉사했다. 나는 그 당시 믿음이 없는 나의 남영동 친구들에게 효창운동장 성회에 참석하도록 적극적으로 권면하였다. 남영동 대동각 중화식당에서 공용우, 한성율 등에게 짜장면을 사주면서 성회에 참석하도록 했다. 그중에 무적해병의 신화 공정식 장군의 아들 되는 공용우는 지금은 온누리교회의 집사가 되었다. 그 당시는 장발 단속을 하던 시기라서 나와 최명우, 김인찬 등이 장발단속에 걸려서 머리를 가위질당하기도 했다. 단속경찰관이 조용목 전도사까지 손짓해서 불러 세우더니 자로 머리를 재보기도 하는 어처구니없는 일도 벌어졌다.

대회가 끝날 즈음에는 대회본부에서 성가대와 외국어 봉사자들에게 이태원 해밀톤호텔에서 만찬을 베풀어주어서 모두가 즐거워했다. 그리고 제10차 세계오순절대회가 성공적으로 개최된 것에 대하여 한국 기독교인으로서 자긍심을 갖게 되었다. 대회 주제가는 조용기 목사 작사 김동진 작곡의 "순복음찬가"를 불렀다.

성가대 외국인 봉사자 해밀톤호텔 만찬 1973.
왼쪽부터 1열 이영희, 김인찬, 문금선, 노건옥, 2열 미상, 정희수, 배진기, 미상, 최명우, 안준배

불같은 성령 임하신 곳에
예수의 사랑 넘쳐나고
구원을 얻는 기쁜 소식이
온 세상 널리 퍼지리
가난한 자에게 복된 소식
포로된 자에게 자유를
눈먼 자에게 다시 보게 함과
눌린 자에게 자유일세

가사가 순복음신앙을 구구절절이 드러냈다. 다만 회중이 이 곡을 즐겨 불렀다기보다는 편곡된 곡으로 성가대의 찬양으로 오랫동안 불려졌다. 1973년 오순절세계대회는 순복음신앙을 한국교회와 한국

사회에 널리 알리는 지점이었다.

　세계오순절대회를 성공적으로 치르고 난 다음 날인 1973년 9월 23일 여의도 성전의 헌당예배를 드렸다. 이날 헌당예배는 조용기 목사의 집례로 기독교대한하나님의성회 서울 남지방회 회장 김경철 목사의 성경봉독과 미국하나님의성회 총회장 짐머만(T. Zimerman) 목사의 설교, 그리고 건축위원장 문연순 장로의 경과보고가 있었다. 건축위원장으로부터 성전 열쇠를 건네받은 조용기 목사는 "이 열쇠를 받아 하나님의 귀한 뜻을 이루며 또 하나님의 영광을 위하는 일에만 쓰겠습니다"라며 하나님과 성도들 앞에서 감격의 선서를 한 후 봉헌사와 기도를 올렸다.

　이와 같은 여의도순복음중앙교회의 헌당은 고난을 딛고 일어선 성도들로 하여금 세계적인 교회로 성장할 수 있도록 꿈과 비전을 심어주는 중요한 계기가 되었다.

　여의도 성전 건립 이후 순복음중앙교회는 비약적인 성장을 거듭해 매년 1만 명 이상의 새 성도들이 교회에 등록하였다. 그 결과 1979년 10월에 이르러 마침내 10만 명을 넘어서게 되었다. 순복음중앙교회는 10만 성도 돌파를 기념하기 위해 11월 4일, 700클럽 창시자인 팻 로벗슨 목사를 강사로 초청하여 기념설교를 하게 하였다.

　나는 조용기 목사에 의해서 한국교회에 소개된 팻 로벗슨 목사에게 깊은 인상을 받았다. 그는 1960년에 최초의 미국 기독교 방송국을 설립하여 CBN(The 700 Club)의 대표로 전 세계 249개국 중 50여 개국 9천 개의 지역에 방송하고 있는 세계 제일의 TV Ministry를 하였다. 그로 인해 세계성신클럽은 1994년 10월 28일, 뉴욕퀸즈한인교회에서 세계성령봉사상 제5회 국제부문 수상자로 팻 로벗슨 목사를 시상하였다.

10만 성도를 달성한 지 만 2년 만인 1981년 11월 말, 교세는 두 배로 급성장해 20만 성도를 돌파했다. 이에 따라 명실상부한 세계 최대의 교회로 자리매김하게 되었다.

여의도 순복음중앙교회의 폭발적인 성장과 발전은 조용기 목사의 갈보리 십자가 신앙이 출발점이었다. 그는 십자가 대속의 믿음이 복음의 중심이며, 삼중축복과 오중복음, 사차원의 영성으로 성령운동의 표지가 되게 하였다.

1981년 12월 〈로스앤젤레스타임스〉는 순복음중앙교회가 2년 전 10만 성도에서 지금의 20만 성도로 급성장해 세계 최대의 교회가 되었으며, 이 교회의 담임 조용기 목사는 영국, 프랑스 등 유럽에서 1만 명 이상이 모이는 대부흥성회를 전개하고 있다고 보도했다. 조용기 목사는 미국에서 TV 설교를 함으로써 뛰어난 설교자의 길에 들어섰다고 하면서 미국 풀러 신학교 교회성장학 교수인 피터 와그너의 말을 인용, "한국의 조용기 목사는 금세기 말까지는 미국의 빌리 그레이엄만큼이나 기독교 선교를 위해 중요한 지위를 갖게 될 것이며, 이미 영적인 거장(Spiritual Stature)이 되었다"라고 보도했다.

여의도 시대를 열면서 조용기 목사는 세계선교에 전력을 기울이기 시작했다. 본당 내부에서 2층으로 올라가는 중앙계단 전면에 세계선교지도를 제작해 붙이고 성도들에게 기도하게 하였다. 1976년 제3회 세계선교대회부터 선교헌금을 작정하게 하고, 세계선교를 위한 기도제목을 발표하였다. 1973년 9월 18일부터 22일 서울에서 개최된 제10차 세계오순절대회는 세계선교의 막중한 거점이었다.

이에 조용기 목사는 1975년 4월 1일 순복음세계선교회를 설립함으로써 해외선교의 토대를 구축하게 되었다. 세계선교회의 총회장은 조용기 목사, 부회장은 최자실 목사, 초대 선교국장에는 이창길 장로가 임명되었다.

1976년 3월 5일 나성순복음교회에서 조용기 목사와 16명의 선교사들이 모인 가운데 순복음북미연합회를 결성하고, 초대회장에 박여호수아 목사를 임명했다. 또한 연합회 결성 직후 10개 지교회를 설립하고, 16명의 선교사를 파송하게 되었다. 1982년 2월 11일에 지방회장 존 허스턴 목사, 총무 겸 회계 이창길 목사, 총대 김남수, 김성수 목사를 선출했다.

이와 함께 1976년 4월 29일에는 서독 베를린에서 김정수 목사를 회장으로 하는 순복음구주연합회를 결성하면서 유럽선교의 문을 열기 시작했다. 그리고 1976년 8월 4일에는 일본 오사카에서 일본지구연합회를 조직하고, 1978년 4월 7일에는 순복음아세안지구연합회를 결성했다. 1980년 3월 1일 아르헨티나 부에노스아이레스에서 순복음남미지구연합회를 결성했다.

1986년 2월 1일에는 순복음오세아니아연합회를 결성하였다. 초대회장에 정우성 목사가 임명되었다. 그는 1979년 3월 현대중공업 시드니 지사장으로 부임하였다. 조용기 목사의 선교사 파송장을 받고 시드니에 도착한 정우성은 조용기 목사의 설교 카세트테이프로 예배를 드리는 강영식 집사와 몇몇 성도들을 만나서 1979년 1월 7일 시드니 순복음교회를 개척하였다.

정우성 목사는 1945년 8월 25일에 충남 보령에서 태어나 2014년 3월 27일 주님이 일흔 살에 불과한 그를 부르시는 순간까지 하루에 두 시간 40분, 매월 3일간의 금식기도로 기도목회를 하였다. 그의 기도 십일조는 시드니순복음교회를 32명 교인에서 4천 명으로 부흥하게 하였다. 오세아니아에 30곳의 지교회를 세웠다. 그는 호주, 뉴질랜드, 피지 섬까지 아우르는 오세아니아 대륙에서 강하게 세밀하게 예수님께 쓰임 받았다. 조용기 목사로부터 기도의 유전자를 받아 그의 아내 홍금란 사모와 함께 오직 성령께만 온전히 순종하였다.

정우성 목사는 세계성령운동중앙협의회의 홀리스피리츠 맨 메달리온 세계선교 부문을 수상하고, 여의도순복음교회 우수선교사상, 자랑스러운 고려대학교 교우상을 수상하였다. 기도의 성자 정우성 목사를 계승한 시드니순복음교회 김범석 목사, 브리즈번순복음교회 홍요셉 목사, 오클랜드순복음교회 김지현 목사 등은 그가 설립한 30곳의 지교회와 성도를 통하여 그의 성령목회를 오대양 육대주로 이어가고 있다.

1987년 9월 1일에는 순복음아프리카연합회를 조직하고 스페인 라스팔마스 이정봉 선교사를 회장으로 임명하였다. 이남선, 임연심, 손광현, 이점상, 배혜영, 공은표, 김영애 선교사가 아프리카와 스페인에서 선교하였다. 그중에 임연심 선교사는 아프리카 케냐에서 선교하였는데 "투르카나의 어머니"로 불리면서 그의 생애를 아프리카 선교에 바쳤다.

임연심 선교사가 선교하는 투르카나족 선교지는 나이로비에서 자동차로는 10시간 걸리는데 가는 도중 수많은 도적들이 무장 강도로 습격할 때가 많기 때문에 대부분은 경비행기를 타고 가야 했다. 경비행기를 타고 2시간 정도 날아가서 도착하는 곳은 나무도 풀도 거의 보이지 않는 끝없는 광야와 모래밭이다. 아프리카에서도 가장 더운 지대라서 가만히 있어도 온몸에 땀이 흘러내리는데 섭씨 45도를 넘나드는 곳이다. 그곳에서 차를 타고 30분 정도 더 가면 임연심 선교사가 사역하는 원주민 교회와 고아원이 있다.

그곳의 아이들은 말라리아에 걸려도 아무런 치료도 못 받고 약도 없이 그냥 며칠간 앓다가 일어난다는 것이다. 임연심 선교사는 80여 명 아이의 어머니가 되어 헌신적으로 양육하였다. 어머니같이 아이들을 돌보고 학교에 보내어 교육을 시켰다. 식사는 아침, 저녁 두 끼만 먹는데 그나마 근처 동네에서는 이 고아원의 아이들이 굶지를 않으니까 제일 부러워한다고 했다. 임연심 선교사는 선교사 생활비로 콩을 사서 아침, 저녁으로 한 공기씩 먹었다. 그래서 오히려 고아원 아이들의 형편이 동네 부모와 사는 아이들보다 나은 편이었다. 고아원 아이들은 반찬도 없이 콩죽 한 공기를 먹지만 굶지는 않기에 바짝 마른 아이들은 없었다. 이 아이들이 자라서 교사도 되고 공무원이 되어서 임연심 선교사와 여의도순복음교회 세계선교대회에 참석하여 조용기 목사에게 인사를 드리고, 부목사 이호선 목사가 뉴욕순복음연합교회에서 목회할 때 보내준 선교비로 끼니를 굶지 않고 자랄 수 있게 해주었다고 감사 인사를 하기도 했다.

투르카나 고아원 주위에 있는 집들은 거의 다 모래바다 위에 건초를 엮어서 만든 자그마한 움막집이었다. 집 안에서는 그냥 맨바닥에서 잠을 자고 가구도 없다. 대부분 세계 각국 구호단체에서 보내는 구제비로 생활하고 있다. 이런 열악한 생활에도 그들은 교회에 나와서 찬송을 부르고 기도를 드렸다.

기독교대한하나님의성회 여의도순복음교회는 2013년 12월 16일 케냐 투르카나에 임연심 굿피플 미션스쿨을 완공하고 준공식을 거행했다. 케냐에서 "투르카나의 어머니"라고 불리며 사역하다 소천한 임연심 선교사의 유지를 이어받아 케냐의 최북단 투르카나 나페이까르에 세워진 중고등학교는 15만 평의 대지에 교실과 기숙사, 과학실, 도서실, 교사 숙소 등을 포함하고 있다. 200여 명의 학생을 수용할 수 있는 임연심 굿피플 미션스쿨의 건축을 위해 약 100만달러(약 11억 원)의 건축비가 투입되었다.

24.

남미 선교와
라틴아메리카성령2018

　1979년 10월쯤, 조용기 목사는 이호선 목사를 브라질 선교사로 파송하였다. 그때 이호선 목사는 1대 교구장으로 발령받아서 1년 정도 한창 열정적으로 사역하던 중이었다. 그는 자녀들이 다섯 명이나 되어서 외국 선교사로 사역하리라고는 전혀 생각하지 못했다. 그러나 전도사 시절 고아원 전도사로 시무하면서, 안양 기독보육원 뒷산 꼭대기에 올라가서 기도할 때마다 5대양 6대주로 다니면서 복음을 전하는 기도를 많이 했다. 왜냐하면 조용기 목사가 미국, 영국, 남미 등 해외 곳곳마다 다니면서 부흥성회를 인도하면서 선교보고를 할 때마다 그도 세계에 다니면서 복음을 전하겠다는 꿈이 생겼기 때문이었다.

　이호선 목사는 브라질 대사관에 가서 선교사로 이민 신청을 했다. 그 당시에는 우리나라가 후진국이어서 그런지 미국이나 브라질에서도 비자를 거의 발급해 주지 않았다. 그런데 미국의 폴랜드 선교사가 브라질 상파울루 근처에 신학교를 세워서 학교장으로 사역하고 있는데, 여의도순복음교회와 조용기 목사를 잘 아는 터라 그가 브라질 외무부에 한국 선교사를 초청했다는 것이다. 그 당시 한국인에게는 거의 비자 발급을 안 하는데 폴랜드 선교사로 인해서 이호선 목사에게 브라질 외무부에서 직접 비자 발급을 해주었다.

1979년 12월 23일, 조용기 목사가 이호선 목사에게 바로 출발하라고 명령하였다. 공항에는 거의 200여 명이 배웅을 나왔다. 여의도순복음교회에서 비자를 받아서 정식으로 출국하는 선교사는 이호선 목사가 처음이었다. 유지회 사모와 같이 조용기 목사에게 출국 인사를 드리고 공항에 나오니까 그 당시 여의도순복음교회 목회자가 약 70여 명이었는데, 여의도 목사들이 거의 다 나왔다. 이호선 목사의 부모도 시골에서 상경해서 공항에 나오셨다. 배웅을 받으면서 김상호 목사의 축복기도를 받고 비행기에 올랐다.

이호선 목사는 하늘에 떠다니는 비행기는 많이 봤지만, 비행기를 타보기는 처음이었다. 그 당시에는 KAL미주는 노선이 없어서 영국 비행기 브리티시 에어라인을 이용하게 되었다. 그는 영국 스튜어디스가 영어로 안내방송을 하는데 한 마디도 알아들을 수 없었다.

저녁 8시쯤 출발한 비행기가 김포공항 활주로를 벗어나서 동쪽으로 날아갔다. 어느덧 높이 떠 있는 비행기 안에서 창문 아래를 내려다보니 희미한 불빛이 가물가물하게 보이는데 '이젠 조국을 떠나는구나. 이제 조국을 떠나면 평생 돌아오지 못하겠구나' 하는 생각이 들었다. 40여 년간 조상 대대로 살아온 조국의 부모 형제들, 가까운 친척, 친구, 동역자들을 두고 떠나면서 고향산천을 생각하니 갑자기 마음이 뭉클하여 눈물이 주르르 흘러내렸다. 옆자리에 있는 그의 아내도 곁눈으로 보니 흐느끼며 울고 있었다.

이호선 목사는 멀고 먼 브라질, 말로만 들었던 나라, 브라질의 지리나 문화, 환경을 전혀 모르고 가는 길이었다. '아브라함이 갈대아 우르를 떠나서 낯선 가나안 땅에 갈 때 아마 지금 나와 같은 심정이었겠지.' 여행을 가는 것도 아니고 이민 간다는 것은 조국의 산하를 떠나서 먼 미지의 땅에 미아가 되어 가는 느낌이었다. 이호선 목사는 선교사 훈련도 받지 않았고, 예비지식도 전혀 없었다. 단지 하나님이 명령하시니까, 그리고 오직 하나님 말씀, 성경만 가지고 빈손으로 브라질로 가는 것이었다. 수중에는 몇몇 분이 주머니에 넣어준 달러 7백 불밖에 없었다.

브라질로 바로 가는 직항이 없어서, 비행시간은 몇 시간이 걸리는지, 어디서 비행기를 갈아타는지 잘 알지도 못했다. 공항에서 출입국 신고서 쓰는 것도 전혀 모르고, 짐을 어디서 찾고 어떻게 다시 짐을 싣는지도 전혀 몰랐다. 그 누구도 미리 가르쳐준 사람이 없었다. 그 당시만 해도 외국에 다니는 사람이 거의 없어서였다. 이민 가방이 8개, 아이들은 다섯 명이고, 말도 전혀 통하지 않고 한국에서 배운 영어는 전혀 통하지 않았다.

그런 악조건 속에서 손짓, 발짓을 하면서 로스앤젤레스에 내려 다시 짐을 부치고, 남미 칠레를 향해 갔다. 얼마나 가는지 밤새도록 비행하여 칠레 산티아고에 내려서, 다시 아르헨티나 부에노스아이레스 공항으로, 거기서 또 상파울루가 아니라 깜비냐스 비행장으로 갔다. 부에노스아이레스 공항에서는 큰 짐이 든 가방 두 개가 없어졌다. 그는 너무나 긴 여행으로 인해 상당히 지쳐 있어서 그 짐은 그냥 찾지도 않았다.

이호선 목사가 상파울루 공항에 내려서 마중 나온 성도들을 찾아보니 아무도 없었다. 그래서 가방 속을 살펴보니 마침 교회 장로가 그에게 보낸 편지가 있어서 장로 집 주소를 알 수 있었다. 늦은 밤에 택시를 타고 그 주소에 적힌 장로 집에 도착한 후 짐을 내려놓고 다시 교회로 갔다. 마중 나온 성도들이 비행장을 잘못 알아 서로 엇갈려서 성도들이 이호선 목사보다 늦게 교회에 도착했던 것이었다.

교회는 약 40여 평 건물 안 2층에 자리 잡고 있었고, 교인은 20여 명 남아 있었다. 반갑게 인사하고 첫인사의 말씀을 전했다.

"초청해 주셔서 감사합니다. 저는 오직 성경 말씀과 복음만 들고 왔습니다. 최선을 다해서 여러분과 교회를 섬기겠습니다."

브라질은 모든 것이 한국과 반대였다. 한국이 낮이면 브라질은 밤이고, 서울이 겨울이면 브라질은 한여름인 것이다. 언어도 다르고, 길도 양방향이 아닌 일방통행이다. 아이들을 학교에 보내니 언어가 전혀 통하지 않아서, 아이들이 학교에 가면 너무 힘들고 답답해서 울고 올 때가 한두 번이 아니었다. 이호선 목사는 아무것도 몰라 그저 엎드려서 "성령님, 인도하여 주옵소서"라는 기도만 했다.

그 당시 상파울루 인구는 1천만 명, 도시 크기는 서울의 4배이고, 번화가 '바울리스타'의 중심지는 지금 서울의 강남처럼 빌딩과 상가가 즐비한 대단한 도시였다. 1만 5천 명 정도의 교인이 있었고, 40여 교회가 있었으며, 그중에 상파울루순복음교회가 제일 작았다.

이호선 목사가 처음 부임한 상파울루순복음교회의 주일 출석 성도는 약 15명 정도밖에 되지 않았으나 최선을 다해 말씀을 선포하며 오직 성령 충만과 전력을 다해 기도하며 하나님께 매달려 목회했다. 교회는 각종 병자가 고침을 받게 되면서 부흥하였다.

이호선 목사는 기도 중에 상파울루순복음교회를 중심으로 남미 일대에 먼저 교민교회를 세우라는 뜨거운 소원이 일어났다. 남미는 아르헨티나, 파라과이, 볼리비아, 칠레, 에콰도르에 인디언 원주민들이 많았다. 우선 각 나라마다 한인교회를 세워서 그 교회가 원주민 교회를 세워야 한다는 생각을 갖게 되었다.

이호선 목사는 볼리비아 산타크루즈의 옷을 파는 가게를 찾아가 그곳에서 알게 된 가게 주인의 집 지하에 기도처를 마련하고 볼리비아순복음교회를 개척하였다. 이어서 칠레 산티아고교회를 개척해서 진유식 청년을 칠레 하나님의성회 신학교에 입학시켜 담임전도사로 임명하였다.

상파울루순복음교회에서 수련을 받던 김용철 전도사가 인디언 선교를 꿈꾸길래 그를 아마존강 근처 밀림지역에 움막교회를 세워서 인디언 선교를 하게 하였다. 그후 40년 동안 20개의 인디언 교회가 세워지고 2천여 명의 인디언 성도가 증가되었으며, 신학교에 가서 공부하고 졸업한 수십 명의 인디언 청년들이 목사가 되어 사역하고 있다.

아마존은 브라질 내에서도 어지간해서는 찾아가기 어려운 오지이다. 아마존 정글은 지구 산소의 30%를 공급하는 거대한 원시림이며, 유역 면적을 기준으로 세계에서 제일 큰 강이다. 아마존강의 발원지는 페루의 안데스 산맥 기슭이다. 이곳 만년설이 녹아 흐르는 유빙수가 거대한 강을 이루려면 수만 개의 도랑과 개천이 합류해야 한다. 작은 도랑과 개천이 모여 1,100여 개의 강을 이루고, 그 강들은 다시 15개의 강으로 합쳐진다. 그 강들이 나중에는 2개의 강을 이룬다. 하나는 네그루강이고, 다른 하나는 솔리모이스강이다. 네그루강은 주로 콜롬비아 쪽에서 흘러가는데 나뭇잎이 썩은 물에 섞여 검은색으로 흐른다. 솔리모이스강은 페루의 안데스산맥에서 흘러가는 강인데 적토색을 이룬다. 이 두 강이 브라질 마나우스에서 만나 마침내 거대한 아마존강을 이루고 대서양까지 1,600km를 흐르고 또 흐른다.

그런데 신기하게도 네그루강과 솔리모이스강은 하나의 강이 됐는데도 섞이지 않는다. 한쪽은 적토색으로, 다른 한쪽은 검은색으로 계속 흐르는 게 아닌가. 이유는 강물의 온도와 속도의 차이 때문이다. 네그루강의 수온은 28도이고, 유속은 시속 1.5~2km이다. 반면

솔리모이스강은 22도의 찬물이요, 시속 7km로 흐른다. 그래서 두 강이 만나 하나의 강을 이뤘지만 물이 섞이지 않고 여전히 두 가지 색깔로 흐르는 것이다. 그러나 6km 이상 지나면 결국은 하나가 되기 시작한다. 물이 섞여 한 색깔로 흐른다. 아마존강에는 1,100종 이상의 물고기가 살고, 수천 종의 나무가 원시림을 이룬다.

라틴아메리카성령2018 강사단이 마나우스 성회차 아마존강을 찾았다. 어느 곳이든 찬양하고 노래하길 좋아하는 소강석 목사는 아마존강 복판 선상에서 영어로 '주님의 높고 위대하심을' 찬양했다. 배에 동승하고 있던 관광객들은 박수를 보냈다. 일행은 이과수 폭포에서도 찬양했다. 주변에 있는 관광객들은 환호와 박수로 동조했다.

2018년 9월 4일 아마존의 주도 마나우스에서 인디언들과 현지인들이 주관해 마나우스교회 운동장에서 성령마나우스성회가 열렸다. 주강사 소강석 목사의 메시지에 이어 배진기 목사의 치유·회복 기도, 주남석 목사와 김용완 목사의 격려 메시지, 안준배 목사는 30년 전에 세계성령운동중앙협의회가 '성령으로 세계를!' 주제로 시작된 것을 알리고 성령으로 아마존을 변화시키자고 외쳤다. 이어 이호선 목사의 축도로 마쳤다.

400여 명 현지인들의 뜨거운 찬양과 기도가 아마존 밤하늘에 울려 퍼졌다. 야외에서 소리가 크게 나는 성회이지만 지역주민들은 누구도 이의를 제기하지 않았다. 문득 우리나라 60년대 남산야외음악당, 한강백사장집회가 떠올랐다.

남아메리카는 서쪽으로 브라질이 있고, 포르투갈어를 사용한다. 동쪽에 있는 파라과이, 아르헨티나, 볼리비아 등은 스페인어를 사용한다. 성령라틴아메리카2018은 라틴계가 이주한 남아메리카의 가장 중요한 3개국에서 개최되었고, 이곳에 성령세계2020 강사단이 찾아가 성령의 뜨거운 역사를 재점화시켰다.

황규영 선교사가 아르헨티나 수도 부에노스아이레스순복음교회를 개척하였는데 그 교회 집사의 아들이 담임목사를 구타하며 난동을 부려서 교회가 큰 시련을 겪고 있었다. 이호선 목사는 남미선교연합회장 자격으로 교회를 수습하여 한국에서 박요한 목사를 초빙해서 담임목사로 세웠다가 그 후에 이정현 목사가 취임하여 500여 명이 되는 교회로 성장하게 되었다.

라틴아메리카성령2018 성회를 순회하면서 아르헨티나순복음교회에서 이호선 목사를 강사로 수요예배를 드렸다. 당시 그곳에서 나는 신학교 시절에 가까웠던 선배 이정현 목사의 아내 되는 유경준 선교사를 만나게 되어 선교비를 드렸다.

파라과이순복음교회는 허균 장로가 1965년경 이민 교포들을 모아서 교회를 설립했고, 이 교회 총무집사 최인규가 신학교를 졸업하고 담임전도사로 시무하였다. 이 교회에서 고경환 목사, 김용철 선교사, 진유철 목사, 진유식 목사 등 청년들이 성령세례를 받고 남미 일대에 원주민 선교를 하였다. 그 후 윤종남 목사가 담임하면서 새 교회당을 구입하고 부흥되었다.

우나세 체육관에서 개최된 라틴아메리카성령2018 파라과이 아순시온성회는 아순시온순복음교회 손강국 목사 주관하에 18개 현지 교회가 연합하여 1천여 명이 참석했다. 주강사 소강석 목사와 배진기 목사, 주남석 목사 등이 메시지를 전했다.

에콰도르는 중남미 콜롬비아, 페루 사이 태평양 연안에 있는 나라이다. 파라과이에서 신학교를 졸업한 스무 살 되는 고경환 전도사가 에콰도르의 수도 키토에 가서 상파울루순복음교회의 지원으로 선교하였다. 그는 스페인어에 능통하여 이민 온 교인들의 자녀들 학교입학에서부터 사업상 계약관계, 운전면허 취득, 관공서 공문서 서류 관계 등에 이르기까지 교민들의 생활 전반을 통역하여 도와줌으로써 교회를 부흥시켰다.

이호선 목사가 부임한 순복음상파울루교회는 브라질 상파울루에서 가장 크게 부흥되었다. 그 이후 윤성호 담임목사가 이호선 목사의 뒤를 이어 남미 선교의 중심역할을 하고 있다.

김용철 선교사는 1984년 1월부터 1988년 8월까지 브라질 아마존 남쪽 마또그레스 미란다 지역에서 인디언 선교를 담당하여 교회와 성전 두 곳을 건축하였다. 1988년 8월부터 지금까지 브라질 에스뻬루뚜 산토 주 빅토리아시에서 순복음빅토리아교회를 섬기며 현지인 선교를 통해 브라질 전역에 80개의 교회를 세우고 40개의 성전을 건축하였다.

조용기 목사로부터 선교사 임명장을 받고 1973년에 브라질 상파울루로 들어간 이호선 목사의 기도목회는 남아메리카 나라마다 교회를 세우고 부흥시켰다. -이호선,《성령의 권능, 도서출판 새한, 2021》참조

25.

타이완과 중화권을 성령으로, 장한업 선교사

1980년에 여행 자유화가 되면서 내가 가장 처음 찾아간 곳이 대만이었다. 대만으로 출국하기 전에 여의도순복음교회 선교센터에 있는 조용기 목사 집무실을 찾아 출국인사를 드렸다. 그러자 조용기 목사는 나의 첫 번째 대만 선교여행을 위하여 기도해 주셨다. 그리고는 지갑 안에서 1,400달러를 꺼내 주셨다.

"안 목사, 내가 미국 집회 다녀오면서 쓰다가 남은 돈이야. 처음 가는 대만인데 필요한 여비로 쓰게나."

나는 처음으로 조용기 목사의 격려금을 받고 감격했다. 타이페이에 체류하면서 나는 시문딩에 있는 제일 유명한 라이라이 백화점에 가서 조용기 목사에게 드리는 선물을 구입했다. 청색 바탕에 대만의 작가가 산수화를 직접 그린 수제넥타이였다. 2주간 대만 선교여행을 마치고 귀국하여 조용기 목사에게 귀국 인사와 함께 선물을 드렸다. 조용기 목사는 포장지를 내 앞에서 뜯어보더니 그 안에 있는 넥타이를 들어 올렸다.

"안 목사, 선물은 준 사람 앞에서 개봉하는 거야. 대만의 장인이 수작업한 예술성이 있는 넥타이구먼."

그 자리에서 조용기 목사는 매고 있던 넥타이를 풀더니 내가 사온 넥타이를 착용하셨다. 그 후에도 그 넥타이를 매고 교회 강단에서 설교하는 모습을 여러 번 볼 수 있었다. 어떻게 보면 수많은 사람에게 흔하게 받은 선물 중 하나일 뿐인데도 아주 소중하게 사용하셨다.

한번은 인사동에서 홍익대학교 요업과를 졸업한 젊은 장인이 만든 램프를 사다 드렸었다. 그때는 국민일보 사옥 9층에 집무실이 있었다. 그때에도 접견실 협탁에 즉시 올려놓아 켜보더니 마음에 들어 하셨다.

"안 목사, 그렇지 않아도 이 자리에서 뭘 보려고 하면 어두웠는데, 잘 사왔어요. 고마워."

나중에도 여러 차례 집무실에 들어가 보았는데 여전히 램프가 그 자리를 지키고 있었다. 우리가 생각할 때에 얼마나 쓰실까 하지만 조용기 목사는 제자들의 선물을 기쁘게 받아들였다. 이런 모습은 조용기 목사 안에 인간에 대한 사랑과 존중이 있어서였다.

대만에는 나의 신학생 시절 역촌동에서 나와 자취했던 중국인 친구 유전명, 유전해 형제 중 유전해가 있었다. 그리고 타이페이순복음교회 황모영 선교사가 있었다. 여의도순복음교회는 황모영 선교사를 1979년 8월 21일 타이완 선교사로 임명하고 파송했다. 그녀는 가방 두 개를 들고 무작정 대만행 비행기에 올랐다. 타이페이 송강로에 월세방을 구한 뒤 황모영 선교사는 기도부터 시작했다. 황모영 선교사의 기도로 병자가 치유되어 교회는 부흥하였다. 대만의 중국인 목사들은 "황모영 선교사를 보아라. 언어도 안 되는 여성으로 교회가 부흥되는 것을. 우리도 황모영 선교사처럼 하면 부흥될 것이다"라고 입을 모았다.

나는 유전해의 통역으로 타이페이순복음교회와 대만의 여러 교회에서 집회를 인도하였다. 그러다가 통역을 하던 유전해가 서울신학대학원 입학을 위해 한국에 들어가게 되어 나중에 목사가 된 대만 교포 임혜선과 부친은 중국인이고 모친이 한국인인 장한업이 통역을 맡았다. 그들은 유창한 중국어와 한국어 실력으로 통역을 해서 대만교회 성도들이 은혜를 넘치게 받게 하였다. 최자실 목사는 강단에서 통역하는 장한업에게 "내 아들"이라며, "신학을 공부하라"고 권면했다. 그는 한국교회 부흥을 보면서, 한국에서 신학공부를 해야겠다고 결심했다.

장한업은 1987년 9월에 아세아연합신학대학에 입학지원서를 냈다. 그런데 아세아연합신학대학에서 아무런 답장이 오지 않았다. 후에 아세아연합신학대학교에 가보니 교무처 직원이 그가 보낸 편지와 입학지원서를 책상 윗서랍에 넣어 두었는데 그것이 그만 서랍 뒤로 넘어가서 찾지 못했던 것이었다. 그러나 하나님께서는 나를 통하여 장한업 형제가 순복음신학교를 장학생으로 다닐 수 있도록 예비해 놓고 계셨다.

나는 1980년대에 수차례 대만에 가서 부흥회를 인도하였다. 그때 그가 통역을 해서 그를 알게 되었는데, 장한업이 국제전화로 진로를 상의할 때 순복음신학교에 지원하라고 권해주었다. 나는 조용목 목사에게 중국선교를 위해서 순복음신학교에서 장한업을 장학생으로 받아 달라고 부탁하였다. 그렇게 조용목 목사의 배려로 장한업은 장학생이 되었다.

장한업은 1988년 2월 아내 우아칭과 갓 태어난 석 달 된 아들 장웨이를 데리고 신학공부를 하기 위해서 서울에 왔다. 낮에는 순복음신학교에서, 저녁에는 순복음영산신학대학원에서 동시에 두 학교에서 공부를 했기에 아내와 아들을 돌볼 수가 없었다. 결국 아내와 아들은 6개월 만에 대만으로 돌아갔고, 장한업 혼자 남아 1989년 12월 순복음신학교를 졸업했다.

그는 1990년 12월 순복음영산신학대학원을 졸업하는 동시에 여의도순복음교회 전도사가 되어 청년국에서 사역을 했다. 1991년 4월 20일 조용기 목사의 파송 명령에 순종하여 대만의 수도인 타이페이로 가서 선교를 하게 되었고, 1992년 11월에 타이페이순복음교회의 담임목사가 되었다. 그리고 타이페이순복음교회의 황모영 목사는 원로목사로 추대되었다. 그는 30년째 선교사로 사역하고 있고, 또한 대만총회장을 맡았었다. 그동안은 아세아 지구 연합회에 속해 있다가 독립총회가 되었다.

장한업 목사는 산샤대반석순복음교회와 대만 전 지역에 21개의

영적 각성과 부흥을 위한 성회에서 설교하는 조용기 목사와 통역하는 장한업 목사. 2003. 9. 17. 대만 국립대만대학교 체육관

교회를 세웠다. 그는 1986년부터 여의도순복음교회와 오산리최자실금식기도원에서 교파를 초월하여 3천 명에서 5천 명이 참석하는 아시아 성도 방한성회를 매년 총괄하였다. 30여 년 전만 해도 타이완의 교회는 성도가 300명 이상 출석하는 교회가 하나도 없었다. 그러나 지금은 200명 이상 출석하는 교회가 490개, 500명 이상 출석하는 교회가 56개, 2천 명 이상 출석하는 교회도 21개나 된다. 그중에는 1만 명 이상 모이는 교회도 생겼다. 그는 아시아 성도 방한성회를 근거로 논문을 써서 한세대학교에서 신학박사 학위를 받았다.

1976년에 내가 최창업 목사를 도와서 청년회를 지도하였던 부천순복음교회 출신 서상진 목사가 한인 선교사로 타이중에서 기도와 열정으로 대만의 순복음교회를 부흥시켰다. 그가 지금은 장한업 목사를 이어서 대만의 순복음교단 총회장이 되었다.

장한업 목사는 중화권의 교회마다 성령운동을 일으켜서 2017년에 홀리스피리츠 맨 메달리온 선교사 부문을 수상하였다. 40여 년 전에 타이페이에서 설교 통역으로 알게 된 장한업 목사를 보면 하나님의 섭리를 느낀다.

조용기 목사로부터 선교사 임명을 받은 선교사들은 오지까지 이르러 열정을 다하여 성령운동을 하다가 선교지에서 하나님의 부르심을 받기도 하였다. 지금도 673명의 선교사들이 예수 그리스도의 지상명령을 수행하고 있다.

26.

조용기 목사의 해외 성회

4차원의 영적 세계, 온두라스 성회

조용기 목사가 전 세계를 다니며 복음을 전하는 데 있어서 가장 많은 도움을 준 것은 그가 집필한 책들이었다. 조용기 목사의 책 중 1979년에 먼저 영어로 출판되고 1996년 한국어로 번역된 《4차원의 영적 세계》(The Fourth Dimension)는 전 세계 39개 언어로 번역되어 500만 권 이상 팔리는 베스트셀러가 되었다. 이 책을 통해 조용기 목사는 세계 어디를 가나 한국 대통령은 몰라도 그를 모르는 사람은 없을 정도로 유명해진 것이다.

한번은 조용기 목사가 중앙아메리카에 위치한 온두라스에서 성회를 인도한 적이 있었다. 온두라스는 조용기 목사가 처음 방문하는 나라였다. 그런데 이상하게도 거리나 상점에서 조 목사를 모르는 사람이 없었다. 그 이유를 당시 성회 책임자였던 에르네스트 로페즈 목사가 알려 주었다.

"그건 조 목사님께서 쓰신 《4차원의 영적 세계》가 이곳에서 단지 기독교인들뿐만 아니라 일반 사람들에게도 널리 읽혔기 때문입니다.

사람들은 힘들고 어려운 일이 생길 때마다 목사님의 책을 읽으면서 힘을 얻습니다. 그러니 목사님을 오랜 친구처럼 다정하게 맞이할 수 있는 겁니다."

이러한 상황은 프랑스에서도 똑같이 일어났다. 1980년대 이후에는 중국에 있는 지하 교회 성도들이 스스로 조용기 목사의 책을 번역해 읽고 나서 감사의 편지를 보내오기도 했다.

유럽 성회

조용기 목사는 특히 유럽에서 인기가 높았다. 유창한 영어로 사람들의 마음을 휘어잡는 설교를 하며 수많은 기적을 일으키는 동양에서 온 젊은 목사에 대해 사람들이 관심을 기울였던 것이다.

칼스루에 성회의 기적

1978년 4월 스위스의 어느 병원에서 간호부장으로 근무하는 애니스는 유방암에 걸려 열세 번이나 수술을 받았지만, 전혀 호전되지 않았다. 그녀는 4월 27일부터 5월 1일까지 독일 칼스루에 성회에 참석하여 조용기 목사로부터 기도를 받았다. 조용기 목사의 마음 가운데 그녀가 병 고침을 받아 기뻐하는 모습이 떠오르기 시작했다. 애니스의 가슴에 있던 커다란 암 덩어리가 밤새 밤톨만 하게 작아지더니 흔적도 없이 사라졌다. 현장에 있던 의사로부터 진찰을 받아보니 말기암이 흔적도 없이 사라진 것이다.

이 성회를 통해 애니스 자매 외에도 수많은 사람들이 병 고침을 받았다. 성회 사흘째 되는 날 저녁 집회 때 설교를 하던 조 목사의 마음속에 신장이 파열되어 죽어가는 한 여인이 치료받고 있는 환상이 보이기 시작했다. 조 목사는 설교를 하다 말고 이 사실을 선포했다.

"지금 하나님께서 신장이 파열되어 고생하시는 자매님을 고쳐주셨습니다. 본인은 지금 하나님의 손길을 느끼고 있을 겁니다. 누구입니까?"

그때 들것에 누워 있던 30대 중반의 한 자매가 자리에서 일어나며 소리를 질렀다.

"접니다."

다음 날 그녀는 강단으로 올라와 간증을 했다.

"저는 신장이 파열돼 일주일 안에 죽는다는 진단을 받고 네덜란드에서 조 목사님 집회를 찾아 이곳까지 왔습니다. 그런데 어제 목사님께서 '신장이 파열돼 고생하시는 자매를 고쳐주셨습니다'라고 말씀하시는 순간 제 온몸이 뜨거워지는 것을 느낄 수 있었습니다. 지금은 완전히 고침을 받아 이렇게 뛰어다닐 수 있습니다."

이처럼 조용기 목사의 칼스루에 성회에서는 많은 기적과 이적이 나타났다. 성회에 참석했던 한 성도는 자비를 들여 일요신문에 다음과 같이 광고를 내기도 했다.

"독일 전체에 병들고 아픈 사람은 지금 모두 칼스루에로 오라. 거기서 조용기 목사가 고쳐준다."

조용기 목사의 칼스루에 성회, 전화 한 통의 은혜

조용기 목사의 설교를 듣고자 독일 칼스루에 슈바르츠발트할레(Schwarzwaldhalle Karlsruhe)에 구름떼를 이룬 참석자들은 유럽 인근 국가에서는 물론, 멀리 러시아에서부터 며칠간에 걸쳐 기차를 타고 온 남녀노소였다. 조용기 목사는 목마른 영혼들을 위해서 혼신의 힘을 쏟았다.

슈투트가르트 인근의 에스링겐공대에 재학 중이던 정균양 목사는 성경공부 멤버들이던 재독 한국 간호사들의 성화에 못 이겨 그 중 다섯 명을 폴크스바겐 풍뎅이차에 태웠다. 일행은 2시간 거리의 칼스루에 집회에 참석했다. 조용기 목사의 성령집회는 기적의 도가니였다. 정균양 목사는 그날 사도행전의 재현을 체험했다. 한국 자매들은 받은 은혜에 북받쳤다. 공원 벤치에 앉아서 서로를 붙잡고 다시 울음을 터뜨렸다. 그들은 슈투트가르트에 돌아가지 않고, 공원에서 철야기도한 후 다음날의 집회에 참석하겠노라고 '고집'을 부렸다. 예수님을 사랑하는 20대 초반의 자매들은 순수했다.

"조용기 목사님을 뵈니 주님을 뵌 듯 기뻐요. 목사님을 한 번만 직접 만나 뵐 수 있다면 소원이 없겠어요."

정균양 목사는 독일집행위원회의 소개를 받아 공원 맞은편 파르크(공원) 호텔을 찾았다.

"조용기 목사님이 몇 호실에 계시지요?"

거의 반세기 전의 그 시절은 지금보다 평화로웠다. 세상에는 상호 간의 신뢰가 남아 있었다. 프론트 직원은 친절했다.

"네, 516호실에 묵고 계십니다. 하지만 아직 돌아오시지 않았습니다."

정균양 목사는 516호실 맞은편에 비어 있던 방을 빌렸다. 그는 아껴두었던 비상금 50마르크를 숙박료로 지불했다. 50마르크는 고학생이던 그에게는 제법 큰 돈이었다. 정균양 목사는 간호사들에게 당부했다.

"가능성은 희박하지만 혹시 조용기 목사님께서 연락하실 수도 있을 거예요. 절대로 방해하지 마시고, 조용히 기도하다가 내일 집회에 참석하세요."

정균양 목사는 자매들을 대신하여 적은 쪽지 한 장을 조용기 목사의 방문 밑 틈으로 조용히 밀어 넣었다.

"목사님, 저희는 독일병원에서 일하고 있는 간호사들입니다. 만일, 정말 만일, 형편이 되시면 꼭 한 번 목사님을 잠깐만 만나 뵙게 해주세요. 저희는 517호실에 있습니다."

정균양 목사는 당시 공대생으로서 에스링겐시 우어반 슈트라세 45번지 소재 독일침례교회에서 사찰로 재직 중이었다. 토요일 하루를 출타했던 정균양 목사는 다음 날의 주일예배를 위해 밤새 교회당과 주변의 청소를 끝내야 했다. 그는 안개 낀 밤길을 달려 에스링겐으로 돌아갔다. 그의 아내 김영주가 남편이 출타한 동안 만삭의 몸을 이끌고 교회청소를 마쳐놓고 있었다.

칼스루에 파르크 호텔에 머물게 된 5인의 간호사들은 방에서 철야기도를 했다. 은혜가 충만했던 자매들은 밤을 새고도 피곤치 않았다고 한다. 이튿날 새벽 6시, 전화가 울렸다.

"자매님, 나 조 목사입니다. 메모 잘 보았습니다. 1층 레스토랑에 있는데 아침 식사를 같이 하시겠습니까? 제가 초청하겠습니다."

꿈같은 현실 앞에서 5인의 간호사들은 서로를 껴안고 팔짝팔짝 뛰었다. 조반을 마친 조용기 목사는 간호사 한 명, 한 명에게 정성껏 안수기도를 해주었다. 세계 최대교회의 조용기 목사는 언제나 어디서나 자신에게 기도를 받고자 하는 이들에게 기도를 해주었다.

그날로부터 7년 후 1984년 8월 14일, 신학생 정균양은 다시 조용기 목사를 만나게 되었다. 여의도순복음교회 선교센터 10층 목양실에서였다. 정균양 목사의 학위논문 마무리를 위한 인터뷰가 목적이었다. 70분간의 대화 중 세계 최대교회의 목회자 조용기 목사는 무명의 신학생 앞에서 자신의 공적, 사적 실수와 허물을 주로 이야기해 주었다. 감동에 사로잡힌 정균양 목사의 마음이 허심탄회하게 흘러나왔다.

"목사님, 저는 오늘 목사님에 대한 존경심의 진정한 이유를 알았습니다. 목사님의 어린아이 같은 마음은 저에게 신학교의 학문과 교훈을 뛰어넘는 최상의 산 교훈이 되었습니다."

조용기 목사는 정균양 목사의 "어린아이 같은 마음" 부분을 듣고 기뻐했다. 조용기 목사는 목양실 비서 한상숙에게 당부했다.

"매 주일 설교 테이프와 매월 신앙계를 미국으로 보내드리세요."

한편, 조용기 목사의 전화를 받은 한국 간호사들은 훗날 훌륭한 선교사로 성장했다. 이복화 선교사를 비롯한 예전의 간호사들은 슈투트가르트와 독일 각 지역을, 그리고 서성숙 자매는 미국으로 건너가서 신학교를 나와 애틀랜타를 그리스도의 복음으로 섬기고 있다.

스톡홀름, 제네바, 함부르크 성회

독일 칼스루에 성회를 마친 조용기 목사는 5월 3일부터 일주일 동안 스웨덴 스톡홀름에서 성회를 인도했다. 3,500석의 강당이 첫날부터 가득 찼다.

이어서 스위스 제네바 성회는 첫날부터 2천여 청중들이 몰려왔다. 첫날 집회 중에 2층 발코니에서 큰 고함소리가 들려왔다.

"안 나간다. 난 절대로 안 나간다."

한 젊은 처녀가 귀신 들려서 머리는 산발이 된 채 매서운 눈초리로 쏘아보며 고함을 질러대고 있었다.

"네가 날 쫓아내려고? 나는 안 나간다."

조용기 목사는 그녀를 쳐다보면서 큰 소리로 말했다.

"나사렛 예수의 이름으로 명하노니 더러운 귀신아 그 딸에게서 나오라!"

"저 사람이 나를 죽이려고 해요."

조용기 목사는 그 모습을 보며 다시 한 번 귀신을 꾸짖었다.

"예수의 이름으로 명한다. 더러운 귀신아, 나오라."

그 순간 그녀는 자리에 쓰러지더니 죽은 사람처럼 전혀 움직이지 않았다. 15분 정도 지난 후 그녀는 온전한 모습으로 일어났다.

조용기 목사의 독일 함부르크 성회에는 1,500여 명의 성도들이 모였다. 그곳에는 양쪽 다리가 모두 심하게 뒤틀린 채 휠체어에 앉아 있는 여성이 있었다. 조용기 목사에게 성령의 음성이 들려왔다.

"네가 그녀를 일으켜 세우라."

조 목사는 내키지 않았지만 폐회송을 부르고 있을 때 강단에서 내려와 그녀에게로 다가갔다. 그리고는 그녀만 들을 수 있도록 작은 목소리로 속삭였다.

"자매님, 만약 당신이 원한다면 지금 그 휠체어에서 일어날 수 있을 겁니다."

그러고 나서 조 목사는 부랴부랴 돌아서서 다시 강단으로 올라왔다. 그런데 그가 아직 강대상에 도착하기도 전에 갑자기 우레와 같은 박수 소리가 들려왔다. 조 목사는 놀라서 뒤를 돌아보았다. 방금 전까지 휠체어에 앉아 있던 여인이 일어나 강단으로 뛰어 올라오는 모습이 보였다.

이 모습을 보면서 조 목사는 하나님께 회개했다.

"하나님, 제가 처음부터 성령의 음성에 순종했더라면 하나님께서 더 많은 영광을 받으실 수 있었을 텐데, 제가 두려워 순종하지 못했습니다." -국제신학연구원,《여의도의 목회자, 서울말씀사, 2008》참조

전호윤 목사는 순복음신학교에 입학하기 1년 전 순복음중앙교회 담임목사 접견실에서 먼저 입학하기로 한 신앙의 선배와 조용기 목사를 뵙고 안수받았는데 그것이 조용기 목사와 그의 개인적인 첫

대면이었다. 그리고 신학교 졸업 후 개척 목회를 하다가 평소 세계선교의 꿈을 이루어 보고자 선교사로 자원했더니 조용기 목사는 전호윤 목사에게 안수하여 서독 본 쾰른 선교사로 파송하였다.

전호윤 목사는 그곳에서 교민 목회를 할 때 조용기 목사를 가까이에서 모실 수 있는 기회가 있게 되었다. 1988년 서울올림픽 경기가 열렸던 그해 5월에 그가 사역하던 쾰른에서 'JESUS IST HERR ÜBER KLÖN'(예수는 쾰른의 주님)이라는 주제로 독일 오순절교단 초청 집회가 성대하게 열렸다. 그 성회에서 조용기 목사는 힘찬 목소리로 냉철한 독일인들에게 복음을 증거하였고, 신유의 시간에 많은 사람의 병이 치유되었다. 그리고 결신자 초청 시간에는 수많은 결신자가 앞으로 몰려나오는 광경을 보고 그 또한 놀라지 않을 수 없었다. 맛없는 독일 음식들이 식성에 맞지 않으실 것 같아 점심 혹은 저녁 식사를 본 쾰른순복음교회 성도들 가정에서 대접하면서 가까이 뵐 수 있는 기회를 갖게 되었었다고 전호윤 목사는 회고했다.

1983년 7월 12~21일까지 네덜란드 암스테르담에서 전 세계 150여 개국, 5천여 명의 순회전도자들이 참석한 가운데 '암스테르담 83국제순회전도대회'가 개최되었다. 빌리 그레이엄 전도협회와 CGI가 공동 협력한 대회 주강사 조용기 목사는 이 대회를 통해 한국교회가 세계 복음주의운동의 기수로 평가받는 데 결정적인 역할을 하였다. 그리고 1983년 11월 8~12일의 뉴욕 메디슨 스퀘어가든 펠트 포럼의 뉴욕지구복음화대성회, 1986년 앨라배마 몽고메리 대성회로 조용기 목사 미국집회가 계속되었다. 미국과 유럽의 선진국에서 1만 명이 넘는 백인들이 조용기 목사의 설교를 들으며 간증하고 은혜 받는 모습은 성령의 역사가 아니고는 달리 설명할 수가 없었다.

미국 앨라배마 주 몽고메리 대성회를 인도하는 조용기 목사. 1986. 3.

남미 지역 성회

조용기 목사의 집회 인도는 남미에서도 이어졌다. 1987년 부에노스아이레스 푸나파코 스타디움에서 9만여 명이 모인 아르헨티나 대성회, 1989년 브라질 리우데자네이루와 상파울루의 연인원 8만여 명이 참석한 조용기 목사 초청 브라질 부흥성회, 1991년 파나마의 파나마시티 성회, 콜롬비아의 보고타 성회, 1992년 도미니카 산토도밍고 성회가 이어졌다.

1992년 6월 16~18일 소련이 해체되던 보리스 옐친 대통령 시기에 조용기 목사 초청회가 크렘린 궁에서 열렸다. 첫날 7,000명이 모인 성회에서 최성규 목사는 대표기도를 하였다.

모스크바 크렘린 궁을 가득 메운 성도들에게 복음을 전하는 조용기 목사. 1992.6. 16~17.

"하나님 아버지가 없다고 하는 공산주의가 망하는 것 감사드립니다."

순간 강사 조용기 목사와 한국 수행원은 깜짝 놀랐다. 이러다가 집회가 중단되는 것은 아닐까 염려되었다. 셋째 날 러시아 정교회의 방해로 크렘린 궁에서 집회가 금지되자 조용기 목사는 크렘린 궁 앞 공원으로 장소를 옮겨 성회를 인도했는데, 거리의 시민들까지 참석하여 4만 명이 모이는 더 큰 부흥이 일어났다.

1993년 케냐 나이로비 우후루파크93아프리카성령화대성회가 세계성신클럽 주최로 연인원 100만 명이 참가한 가운데 1만여 명이 결신했으며 신유의 역사가 일어났다. 1994년 3월 9~11일까지 칠레 산티아고 파르케 오히긴스 국립공원에서 개최된 조용기 목사 초청 CGI 칠레 대성회는 연인원 8만여 명이 참석했고, 3월 13~14일 파라과이 대성회에도 총 13만여 명이 참석했다.

150만여 성도가 모인 브라질 대성회에서 조용기 목사의 설교는 성령운동을 가속화하는 계기를 마련했다. 1997. 9. 25.

1997년 9월 25일 브라질 상파울루 깜보데자르치 군용비행장에서 개최된 브라질 대성회에는 무려 150만 명의 성도가 모여들어 인산인해를 이루었다. 이로 인해 조용기 목사는 육로로는 강단으로 나아가기가 어려웠다. 이 때문에 조용기 목사는 헬리콥터를 타고 군중을 건너뛰어 강단 인근에 당도하여 메시지를 전했다. 이 성회는 페르난도 에니까 대통령과 각계 주요 인사들이 참석한 가운데 국가적인 행사로 진행되었으며, '영적 충격'이라는 제목의 설교가 남미 전역에 생중계되었다.

인도 지역 대성회

1994년 2월 10~12일 인도 마리나 해변에서 개최된 '조용기 목사 초청 국제 CGI 인도 대성회'는 연인원 2백만 명이 참가했다. 이는 인도에서 개최된 개신교 최대 집회였다. 특히 힌두교와 무슬림이 성회에 대거 참석했으며, 결신 시간에 수십만 명이 그리스도를 구주로 영접했다. 신유의 역사 또한 강하게 일어났다. 1995년 2월 24~28일 뉴델리 자와하랄네루 스타디움에서 두 번째 인도 지역 성회가 총 20여 만 명이 참석한 가운데 열려 수많은 결신과 병 고침의 역사가 일어났다. 이후 1996년 12월 12~15일 뭄바이 타락나가르 운동장에서 '인도 뭄바이 대성회'가 총 35만 명이 모인 가운데 개최되었다. 1999년 12월 8~12일 인도 케랄라주 코타얌 네루 스타디움에서는 총 60만 명 이상이 모인 가운데 대성회가 개최되었다.

일본 1천만 구령운동

조용기 목사가 유창하게 영어와 독일어로 유럽 성회를 인도하는 중에 1978년경 그에게 성령께서 일본에서의 사역을 명령하셨다.

일본은 기독교가 들어온 지 200년이 넘었음에도 기독교 인구가 전체 인구의 1퍼센트에도 미치지 못하고 있었다. 교회의 성도 수가 평균 15명에 불과한 복음의 황무지였다. 조용기 목사는 일본 전체 국민의 10퍼센트인 '일본 1천만 구령운동'을 전개하였다.

조용기 목사와 최자실 목사는 1978년 8월 17일부터 19일까지 동경 히비야공원 공회당에서 부흥집회를 열어 많은 결신자를 얻었다. 1979년 7월 10~13일에는 동경복음전도대회를 인도하여 일본 복음화의 터전을 닦았다. 이어 1980년 1월 10~17일 동경에서 개최한 일본 부흥성회에서는 놀라운 성령의 역사와 기적이 나타났다.

이후에도 조용기 목사는 일본 1천만 구령을 목표로 도쿄, 오사카, 나고야, 요코하마, 교토, 후쿠오카, 홋카이도, 규슈 등지에서 부흥성회와 대전도대회를 인도하고, 일본 교역자를 위한 세미나에서 강의

동경순복음교회 1천명돌파기념대성회에서 말씀 전하는 조용기 목사

했다. 또한 1980년 7월 6일부터는 일본 깅키TV를 통해 순복음중앙교회 예배실황 및 조용기 목사의 설교를 "행복으로의 초대"라는 명칭으로 일본 전역에 방송하여 큰 호응을 얻었다.

이와 함께 순복음중앙교회는 일본 1천만 구령을 위하여 일본 평신도 방한 대성회를 개최했다. 이와 같이 일본 선교는 일본 현지 성회 개최, 일본인 국내 초청 방한 성회, 매스컴 TV, 라디오, 문서를 통한 선교로 전개되었다.

1983년 8월 15일부터 열흘 동안 '일본 1천만 구령운동'의 분수령을 이루는 조용기 목사의 동경 무도관 대부흥성회가 열렸다. 당시 일본에서는 가장 많은 성도들이 참석한 성회라고 하더라도 500명을 넘지 못했는데 조용기 목사의 성회는 8천 석의 무도관이 성도들로 순식간에 채워졌다. 무도관은 온통 성령의 열기로 뜨거워졌고, 놀라운 신유의 기적들이 이어졌다.

첫 번째 성회가 성공적으로 개최되자 일본 성도들의 요청으로 1984년 10월 무도관에서 두 번째 성회를 개최하게 되었다. 당시 돈으로 4,800만 엔(5억 원)이나 되는 경비는 조용기 목사에게는 큰 부담이 되었다. 그러나 조용기 목사는 꿈에 일본 목사들을 앞자리에 앉혀 놓고 칠판에 '꿈은 마음의 소원을 이루는 그릇'이라는 말을 적고 지우기를 반복하는 것이었다. 꿈에서 깨어난 조용기 목사는 그 자리에서 무릎을 꿇고 기도하였다. 조용기 목사의 마음속에 복음으로 일본 열도를 뒤덮고 싶다는 소원이 일어났다. 그리고 환상 가운데 수많은 일본 성도들 앞에서 복음을 전하는 자신의 모습을 보았다.

마침내 10월 16일부터 4일간 제2차 무도관 성회가 개최되었다. 수천 명의 성도가 성회에 참석했고, 많은 성도가 결신을 하였다. 두 번에 걸친 무도관 성회를 통해 조용기 목사의 '일본 1천만 구령운동'이 널리 알려지게 되었고, 많은 일본 목사들이 이에 동참하기 시작했다. -국제선교연구원,《여의도의 목회자, 서울말씀사, 2008》참조

싱가포르 민족복음화대성회

1982년 6월 2일부터 6일까지 조용기 목사를 주 강사로 싱가포르 민족복음화대성회가 싱가포르 내셔널스타디움에서 열렸다.

마침 해외여행이 자유로워져서 순복음중앙교회는 조용기 목사의 싱가포르 성회에 순복음실업인엽합회가 200여 명의 참가단을 구성하여 조용기 목사를 수행하게 되었다.

나는 동아일보 임연철 기자, 한국일보 이충우 기자와 한 팀을 이루어서 싱가포르에 부는 복음의 열풍을 취재했다. 이번 대회는 미국에 본부를 둔 국제기독교실업인회(총재 테모스 사카리안)와 싱가포르 실업인들로 구성된 싱가포르 82년 복음화대성회 준비위원회(대회장 구은덕)가 주최해서 열렸다. 시내 곳곳에 조용기 목사의 전도대회 포스터가 붙어 있었고, 버스나 차량의 벽에도 대회 홍보를 스크린 인쇄하여 붙였다. 인구 250만 명이 살고 있는 도시국가인지라 어느 곳에 가도 조용기 목사의 성회가 화제의 중심이었다.

싱가포르의 150개 교회가 자발적으로 참여했다. 아시아에서 가장 경제력이 높은 싱가포르는 물질적으로 풍요하였다. 그러나 도덕적으로 부패하여 영혼의 구원을 강조하는 대회를 하게 된 것이다. 매일 밤 10만 명이 들어가는 내셔널스타디움에 5일간 연인원 20만여 명이 참석하고 하룻밤에 1만여 명이 결신했다.

낮 시간에는 싱가포르 시민회관에서 세미나를 열고 신앙체험과

싱가포르 성회에서 휠체어를 타고 왔다가 병 고침 받고 걸어가는 성도

분과 토론을 하였다. 점심 식사는 현장에서 주최 측이 준비한 도시락을 먹었다. 마지막 날엔 외국 참가자들이 대형식당에 모여서 먼저 만찬을 하고 나서 찬송과 기도와 간단한 메시지를 나누는데, 두세 시간 이상이 걸렸다.

　나는 순복음실업인연합회 김낙형 회장과 지도교역자 김진국 전도사의 요청을 받아 참가단 숙소의 연회장에서 매일 아침 열린 기도회에서 메시지를 전했다. 그리고 주일에는 김성혜 사모가 참석한 가운데 말씀을 전했다. 200여 명의 한국 참가단은 서른 살 젊은 목사의 설교에도 은혜를 받았다고 했다. 이는 조용기 목사로 인한 성령의 은혜가 우리 가운데 운행하고 있어서였다.

　싱가포르 성회가 끝나고 우리 일행은 말레이시아 페낭, 태국 방콕, 대만 타이페이, 홍콩을 경유하였다. 동남아시아 어느 곳에 가든지 우리 일행이 한국인인 것을 알아보고는 "폴 조"를 안다며 엄지손

가락을 치켜들었다.

홍콩에서는 차일석 장로가 안내하는 양복집에 갔었다. 중국인 양복점 주인이 우리 일행들에게 양복집의 단골 명사들의 사인북을 보여주었다. 그 사인북에는 조용기 목사의 사인이 있었다. 그리고 주월한국군 사령관을 지낸 채명신 장군, 당시 한국의 대통령이 된 전두환 장군, 김복동 장군, 홍콩 배우 성룡 등의 사인이 페이지마다 가득 채워져 있었다. 우리는 그곳에서 영국산 모직으로 양복을 맞추었다. 속성으로 재단해서 호텔 방으로 배달해 주었다. 조용기 목사의 친필 사인을 받아 두어 선전하는 중국인의 상술에 넘어가지 않을 수 없었다.

어디를 가도 코리아 하면 조용기 목사를 알고 있다는 그 나라 사람들의 제스처는 대한민국 국민으로서 긍지를 갖게 하였다.

조용기 목사는 분주한 해외성회 일정 중에서 시간을 내어 제자들을 찾았다. 한번은 김봉준 목사가 하와이에 선교사로 나가 있던 시절 조용기 목사와 가족들이 휴가를 겸하여 성회차 그가 시무하던 순복음호놀룰루교회에 들렸다. 마침 김봉준 목사가 기독교TV 사장을 맡고 있었기에 각 언론사에 연락하여 공항에서 기자회견을 했다. 미국의 TV방송 기자 중 한 사람이 "닥터 조(Dr. Cho)는 하와이 주민을 위한 대규모 성회를 하실 의향이 없으십니까?" 하고 질문하니 조용기 목사는 손가락으로 김봉준 목사를 가리키며 "저기 리버런드 김(Rev. Kim)이 있지 않습니까? 저분의 메시지가 곧 내 메시지입니다"라고 하였다. 그 순간 김봉준 목사는 자신의 귀를 의심하고 어쩔 줄 몰라했지만 조용기 목사는 제자를 그런 식으로 키워주었다.

조용기 목사는 이렇듯 바쁜 일정 중에도 세계 각곳에서 목회와 선교하는 제자들을 찾아가 격려하며 정을 나누었다.

27.

1973년 빌리 그레이엄 전도대회

1973년 5월 30일부터 6월 3일까지 빌리 그레이엄 전도대회가 여의도 광장에서 열렸다. 그때 나는 순복음신학교에 다니는 신학생이면서 서대문 사거리에 위치한 순복음중앙교회 CA 대학부에서 선교부장직을 맡고 있었다. 이때 빌리 그레이엄 전도대회 측으로부터 청년 대학생 분과위원회 산하에 배정되어 연합운동에 첫발을 딛게 되었다. 1972년 가을 무렵, 광화문에 위치한 종교교회에서의 청년분과 첫 모임에 참석하고부터 한국교회 연합운동의 일원이 되었다는 긍지가 생겼다.

청년분과 모임은 교단별로 모였다. 영락교회 청년회장 김창규와 종교감리교회 청년회 총무 최은종, 순복음중앙교회 청년회장 김명섭 등이었다. 최은종은 당시에 기독교방송 성우이자 PD였다. 지금은 뉴욕기독교방송으로 방송목회를 하고 있다. 그날 예배에서 기도를 김창규 영락교회 청년회장이 하였다. 다 눈을 감고 기도하는데 단상에서 한경직 목사가 기도하는 것으로 들렸다. 나만이 아니고 모두가 영락교회 청년회장이 담임목사 한경직 목사를 빼닮았다고 느꼈다. 카피가 더 진하다고 하는데 틀린 말이 아니었다.

빌리 그레이엄 전도대회가 열리기 하루 전날에 새문안교회 근처에 있는 백합서원에서 민경배 박사의 《간추린 한국 기독교회사》를 200원에 구입하였다. 상기 서적에서 나는 부흥운동의 주역이 되는 길선주를 알게 되었다. 김충남의 《이 불을 끄지 말라》와 박용규 목사가 집필한 《현존하는 부흥사 열전》을 눈에 보이는 대로 읽어가기 시작했다.

빌리 그레이엄 전도대회는 한국을 복음화하고자 했던 한국교회의 요청을 빌리 그레이엄이 수용함으로써 이루어졌다. 빌리 그레이엄은 6·25전쟁 때부터 한국을 찾아 복음을 전했던 세계적인 복음 전도자였다. 그가 한국에서 집회할 때 통역을 한경직 목사가 맡으면서 이들은 서로 친분을 나누는 사이가 되었다. 한경직과 빌리 그레이엄의 인연, 복음에 대한 열정, 그리고 두 사람이 한국과 세계에 각각 갖고 있었던 위상이 결합되어 상상할 수 없었던 100만여 명의 인파가 여의도 광장을 찾았다.

중도적인 복음주의 노선에 서 있던 한경직 목사는 한국교회 전체를 아우를 수 있는 리더십을 갖고 있었다. 따라서 이 집회에는 한국교회 대부분이 참여하였고, NCCK도 이 집회에 찬성을 표시하였다. 여기에 참석한 주요교단을 보면, 기장과 기감을 비롯한 진보적인 교단, 통합을 중심으로 한 중도적인 교단, 합동 측과 같은 보수적인 교단이 포함되어 있었다.

이 집회를 통해서 한국교회의 주류가 보다 분명하게 형성되었다. 그것은 온건한 복음주의 노선이었다.

빌리 그레이엄 전도대집회는 1973년 5월 16일부터 전국의 9개 도시를 순회하며 열렸는데 연인원 120만 명을 동원하였다. 5월 30일부터 6월 3일까지는 여의도에서 대대적인 집회가 열렸다. 원래는 지방

도시에서도 빌리 그레이엄이 집회를 인도하다가 서울로 올라올 예정이었으나 건강 문제로 그가 직접 인도하는 집회는 서울로 확정되었다. 통역은 김장환 목사가 담당하였다.

원래 빌리 그레이엄 목사의 해외 성회를 담당하는 할리 목사가 빌리 그레이엄 전도대회의 통역을 조용기 목사에게 의뢰했었다. 조용기 목사는 자신이 신학생 때 읽었던 빌리 그레이엄 목사의 설교집 등을 다시 찾아가며 열심히 통역 준비를 했으며, 미국에 연락해서 그의 설교 테이프를 구해 듣기도 했다. 그런데 빌리 그레이엄 목사가 한국에 도착하기 며칠 전에 다시 할리 목사로부터 사정상 통역을 바꾸어야만 한다는 통지를 받았다. 한국준비위원회의 조용기 목사 통역을 받아들일 수 없다는 의견에 따라 김장환 목사가 맡게 되었다는 것이었다. 서대문에서 비약적으로 교회가 부흥되어 한국교회에서 그를 경계하기 때문이었다.

조용기 목사는 이미 1964년 서대문 순복음중앙교회 청년회에서 김장환 목사를 초청했을 때, 김 목사가 미국인 아내 트루디와 함께 교회를 방문하였기에 그가 영어를 잘할 것이라고 여기고 서운하지만 받아들였다. 그렇지만 조용기 목사는 여의도 광장의 첫 번째 전도대회를 지원했다. 이 일이 계기가 되어 조용기 목사와 김장환 목사는 친구가 되어 서로의 사역을 격려하는 절친이 되었다.

빌리 그레이엄 전도대회에서 한국인들이 김장환 목사를 설교자로 오해할 만큼 그는 능숙하게 통역하였다. 이 집회는 한국교회 사상 처음 있는 일이며, 세계교회사에 있어서도 특별한 사건이었다. 마지막 집회 날에는 100만 명이 넘는 인원이 참석한 것으로 조사되었다.

빌리 그레이엄 전도대집회는 한국사회에 교회의 역동성을 보여주

빌리 그레이엄 한국전도대회 실황 레코드판

는 계기가 되었다. 이 집회는 한국 교인들에게 한국교회에 대한 자부심을 심어주었고, 이제 한국교회가 사회의 변두리가 아니라 주류가 되었다는 인식을 주었다. 또한 초교파 연합집회였던 만큼, 이 집회는 한국교회가 연합하고 협력하는 모습을 보여주었다. 비록 소수의 반대가 있었지만, 한국교회 대다수는 이 집회에 참여하였다. 빌리 그레이엄도 이 집회가 한국교회의 통합 및 교파협력에 도움이 되었다고 평가했다.

빌리 그레이엄은 "1959년, 대립에 의해서 갈라져서 13년 동안 기도나 행동을 같이하기를 거부했던 두 개의 커다란 장로교 그룹이 그들의 적개심을 땅에 묻었다. 아주 교파분립이 심했던, 주로 장로교 안이었지만 이 땅에서 담장은 무너졌다"라고 회고했고, 수 주 만에 성결교회의 내분이 전도대회 결과 부분적으로 치유되었으며, 합동과 통합은 부활절 예배를 같이 드리기로 하는 등 협력을 시작하였다고 평가하였던 것이다. 교회 연합집회가 성공적으로 개최됨으로써 전도와 신앙성숙을 위한 초교파 연합집회가 이 집회를 통해 본격적인 궤도에 올랐다.

빌리 그레이엄 전도대집회는 한국정부에서도 큰 관심을 갖고 성공적인 집회가 되도록 도와주었다. 이는 보수적인 한국교회의 안보에 대한 관심, 공산주의에 대한 비판적인 인식이 정부와 궤를 같이 하였기 때문이다. 한경직은 승공통일론자였다. 승공통일론은 정치, 경제, 사회의 모든 분야에서 북한보다 우위를 점하여 국가체제를 통합적으로 발전시키려는 접근법으로서, 이러한 통일론자들의 특징은 사회 불안 요소에 극도로 민감하게 반응하고 사회 안전을 최우선으로 둔다는 것이다. 반공을 강조하는 한국교회의 입장은 반공세력을 공고화하기 원하는 한국정부의 이해와 맞아떨어졌다. 보수적 한국교회의 이러한 관심은 지금까지 유지되고 있다.

28.

엑스플로74,
한 젊은이의 기도

두 번째의 대형 부흥집회는 '엑스플로74'였다. 1974년 여름에 열렸던 엑스플로74는 약 일주일 동안 여의도 광장에서 함께 먹고 자며 전도훈련을 받는 집회였다. 이 집회를 통해서 한국교회는 한국사회에 다시 한 번 저력을 보여줄 수 있었으며, 이것을 기회로 비약적인 성장을 이루었다. 이 집회는 이전에 열렸던 민족복음화운동의 맥을 이어갔다.

엑스플로74가 이전의 집회와 달랐던 점은 전국 각지에서 모인 신자들이 여의도에서 천막을 치고 침식을 같이하며 집회에 참석했다는 점이다. 이들은 낮에는 전도훈련을 받고, 저녁에는 부흥전도집회에 참여하였다. 이 대회를 책임졌던 김준곤 목사는 한국 전체 교인의 10분의 1을 전도자로 훈련시키고자 했다. 그런데 실제로 이 대회를 통해서 30만 명 이상이 등록을 해서 훈련을 받았다. 당시 한국교회의 신자는 300만 명으로 추산되었다.

등록한 이들은 여의도에 설치된 1천여 개의 천막과 주변 지역의 초·중·고 교실 5천여 개에서 생활하였다. 일부는 가정집에서 먹고 잤다. 식사를 위해 대형 밥솥 20개가 준비되었고, 모자란 식사를 위

엑스플로74, 여의도 광장 천막촌

해 빵을 트럭으로 운반하였다. 50만 권의 전도훈련교재가 배포되었다. 오전에는 분과별 강습회, 오후에는 세미나가 열렸다.

저녁 집회는 빌 브라이트(Bill Bright), 한경직, 김준곤 목사를 주 강사로 해서 진행되었다. 이 집회는 사상 유례가 없는 인원을 동원했다. 첫날 개막예배에 136만 명이 참석했고, 연인원 655만 명이 참석하였다. 이것은 한국 기독교 역사상 최고의 기록이었다. 이 집회도 한국정부의 강력한 후원하에 진행되었다.

그러나 엑스플로74는 진보 에큐메니컬 그룹의 강력한 반대에 부딪혔다. 지금까지 민족복음화 운동을 반대하지 않았던 NCCK는 이 집회에 대해 반대성명을 발표했으며, 진보적 계열의 기독교인들은 이 집회에 동참하지 않았다. 이는 진보적인 기독교인들이 당시 박정희 정권을 비판하면서 민주화운동을 전개한 반면, 복음주의 계열의 기독교인들은 안보 논리에 기대 한국정부와 협력하였기 때문이다. 이 때문에 엑스플로74는 거대한 인원을 동원하고, 한국교회 성장에 실제적인 기여를 했음에도 불구하고 진보와 보수의 갈등을 심화시켰다. 그래서 1970년대의 대규모 부흥집회는 당시의 정치사회적 불만을 종교적으로 해소시키는 역할을 했다는 부정적인 평가도 존재한다. 그럼에도 교회연합운동의 측면에서 엑스플로74는 전도로 한국교회가 뭉칠 수 있다는 것을 재확인해 주었다.

나는 정동에 있는 한국대학생선교회관에서 엑스플로74 교육순장 훈련을 받았다. 아직 완성되지 못한 선교회관에서 숙식을 하며 훈련분과위원장 박조준 목사가 인도하는 서울지구 훈련을 1974년 2월 1일 제1차로 수료하였다. 식사 때는 줄을 서서 배식을 받았는데 "내 구주 예수를 더욱 사랑"이란 찬송가를 불렀다. 성경 암송을 해야 배식을 받아 하루 삼식을 할 수 있었다.

엑스플로74 대회가 1974년 8월 13일에 등록자 헌신예배를 드렸다. 설교자는 조용기 목사이고, 50만여 명이 엑스플로74에 등록자가 되어 헌신하는 예배를 드렸다. 여의도 내에 초등학교, 중·고등학교 교실에서 지방에서 올라온 신도들이 숙식했다. 대형 가마솥으로 한 번에 수백 명이 먹을 수 있는 밥을 지었다. 모두가 자원봉사자의 몫이었다.

8월 15일에 남산 국립극장에서 있었던 광복절 기념식에서 재일교포 문세광에 의하여 육영수 여사가 피격되어 숨을 거두었다. 박정희 대통령은 단상 아래로 피하였고, 사태가 수습되자 남은 연설을 마저 하였다. 유신헌법으로 인한 장기집권이 불러온 불상사였다. 국민들은 이 일이 계기가 되어 박정희 대통령이 스스로 물러나기를 희망했다. 결국은 5년이 지난 1979년 10월 26일, 궁정동 안가에서 중앙정보부장 김재규에 의하여 유신의 심장이 멈추었다.

1974년 8월 16일의 저녁 집회에는 158만 명이 운집하였다. 매일 밤 여의도 광장에서 부흥사가 인도하는 철야기도회가 있었다. 나는 박용순, 최인선, 김낙붕 형제와 대형 성가대석에 올라가서 철야하며 기도하였다.

"주님, 나를 김준곤 목사처럼 사용하셔서 이 여의도 광장에 100만 명이 모이는 성령 대성회를 열게 하소서."

그때 스물두 살짜리 애송이가 한 기도였다. 하나님께서 19년이 지나서 그날의 기도에 응답해 주셨다. 한 젊은이의 기도는 100만 명의 기도 인파가 되어서 1992년 8월 15일을 향한 성령의 수레바퀴가 여의도 광장으로 진입하게 하였다.

29.

77민족복음화대성회

세 번째 대형 부흥집회로는 '77민족복음화대성회'를 들 수 있다. 이 집회는 1907년 평양대부흥운동 70주년을 기념해서 열린 민족복음화운동이자, 범국민적 회개운동이었다. '1907년' 부흥운동이 본격적으로 대형집회의 역사적이고 신앙적인 이념이 된 것은 이 집회가 처음이었다. 주제는 "민족복음화를 위하여, 한국인에 의해서, 오직 성령으로!"가 채택되었다. 이 집회가 이전 집회와 다른 차별성은 한국인이 중심이 되어 개최되었다는 점이다. 민족복음화 대성회의 준비위원장을 맡았던 신현균 목사의 아래 말은 그 차별성을 잘 보여준다.

"이번에 가진 74대회나 작년에 치른 빌리 그레이엄 대회는 외국인에 의해 치러진 행사가 아닌가. 이제 우리의 손으로 우리의 힘으로 대대적인 성회를 가져야 하지 않을까."

사실 빌리 그레이엄 부흥집회 때부터 외국인을 굳이 불러와서 부흥집회를 인도해야 하느냐는 일부의 비판적인 목소리가 있었다. 엑스플로74도 국제 CCC의 적극적인 지원에서 치러진 집회였다. 이 때문에 77민족복음화대성회는 한국인에 의한 집회였다는 점에서 의의가 있었다. 이는 외국 자본, 외국 강사가 주도한 집회를 반성하고 민족적 정체성을 살리고자 한 노력이었다. 민족 주체성에 대한 강조는 1970년대 한국사회의 민족주의적인 분위기와 연관시켜 이해해야 할 것이다. 어쨌든 이 집회를 위해 신현균을 포함한 최소 7명이 40일 금식으로 성회를 준비하였고, 오직 성령만이 이 성회의 성패 여부를 결정한다고 믿었다.

이 대회를 위해 1974년 11월부터 서울을 비롯한 12개 대도시에서 지역 예비집회가 열렸다. 그리고 1977년 8월 15일부터 18일까지 본대회가 열렸다. 밤 집회에는 100만 명의 성도가 모여 연인원 400만 성도가 밤 집회, 철야, 금식기도회에 참석하였고, 대회 전 3년간의 각 지역 예비집회에서는 결신자 2만 4천여 명을 얻었다.

1970년대 급속한 성장을 이룩한 한국교회는 1984년 선교 100주년을 맞았다. 이를 기념해서 대대적인 기념사업이 전개되었다. 기념사업은 100주년 기념 선교대회에서 절정을 이루었다. 교회연합운동 측면에서 이 대회가 주목을 끄는 이유는 그 사업의 방향과 목표 중 하나가 한국교회 100년을 관통했던 '교회분열의 역사를 참회하고 하나의 교회를 지향'하는 데 있었기 때문이다.

30.

80세계복음화대성회

1980년 봄 무렵에 서대문 총회본부에 들렀더니, 기하성 교단 총무 김진환 목사가 80세계복음화대성회의 부흥집회 상임위원회 사무국에서 일할 사람을 구하니 위원장 최준호 목사나 총무 조문경 목사에게 가보라고 하였다. 중구 정동의 한국대학생선교회 별관에 있는 80대회의 부흥집회 상임위원회를 찾아갔더니 총무 조문경 목사가 사무국장이 갑자기 공석이니 비어 있는 그 자리에서 근무하라고 하였다. 내 옆자리에는 번역과 통역을 하는 박영호 목사가 있었고, 회계를 담당하는 여성 간사가 있었다.

최준호 목사는 내게 각 교회에 공문을 보내 준비집회를 잡으라고 하였다. 그리고 벽에다 일정표와 집회가 확정된 교회를 도표로 만들어 붙이라고 하였다. 내가 개척한 교회의 건너편 남현동에 있는 조원길 목사가 담임하는 남성교회와 여의도순복음교회에 집회 장소 사용 공문을 보냈더니 허락이 되었다.

조용기 목사가 직접 부흥집회 사무국으로 전화를 해서 조문경 목사와 통화를 하여 장소 사용이 확정되었다. 이날 조문경 목사가 누군가와 통화를 하더니 상기된 표정으로 내게 말했다.

"방금 조용기 목사가 전화한 거요. 우리 집회의 장소 사용을 허락해 주었어요. 안 전도사가 수고했어요."

한 주간 매일 저녁 시간에 강사로 신현균 목사, 강달희 목사, 오관석 목사, 이호문 목사를 세웠는데, 예상외로 성도들이 많이 모였고, 헌금도 상당히 들어왔다. 본관에 있는 한국대학생선교회 총무 박영률 목사, 이동 간사와 상임위원장 최준호 목사, 총무 조문경 목사 등이 집회가 큰 성공을 하고 있다며 정동 일식당으로 점심 식사를 하러 갔다. 사실상 내가 여의도순복음교회에 집회 신청 공문을 보내서 성사되었지만 나는 당시 안수 받지 않은 전도사이기에 그런 자리에는 끼워 주지 않았다.

내가 집회 장소로 잡은 조원길 목사가 시무하는 남성교회에서 이호문 목사를 강사로 보내 달라고 해서 집회가 성사되었고, 갓 떠오르는 이호문 목사의 집회 결과가 좋았다. 그 결과 최준호 목사의 동성교회에서도 이호문 목사를 강사로 집회를 하게 되었다. 이호문 목사는 자신의 숙소를 호텔로 잡아주지 않는다고 까탈을 부렸다.

하루는 이호문 목사가 부흥집회 사무실에 예고도 없이 방문했다. 그날따라 사무국에 임원들이 부재하였다. 이호문 목사에게 소파에 앉으라고 하고 내 명함을 건네고 인사를 했다.

이호문 목사와 이런저런 이야기를 나누었는데 그게 화근이 되었다. 이호문 목사가 보기에는 새파란 전도사가 말하는 것이 시건방지게 보였던 모양이다. 그러던 중에 최준호 목사가 업무 관계로 나를 크게 나무랐다.

"나는 하나님 일 하러 왔지, 최 목사님 일 하려고 이곳에 오지 않았습니다."

한 달 월급날이 되었는데 회계 목사가 봉투에 수고비라고 담아 건네주고는 이렇게 말했다.

80세계복음화대성회에서 설교하는 조용기 목사. 여의도 광장, 1980. 8. 14.

"그동안 수고 많았어요. 내일부터는 출근하지 마세요."

나는 "나는 찾았네"라는 구호로 여의도에서 하는 대형집회의 준비집회를 전담하는 기구에서 한 달 만에 잘렸다. 광화문에서 사당동 집으로 가는 버스를 타러 신문로 길을 걸어가면서 "나는 잘렸네"라고 혼잣말을 했다. 그날 이후로 나는 앞으로 내 아래에서 일하는 사람이 사표를 내지 않았는데 일방적으로 자르지는 않을 거라고 결심을 하였다.

80세계복음화대성회는 1980년 8월 11일부터 15일까지 '나는 찾았네, 새 생명 예수'라는 표어로 여의도 광장에서 매일 수백만 명이 참석한 가운데 열렸다.

조용기 목사는 3일째인 8월 14일에 200만 명에 가까운 성도들이 운집한 저녁 성회에서 '너의 믿음이 무엇이냐'라는 제목으로 설교했다. 마지막 날 밤 헌신예배에서 김준곤 목사는 한국 주도의 선교사 시대를 열자고 호소하였고 참석자 중 10만 명의 젊은이들이 장·단기 선교사로 헌신했다.

30. 80세계복음화대성회 231

31.

1980년대
여의도 광장 성회

'84한국기독교100주년선교대회'는 1984년 8월 2일부터 14일까지 부산, 대구, 광주, 대전, 전주, 청주 등 7개 지역에서 지방선교대회를 갖고, 15일부터 19일까지 5일간 서울 여의도에서 본 대회를 가졌다.

이 대회에는 한국의 20개 교단과 25개 기관이 연합으로 참여하였다. 이는 개신교 대부분이 참여한 것이었다. 대회 기간 중 국내외에서 350~400만 명이 참가하여 그리스도 안에서 모든 교파와 교회가 하나 될 수 있음을 보여주었다.

김준곤 목사는 여의도 집회 첫날 설교에서 한국교회가 회개할 첫째 것으로 '교파싸움'을 들었다. 이처럼 100주년선교대회의 의의 중하나는 교회연합에 대한 가능성을 보여준 데 있다. 이 때문에 선교대회의 역사적 의의에 대해 "교회연합에 대한 가능성이다. 평신도들은 교파의식이 없으며 원치도 않는다. 따라서 오늘날 교회연합운동의 새로운 가능성은 오히려 평신도들에게서 찾을 수 있을 것이다. 이 평신도들의 교회연합을 향한 뜨거운 열망과 기도에 겸허한 자세를 가져야 할 것"이라고 평가하였다.

1980년대에는 이외에도 여러 성회들이 있었다. 대표적인 것으로

88세계복음화대성회. 여의도 광장. 1988. 8.

'80세계복음화대성회'(1980.8.12~15), 86아시안게임에 맞추어 개최되었던 '86아시아복음화대성회'(1986.9.15~18), 그리고 서울올림픽을 계기로 개최된 '88세계복음화대성회'(1988.8.15~18)가 있다. 한국교회가 연합하는 대성회를 열 때마다 조용기 목사는 가장 많은 재정을 지원하고 안내, 헌금위원, 연합성가대로 참여하고 성도들을 동원하여 연이어서 100만 성도가 여의도 광장을 가득 채웠다.

대형성회 주 강사 조용기 목사가 있어서 한국교회는 70년대, 80년대, 90년대에 걸쳐서 폭발적인 부흥을 하였다.

32.

순복음중앙교회와
문화선교

1974년 3월이 되었다. 사회생활을 하다가 뒤늦게 순복음신학교에 들어온 순복음중앙교회 청년회장 윤종남과 최완기와 나는 사직공원에서 노방전도를 하였다. 공원에서 모여 앉아 있는 이들에게 다가가 전도지를 주고 "예수 믿으세요"라고 개인전도를 하고 있었다. 우리가 전도하는 모습을 떨어진 곳에서 지켜보던 이들이 있었다. 잠바 차림의 형사였다. 그들이 우리를 임의동행하는 형식으로 사직파출소로 데려갔다. 이것저것 물어보더니 가방 안에 있는 책과 노트를 책상 위에 올려놓으라고 하였다.

"중국대륙선교회가 무엇이오? 각 대학을 지부로 하는 조직표와 회칙을 설명해 보시오."

"이건 죽의 장막 중공의 문이 열리면 8억 중국인에게 선교하고자 하는 단체입니다."

그들이 내 명함을 자세히 살펴보았다.

"왜 서울을 한성이라고 했소?"

"그건 내가 여의도순복음교회를 다니면서 중화한성교회를 자주 갑니다. 화교들은 서울을 한문으로 표기할 적에 우리나라 옛 서울을 한성이라고 표기해서 지금도 그렇게 표기합니다."

형사들은 여의도순복음교회 사무실에 전화를 해서 안준배, 윤종남, 최완기가 대학부와 청년회에 소속되어서 교회에 다니는지를 확인했다. 김원태 사무장이 전화로 잘 소명해 주어서 간단한 조서 작성을 하고 풀려났다. 긴급조치 4호가 발동되고 1974년 4월 주일 밤 10시를 기하여 민청학련 전국의장으로 변장하고 잠행했던 이철을 체포한 팀이 바로 사직공원에서 우리를 연행한 형사들이었다.

1973년 8월의 김대중 납치사건 이후 대학생들이 전국 단위로 조직되어 4·19 같은 데모를 계획했었다. 신직수 중앙정보부는 유신헌법 위배자 1,024명을 조사했고, 비상 군법회의 검찰부가 180명을 구속 기소했다. 윤보선 전 대통령, 원주교구장 지학순 주교, 서울 제일교회 박형규 목사와 이철, 유인태, 김지하는 사형을 구형하고, 김근태, 조영래에게 중형을 선고했다. 여기에 인혁당 재건위를 전국민주청년학생총연맹 조직표에 연계시켜서 서도원, 도예종, 송상민, 우홍선, 김용원, 이수병, 하재원, 여정남을 대법원이 선고 확정 바로 다음 날인 1975년 4월 9일에 형을 집행하였다. 형량이 확정된 지 겨우 18시간 만에 사형이 집행된 사법 살인이라는 국제적인 파장을 일으켰다. 박정희의 유신체제 종말이 다가오고 있었다. '민청학련 사건'은 70년대 최대의 시국사건으로 이호철, 정을병, 김우종, 임헌영, 장병희 문인까지 반공법 위반과 간첩 혐의로 엮어낸 긴급조치에 의한 암흑시대의 결과였다.

나는 1974년 5월 13일 월요일 오후 7시에 서대문순복음교회에서 우여곡절 끝에 신앙의 기도친구들과 함께 오십여 명이 참석하여 중국대륙선교연구회를 창립하였다. 서대문구 냉천동에 서너 평 정도 되는 마루방을 보증금 10만 원에 월세 5천 원으로 임대하여서 매주 정기 모임을 가졌다.

1974년 9월 10일에 냉천동 회관에서 임시총회를 갖고 중국대륙선교연구회를 새로운 선교를 지향하는 네오스선교회로 명칭 변경을 하였다. 그 당시에는 중국 대륙의 문이 언제 열릴지 감감하였다. 동구 공산주의 자유화론의 기수인 헬무트 골비처 교수는 '새로움'이란 개념을 성서적 언어에서 카이노스와 네오스로 지적하였다. 카이노스(Kainos)는 '새로움'을 말하는 것이며, 네오스(Neos)는 카이노스와 달리 어떤 모드나 스타일에 있어서의 새로움을 의미하는 것이다. 다시 말해서 네오스는 복음의 새로움인 카이노스를 전달하기 위한 새로운 형태의 전달 방식이라고 할 수 있다.

복음의 카이노스적인 요소를 네오스적으로 표현해 보자는 운동으로 '세속화 신학', '토착화 운동', '신의 선교에 따른 새로운 교회 전략' 등이 그러한 일련의 표현양식인 것이다.

네오스선교회 박용순 회장의 고향인 안성의 신생극장에서 1974년 10월 25일에 예수 페스티벌을 하였다. 안성농업전문학교 기독학생회가 주최하고 네오스선교회가 후원하였다. 출연에는 이규대 조연구 부부 듀엣 '바블껌', 잭홈 선교사가 이끄는 '뉴사운드'가 일렉트릭 사운드로 지저스 록을 선보였다. 홀 가스펠 중창단 김용덕, 배진기, 정영숙 등이 출연하였다. 순복음중앙교회 청년부장 김성광 목사가 메시지를 전하고, 사회는 네오스선교회 대표인 내가 맡았다. "예수는 당신을 사랑합니다"라는 주제로 진행하였는데 안성시가 생기고 나서는 최초로 젊은이들이 신생극장을 가득 메웠다. 안성성결교회를 비롯해서 지역 내 교회들이 청년들을 모아 주어서 새로운 선교의 장을 열었다.

나는 다음 날 방위병으로 수색에 있는 제30사단에서 21일간 신병 훈련을 받았다. 이병 계급을 달고 92연대에 배치되어 석유 드럼통과

석탄 등을 옮기는 잡일을 하였다.

그 후 영등포구청 병사계에서 병사 보조업무를 하다가 여의도 동사무소에 배치되었다. 방위병으로 예비군 훈련통지서를 전달하고 병적관리를 하였다. 여의도 아파트에는 가수 윤형주, 서울예술전문학교의 안민수 연출가가 살고 있어서 예비군 훈련통지서를 전달했다. 조용기 목사가 은하아파트에 거주해서 시범아파트 상가 거리에서 편안하게 오고 가는 김성혜 사모를 자주 보게 되어 인사를 하곤 하였다. 여의도 시범아파트에 살던 여의도 동사무소 이명재 동장은 서울대학교 불문과를 졸업한 여성 동장 1호였다. 그 당시 그녀는 여의도 순복음교회를 다닌 지 얼마 안 되어서 내게 신앙적인 것을 이것저것 물어보곤 하였다. 이명재 동장이 나중에 순복음신학교에 학사 편입해서 신학을 하는 중에 다시 만나기도 하였다.

〈삼포 가는 길〉의 문숙과 조용기 목사

나는 1975년부터 연극선교를 기획했다. 오숙현이라는 자매가 영화 〈삼포 가는 길〉에 주연한 문숙과 사촌 간이라며 연극선교에 도움이 될 거라고 소개했다. 문숙의 본명은 오경숙이었는데 TBC TV 드라마 〈세나의 집〉에 오세나 역으로 출연했었다.

1974년 5월의 어느 날, 스무 살 오경숙은 화친공사에서 이만희 감독에게 오디션을 보게 되었다. 이만희 감독은 문숙이란 예명을 지어주고 〈태양 닮은 소녀〉에서 인영 역을 맡겼다. 상대역은 살인자 동수역 신성일이었다. 고영수와 문오장이 조연으로 출연하였다. 태양 닮은 소녀 인영의 순수함에 깊은 죄의식으로부터 구원받는 중년 남성의 이야기이다. 신중현이 작사 작곡한 "미인"을 영화 주제가로, 신중현 사단의 김명희라는 무명가수가 불렀다. 흥행 실패로 개봉관에서 변두리 동시 상영관으로 옮겨졌을 때 어머니가 사시는 신길동 집 앞에 있는 경신극장에서 영화를 보았다.

황석영 소설 《삼포 가는 길》을 토대로 찍은 영화 〈삼포 가는 길〉은 한국영화사의 명작으로 손꼽힌다. 이만희 감독은 이 영화의 녹음을 끝내고 1975년 4월에 간암으로 세상을 떠났다. 이만희 감독의 유작이 된 〈삼포 가는 길〉은 문숙에게 대종상 신인여우상을 받게 하였다.

문숙은 자신이 존경하고 사랑했던 이만희 감독을 떠나보내고 깊은 절망 가운데 이르렀다. 문숙은 마지막으로 교회에 가서 목사의 설교를 들어보자는 심정으로 여의도순복음교회를 찾아 2층에서 예배를 드렸다. 조용기 목사가 설교를 끝내고 병 고침과 결신기도를 인도하는 시간이었다.

"지금, 하나님께서 스무 살 정도 되는 자매의 얼굴을 보여주시는데, 오늘 이 시간에 하나님께서 구원하여 주셨습니다. 오늘 이 자리에 올 때는 더 이상 살기 싫어서 죽으려고 했으나 하나님께서 자매를 예수 그리스도로 구원받게 하셨습니다."

문숙은 구원의 초대에 응하며 일어나서 결신기도를 하였다. 그리고 매주일 교회에 나오게 되었다. 조용기 목사에게 상담을 신청하여 위임목사실에 들어섰더니 대번에 자신을 알아보더라는 것이었다.

"아, 이 얼굴이야, 내가 결신기도를 인도하는데 문 자매의 얼굴을 하나님께서 보여주셨어."

문숙은 타계한 이만희 감독의 여자라고 알려지면서 영화와 TV에서 배역을 얻지 못했다. 연기자에게 배역이 없다는 것은 견디기 힘든 일이었다. 문숙은 교회에 열심이었고 나와 만나서 영화와 신앙을 주제로 대화를 했다.

어느 날 명동에 있는 카니발다방에서 문숙을 만났다. 충무로 본

전다방 건너편 이층에 있는 퓨전 일식 식당을 찾아가고 있었다. 그런데 지나가는 어느 남자가 문숙의 손을 '탁' 치고 지나가는 것이었다. 문숙이 누군가 쳐다보더니 반가워하면서 뛰어갔다. 다시 돌아온 그녀는 그들이 누구인지를 알려주었다.

"이장호 감독하고 하길종 감독이에요."

일반 남자하고 어디론가 가고 있는 모습을 이장호 감독이 슬며시 아는 척한 것이었다.

그녀는 다시 영화 〈미스 영의 행방〉, 〈저 높은 곳을 향하여〉에 출연했다. 문숙은 슬럼프를 딛고 TV 〈하얀 장미〉 드라마와 세실극장에서 연극 몰리에르의 〈귀족이 될 뻔한 사나이〉에 이정길과 함께 출연을 했다. 그러다가 1977년에 훌쩍 미국으로 건너가서 중국계 미국인과 결혼을 해서 남매를 두었다. 문숙은 플로리다 린에린 예술대학에서 서양화를 전공해서 화가가 되었다. 요가와 치유식을 공부하기도 하며 캘리포니아, 산타페, 하와이 마우이 섬에 거주하며 자연과 동화된 삶을 살았다. 하지만 그녀는 신앙과는 무관한 삶을 살고 있었다.

2014년 귀국하여 영화 〈히스토리〉, 〈그것만이 내 세상〉, 〈뷰티 인사이드〉, 〈군산: 거위를 노래하다〉 KBS TV 〈같이 삽시다〉에서 박원숙, 혜은이, 김영란과 출연하였다. 나는 문숙이 마리아 역으로 출연했던 〈최후의 유혹〉의 원작자 니코스 카잔차키스처럼 계속된 구도여행에서 언젠가는 그녀가 예수께 귀의하기를 바랐다.

네오스선교회는 박은희, 김낙봉, 박미애, 권혁주, 최희섭, 김명희, 신형식, 민엽, 최종문 등이 모여서 마틴 부버의 《나와 너》, 하비 콕스의 《세속도시》, 니코스 카잔차키스의 《최후의 유혹》 등으로 매주 주제발표와 토론을 하였다. 《최후의 유혹》을 연극으로 공연하기로 하

불암산에서. 왼쪽부터 조장식, 문숙, 김낙붕, 안준배. 1975. 9. 6.

였다. 번역자 백도기 목사를 찾아서 수원 YMCA를 찾아갔다. 백도기 목사는 팔달문 옆에 2층의 Y하우스라는 곳에서 찻집을 하고 있었다. 백도기 목사는 작품의 공연 허락은 물론이고 각색까지 맡아주었다.

그 무렵 영화감독이었던 나광삼이 순복음신학교에 다니고 있었다. 최명우, 김여호수아 등 신학생과 연극 그룹을 만들어서 방과 후에 연극 연습을 하여 교회 공연을 하고자 하였다.

이렇게 해서 네오스선교회 '극단청동'으로 모이게 된 배우 문숙, 나광삼, 최명우, 김여호수아와 진행을 맡은 김낙붕, 섭외 조장식, 기획 박영화와 더불어 불암산에 가서 텐트를 치고 산에서 하루를 보내면서 워크숍을 하였다. 우리는 〈내일을 위한 노래집〉을 모임에서 불렀다. 노래집에 문숙은 서명을 남겼다.

"우리의 영원한 앞날에…주님 맡아 주관하옵소서."

연극 공연을 앞두고 네오스선교회 주례 모임에 멤버들의 참석이 증가하였다. 카톨릭학생회관에서 각색자 백도기 목사를 초청하여 니코스 카잔차키스의 《최후의 유혹》에 대한 토론이 있었다. 문숙 외에도 서른 명이 모였다. 그날은 크리스찬신문의 최명국 부장이 취재하여 연극 공연의 진행을 보도하였다.

충무로 5가 중부시장에 있는 건물 4층에 연극인회관 소극장이 있었다. 그곳에서 연극을 공연하려면 새로 생긴 극단은 연극인협회 이사 두 명의 추천을 받아야 했다. 나는 마가레트 무어(한국명 모진주)가 후원한 '극단 가교'의 이승규 대표의 추천을 받고 나서 '극단 민예'의 대표 허규를 찾아갔다. 허규는 굴레방다리에 있는 건물에서 민예소극장을 하고 있었다. 그날 불 꺼진 무대 뒤로 허규 선생을 찾았다. 그는 대금을 불고 있었다.

"허규 선생님, 저희가 선교하는 극단을 만들어서 연극인회관에서 공연을 하려고 합니다. 그러자면 연극인협회 정회원 단체 두 분의 이사가 추천해야 한다고 들었습니다. 한국교회도 선교하는 극단이 하나는 있어야 할 것입니다."

나는 자랑스럽게 용건을 끄집어냈다.

"찾아오신 이유는 알겠습니다만 연극은 연극으로 봐야 합니다. 종교가 연극을 이용하는 것은 바람직하지 못합니다."

그때는 고지식한 허규 선생을 이해할 수 없었다. 그러나 시간이 흘러서 비로소 허규의 뜻을 이해할 수 있었다. 허규는 마틴 부버가 말하는 '나와 그것'의 관계가 아닌 '나와 너'의 관계를 맺어야 한다는 것을 이야기한 것이었다. '나와 그것'은 이용의 관계이나 '나와 너'는 서로 대등한 인격적인 관계이고, 종교와 예술이 그리되어야 한다는 철학적인 가르침을 주었다.

1975년 11월 24일부터 28일까지 연극인회관 소극장에서 '극단 청동'이 니코스 카잔차키스 작, 백도기 각색, 나광삼 연출로 〈최후의 유혹〉을 공연하였다. 출연자 대부분은 훗날 목사가 된 김성일, 신설영, 최명우, 김여호수아였고, 막달라는 영화 〈삼포 가는 길〉의 문숙이었다. 연극배우 김숙자, 한인호, 천은진 등이 가세하였다. 23세의 안준배 전도사가 제작하여 공연은 성공시켰으나 상당한 빚을 안고 '극단 청동'은 그 한 편으로 막을 내렸다.

예수 페스티벌

네오스노래선교단을 조직하여 바블껌 이규대, 동그라미 박경수, 김재희, 이응원, 이덕삼, 순복음신학생 정영숙과 박리부로 팀을 구성했다. 이규대는 이장호 감독의 동생이며 영화 〈낮은 데로 임하소서〉에서 안요한 역을 연기하게 되는 이영호와 '외침과 속삭임'이라는 듀엣을 만들었으나 해산하였다. 네오스노래선교단 명칭과 더불어 '외침과 속삭임'이라는 팀명으로 공연을 다니기로 했다. 내가 대표를 맡았기에 악기 콘트라베이스를 사주었다. 주로 시청 옆 코러스나 상도동 송학대교회에서 연습을 했다.

연희동에 있는 중화한성고등학교에 가서 화교 학생들 앞에서 "Why Me"(왜 나를)라는 지저스 록을 들려주었다. 부천에 있는 월드선교회 잭홈 선교사가 하는 고아원인 '새소망의 집'에서는 부천순복음교회 청년회가 준비해 간 만둣국을 함께 먹고 노래와 게임으로 원생들을 위로했다.

김순서 전도사의 겟세마네복음선교회가 기독교수양관에서 육군 모범장병 70명을 초청하여 전도위로회를 할 때 네오스노래선교단이 출연하였다. 노래예배라는 새로운 음악예배를 기획하여 김민희 목사가 개척한 북아현제일교회와 이학걸 목사의 평안교회에서 노래했다. 그날 교회는 노래선교를 위해 드려진 헌금을 우리에게 전달했다. 그 외에는 교통비를 받지 못해도 네오스 선교를 한다는 마음으로 열심히 초청에 응했다.

지난날 어둠 속을 헤매던 내가 만난 예수님을 세상에 전하고 싶은 열망으로 나는 "세상에 외치리"라는 가사를 지었다. 박경수에게 작곡하게 하여서 가는 곳마다 부르게 하였다. 나중에 박경수가 '석준'이라는 예명으로 LP판에 수록하기도 하였다.

1976년 6월 19일에 이화여고 유관순기념관에서 예수 페스티벌이 열렸다. 곽규석 사회에 방은미, 별 넷, 뉴사운드와 더불어 네오스노래선교단이 출연하였다. 잭홈 선교사와 최창업 목사가 우리 팀을 예수 페스티벌에 캐스팅해 주어서 인지도가 높아졌다.

1976년 6월 26일에는 백도기 목사가 총무로 있는 수원YMCA가 주관하여 수원시민회관에서 영 페스티벌을 하였다. 사회는 문숙, 뉴사운드, 요들송 김홍철, 이규대와 네오스노래선교단이 출연했다. 메시지는 예수전도단의 데이비드 로스 목사가 전했다. 한국명 오대원 목사는 작은 키에 뜨거운 구령에 불탔다. 한국어가 능통하여 한국어 설교를 하는데 참석자들이 예수를 영접하였다. 김홍철은 그의 기타가 그 당시에도 백만 원이 넘는 고가여서 화장실에 갈 때도 가지고 다녔다. 백도기 목사가 출연자들에게 연예인들이 사회에서 받는 것만은 못해도 후하게 사례를 해서 출연자들이 긍지를 느꼈다.

10월 9일에는 강동인 목사가 담임하는 은강교회에서 봉천극장을 빌려서 예수 페스티벌을 하였다. 한 달 전에 윤민영 전도사와 청년회장 이수엽과 부회장 김연양을 만나서 기본적인 기획을 했다. 당시 1972년에 인천 출신 이길교, 이영교, 이은교 친자매로 구성된 쿨시스터즈가 결성되었다. 도토리 자매라고도 불린 쿨시스터즈의 팀명은 '멋있다'는 의미였다. 1974년 제7회 '난영가요제'에서 중창상을 수상하여 알려지게 되었다. "왜 그랬을까"가 빅히트하였다. 1974년에는 "안녕하세요 일 년은 365일~"이라는 가사로 KBS 장수 드라마의 주제가 "즐거운 우리 집"에 이어 1975년 TBS 방송가요대상에서 "믿어도 될까요"로 여자중창단 부분을 수상하며 최전성기를 구가했다. - 최규성,《걸그룹의 조상들, 안나푸르나, 2018》참조

최고의 인기 걸그룹 쿨시스터즈와 김홍철과 친구들, 뉴사운드, 네오스노래선교단, 박경수와 이대 정외과 재학생 안혜경 등 여대생으로 구성된 에벤에셀이 출연하였다. 사회는 문숙, 당시에 예수전도단을 중심으로 불린 "주님은 나의 힘", "우물가의 여인처럼", "작은 불꽃 하나가", "예수 결박 푸셨도다"를 잘 부르던 최창업 목사가 찬양을 인도했다. 변두리 봉천극장에 평소에는 관객석이 엄청 비었지만, 그날만은 청년 대학생, 청소년들로 가득 차고도 넘쳤다.

1970년대는 크리스천 대중연예인들의 동원력이 클리프 리처드의 이대 강당 공연에 버금갔다. 여의도순복음교회 청년선교회 김원철 회장이 1977년 2월 여의도순복음교회 대성전에서 청년회전국연합회 주최로 젊은이들의 축제를 하겠다며 내게 아는 연예인을 연결시켜 달라고 했다. 쿨시스터즈, 허림, 김홍철 등이 출연했는데 교구 버스를 동원하지 않았음에도 불구하고 청년들이 대성전을 가득 메웠다.

살아 계신 주, 알렐루야

1971년 5월 25일에 순복음중앙교회 대학부 졸업자들의 신앙공동체인 CA(Christ's Ambassador) 동문회가 발족되었다. 10월에 대학부 졸

업자들이 사회 전반에 걸쳐서 문화선교를 하라는 의미로 조용기 목사가 동문회의 명칭을 코이노니아회로 변경해 주었다.

코이노니아회는 1972년 4월 순복음가족신문의 전신인 〈순복음의 말씀〉 창간호를 발행했다. 조용기 목사의 설교를 지면에 담아 배포하여 성도들의 뜨거운 반응을 얻었다. 코이노니아회는 김정호, 임보현, 최광순, 이맹신, 안준배 회장을 거쳐 1978년에 이영훈 전도사가 회장이 되었다.

코이노니아회는 '선교의 집' 기금을 위하여 뮤지컬 공연을 기획했다. 1979년 7월 1일, 선교센터 406호에서 '알렐루야' 원 카세트 녹음을 듣고 나서 각색 연출 이반 교수, 합창 지휘 정명소, 그리고 호산나 성가대와 기독교 연예인이 함께 출연을 확정하였다. 이영훈 회장의 문화적 추진력으로 1979년 9월 28~29일 양일간 순복음중앙교회 기념관에서 4회 공연을 하게 되었다.

코이노니아회가 빌 게이더 부부의 공작인 예배용 뮤지컬 〈알렐루야〉(Alleluia)를 공연하다는 것은 한국교회사의 문화선교적 측면에서 하나의 활력소이며 한국 정신문화 창달에 새로운 세력으로서의 등장을 말해주는 것이었다.

뮤지컬 〈알렐루야〉는 로버트 슐러 목사가 시무하고 있는 가든 그로브 커뮤니티 교회의 정기공연 작품으로, 영산출판사에 의해 김성혜 번역으로 전집 출간되었고, 복음성가에 수록이 되어 "살아 계신 주"를 비롯하여서 신앙인의 Popular song이 되었다. 거기에다 정명소 음악과 이반 각색으로 극적인 구성을 갖추었고, 총인원 100여 명의 성가대와 연기자가 집합된 무대를 이반 연출로 다듬었다.

이 뮤지컬 공연은 70년대를 마무리 짓고 80년대를 여는 역사적 상황 속에서 시기적절한 방향 제시를 하였다. 이로써 순복음 성령운동이 한국교회라는 울타리를 떠나 범사회적으로, 범세계적으로 확장되는 계기가 되었다.

뉴욕순복음교회를 개척하다가 김남수 목사에게 인계하고 귀국해서 순복음오산리기도원 부원장을 맡은 김성광 목사가 어느 날 내게 할렐루야음악선교회를 조직하라고 했다. 김성광 목사가 대표이고, 내가 총무를 맡았다. 연출부장 김세환, 차장 이종용, 재정부장 김홍철, 홍보부장 전재학을 임명하고, 첫 번째 사업으로 1981년 7월 25일 토요일 오후 3시, 7시에 숭의음악당에서 예수 페스티벌을 추진했다.

먼저 김성광 목사가 미국에 다녀온다며 내게 예수 페스티벌을 준비하라며 100만 원을 주었다. 그가 준 준비금으로 남산 숭의여전에 있는 숭의음악당을 예약하고 포스터, 전도 초대권, 순서지를 제작하였다. 민산웅 제작국장, 유춘환 PD가 담당하는 아세아방송 '복음탐방' 인터뷰를 했다. 김세환, 김홍철 집사와 나는 라디오 인터뷰로 예수 페스티벌 홍보를 하였다. 나는 예수 페스티벌 기획과 연출을 맡았기에 명동에 나가서 새로운 전도방식인 예수 페스티벌 전도 초대권을 젊은이들에게 나누어 주었다. 가수 현미, 서수남, 김세환, 김홍철, 이종용, 이영화, 미애가 출연하고, 여의도순복음교회 대학부 두나미스 그룹사운드, 오산리기도원 전속 할렐루야음악선교단이 출연했다. 축구선수 이영무가 성경책을 가슴에 품고 나와 뜨거운 구령열로 간증하였다. 그는 축구경기에서 공을 차서 골인하면 무릎기도를 하게 된 신앙을 열정적으로 간증했다. 내가 사회를 보고, 김성광 목사가 설교를 했다.

이런 열성으로 한여름이고 방학 기간이었지만, 두 차례의 예수 페스티벌에 젊은이들이 보기 좋게 모여들었다.

영화, 〈나는 할렐루야 아줌마였다〉

영화 〈나는 할렐루야 아줌마였다〉 왼쪽부터 조용기 역 신영일, 최자실 역 송도영

최자실 목사의 일대기를 담아낸 영화 〈나는 할렐루야 아줌마였다〉가 1982년 10월 21일 국도극장에서 개봉되었다. 김수형 감독이 연출하여 최자실 역 송도영, 조용기 역 신영일, 김성혜 역 최지원, 김성수 역 전호진, 김성광 역 조승룡, 김창기 역 오영갑, 이성봉 목사역 문오장, 무성엄마 역 오영아 외 김인문, 이일웅, 김석훈, 김을동이 출연했다.

1958년 5월 18일 대조동 깨밭에서 순복음교회는 천막을 치고 조용기 전도사, 최자실 전도사, 김성혜, 김성수, 김성광 3남매가 모여서 개척예배를 드렸다. 그곳에서 첫 예배를 드린 개척 멤버 다섯 명 가운데 최자실 목사는 1989년 11월 9일 로스앤젤레스에서 부흥회를 인도하던 중 주님의 부름을 받았다.

최자실 목사의 빈소가 여의도순복음교회 베들레헴 성전에 마련되었다. 나는 그 소식을 듣고 제일 먼저 바구니 조화를 빈소로 보냈다. 고인을 비행기 편으로 운구하는 중에 설치된 최자실 목사의 빈소에 가장 먼저 조화를 올리고 흐느끼며 애도한 조용기 목사는 세계성신클럽의 조화를 한참 동안 지켜보았다고 한다. 조용기 목사는 평생 목회 동지 최자실 목사의 빈소에서 무엇을 생각했을까. 아마도 최자실 목사의 삶을 아홉 글자로 압축한 "살면 전도, 죽으면 천당"이라고 외치는 그 카랑카랑한 음성을 기억하지 않았을까.

2021년 설에 김성혜 목사, 가을엔 조용기 목사가 소천했다. 그리고 2022년 1월 14일 김성광 목사가 별세했다. 코로나 팬데믹으로 인하여 아산병원 김성광 목사의 장례식장에는 조화만 즐비했고 조문객은 한산했다. 전광판에는 고인의 사진과 더불어 배우자 최동인, 아들 김영민, 딸 김인실, 안나, 세나 상주 이름만 쓸쓸히 새겨져 있었다.

영화 〈나는 할렐루야 아줌마였다〉를 보고 예수 믿고 목사가 된 이들이 많았다고 한다. 영화 속의 주인공들은 대부분 지금은 하나님 나라에서 안식하고 있다. 그러나 영화는 김수형 감독 TV 유튜브에서 조용기 목사, 최자실 목사와 그 시대를 지금도 영상으로 재생하고 있다.

조용기 목사의 뮤지컬, 〈꿈꾸는 사람〉

순복음영산신학원은 매년 성탄절을 앞두고 기존 뮤지컬을 각색해 무대에 올렸다. 그러다가 조용찬 학장은 여의도순복음교회 50년 역사와 조용기 목사의 드라마틱한 삶을 창작 뮤지컬로 만들고자 했다.

뮤지컬의 제목인 〈꿈꾸는 사람〉은 조용기 목사의 "나는 50년 동안 나 자신의 꿈을 들여다보며 살았다. 나는 꿈꾸는 하나님의 능력을 받는 사람이다"라는 메시지에서 나오게 된 것이다.

여의도순복음교회 조용기 목사의 일대기를 책이나 영화 등으로 다룬 적은 있지만, 무대에서 직접 노래하고 춤을 추는 뮤지컬로 만들어진 것은 처음이었다. 뮤지컬은 2010년 12월 16~18일 여의도순복음교회 바울성전에서 네 차례에 걸쳐 공연되었다.

조용찬 목사가 기획, 제작한 〈꿈꾸는 사람〉은 이희준 각본, 원미솔 작곡, 최성신 연출로, 바리톤 유성은이 조용기 목사 역, 소프라노 김윤지가 김성혜 목사 역, 뮤지컬 배우 임강희가 최자실 목사 역을 맡았고, 130명 규모의 합창단과 뮤지컬 배우들이 출연했다.

막이 열리면 정겨운 시골에서 아이들이 등장하고, "누군가 우리를 보살펴 주는 것 같다"고 노래한다. 합창 지휘자와 반주자가 등장하면 아이들은 어린이합창단이 되고, 이어 성인합창단이 무대를 채우며 관객을 극 속으로 초대한다.

뮤지컬 〈꿈꾸는 사람〉은 조용기 목사의 목회 50년을 담은 창작 뮤지컬로, 60~70년대 한국교회의 뜨겁고 순수했던 신앙인들의 모습을 본격적으로 드러냈다. 또한 한국 뮤지컬에서는 볼 수 없었던 오라토리오(Oratorio) 형식으로 공연 내내 관람객들의 시선을 빼앗았다. 이날 공연을 관람한 조용기 목사를 비롯한 관람객들의 뜨거운 박수를 받은 〈꿈꾸는 사람〉은 기대 이상의 완성도를 보였다.

공연 직후 열린 리셉션에 참석한 조용기 목사는 "이번 작품을 통해 큰 감동을 느꼈다. 놀라운 작품이었다"고 평한 후 "뮤지컬을 보며 과거의 내가 꾼 꿈들이 하나도 남김없이 현실로 된 것을 보고 감탄했다"며 참석자들에게 '담대하게 꿈을 꿀 것'을 강조했다.

조용기 목사와 함께 공연을 관람한 이영훈 담임목사도 "조용기 목사님의 사역을 뮤지컬로 볼 수 있어 좋았다"며 "앞으로도 순복음영산신학원의 문화선교가 열매 맺고 확장되길 바란다"고 말했다.

뮤지컬 〈꿈꾸는 사람〉은 2013년 10월 25일, 26일에 영산아트홀에서 홍석임 연출로 재공연을 하였다. 유성은, 강내우, 강신주, 김혜영이 출연하여 본격적인 문화선교의 방향으로 나아가게 되었다. 향후 조용기 목사의 일대기가 뮤지컬, 오페라, 연극으로 만들어져 보다 많은 대중에게 전해지기를 바란다.

이런 문화선교를 통해 조용기 목사가 꾸었던 꿈은 여의도순복음교회는 물론이고 한국교회의 목회자와 평신도에게도 이어져 끝없는 성령행전의 역사를 이룰 것이다.

조용기 목사의 문학적 감수성

조용기 목사가 폐병을 앓던 시절에 쓴 일기장을 그의 아우 되는 조용찬 목사가 오랫동안 보관해 왔다. 그는 형님의 일기장을 읽을 때마다 감탄과 자괴감에 빠지기도 했다. 갱지를 손으로 엮어서 만든 노트에 적은 일기장인데, 반 정도는 한자로 적혀 있었고, 군데군데 영어나 독일어로 적어 놓기도 했다.

그의 일기장에는 헤르만 헤세나 니체에 관하여 적은 것도 있고, 문학에 대한 감상평을 적은 것도 여럿이었다.

조용기 목사는 1968년 9월 12일에 영국 런던에서 아버지 조두천 장로에게 편지를 보내왔다.

부모님 전상서
주님의 은혜 중 평안을 기원합니다. 저는 기도해 주시는 은혜로 9월 5일 한국을 떠나 미국의 앵커리지와 눈과 얼음만이 덮인 북극을 지나 화란의 암스테르담에 도착하였습니다. 화란은 참으로 아름다운 도시였습니다. 특히나 그 운하의 아름다움과

편리함을 보고 놀랐습니다. 화란의 비행기로 45분 만에 영국의 런던에 도착하였습니다. 그것이 9월 6일 오후 10시쯤이었습니다.
런던에서 차로 약 2시간쯤 달려 유서 깊은 Waler에 도착, 그곳의 The City Temple의 브루스터 목사님 댁에서 여장을 풀었습니다.
북극을 통하여 오는 동안 밤이 없는 2일을 지냈기 때문에 침대에 들어갔을 때는 마치 죽은 사람과 같이 잠에 떨어졌습니다.
7일에는 그곳의 교회에서 설교하였습니다. 약 1천여 명이 모이는 좋은 교회였습니다. 주일도 그곳에서 설교하였습니다. 월요일 9일에는 차로 약 1시간 떨어진 아름답기 그지없는 Elim 성서대학에 와서 짐을 풀고 곧 저녁부터 세계 대표들이 모여 회의에 들어갔습니다.
먼저 제가 강연을 하고 그다음 10일과 11일에는 전체 회의에 몰두하였습니다. 대단히 어려운 점은 모든 대표들이 다 50대에서 80세까지인데 저 혼자만 30대의 새파란 젊은이여서 세대차가 나서 회의하면서 미안한 마음이 들었습니다….

이렇듯 조용기 목사는 빈틈없이 진행되는 일정 중에서도 그의 부모님께 편지를 보냈다. 마치 경과보고를 하듯 암스테르담, 템스 강 등 아름다운 풍경을 스케치해서 부모님께 보내는 자상한 효자였다. 부모님께 쓰는 편지에도 그의 물자절약 습관이 배여 있어서 한자와 영어를 섞어 쓴 글자가 빼곡히 적혀 있었다.

1982년 12월 9일에 서을 가든호텔에서 원로 작가 황순원을 비롯하여 여의도순복음교회에 출석하는 문학 언론인 62명이 조용기 목

한국문학언론인기도회 창립예배 설교하는 조용기 목사. 왼쪽부터 현의섭, 안준배, 김승옥 1982. 12. 9. 가든호텔

사를 강사로 초청하여 한국문학언론인기도회를 창립했다. 초대회장 장수철, 부회장 이성교, 기획간사 김승옥, 섭외간사 유양우, 회계간사 전순란을 선임했다.

한국문학언론인기도회는 첫 번째 사업으로 극작가 김자림, 소설가 윤남경, 수필가 김영진, 안준배, 조두천, 시인 안혜초, 임성숙, 양명문, 이성교, 황금찬, 아동문학가 이신아, 김상길, 김신철, 홍선주, 언론인 김서원, 노재성, 심상기, 최한수 등 스물여섯 명의 신앙간증을 모은 《변화받은 사람》을 펴냈다.

조용기 목사가 작사하고 김성혜 목사가 작곡한 찬송가

1980년 고난주간 금요일 밤, 조용기 목사는 그리스도가 고난을 당하는 환상을 보았다. 밤새 목 놓아 울던 조용기 목사는 환상에서 본 것을 종이에 옮겨 놓았다. 그러고는 아내에게 쪽지에 적힌 가사를 건네며 곡을 붙여 달라 했다. 김성혜 목사는 그 쪽지를 받아 핸드백 속에 넣고 며칠을 지냈다. 그러던 어느 날 새벽, 김성혜 목사는 선명하게 들려오는 소리에 잠을 깼다. 그 소리는 성령이 주시는 음성이었다. 그는 그 소리를 받아 적어 내려갔다. 그리고 넣어 둔 쪽지를 펼쳐 보았다. 그 안에 있던 가사와 방금 받아 적은 음이 딱 맞아 떨어졌다.

당시 〈국민일보〉에서는 "조용기 목사 체험 담긴 찬송가 함께 지어"라는 제목으로 기사를 내어 이 찬송을 소개해 주었다.

"내 평생 살아온 길 뒤를 돌아보니 걸음마다 자욱마다 모두 죄뿐입니다"(찬송가 308장 '내 평생 살아온 길'). "얼마나 아프셨나 못 박힌 그 손과 발"(찬송가 614장 '얼마나 아프셨나'). 조용기 목사는 한국교회 성도들이 애창하는 새찬송가 645곡 중 두 곡을 아내 김성혜 한세대 총장과 함께 만들었다. 특히 작사한 '내 평생 살아온 길'에는 그가 86년간 살아온 길, 65년의 기나긴 목회 여정을 뒤돌아보니 모두가 주님의 은혜요, 성령의 사역이었다는 간증이 잘 나타나 있다.

세계 최대의 교회를 세우고 전 세계를 돌아다니며 능력의 종으로 일했던 그도 하나님 앞에서는 "걸음마다 자욱마다 모두 죄뿐입니다"라는 고백을 했다. 그리고 찬송가의 가사처럼 "남은 인생…주님 사랑 전하며 말씀 따라 살겠네"라고 다짐했다. 김 총장은 한국인 정서에 어울리는 민요풍으로 누구나 쉽고 편하게 부를 수 있도록 작곡했다.

'얼마나 아프셨나'는 조 목사가 고난주간 금요일 밤 기도 중에 십자가에 못 박히신 예수님을 본 후 작사했다. 김 총장도 새벽에 기도하다가 성령을 받아 곡을 썼다. 예수님의 고난을 묵상하며 그 사랑

기독교문화대상 음악 부문 수상하는 작곡자 김성혜 목사. 1997. 1. 31. 한국교회백주년기념관

에 감격하여 눈물로 드린 이 곡은 여의도순복음교회가 1985년 펴낸 〈복음성가〉 372장에 처음 실렸다.

2006년 새찬송가 편찬 작업을 했던 이문승 전 서울신대 교수는 "두 곡의 찬송에는 한국교회의 큰 획을 그은 위대한 목회자의 체험이 스며들어 있다"면서 "우리 성도들이 나아갈 방향을 담고 있는 소중한 곡"이라고 말했다.

이 교수는 "작사·작곡자의 영성과 신앙이 찬송가에 배어 있기에 많은 성도가 예배 때 부르고 평소에 즐겨 찬송하는 것 같다"고 하였다.

기독교문화예술원은 조용기 목사가 작사하고 한국교회 성도들이 애창하는 '내 평생 살아온 길'의 김성혜 작곡자에게 기독교문화대상 음악 부문을 시상하였다. 1997년 1월 31일 한국교회백주년기념관에서 연극 유인촌, 영화 박종원, 문학 최은하, 미술 유명애, 무용 전유오에게 기독교문화대상을 각 부문별로 시상하였다.

33.

조용기 목사에 대한 제반사건

1980년대 한국교회의 가장 큰 이슈는 조용기 목사에 대한 이단 시비 사건이다. 1970년대에 한국교회를 상징하는 교회는 한경직 목사가 담임하는 영락교회였다. 그러다가 1958년 5월 18일 대조동 깨밭에서 천막교회로 시작된 순복음교회와 조용기 목사가 나타났다. 대조동에서, 서대문 사거리 공터에서 하나님의성회 선교사들이 천막부흥회를 한 곳에 순복음중앙부흥회관이 들어서고 조용기 목사를 담임으로 하는 순복음중앙교회가 세워졌다. 비약적인 부흥을 하면서 한국교회와 사회의 주목을 받게 되었다.

1973년에 여의도에 1만 명이 한 번에 예배할 수 있는 동양 최대의 교회가 세워졌다. 1980년대에 들어서면서 10만 명에서 20만 명으로 성도들이 모여들면서 세계 최대의 단일교회가 되었다. 이런 폭발적인 부흥에 조용기 목사는 서울 인구 천만 명을 내다보면서 이른바 성도들의 니즈를 채워주게 되면 백만 명의 신자를 모을 수 있다고 자신 있게 대내에 천명하였다.

그러다가 조용기 목사에 대한 이단 사이비 사건이 터지고 나서 조용기 목사도 느낀 바가 있었다. 조용기 목사는 하나님이 자신을 낮추어서 오직 주님께만 영광을 돌리게 하시려는 것을 다시 한 번 확인하였다고 했다. 이 모든 일이 하나님이 허락하시지 않으면 일어날 수 없는 것이기 때문에 오히려 하나님께 감사를 드린다고 말했다.

순복음중앙교회와 기독교대한하나님의성회가 대립되면서 생겨나는 일련의 사건을 주시하는 가운데, 내가 무엇을 어떻게 하여야 할 것인가를 진지하게 생각하였다.

1981년 고난주간(4월 14~16일)에 가졌던 기독교대한하나님의성회, 이른바 순복음교단이라고 불리는 교단 30주년 행사의 열기가 채 식기도 전에 급소용돌이 치고 있는 파동을 보고 과연 침묵만 할 수 있을까 하는 생각을 거듭한 것이다. 그리하여 교단사적인 측면에서, 아니 한국교회사적인 측면에서라도 '조용기 목사 이단 시비'에 대한 진실을 밝혀 역사의 자료를 만들기로 나름대로의 결단을 내리게 되었다.

시간이 흐를수록 사실과는 달리 과장되고 또는 각색되어 구전으로만 내려간다면, 훗날 교회사가들과 이 땅의 모든 기독교인들에게 오류를 안겨줄 수도 있다는 역사의식에, 진실을 담은 《조용기 목사와 성령운동》을 출간하기에 이르렀다. 이 책을 쓰게 된 동기 중의 또 하나는 나 자신이 기독교대한하나님의성회 총회원의 한 사람으로서, 또한 순복음중앙교회가 소속된 서울강남지방회의 서기라는 입장에서 직접 간접으로 이 일에 관련되어 있기 때문이었다.

1982년 《조용기 목사와 성령운동》은 여의도순복음교회 장로들의 반대로 출판에 어려움이 있었다. 나는 조용기 목사를 만나서 한국교회사의 객관적 자료로 후세에 남겨야 할 것을 설명했다.

"목사님, 변종호 목사가 이용도 목사의 자료집을 내었기에 당시에는 이단으로 낙인찍혔던 이용도 목사가 지금은 이단의 굴레를 벗어날 수 있었습니다. 먼 훗날 한국교회 사학자들이 1980년대 일어났던 조용기 목사의 이단 사이비 사건을 연구하다가 비판적인 자료만 인용한다면 어떤 결과를 가져올까요? 제가 발로 뛴 객관적인 《조용기 목사와 성령운동》이 사장되지 않고 자료로서 출판되면 훗날 보다 공정한 연구의 중요자료가 될 것입니다."

"알았어, 안 목사, 책을 출판하도록 하지."

조용기 목사는 역사의 평가를 중요시하였다.

〈교회연합신보〉에 실린 "조용기 목사에 이단 시비?"

1981년 9월 15일에 있었던 기독교대한하나님의성회 실행위원회가 열린 지 이틀 후에 〈교회연합신보〉에 5단 크기의 "조용기 목사에 이단 시비?"라는 기사가 실림으로 조용기 목사에 대한 이단 시비가 시작되었다. 발행부수가 그리 많지 않은 기독교계 주간신문에 실린 5단 기사는 계속하여 이단 시비의 불을 확대시키는 도화선이 되었다.

1981년 9월 15일 오전 11시부터 열린 실행위원회가 오후 늦게 회의를 끝내게 되었다. 회의를 마치고 총회장 조명록 목사는 곧장 프라자호텔 커피숍으로 향하였다. 오후 7시 전후해서 프라자호텔 커피숍에서는 총회장 조명록 목사와 교회연합신보의 김원식 편집국장과 기독교대한하나님의성회 교단 출입을 담당하는 김형기 부국장이 자리를 같이하였다. 세 사람의 일문일답은 신문 마감이 지나고 난 후에도 계속되고 있었다. 신문사 윤전기는 대기상태에 있었다. 세 사람의 대화가 있고 이틀 후에 〈교회연합신보〉는 9월 20일자에 "조용기 목사에 대한 이단 시비?"라는 기사가 실리게 된 것이다.

그렇게 하여 〈교회연합신보〉에 실린 5단 크기의 "조용기 목사에 대한 이단 시비?"는 걷잡을 수 없이 번져나가게 되었다.

조명록 총회장의 의도

조명록 총회장은 왜 교계 신문에 먼저 발표해 놓고 조용기 목사와의 면담을 생각하였을까? 그의 의도는 무엇이었을까? 단순히 교리적인 문제와 헌법 위반 때문이었을까? 아니면 또 다른 이유가 있었을까? 이번 사건을 이해하는 데 지나칠 수 없는 대목이라 아니할 수 없었다.

1957년부터 두 사람의 관계는 시작되고 있었다. 조명록 목사는 순복음신학교 제3회 졸업자이고, 조용기 목사는 제4회 졸업자이다. 두 사람은 당시 학제 2년제에서 1학년과 2학년으로 동학하였다. 학년은 두 학년으로 나누어져 있으나 실제로는 같은 교실에서 공부를 하였고, 함께 기숙사 생활을 하였다. 당시의 두 사람은 누구 할 것 없이 가난한 신학생이었다. 구호물자를 얻어 입고, 된장국에 밥 한 그릇이면 감지덕지할 수밖에 없는 처지들이었다. 그러니 특별히 비교하거나 열등의식을 가질 것이 없는 동학하는 신학생이었다.

그러나 그때에도 조용기 목사는 영어 실력이 뛰어나 선교사들의 강의를 통역하기도 했으며, 학생회장과 기숙사 사생회장을 도맡아 대내외의 일을 총괄하였다. 학생회장으로 노방전도에 앞장섰으며, 사생회장으로 선교사와 외부 인사들에게 찾아가 기숙사운영을 위하여 협조를 요청하기도 하였다. 당시의 조명록 목사는 등록금이나 식비 등을 마련할 수 있는 처지가 아니었다. 그는 기숙사의 반찬거리 등을 시장에서 사오는 일로 식비를 면제받아야 했다. 두 사람 모두 가난한 신학생이었으나, 한 사람은 영어 실력이 있어서 학생회장과 사생회장으로 선출되어 선교사들과 학생들의 교량 역할과 함께 활동적인 학생 시절을 보내었고, 또 한 사람은 기숙사생들의 뒤치다꺼리를 하면서 신학생 시절을 보내게 되었다.

두 사람의 성격을 보면, 조용기 목사는 폐결핵이 완치되지 않은 상태였으므로 투병생활로 인한 예민함이 있으나 남들과 부딪히는 것을 되도록 피하였다. 이에 비하여 조명록 목사는 환경적인 압박감을 곧잘 동급생들과의 싸움으로 노출하곤 하였다. 후일 장로교회 목사가 된 양동원 목사와는 비일비재하게 싸움을 한 일이 하나의 에피소드로 전해지고 있다. 한 사람은 투병으로 인하여 다른 사람의 일에 관심을 덜 가졌고, 다른 한 사람은 환경적인 콤플렉스가 다른 이들에게 지나친 관심으로 나타나 동료 신학생들과 다투는 일이 많았다. 그러나 두 사람이 직접적으로 부딪히는 일은 없었다.

그리고 1년 후에 조명록 목사가 제3회 졸업으로 신학교를 떠났고, 그다음 해에 제4회로 신학교를 졸업한 조용기 목사는 대조동 공동묘지 옆에서 군용 텐트를 치고 최자실 목사와 함께 교회를 개척하였다. 그 후 1961년에 조용기 목사가 서대문에서 선교사들과 함께 순복음중앙교회를 급성장시키게 되었고, 조명록 목사는 교단 총무를 하다가 서울 이태원교회 담임으로 일하게 되었다. 서울 이태원교회는 허홍 목사가 1953년 5월 20일에 개척한 교회로서, 김진석 목사의 후임으로 조명록 목사가 부임하였던 것이다.

기독교대한하나님의성회는 교단에서 가장 급성장하고 있는 순복음중앙교회의 조용기 목사를 1966년 5월에 가진 제15회 기하성교단 정기총회에서 총회장으로 선출하였다. 존 스텟츠 선교사로부터 총회장의 바통을 이어 받은 최초의 한인 총회장 선출이었다. 한편 제15회 총회에서 조명록 목사는 서울 경기지방회장으로 인준받았다. 특히 최자실 목사가 조명록 목사에 의하여 기독교대한하나님성회 교단에서 번번이 여목사제도가 부결되자 일본 하나님의성회에서 목사 안수를 받고 귀국하고 나서는 극도로 감정이 격해지기 시작하였다.

기독교대한하나님의성회의 모범이 되고 있는 미국하나님의성회의 헌법에는 여목사제도가 엄연히 존재하고 있으며, 각국의 하나님의성회에서도 점차로 여목사제도를 실시하고 있는 추세였다. 그러나 지극히 보수적이며 호전적인 조명록 목사는 여목사제도의 불가함을 총회석상에서 역설해 왔으며, 막후활동을 통하여 조용기 총회장의 의도를 저지하였던 것이다. 다른 일로는 그 당시 현직 총회장 조용기 목사와 겨루어 승산이 없었으나, 여목사제도만은 조명록 목사의 일방적인 승리였다. 그러나 최자실 목사는 일본 선교여행 시에 일본 하나님의성회 총회장 유미야마 목사를 비롯하여 본부 임원들에게 목사 안수를 받고 돌아왔다. 이에 격분한 조명록 목사는 《야성》이라는 그의 저서에 "밀수 여목사"라는 글을 게재하여 조용기 목사와 최자실 목사를 정면 공격하기 시작하였다.

그는 마침내 조용기 총회장이 일본에 나간 사이에 실행위원회를 소집하여 최자실 목사 안수를 문제 삼아 조용기 목사에 대한 총회장 파면을 가결시켰다. 총회장 파면의 이유는 기독교대한하나님의성회 헌법 위반이었다. 일본에서 귀국한 조용기 목사는 실행위원회에서의 파면 소식을 듣게 되었다. 조용기 목사는 임기 일 년을 남겨 놓고 열리고 있는 교단 총회에 사표를 제출하고 말았다. 10년을 교단 발전을 위하여 일하였으나, 조명록 목사에 의하여 총회장 파면을 당한 조용기 목사는 더 이상 총회에 대하여 관심을 갖지 않기로 마음을 먹었다. 이후 총회와의 관계는 형식적인 것이 되고 말았으며, 조용기 목사는 본 교회 목회에 전념하면서 세계선교에 진력하였다.

그렇지만 기독교대한하나님의성회는 후임 총회장 박정근 목사보다도 조용기 목사의 영향력을 음으로 양으로 받고 있었다. 교단 교역자의 대다수는 조용기 목사를 교단의 심벌로 인식하고 무언의 지지를 보냈다. 총회가 열리면 총회장 후보들은 저마다 조용기 목사의 후광을 얻고자 하였다. 조용기 목사가 누구를 지지하느냐에 따라서 총회 대의원들의 절대 표수가 좌우되었기 때문이다.

조명록 목사로는 만년 야당 당수에서 한 치도 나아갈 수 없었다. 조용기 목사가 목전에서 사라졌으나, 그의 영향력은 아직도 건재하였기 때문이다. 1980년 제29회 교단 정기총회에서 소교민 목사와 함께 총회장 후보로 나섰으나 여러모로 상대방에 비하여 약세에 놓여 있었다. 역대 총회장, 부총회장 선거에서 소수의 지지만을 받아 항상 낙선의 쓰라림을 맛본 그였다. 조명록 목사는 생각을 거듭하였다. 교단 역사의 산 증인이면서도 한 번도 정상의 자리에 올라서지 못한 채 야당 당수에만 머물러야 하는가, 아니면 무슨 방법을 쓰더라도 총회장이라는 정상의 자리로 올라서고야 말 것인가를 거듭 생각해 보았다. 결국 총회장은 포기할 수 없는 그의 마지막 명예라는 결론을 내렸다.

조명록 목사는 조용기 목사의 측근인 서울강남지방회장 박종선 목사를 통하여 조용기 목사를 찾게 되었다. 조용기 목사의 집무실에 들어선 조명록 목사는 그때만은 야당 당수가 아니었다. 총회를 호령하는 기상은 어디에서도 찾아볼 수가 없었다. 당회장 집무실의 소파 위에 무릎을 겸손하게 모으고 조용기 목사에게 용건을 말하는 것이었다.

"조 목사님, 이번에 총회장후보로 나왔습니다. 한 번만 밀어주시면 이 은혜를 절대 잊지 않겠습니다. 총회장에 당선되면 증경총회장 목사님의 뜻을 받들어 교단 발전을 위하여 열심히 일하겠습니다."

"그래요. 조 목사님, 참 고맙습니다. 이렇게 저에게까지 찾아와 도움을 요청하다니요. 좋습니다. 도와드리지요."

두 사람은 손을 붙잡고 뜨겁게 기도를 하였다. 두 사람의 기도에서 옛날의 서운한 감정은 일시에 사라져 버리는 것만 같았다. 같이 배석한 박종선 목사도 흐뭇한 마음을 감출 수가 없었다. 10여 년 이상을 공개적으로 대립한 교단의 두 실력자가 화해하고 손을 잡고 함께 교단 발전을 위하여 노력하기로 한 것이 어찌 감격스러운 일이 아니겠는가.

1980년 5월 14일 제29회 교단 정기총회가 서대문 총회회관에서 개최되었다. 총회회관 근처의 여관과 음식점은 총회장 선출에 대한 열기로 가득 차기 시작했다. 조명록 목사는 박종선 목사와 당시 순복음중앙교회 교무처장 김상호 목사를 앞장세우고 총대들이 머물고 있는 여관과 음식점을 순회했다.

"제가 이번에 조용기 목사님의 뜻을 받들어 총회장 후보로 나온 조명록 목사입니다. 조 목사님을 모시고 교단 발전을 위하여 열심히 일해 보려고 합니다. 총대님들 잘 부탁합니다."

옛날의 야당 당수는 변하여도 보통 변한 것이 아니었다. 호랑이 같은 기상은 찾아보려 해도 찾아볼 수 없게 되었으며 겸손하기가 한이 없었다. 총대들은 그러한 조명록 목사를 보고 격려의 박수를 보내기도 하고, 비아냥거리기도 하였다. 격려의 박수를 보낸 이들은 이젠 우리 교단도 집안싸움 하지 않고, 웃어른들이 사이좋게 손을 잡고 일해 나가게 되었다는 의미에서였다. 비아냥거리는 측들은 '조명록이도 타락했구나. 총회장이 되기 위해 저렇게도 비굴해질 수 있단 말인가?'라는 생각이었다.

교회의 기반이나 외국의 발판을 갖고 있는 소교민 목사는 조명록 목사와 함께 서로 간에 인신공격도 서슴지 않고 표 대결을 벌였으나, 상당한 표 차이로 낙선하였다. 조명록 목사는 힘 안 들이고 단번에 조용기 목사의 후광으로 제19대 총회장에 선출되었던 것이다. 박정근 총회장으로부터 사회봉을 인계받은 조명록 목사는 드디어 목적을 이루었다는 사실에 들떠 회의 진행을 서툴게 끌고 나갔다. 총회장으로서의 여유 있는 자세보다는 야당 당수 때의 강경한 발언의

회의 진행을 하고 있지만, 총대들이 너그럽게 보아주는 가운데 제29차 총회는 막을 내렸다.

총회가 끝난 직후에 조명록 목사는 박종선 목사를 통하여 조용기 목사에게 선거자금으로 들어간 250만 원을 요청하였다. 그러나 조용기 목사는 한마디로 선거비용을 줄 수 없다고 거절하였다. 조명록 목사는 총회장이 되기 위하여 알게 모르게 뿌린 돈을 조용기 목사에게 요청하였다가 거절당하자 그 두 사람의 관계는 다시 지난날의 견원지간으로 돌아가 버렸다. 사실 조용기 목사로서는 총회장으로 당선되게 하기 위하여 지지 발언을 해주었으면 되었지 선거자금까지 줄 필요가 없다는 생각이었던 것이다. 설상가상으로 실행위원회에서 조명록 총회장 승용차 기사봉급과 경비부담을 상정했으나 박종선 목사 등에 의하여 부결되었다. 그런 돈을 지출하려면 농촌교회나 개척교회를 한 푼이라도 도와주어야 된다는 것이 부결의 요지였다. 이에 조명록 총회장은 더욱 좌절할 수밖에 없었다.

조명록 총회장은 역대 총회장들과 근본적으로 달랐다. 역대 총회장들은 총회업무를 거의 총무에게 위임하고 목회에 전념했으나, 조명록 목사는 날마다 총회본부로 출근하여 결재권을 행사하기 시작했다. 총무 김진환 목사는 총무의 재량권을 행사하지 못하게 되었고, 거기에다가 박광수 부총회장 또한 입김이 강하여 총회를 좌지우지하고 있었다.

조명록 목사는 총회장으로서 적극적으로 총회 업무를 보다 보니 총회 재정의 궁핍을 느끼게 되었다. 총회장 판공비도 필요하고, 총회사업을 위하여 많은 재정이 필요했던 것이다. 그러나 총회는 돈이 없었다. 총회의 재정 근원은 소속교회의 상납금과 교역자 십일조였으나, 당시 들어오는 것으로는 직원들 봉급 주기에 바빴다. 개교회 상납금 의무를 철저히 시행하게 함으로써 총회의 재정을 확보해야만 교단사업을 활성화시킬 수 있었으며, 총회장 판공비도 넉넉하게 지출할 수 있었다. 다른 교회는 몰라도 순복음중앙교회는 한 달에 최소한 수천만 원은 의무규정으로 당당하게 받을 수 있다는 생각을 못할 조명록 총회장이 아니었다.

해를 넘기면서 기하성 교단 30주년 기념대회를 목전에 두게 되었다. 조명록 총회장은 30주년 기념행사를 대대적으로 전개하기 위하여 미국까지 순방하였으나 기대만큼의 성과는 얻지 못하고 돌아왔다. 교단 30주년 기념대성회를 열 수 있는 방법은 대회 규모를 축소하는 것이었다. 장충체육관이나 잠실체육관 행사보다는 재정적으로나 인적 동원 면으로 볼 때 순복음중앙교회를 대회 장소로 사용하는 것이 가장 바람직한 결론이었다. 1981년 4월 13일에서 16일까지 순복음중앙교회와 총회회관에서 대회를 치렀다. 순복음중앙교회에서 대회예산의 절반을 부담하였으나 적자를 면치 못하였다.

총회장에게 재정 압박은 여간 부담스러운 것이 아니었다. 조명록 총회장은 조용기 목사의 코만 잡으면 재정은 걱정하지 않아도 된다는 계산을 버릴 수 없었다. 바로 그때 총회 기관지 월간 순복음의 김덕환 편집부장이 《조용기 목사, 그는 과연 이단인가》를 출간하게 되었다.

1981년 8월 20일부터 열리는 미국하나님의성회 제39차 정기총회를 김진환 목사와 참관하고 돌아온 조명록 목사는 드디어 비장의 칼을 꺼내기 시작했다. 마지막 승부를 건 것이다. '조용기! 나에게 제대로 협력하지 않으면 당신은 죽게 되어 있어. 나는 당신을 살릴 수도 있고 죽일 수도 있지. 칼자루는 내가 잡고 있단 말이야.' 모든 것이 그에게 유리하게 돌아가고 있었다. 최후에 웃는 자가 승리자라는 말을 되새기면서 제2회 실행위원회를 기다렸다. 그날부터 신문 보도라는 배수진을 단단하게 쳐놓고 조용기 목사의 반응을 기다리기 시

작했다. '조용기는 교단을 나가면 죽어. 이단으로 낙인찍히지 않으려면 내 말을 들어야 해.'

이 일로 인해 1982년에 기독교대한하나님의성회는 서대문 측과 반포 측으로 갈라졌다. 그 후 1984년 4월 2일에 서대문 총회회관에 모여 박광수 목사를 총회장으로 하는 서대문 총회에 합류하는 형식으로 다시 합쳤다. 그러다가 1985년 1월 1일 여의도순복음교회는 독자적으로 세계하나님의성회연합회와 관계를 맺으며 '예수교대한하나님의성회'를 창립하게 되었다. 그때부터 교단 70년 역사 속에서 통합과 분열이 반복되었다.

기하성교단의 교권정치를 바탕으로 해서 부활처녀사건, 김치복 장로 안수사건, 제사설이 교묘하게 엮이면서 조용기 목사는 오랫동안 이단 사이비에서 벗어나지 못했다. 예장통합 1983년 제68차 총회에서 결의된 '사이비 이단에 대한 대책과 지침' 사항에 근거하여 조용기 목사에 대한 사이비 시비는 교계에서도 긍정과 부정이 엇갈렸다.

34.

조용기 목사, 예장통합 측의 이단 사이비에 대한 한복총 성명서

1990년에 민족복음화운동본부 신현균 목사, 세계복음화중앙협의회 이호문 목사, 세계복음화협의회 피종진 목사, 세계성신클럽 안준배 목사가 중심이 되어 한국기독교복음단체총연합이 발족되었다. 1993년 10월에 그동안 사무총장이었던 김두식 목사가 물러나고 안준배 목사가 사무총장이 되었다.

예장통합 총회에서 조용기 목사에 대한 사이비 재연구 결정을 내리자 안준배 목사는 한복총의 실행위원회를 소집하여 이에 대해 반박성명서를 내는 것을 안건으로 상정시켰다. 회의에서 "예장통합 측의 조용기 목사 사이비 재연구 결정에 대한 우리의 견해"라는 성명서를 내기로 하고, 이의 문안 작성을 안준배 사무총장에게 위임하였다.

한복총은 성명서에서 예장통합 측 총회가 조용기 목사에 대해 제기한 연구보고서에 의하면, 이단 시비가 오순절교파와 장로교파의 신학적 견해에서 온 오해에서 비롯되었다고 지적하였다. 이어서 "누구든지 신앙에 대하여 속박을 받지 않고 그 양심대로 할 권리가 있으니 아무도 남의 양심의 자유를 침해하지 못한다는 장로교 정치원리 제1장 제1조와 개인에게 양심의 자유가 있는 것같이 어떤 교파 또는 어떤 교회든지 교회의 정치조직을 예수 그리스도의 정하신 대로 설정할 권이 있다는 정치 제2조의 정신을 명백히 위반하고 있다"고 지적했다.

한복총은 예장통합의 연구보고서는 확대 왜곡 해석된 것으로, 기왕에 총회가 일 년을 더 연구하기로 한 바, 조용기 목사의 주장을 더 면밀히 검토하고 이해하여 사이비 논의가 종식됨으로 한국기독교에 화해와 화합의 계기가 되기를 기대한다고 밝혔다. 또한 한국기독교 연합운동을 통한 조용기 목사의 사역이 한국 기독교 발전에 절대적인 영향을 주고 있기에 예장통합 측 총회가 조용기 목사에 대한 시비와 논란을 조기에 종식함으로 한국 기독교 일치와 연합을 이루기를 바란다고 성명하였다. 이러한 내용을 골자로 1993년 10월 12일, 한복총 가맹교단의 연명으로 〈국민일보〉와 교계 신문에 성명을 내게 되었다.

이 성명서가 발표되자 예장통합은 발칵 뒤집혔다. 예장통합은 한복총의 임원과 가맹 단체장 중 예장통합 측 소속 목회자들을 소환했다. 예장통합의 총회 결의에 어긋난 성명서에 이름을 올린 이들을 소환하여 그 경위를 조사하여 징계를 하고자 하였다.

대표의장 신현균 목사가 시무하는 성민교회 장로들과 세계성령운동본부 본부장 나겸일 목사의 주안교회 장로들이 내가 시무하는 사당동 교회로 찾아왔다. 그들은 신현균 목사와 나겸일 목사의 동의 없이 사무총장 안준배 목사가 일방적으로 성명서를 발표한 것이라는 확인서를 써달라고 하였다. 나는 회의에서 결정한 대로 성명서를 작성하고 그 내용을 사전에 신현균 목사와 성명자들에게 열람시키고 나서 신문지상에 성명한 것이라고 장로들에게 답변하였다.

이런 사실을 조용기 목사에게 전화로 알렸다. 조용기 목사는 이렇게 말했다.

"예장통합 측 소속 신현균 목사가 총회의 압력으로 사실과 다른 말을 한다면 그와의 30년 우정은 이걸로 끝나는 겁니다. 나도 신현균 목사에게 전화하겠지만 안 목사도 분명하게 전하세요."

예장통합 측 소속인 신현균 목사와 나겸일 목사, 한국기독교순교자유족회 회장 진수철 목사가 한복총에서 탈퇴하는 것으로 예장통합 측은 마무리 지었다. 세계복음화중앙협의회 회장 이호문 목사와 신현균 목사를 따르는 이들이 한복총을 탈퇴하고 한국복음주의총연맹을 만들었다. 창립된 지 3년 만에 한복총은 한복연과 분리되고 말았다. 나는 피종진 목사를 대표의장으로 추대하고, 가맹단체 열일곱 단체 가운데 대다수가 빠져나간 한복총을 추슬렀다.

조용기 목사에 대한 논쟁은 1983년에 시작되어 1994년 예장통합 측 총회에서 결론이 났다.

"조용기 목사의 설교와 신학은 많은 부분에서 사도적 보편교회의 신앙과 일치하면서도 우리가 지적하지 않을 수 없는 상당한 문제점을 가지고 있다"고 지적하면서도 "이 지적한 문제점들은 대체로 오순절교파의 특수성에 관련된 것들이 많다"고 결론지었다. 다시 말하면 오순절교파의 특수성을 이해하므로 이단 사이비 시비를 취소한 것이다.

1993년 한복총 성명서에서의 의견을 대부분 수용한 결과였다. 예장통합의 한완석 목사, 유한귀 목사, 김수읍 목사, 정려성 목사들의 조용기 목사에 대한 적극적인 의사 발언이 뒷받침되었다. 이로써 한국교회를 대표하는 예장통합 측의 오순절교파 이해와 교류협력 천명은 성령운동이 한국교회 전반에 걸쳐 폭넓게 자리하게 하였다.

나는 국민일보 종교부장 김상길 목사, 판매국장 노승숙 장로와 소망교회 총회 장소 주변에서 식사를 하며 매일 아침저녁으로 소망교회를 드나들었다. 나는 이 벅찬 소식을 로스앤젤레스에서 미주성회를 인도하고 있는 조용기 목사가 묵고 있는 호텔룸으로 전화를 걸어 알렸다.

"목사님, 방금 예장통합 총회에서 목사님에 대한 이단 사이비 논란이 취소되었습니다."

"그래, 그래! 잘되었다. 자네들이 수고 많았어."

예장통합 총대이며 세계성신클럽 회장을 지낸 장향희 목사가 옆에서 내게 전화를 바꿔 달라고 하여 소망교회 총회장에서 있었던 상세한 내용을 조용기 목사에게 전달했다.

35.

한국기독교선교100주년대회

1984년 8월 15일부터 19일까지 여의도 광장에서 한국기독교100주년기념사업협의회 주관으로 '한국기독교100주년선교대회'가 개최되었다. 이는 한국 기독교 선교 100주년을 맞아 한국 개신교 역사상 처음으로 모든 교단이 한자리에 모인 대회였다. 15일 '감사와 회개의 밤'을 시작으로 16일 '화해와 일치의 밤', 17일 '교회 성장과 교회 갱신의 밤', 18일 '민족 통일과 평화의 밤', 그리고 19일 '한국 복음화와 세계선교의 밤'으로 진행된 선교대회는 연인원 300만 명의 성도가 참석했다. 이 대회를 위해 여의도순복음교회는 매일 1,000명의 헌금 봉사 요원을 지원했으며, 성회에 참가한 성도들이 여의도순복음교회 대성전에서 철야예배를 갖기도 했다.

넷째 날 '민족 통일과 평화의 밤'이라는 제목 아래 진보교회 상징 강원용 목사가 먼저 "쪼개진 성을 고치라"(겔 13:3-8)는 제목으로 평화와 남북 화해에 대해 설교를 했다. 강원용 목사는 그간 온갖 종류의 숱한 강연을 하였지만 80만 명이 넘는 집회에서 설교하기는 처음이라고 했다.

이어서 등단한 조용기 목사의 "교파는 다르지만 강 목사의 설교

한국기독교선교100주년선교대회. 여의도 광장. 1984. 8.

에 공감한다"는 말로 집회 분위기는 화기애애해졌다. 양극단적인 진보와 보수를 하나로 융합시키는 조용기 목사의 신학적 스펙트럼은 넓었다. 조용기 목사는 "민족통일과 평화"(삼상 7:5-6)란 제목으로, "탐심과 교만, 교파만을 내세우는 교권정치를 회개하고 정직과 근면, 성실을 앞세우는 기독교인이 되어 민족통일과 세계평화에 공헌하자"고 호소했다. 그의 메시지는 보수와 진보를 뛰어넘어 모든 성도들에게 큰 울림이 되었다.

다섯째 날 주일 오후 5시부터는 100만 명이 모인 가운데 '한국 복음화와 세계선교를 위하여'라는 제목으로 개최되었다. 미스 김윅스의 특송에 이어 한경직 목사가 "순종하는 교회"로 말씀을 전했다.

이어서 조지 베브리쉐아가 "주 하나님 지으신 모든 세계"를 특송으로 부른 후 빌리 그레이엄 목사가 등단하여 "영원히 변하지 않는 것"이란 제목으로 설교했고, 김장환 목사가 통역을 했다.

총 5일간 여의도 광장의 강단에서 김준곤, 이호문, 이재은, 신현균, 피종진, 최훈, 이만신, 김세창, 오관석 목사가 한국기독교선교100주년의 메시지를 전했다. 여의도 광장에서 앞서 열린 세 차례의 대형성회보다 가장 많은 연 400만 명의 성도가 모였다.

전야축제 입체예배극 〈새 일을 맡겨 주소서〉에는 20여 명의 성우와 40명의 무용단이 출연하여 2,200명의 여성합창단의 코러스를 배경 삼아 기독교 100년사에서 한국 여성들이 겪은 고난과 그들의 현실을 마당극 형태로 재현했다. 전야제가 공연되고 있던 오후 7시 25분에서 30분까지 약 5분간 어둠이 깔리기 시작한 여의도 광장 하늘 위로 구름 사이를 헤치고 오색 무지개가 아름답게 떠올라서 해외 참가자 2천여 명과 참석한 성도들의 경탄을 자아냈다.

제작비를 전액 지원한 한국기독교선교100주년기념대성회 여성위원장인 이형자 횃불선교 회장에게 기독교문화예술원은 1985년 제2회 기독교문화상 운영부문을 시상했다.

5천 명으로 구성된 연합성가대는 윤학원의 지휘로 헨델의 "할렐루야", 로시니의 "주님 다시 오실 때", 빌 게이터의 "살아 계신 주", 프랑크의 "시편 150편" 등을 육해공군 군악대와 경찰악대의 웅장한 연주로 합창하여 참석한 성도들에게 커다란 감격을 주었다. 연합성가대에는 서울과 수도권 지역에서 영락교회, 여의도순복음교회 등 70여 교회가 참여하여 11개 지역별로 1회 연습하고 종합 리허설 2회만으로 한국교회 연합의 하모니를 이뤄냈다. 윤치호, 임명애, 이단열, 강화자, 조인원, 미스 김윅스 등의 솔리스트들이 특송을 했다.

잘 훈련된 여의도순복음교회의 헌금위원을 비롯하여 14개 교회의 2,200여 명의 집사들이 헌금위원으로 선정되어 질서정연한 가운데 헌금을 마칠 수 있었다. 5일간 헌금총액은 2억 8,300여만 원에 이르렀다.

"그리스도의 사랑으로 피를 나누어 주자"는 구호 아래 대한적십자사와 함께 전개된 헌혈운동에는 즉석 헌혈자 3,883명을 포함하여 약 2만 명이 동참했다.

여의도 광장 행사장에는 국방부의 협조로 길이 108m, 높이 12m

로 1만 명이 앉을 수 있는 본부석이 마련되었고, 마이크 20대, 출력 25킬로의 확성기 250대, 대우전자에서 제공한 비디오 모니터 36대, 외국인들을 위한 영어, 일어, 중국어 동시통역시설 등이 설치되었다.

또한 대회장 질서를 위해 한국대학생선교회 회원 2천여 명이 자원봉사자로 땀 흘려 안내를 하였다.

기독교 선교 100년, 총체예술 〈빛과 하나 되어〉

한국기독교100주년선교대회는 1984년에 여의도 광장에서 한국교회 보수와 진보가 연합하여 연인원 400만 명이 참가한 가운데 치러졌다. 선교 100년이라는 시간은 기독교 문화를 창달, 형성하고 확산하였다. 이에 한국연극계의 흐름에 뒤지지 않는 기획진의 기획과 추진력으로 한국기독교백주년기념 대공연이란 타이틀의 총체예술 축제인 〈빛과 하나 되어〉의 집단창조가 이루어지게 된 것이다. 15개월에 걸친 기획과 제작 기간을 거쳐 1985년 6월 11~14일까지 잠실체육관이란 대형공간에 토탈 디어터로서의 백주년기념 제전을 마련하게 된 것이다.

상기작은 한국기독교백주년기념사업협의회의 회장인 강원용 목사가 김문환 교수에게 기획 의뢰하여 이반, 이강백의 공동구성으로 대본이 만들어졌다. 한국기독교 초유의 대형무대가 표재순의 제작고문 형식의 연출적 참여와 이경열 제작총무의 뒷받침으로 이루어졌다.

이는 어느 개개인의 상상력에 의한 창작이 아니라 한국 기독교 문화의 총체적 소산에 의한 것으로, 한국기독교 백년 역사의 결정체를 선민 이스라엘 역사와 대비시키면서 합창, 무용, 시, 사물놀이, 연극 등으로 표출하였다.

'가스펠'이 복음서를 공부하는 바이블 스터디라고 한다면, 총체예술 축제 〈빛과 하나 되어〉는 한국교회사 공부라 할 수 있었다. 한국 기독교 백년의 역사를 두 시간 이내로 집약한다는 것이 무리이긴 하지만 개론적이나마 거론할 것은 모두 거론하여 객석에 앉아 있는 그리스도인들에게 전달했다.

한국 기독교 백년의 역사를 한마디로 정의한다면 '빛과 하나 되어'이다. 창세기부터 계시록까지 성경을 패러다임으로 삼아, 한국 기독교 역사의 어제와 오늘과 내일을 극화하여 시종을 꿰뚫고 있는 인간 역사의 어둠을 빛으로 전환시키려는 하나님의 의지를 표출하였다. 이를 통해 빛으로 오신 예수 그리스도와 하나 되어 미래의 지평선까지 함께 가야 함을 보여준 것이 〈빛과 하나 되어〉인 것이다.

기독교적인 연극예술에 있어서 총체예술의 시작은 이전에도 부분적으로 있어왔다. 70년대 초의 연예인교회에 의하여 공연된 〈새롭게 하소서〉는 하용조 목사와 곽규석 장로의 선교의지가 합쳐져 연예인 교인의 다양한 컬러인 연극 영화배우, 가수 등을 한데 모아 김정률 기획으로 다듬어낸 것이다. 그 당시만 해도 총체예술이란 단어가 문화예술계에 본격적으로 대두되기 전이라 그들도 전도극인 〈새롭게 하소서〉가 기독교에서의 총체예술의 근원이 될 줄은 몰랐을 것이다.

1부는 하르트만 작, 이반 연출, 신영균, 이영후 출연의 예배극 〈예언자와 목수〉가 상장되어 관객들에게 요나서 성경공부를 시켰다. 이어서 남진, 윤복희, 이종용, 쿨시스터즈 등과 곽규석, 구봉서 등의 콩트가 어울려 옴니버스 스타일로 총체예술의 가능성을 보여주었다. 그러나 일관된 주제인 "새롭게 하소서"의 새로움은 표출하였으나 각 분야를 연결하여 하나의 집약된 형상을 구축하지 못하고 모자이크화하는 데 그쳤다.

이어서 공연된, 이화여대의 뮤지컬 〈가스펠〉과 경동교회의 추석절

〈민속탈춤〉이나 이영훈 목사가 기획한 코이노니아의 〈알렐루야〉에 이어 크리스챤 아카데미 20주년 기념공연인 이강백 작, 김기주 연출의 〈말〉에서는 총체 연극을 부분적으로 보여주었다고 할 수 있다.

그러다가 기독교 백년사를 꿰뚫고 있는 주제인 '빛이 되어 오신 예수 그리스도'를 총체예술로 드러냈다. 본격적이고도 완숙한 대형 총체예술이라 할 수 있는 〈빛과 하나 되어〉는 서장에 빛의 근원을 찾아낸 데 이어, 제1장 빛이 '동방에 비치니', 제2장 '횃불은 타올랐으나', 제3장 '불씨를 살리려고', 제4장 '빛을 되찾은 후', 종장 '빛과 하나 되어'로 이어지면서 성경과 히브리역사와 한국기독교백년사를 꿰뚫고 있는 주제인 '빛'을 증거하고 있다.

박두진 시 "해"를 대형성가대가 대합창곡으로 부른 후, 선교사 입국 등의 에피소드에 이어 윤동주의 "십자가"를 송창식이 독창으로 불렀다. 연이어 해방을 자축하는 사물놀이 후, 성우향이 창으로 정희성의 시 "울 엄니 나를 낳아"를 부른 뒤, 관중합창에 이어 세상을 향한 행진을 함으로 대단원의 막을 내렸다.

대형 십자가형의 무대장치를 중심으로 한 미술감독 신일수, 무용감독 문일지, 작곡 및 음악감독 이건용의 공동창조는 토탈 디어터 〈빛과 하나 되어〉를 가능케 하였다. 김성원, 고은정, 강효실, 고은아, 김인문, 문오장, 문회원, 서인석, 송재호, 최길호, 최명수, 한인수, 정영숙, 최선자 등 기독교 연기진의 총출동은 백년의 역사를 100분이란 제한된 시간과 공간에 다 압축시켜 주었다. 교세에 따라 여의도순복음교회에 가장 많이 배당된 공연 티켓을 조용기 목사는 적극적으로 보급하여 한국기독교문화에 일익을 감당하였다.

36.

긍정과 희망의 목회자
조용기 목사

1983년 가을에 신현균 목사를 찾아가서 기독교문화상 제정에 관하여 자문을 받았다. 신현균 목사는 문학 부문에 이름난 한국신학대학 학장 조향록 목사를 연결해 주었다. 대표고문 조향록 목사, 운영위원장 신현균 목사, 원장 안준배 목사가 시상자가 되어 제1회 기독교문화상 시상식을 하였다. 제1회 기독교문화상은 상금 없이 상장과 상패만 수여했다. 오히려 상금 없는 상이 더 큰 명예라고 자부하면서 시상을 하였다.

1984년 1월 30일에 기독교회관 강당에서 연극 윤호진 연출가, 영화 김수형 감독, 문학 현의섭 작가, 음악 김태정 가수, 운영 김정률 태멘문화그룹 대표에게 시상하였다.

조용기 목사는 기독교문화상이 KBS TV 9시 메인뉴스에서 보도되는 것을 보고 내게 말했다.

"자네는 참 대단해. 상금도 없이 종이 한 장(상장)만 주는데도 받는 사람이 좋아하는 걸 보니…."

조용기 목사가 보기에는 내가 하는 일이 별것 아닌데도 조용기 목사는 칭찬하고 격려하고 인정해 주었다. 이러한 조용기 목사의 긍정하고 희망을 주는 메시지가 여의도순복음교회 부흥의 원동력이 된 것이다.

이렇게 시작된 기독교문화상을 그 무렵 김승옥 소설가가 홍보를 자처해 주었다. 그는 조선일보 문화부 정중헌 기자, 한국일보 김훈 기자 외 언론사 문학담당 기자들이 기독교문화상을 널리 보도할 수 있도록 도와주었다. 극작가 이현화 선생은 KBS TV PD였고, 내가 방송에 출연할 수 있게 하였다.

1987년 11월 15일 나는 일요일 아침에 방송되는 천주교, 개신교, 불교의 종교인 대화 프로그램에 출연하였다. 그날의 패널은 한국천주교 성지연구원장 오기선 신부, 조계종 포교원장 성암도 스님이었다. 사회자 김신환은 오프닝 멘트로 "오늘 아침, 자리에서 일어났을 때 처음 만난 분은 누구였습니까? 우리는 살아가면서 수많은 '만남'

KBS TV 종교시간 왼쪽부터 안준배 목사, 성암도 스님, 김신환 사회자, 오기선 신부 1987. 11. 15.

36. 긍정과 희망의 목회자 조용기 목사

을 하게 됩니다. 그냥 스쳐 지나가는 만남일 수도 있지만, 때로는 이러한 '만남'의 순간이 우리의 인생을 뒤바꿔 놓은 경험, 나이 드신 분들은 다들 한 번 이상은 있지 않을까 생각합니다. 오늘 이 시간에는, 우리가 접하게 되는 중요한 만남들의 의미를 한번 생각해 볼까 합니다"라고 시작하였다.

KBS TV의 "만남"이라는 주제에서 나는 마틴 부버의 《나와 너》를 기조로 해서 내가 만난 정봉은 목사는 '다양성'을, 조용기 목사는 '가능성에 대한 믿음'을 주었다고 이야기했다.

서초동에서 교회와 소극장을 건축하면서 연말이 되어 공사비 지급에 어려움을 겪고 있었다. KBS TV에 내가 출연한 방송을 우연히 주일 아침 6시에 시청한 조용기 목사는 그것이 계기가 되어 1987년 12월 31일에 사당동 집으로 직접 전화를 주었다.

"안 목사, 지금 어디 있어?"

"집입니다."

"빨리 비행기 타고 와라. 교회 짓는 데 연말이니 힘들 거야. 내가 건축비 줄 테니까."

나는 한걸음에 달려갔다. 조용기 목사는 당회장실 부속방에 들어갔다가 나오더니 그 당시로는 큰 금액인 5천만 원을 수표로 주었다. 난생처음 만져 본 거금이었다. 그 당시 서초동 땅 한 평이 110만 원이었다. 서초동의 대지 50평가량 되는 큰돈이었다. 그 돈으로 소극장에 들어가는 조명, 음향장비와 방음장치, 관객석까지 설비공사를 마무리하였다.

37.

오클라호마 털사,
너희가 믿을 때에 성령을 받았느냐

88서울올림픽을 앞두고 88세계복음화대성회가 신현균 목사와 이호문 목사가 중심이 되어 1984년 11월 19일 신라호텔에서 조직되었다. 신현균 목사는 88성회를 '쏠림픽'이라고 명명하였다. '영의 올림픽'이라는 신조어이다.

준비위원장 이호문 목사가 내게 사료분과위원장을 맡아 달라며 홍보지를 만들라고 하였다. 나는 태멘문화그룹 김정률 대표를 통해서 알고 지내던 김득만에게 디자인을 부탁했다. 그는 교계에서는 여태 볼 수 없었던 홍보지를 편집하고 제작했다. 제작비도 내가 책임져서 본부의 지원 없이 명지대학교 총장 유상근 장로와 최태섭 장로의 '한국유리' 등 기독실업 기업체의 광고를 받아서 했다.

김창인 목사, 신현균 목사와 이호문 목사는 나를 인정해서 기획위원을 겸직하게 하여 나는 비상근 무보수로 일하면서 공문을 만드는 것과 대형성회의 실무를 가까이서 익혀 나가게 되었다.

1980년 세계복음화대성회 부흥집회 상임위원회에서 최준호 목사, 이호문 목사에 의하여 한 달 만에 잘렸던 애송이가 88성회에서 사무총장 김두식 목사의 어깨너머로 실무를 익혀서 제대로 대형성회를 치러내는 경력을 쌓게 된 것이다. 하나님을 사랑하는 자, 그 뜻대로 부르심을 받은 자에게 모든 것이 합력하여 선을 이루게 된 것이다.

1988년 1월에 서초동 예술의전당 건너편에 신축 건물을 짓고 기독교문화예술원과 소극장 예전사랑이 들어가게 된 순복음문화교회를 세웠다. 자체 건물에서 1988년 1월 30일에 제5회 기독교문화대상 시상식을 치렀다. 연극 부분 〈일어나 빛을 발하라〉 연출 문고헌, 영화 〈철수와 미미의 청춘 스케치〉 감독 이규형, 문학 《사랑 만들기》 시인 김지향, 음악 "할렐루야 상사디야" 작사 황대익, 방송 CBS 라디오 "새롭게 하소서" 진행 고은아, 운영 '가톨릭 가요대상'을 제정한 반예문에게 시상하였다. 시상식에서는 가수 최성수가 축가를 불러주었고, 강수연, 김혜수, 신혜수 등 이규형 감독의 영화에 출연했던 여배우들이 찾아와서 이규형 감독의 수상을 축하해 주었다.

나는 기독교 문화 확산과 성령운동의 센터가 되고자 교회를 사당동에서 서초동 예술의전당 건너편으로 옮겼던 것이다. 1982년 9월에 사당동의 첫 번째 성전 건축 입당예배에 조용기 목사가 설교를 해주었었는데, 이번에도 조용기 목사가 입당예배 설교를 했다. 그리고 소극장 개관 공연으로 박동진 명창의 판소리 〈예수전〉을 기획했다. 김동길 교수는 학술 강좌를 맡았다.

그러나 교회 옆에 사는 빌라의 주민들이 서초구청에 진정을 하고 나섰다. 문화시설이 들어서는 것은 상관없으나 교회의 입주를 반대했다. 문화시설로 설계하고 준공허가를 받고는 무단으로 용도 변경했다는 것을 주민 중에 현직 판사 현순도가 중심이 되어 구청에 민원을 넣었다.

나는 한국일보 기자 출신으로 남북조절위원회 대변인을 하다가 1988년 제13대 민자당 국회의원 후보로 출마했던 이동복에게 순복음문화교회가 서초동에서 자리를 펼 수 있도록 도움을 요청했다. 그는 국회의원 선거에서 민주당의 김덕룡 의원에게 밀려 낙선되었다. 서울고등법원 부장판사였던 양인평 장로까지 나서서 여러모로 도움을 주고자 했으나 이 모두가 무위가 되었다.

서초구청은 단수 단전 조치를 취하였다. 수돗물이 공급되지 않으니 아무것도 할 수가 없었다. 어쩔 수 없이 서울올림픽이 끝나고 나서 문정동의 올림픽 상가를 분양받아 교회를 이전하게 되었다.

1988년 11월에 북미총회 총무 이태근 목사가 나와 박성배 목사에게 미국 방문 초청장을 보내주었다. 1980년대 초부터 미국 비자 신청을 했지만 미국대사관의 영사는 비자 발급을 거부하였다. 어렵사리 복수비자를 받고 박성배 목사와 노스웨스트 에어라인을 타고 시카고로 향하였다. 시카고로 직접 가는 대한항공보다는 미국적 비행기가 비용이 싸기에 노스웨스트를 구입했는데 시애틀을 경유하게 되어 있었다.

시애틀 이미그레이션에서 입국검사를 받는데 심사관이 이것저것 묻더니 대기줄에서 빠져나오게 하였다. 심사관이 시카고순복음교회 이태근 목사에게 전화를 걸어서 안준배의 시무교회명을 물었다. 이태근 목사는 사당동에 있을 때는 순복음제일교회였으나 서초동과 문정동으로 옮기고 순복음문화교회로 교회명을 바꾼 것을 기억해내고 제대로 답을 주었다. 이태근 목사가 만약에 사당동에 있을 때의 순복음제일교회라고 대답을 했으면 나와 박성배 목사는 다시 한국으로 돌아갈 뻔했다. 미국 비자를 받았어도 이민심사관이 입국을 거부하면 되돌아갈 수밖에 없었다. 버버리 코트를 입고 모자를 썼기에 시애틀 입국심사대의 심사관 앞에 선 내 얼굴에서 땀이 줄줄 흘러내렸다. 더구나 시애틀 공항 입국심사대는 히터가 잘 가동되어 덥기만 했다. 나는 땀을 뻘뻘 흘리며 초조하게 결과를 기다리고 있는데 박성배 목사는 옆에서 시커먼 얼굴을 하고 실실 웃고 있었다.

"박 목사, 뭐가 좋아서 웃냐? 잘못되면 도로 한국으로 갈 수도 있는데…."

"안 목사, 미국이 우리를 거부하면 일본이라도 가서 며칠 쉬다가 가면 되지, 미국 못 들어간다고 대수냐."

하여간 박성배는 배짱 하나는 타고났다. 성도순복음교회가 건축 부채 때문에 경매로 넘어간다는 소문을 듣고 만났을 때에도 큰소리쳤다.

"안 목사, 나 나비 됐다. 이제 훨훨 날아가게 되었다."

박성배 목사는 곧 죽어도 매사에 낙관적이었다. 그러기에 기하성 교단의 총무, 총회장의 교권을 장기간 쥐고 순총학원의 교비와 연금재단 연금을 횡령하여 8년 6개월을 선고받아 법정 구속되어 복역 중이다. 김원철 목사가 면회 가서 "왜 그렇게 됐냐"라고 나무랐다. 박성배는 눈을 동그랗게 뜨고는 "야, 여기는 특수기도원이다. 매일 성경 읽으며 잘 지내고 있다"라고 대답했다.

이민심사관으로부터 6개월 체류 입국 비자를 받고 나서 기다리고 있던 노스웨스트를 타고 시카고 오 헤어 공항에 도착했다. 마침 조용기 목사가 오클라호마 털사에 있는 오랄로버츠대학교에서 집회를 하고 있어서 북미총회 총무 되는 이태근 목사와 털사로 찾아갔다. 비행기에서 내려 털사의 호텔로 가는 길목에 붉은 네온으로 "너희가 믿을 때에 성령을 받았느냐"는 붉은색 글씨의 아치를 보았다. 신유의 부흥사 오랄 로버츠 목사가 세운 오랄로버츠대학교와 의과대학 병원이 있는 작은 도시로 진입하면서 성령의 뜨거움이 내 안으로 훅 들어오는 느낌을 받았다. 나는 성령께 이끌려서 기도하였다.

"다음에 미국에 오게 되면 미주 50개 주마다 있는 한인교회 강단에서 성령께서 동역하여 말씀을 전하게 하여 주옵소서. 그리고 한인 목사들이 교단을 초월해서 연합하게 하소서."

대학교 강당에서 열리는 조용기 목사의 집회에 참석하였다. 다음날 아침에 호텔 식당으로 식사하러 내려갔더니 조용기 목사와 미주 전역에서 모여든 북미총회 박종선 목사 등이 이미 자리를 잡고 있었다. 박성배 목사와 나도 조용기 목사에게 인사를 드리고 비어 있는 자리에 앉았다.

그 자리에 1984년 5월에 팔레스호텔 이천석 목사의 숙소에서 보았던 미주복음신문사 장진우 장로가 있었다. 장진우 장로는 1991년 4월의 뉴욕 퀸즈한인교회에서 갖는 대뉴욕지구평신도연합성회의 강사 조용기 목사에게 찾아와서 신문광고비를 지원해 달라는 용건을 가지고 털사에 온 것이었다. 차일석 장로와 박종선 목사는 곤란해하면서도 그를 제지하지 못했다. 장진우 장로는 조용기 목사로부터 후원금을 받자 일어나서 구십 도로 허리를 숙이며 감사하다고 하였다.

이 모습을 언젠가 본 적이 있었다. 수년 전에 내가 준비해 간, 그 당시로는 상당히 많은 50만 원을 넣은 강사비를 이천석 목사에게 드렸었다. 이천석 목사는 내게 "얼마 넣었어?"라고 묻더니 장진우 장로에게 봉투째 사례비 전부를 주었다. 지난밤에 이천석 목사와 함께 더블베드에서 함께 잠을 잔 장진우 장로에게 이천석 목사가 선교비라고 주었을 때와 마찬가지로 장진우 장로는 구십 도로 허리를 숙이며 감사하는 모습이 여전했다.

조용기 목사는 털사에서 1987년 6월 24일과 25일 오랄 로버츠 전도협회가 주최하는 교역자 세미나와 대부흥회에서 강사로 메시지를 전했었다. 5천여 명의 교역자와 2만여 명의 성도가 운집한 가운데 초대교회의 역사가 크게 일어났다. TV 시청자들의 요청에 따라 오클라호마 전 지역에 성회 실황을 중계했다.

이에 오랄 로버츠 목사는 다시 한 번 조용기 목사를 1988년 11월 14일과 15일에 오랄로버츠대학교의 학생들을 대상으로 성회를 갖게 하였다. 우리 일행은 미처 호텔에 들를 시간이 없어서 곧장 대학교 강당의 집회에 참석하였다. 조용기 목사는 유창한 영어로 오랄 로버츠 목사로부터 받은 영향을 이야기했다. 1958년에 조용기 목사가 대조동에서 천막교회를 시작했을 때 갖가지 신유 역사가 일어났었다. 이 당시 교단의 목사들이 천막교회에서 신유집회를 한다는 이유로 조용기 목사를 비난하고 그를 반대했었다.

이때 존 허스턴 선교사는 조용기 목사에게 세계적인 신유운동가인 오랄 로버츠 목사를 소개해 주었다. 조용기 목사는 그의 글을 열심히 읽었다. 이 당시 받은 영향에 대해서 그는 이렇게 말했다.

"나는 선교사들에게서 받은 오랄 로버츠 목사의 저서들을 통해 많은 영향을 받았습니다. 내가 그 책들에 심취했을 때 그 내용들은 실제로 나의 사고 속에 용해되어 꿈과 소망을 북돋아주었습니다. 주된 내용은 '하나님의 기적'이 문제의 해결이라는 것입니다.

목회 초기 나의 꿈은 오랄 로버츠 목사님처럼 되는 것이었습니다. 그래서 나는 그와 같이 된 모습을 그리면서 오랄 로버츠 목사의 책을 읽었습니다. 나의 사명은 이 시대의 사람들에게 병 고침의 은혜를 전하는 것이라고 믿었습니다. 그래서 나는 계속해서 TV로 오랄 로버츠 목사님이 설교하시는 모습을 지켜보면서 말했습니다. 하나님, 성령으로 충만하게 하옵소서. 제가 오랄 로버츠 목사처럼 설교하고 말하고 신유의 은사를 나타내게 하옵소서."

조용기 목사가 오랄로버츠대학교 강당에서 오랄 로버츠 목사로부터 받은 영향을 설교하자 가득 운집한 성도들은 깊은 감명을 받았다.

오랄 로버츠 목사가 늘 강조하는 "사랑하는 자여 네 영혼이 잘됨 같이 네가 범사에 잘되고 강건하기를 내가 간구하노라"(요삼 1:2)는

오클라호마 털사 성회. 1988. 11. 16.

태평양을 건너와 조용기 목사의 가슴속에 새겨졌고, 소위 '3박자 축복'으로 한국에 토착화되어 세계 최대의 여의도순복음교회를 이루었다. -이승한, 《위대한 복음 전도사 빌리 그레이엄 조용기, 쿰란출판사, 2012》 참조

나는 조용기 목사의 오후 성회를 마치고 호텔에 가서 짐을 풀었다. 다음 날 오전 성회를 마치고 우리 일행은 기독교센터 뮤지엄을 찾았다. 천지창조부터 예수 그리스도의 부활과 승천에 이르기까지 각 방마다 조형물을 설치하고 조명, 음향장치와 녹음 청취로 성경을 입체적으로 보여주는 성경 뮤지엄이 이채로웠다.

기독교센터 뮤지엄에서 서점에 들어갔더니 리처드 로버츠의 《Second Chance》라는 책이 눈에 띄게 진열되어 있었다. 리처드 로버츠는 오랄 로버츠의 아들로서 잘생긴 외모에다가 세상에서 노래하는 가수였다. 그는 연예계 생활을 하면서 방황하였으며, 아내와는

이혼까지 하게 되었다. 그러나 하나님은 그를 찾아오셨다. 리처드는 회개하고 성령 받아서 복음전도자가 되었다. 그가 말하길, 누구나 하나님 안에서 두 번째 기회가 있다는 것이다. 비록 쭉정이라도 알곡이 될 수 있는 두 번째 기회가 있다는 것을 간증하였다.

조용기 목사의 털사 성회 중에 그곳에 사는 성공한 믿음의 가정에서 조용기 목사와 우리 일행을 오찬에 초대했다. 처음으로 미국 땅에 와서 재미 교포가 사는 저택을 방문하였다. 외형으로는 한적한 주택가의 평범한 주택이었는데 안에 들어가 보니 입구부터 푹신한 양탄자가 깔려 있었다. 그리고 한국에서 주문하여 배를 타고 건너온 자개농, 반닫이 등 한국 전통가구들이 배치되어 있었다. 미국에서 살고는 있지만 한국의 생활가구를 통하여 한국인의 정체성을 2세에까지 이어가고 있는 모습이었다.

저녁에는 한국 식당에서 조용기 목사, 차일석 장로, 북미총회 박종선 목사, 이태근 목사, 추원호 목사, 박성배 목사 등과 오랄 로버츠 대학교 신학과에서 공부하는 유학생들과 만찬을 하게 되었다. 그 중에 뉴욕 퀸즈한인교회 한진관 목사의 아들 한태관이 있었다. 조용기 목사는 사석에서도 위트가 넘치는 화법으로 좌중을 이끌었다. 뉴욕에서 시골 털사에 와서 공부하는 한태관은 피곤한지 졸고 있었다. 조용기 목사는 그런 그를 귀엽게 바라보면서 자신의 학창 시절 이야기를 재미나게 들려주었다. 어떤 이야기는 너무 솔직해서 듣는 이들이 아슬아슬하게 느끼기도 하였다. 그는 강단에서는 위대한 주의 사자였고, 사석에서는 너무나 인간적인 면모를 숨기지 않는 다정다감한 친구 같았다.

어느 목사가 조용기 목사에게 유학생과 우리에게 노래 한 곡 불러 달라고 요청을 했다. 6·25 한국전쟁의 상흔이 아직도 남아 있어

한국인 유학생들과 만찬에서 즐겁게 웃는 조용기 목사. 1988. 11.

서인지 조용기 목사는 한명희가 작시하고 장일남이 작곡한 "비목"을 불러주었다.

초연이 쓸고 간 깊은 계곡
깊은 계곡 양지녘에
비바람 긴 세월로 이름 모를
이름 모를 비목이여

한명희는 강원도 화천 백암산 부근에서 십자 나무만 세워져 있는, 무명용사의 돌무덤의 비목을 보고 조국을 위해 죽어간 젊은이들을 기리는 시를 지었다. 이를 장일남에게 보여주자 즉석에서 곡이 만들어져서 1969년에 처음으로 발표되었다. 한국전쟁에서 희생된 무명용사들을 추모하기 위해 화천에 비목공원이 조성되었고, 매년 현충일을 전후하여 비목문화제가 열리고 있다.

38.

사회구원을 위한
성령운동

1958년 천막 개척교회를 시작하면서부터 조용기 목사는 가난하고 병든 사람들을 보면 늘 마음 아파했고, 그들에게 도움을 주고 싶어 했다. 그러기에 조용기 목사는 이들에게 희망을 설교했고, 아무리 어려운 형편에서도 자신을 찾아와 도와달라며 손을 내미는 사람

심장병 시술 어린이축복예배

들을 그대로 돌려보내지 않았다.

여의도순복음교회는 1981년 은평구 대조동에 아동 복지관을 설립하고, 1982년에는 홀트아동복지회에 생활관 및 교회와 휠체어 하우스를 건립해 주었다. 1982년 12월에는 농어촌선교회 내에 '나누어 갖기 운동본부'를 설립하여 전 성도가 활발하게 참여했다. 이를 통해 고아원, 양로원, 도서벽지, 빈민촌, 농어촌교회, 저소득 가정, 소록도 나환자 수용소 등 전국 방방곡곡의 소외되고 불우한 이웃들을 지원하였다.

심장병 어린이 무료수술

1984년 어느 날 조용기 목사는 거실에서 신문을 읽다가 심장병에 걸린 김영식 어린이가 돈이 없어서 죽어가고 있다는 기사를 보게 되었다. 어린 시절 폐병으로 죽을 고비를 넘겼던 조용기 목사는 이 어

심장병 시술 어린이들에게 기도해 주는 조용기 목사

린이의 안타까운 사연을 읽으면서 눈물을 흘렸다. 이에 여의도순복음교회는 김영식 어린이의 심장판막증 수술에 들어가는 비용을 전담하여 1984년 4월 19일 서울대학교 병원에서 성공적으로 시술을 마쳤다.

이 일이 계기가 되어 4,704명의 선천성 심장병 어린이가 무료시술을 받게 되었다. 조용기 목사와 여의도순복음교회가 행한 사회봉사 활동의 공로를 인정하여 정부는 1996년 5월 3일, 조용기 목사에게 민간에게 수여하는 최고의 훈장인 국민훈장 무궁화장을 수훈하였다.

엘림복지타운

복음 증거와 더불어 사랑의 실천이 이 시대의 교회가 감당해야 할 막중한 사명임을 깊이 인식한 조용기 목사는 소외된 이웃들을 위한 사회복지사업에 진력을 기울였다. 여의도순복음교회는 1986년 5월 24일 청소년과 무의탁 노인을 위한 사회사업을 추진하기 위한 사회복지법인 엘림복지회를 정식 인가받았다. 1988년 7월 26일 경기도 군포시 산본동 엘림복지타운이 준공되었다. 2만 평의 부지에 연건평 6,500평 규모로 직업훈련원과 경로원, 생활관, 강당, 후생관, 교직원 아파트 등이 조성되었다.

엘림직업훈련원은 1995년 3월 26일 서울특별시립 엘림직업전문학교로 명칭을 변경하여 1년 과정으로 자동차정비, 가구디자인, 섬유공예, 미용, 전산, 건축설계 부문의 학과를 개설하고 14~29세 미만의 서울시 주민등록자를 대상으로 학생을 공개 모집하였다. 입교생에게는 교육비와 기숙사비를 전액 무료로 제공하고, 국가기술자격 기능사 2급을 취득하게 한 후 전원 취업시켰다.

〈국민일보〉 창간

1987년 여름, 한 이단 종교단체에서 신문사를 창설해서 일간신문을 발간하려 한다는 소식이 조용기 목사에게 전해졌다. 그동안 이 단체가 한국교회에 입혀온 상처가 많았기 때문에 조용기 목사는 크게 긴장을 했다. 그래서 그는 무릎을 꿇고 하나님께 기도했다.

그때 조용기 목사의 마음속에 하나님의 음성이 들려왔다.

"네가 먼저 신문사를 창간해 신문을 발간하라."

조용기 목사는 하나님께서 여의도순복음교회를 세계 최대의 교회로 성장시키신 이유가 다른 교회들이 하지 못하는 일을 조용기 목사와 여의도순복음교회에게 부여하시기 위함이라는 것을 깨달았다. 그는 기독교 정신을 가진 신문의 발간은 단지 이 땅의 교회만을 위함이 아니라 이 민족의 미래를 위한 것이라는 하나님의 뜻을 알게 된 것이다.

조용기 목사는 하나님의 말씀에 순종하여 1988년 12월 10일 '사랑·진실·인간'을 사훈으로 하는 〈국민일보〉를 창간하였다. 세계 개신교 역사상 최초의 기독교 일간지이자 천만 기독교인을 대변하는 신문으로서 매스컴 선교의 새 장을 연 것이었다.

1988년 8월 어느 날, 조용기 목사는 〈신앙계〉를 책임 맡고 있는 김경문 목사에게 "자네는 저널리스트 출신이니, 앞으로 창간될 국민일보 출판국장으로 가라!"고 명하였다. 김경문 목사는 자리를 옮긴 후 〈신앙계〉는 물론 각종 책 출판과 〈국민일보〉 초창기 종교면 팀 구성과 편집 방향에 대해 관계자들과 논의했고, 대여섯 명의 〈신앙계〉 기자들을 종교국으로 투입하였다. 아울러 주말판 〈홈가이드〉와 주간지 〈시사토픽〉을 창간해서 50여 명의 기자를 지휘하며 일을 하였다. 신문사 운영에도 사장인 조용우 장로와 여의도에서 파송된 장로들과 기도하며 참여하였다.

〈국민일보〉 창간 7년차 되는 해에 조용기 목사는 경영 개선을 이유로 신임사장을 이건영 장로로 전격 교체하였다. 회사 내 일부 구조조정에 들어가기 위함이었다. 이 일로 인해서 여러 임직원이 퇴사하게 되었다. 회사는 자연히 술렁거리게 되고, 이건영 사장의 구조조정과 운영방식에 불만을 품은 노조가 반발하여 이건영 사장 퇴진 운동을 일으켰다.

이때 조용기 목사는 "이건영 사장을 퇴진시킬 테니 노조위원장도 사표 내라"고 강경하게 대처하였다. "이게 안 되면 폐간하겠다"라고 단호한 의지를 보였다. 교회 대표 장로들도 "당회장님이 임명한 사람을 쫓아내려 하는 것은 있을 수 없는 일이다"라며 노조위원장을 데리고 오라고 했다. 당시 교회 기조실장을 맡고 있던 김경문 목사가 노조를 만났으나, 정작 노조위원장은 나오지 않았다. 김경문 목사는 참으로 난감했다. 주일예배 후 오후 4시 조용기 목사는 교회 대표, 국민일보 주요 임원들과 마주 앉아 대책 마련을 위해 부심하였다. 하지만 해법을 찾는 데는 한 발자국도 내딛지 못한 상황이었다.

노조는 "400억짜리 윤전기에 모래를 뿌리고 끝장내자!"라고 맞불을 놓았다. 내일이면 국민일보가 문을 닫느냐, 마느냐 하는 위급한 상황에서 어디서 그런 용기와 지혜가 나왔는지 김경문 목사는 침묵을 깨고 일어나 긴급 발언을 했다.

"이건영 사장 먼저 퇴진시키면, 분명 노조위원장도 도의적 책임을 지고 사표를 내지 않겠습니까?"

그러자 조용기 목사가 버럭 큰 소리를 쳤다.

"자네가 책임질 거야?"

"제가 사표 받아올 테니, 목사님께서 넓은 아량으로 사표를 반려해 주시면 어떻겠습니까?"

그러나 참석자들이 "김 실장 제안이 좋은 절충안이다"라고 했고, 조용기 목사도 "좋다!"라고 하였다.

김경문 목사는 주일날 밤에 노조위원장에게 찾아가 사표를 받아 냈다. 이제 미션은 조용기 목사가 사표를 반려해 주는 일만 남았다. 그러나 조용기 목사가 노조위원장을 '괘씸하다'고 생각해서 사표를 반려 안 하면 큰일이었다. 다음날 월요일 아침 10시 노조 대표와 교회 주요 관계자들이 당회장실에 모이기로 했다. 회의 직전에 김경문 목사는 노조위원장에게 받아온 사표를 건네며 걱정스러운 마음에 "목사님, 반드시 돌려주셔야 합니다"라고 재차 확인했다. 조용기 목사는 고개를 끄덕였다. 그래도 김경문 목사는 중재자로서 내심 불안했다. 드디어 노조위원장과 노조 대표들이 사무실로 막 들어서서 인사를 하자, 조용기 목사가 벌떡 일어나면서 노조위원장을 가슴에 끌어안는 것이었다. 예상치 못한 일이었다. 조용기 목사는 역시 하나님의 큰 종이었다. 조용기 목사는 "앞으로 서로 잘해 보자!"라는 당부와 함께 사랑과 용서를 보이고, 사표를 반려하였다. 그제야 김경문 목사는 안도의 한숨을 쉬었다. 노조원들도 "앞으로 열심히 하겠다"라고 다짐했다. 그래서 폐간 직전까지 가던 국민일보는 반전을 맞게 되었다.

당일 선교를 위해 일본으로 출국한 조용기 목사는 그날 밤 새벽 2시에 동경에서 김경문 목사에게 전화를 하였다.

"자네가 사장으로 가라!" "제가 맡기에는 그릇이 아닙니다."

"그럼 누가 좋겠나?"

"사회 경험이 많은 차일석 장로님이 좋겠습니다."

"좋다. 차 장로에게 통보하라!" 이렇게 하여 당시 캐나다에 머물고 있던 차일석 장로에게 알리고, 급거 귀국하라고 전함으로 국민일보

파동은 끝나고 국민일보는 발전하게 되었다. 《영산의 기슭에서, '탁월한 영적인 지도자, 영전의 용사', 김경문, 교회성장연구소, 2022》 참조

〈국민일보〉는 한국교회의 공기로서 종이와 펜으로 구성된 광장이었다. 한국교회 목회자와 평신도는 〈국민일보〉를 보급하는 데 앞장을 섰다. 그 가운데서 부흥사들은 〈국민일보〉 부수를 확장하는 데 열성적이었다. 세계성신클럽에 속한 부흥사들은 그들이 인도하는 한 주간의 부흥회에서 구독자들을 모집했다. 최이식 목사, 손학풍 목사, 이태희 목사는 92세계성령화대성회의 준비집회는 물론이고 그들의 개인 집회에서도 〈국민일보〉 독자를 모집했다. 한 주간의 집회 말미에 이르게 되면 결신자를 등록하게 하거나 성전건축헌금을 작정시킨 후에 〈국민일보〉 독자를 모집했다. 게다가 개인 부흥회 설교 카세트를 판매하다 보니 부정적인 여론도 있었다. 그러나 부흥사들로 인해서 교파를 초월한 〈국민일보〉 구독자 수가 기하급수적으로 확장되었다.

그런 중에 세계성령운동중앙협의회의가 2001년 5월 1일 잠실체육관에서 갖는 '성령한국2001'을 준비하면서 국민일보가 들어 있는 CCMM빌딩 우봉홀에서 조용기 목사를 모시고 피종진 목사, 고훈 목사, 김동엽 목사, 최성규 목사, 손학풍 목사, 성훈기 목사, 이승영 목사, 장희열 목사, 강헌식 목사, 박응순 목사 등을 모아서 상임위원회를 열었다. 나는 그 자리에서 〈국민일보〉 구독자를 공고하게 하자는 취지로 제안을 했다.

"〈국민일보〉의 뿌리를 한국교회에 내리려면 평생구독회원 제도를 도입해야 합니다. 구독료 백만 원을 한 번에 또는 분할해서 납부한 구독자는 이사를 다녀도 지국에서 배달하게 하여 평생토록 신문을

국민일보 CCMM 우봉홀. 왼쪽 박종선, 한영훈, 김동엽, 조용기, 피종진

보게 하는 것입니다. 그런 평생 구독자가 백만 명이 되면 〈국민일보〉는 한국교회 내에 깊이 뿌리를 내릴 것입니다."

여기저기에서 찬성하는 발언이 잇달았다. 조용기 목사는 나의 아이디어를 긍정적으로 받아들여 국민일보 사장 노승숙 장로에게 적극적으로 반영하라고 지시하였다.

〈국민일보〉는 지령이 오래된 신문과도 대등하게 구독자 확보에 나서게 되어 5대 일간지로 발전할 수 있었다.

굿피플

굿피플은 1999년 2월 26일에 창립되어 외교통상부에 국제개발 비정부기구(Non-Governmental Organization)로 등록하였다. 이후 굿피플은 2001년 12월 5일 한국국제협력단 KOICA에도 정식 등록되어 활동을 전개하기 시작했다. 국내·외에서 다양한 구호와 봉사활동을 전개해 온 굿피플은 2007년 1월 22일부터 2월 2일까지 열린 UN의 정기회의에서 특별한 지위를 획득해 1월 28일 UN의 경제사회이사회에 정식으로 등록되었다. 이로써 세계적인 국제구호단체로 도약한 굿피플은 국제기구들과 협력관계 및 파트너십을 통해 한 단계 성숙한 구호활동을 펼칠 수 있게 되었다.

굿피플은 2002년 7월부터 12월까지 가난하고 소외된 이웃들과 소년소녀가정을 위해 '소망의 빛 나누기 운동'을 전개했다. 이 운동을 통해 무료 안과진료 2,091명, 백내장 무료수술(개안수술) 160명, 돋보기 증정 1,954명, 소년소녀 가장 안경 맞춰주기 64명 등 4,200여 명에게 의료혜택을 지원했다.

굿피플은 국가의 보호망 바깥에 있는 독거노인, 장애인, 소년소녀 가장이 건강한 삶을 영위할 수 있도록 '사랑나눔운동'을 전개했다.

북한 동포 지원 사업

굿피플은 기아선상에 놓인 북한 어린이들을 돕기 위해 1999년부터 매년 우수한 품종의 종자와 옥수수 씨앗과 비료를 북한에 지원했다. 아울러 2002년 7월부터는 영양부족으로 인해 발육부진 및 저체중인 북한 어린이들을 위해 어린이 급식사업도 적극적으로 전개했다. 이어 2004년 7월에는 평양시 락랑구역 토산동에 콩기름 공장을 준공하여 매월 콩기름 100통과 두부 등 가공식품을 유치원과 탁아소의 북한 어린이 10만 명에게 공급하게 했다. 또한 극심한 경제난과 함께 의료시설 및 약품 부족으로 고통받는 북한의 100만 명 결핵환자들에게 결핵치료약품과 더불어 구충제를 지원했다.

한편 2000년 12월 7일에는 중국 연길시 금수강산회관에서 굿피플 중국연변지부 결성식을 갖고, 8일에는 중국 두만강변 경신진에 30병상 규모의 병원 개원식을 가졌다. 이후 중국연변지부는 경신진

병원 운영과 북한 식량지원 사업 및 어린이 급식지원 사업의 전초기지 역할을 감당했다.

또한 굿피플은 자유를 찾아 탈북한 북한이탈주민들을 위해 2002년 2월 3일 제1기 굿피플대학을 개강했다. 굿피플대학은 민간 최초로 설립된 북한이탈주민 정착교육기관으로서, 순복음 신앙을 토대로 북한이탈주민들이 체제가 전혀 다른 우리 사회에 빠른 시간 내에 적응할 수 있도록 창업 중심의 경제자립교육을 중점적으로 실시하였다. 그 이후 굿피플대학은 2004년 10월 자유시민대학으로 개칭되었고, 매년 졸업생들을 배출하고 있다.

2004년 4월 22일 평안북도 용천구 용천역에서 열차 충돌로 인한 폭발사고가 발생하자 굿피플은 긴급구호에 나섰다. 북민협(대북협력민간단체협의회)에 1차로 2,000만 원의 성금을 보낸 뒤 4만 달러 상당의 의약품과 1만 2천 달러 규모의 약품과 구호물품을 전달하고 추가지원까지 총 14만 달러 규모의 의류와 어린이 영양제를 북민협을 통해 전달했다.

제3세계 지원 사업

굿피플은 제3세계 지원사업의 하나로 동남아시아의 필리핀, 스리랑카, 방글라데시, 인도네시아, 베트남, 아프가니스탄 등을 집중적으로 지원했다. 결핵으로 고통받고 있는 필리핀 사람들을 위해 2001년부터 결핵퇴치사업을 전개했다. 또한 1991년 나투보 화산 폭발로 생활 근거지를 잃고 어려움에 처한 아이따 부족을 위해서는 2002년부터 양돈사업도 시작했다. 또한 스리랑카 아동여성부 수메다 자야세나 장관의 요청으로 2007년 2월 양해각서를 체결하여 자동차 정비, 봉제, 용접 등의 기술교육을 실시하는 직업훈련센터 건축사업도 추진했다.

2006년 5월 27일 인도네시아 자카르타 지역을 강타한 지진으로 10,000명이 넘는 사상자와 함께 학교 시설이 큰 피해를 입었다. 이에 굿피플은 한국기독교총연합회와 함께 2006년 9월 약 10만 달러를 투입하여 초등학교 건설공사에 착수, 2007년 5월 9일 대지 500평, 건평 200평 규모로 550여 명의 어린이가 공부할 수 있는 굿피플반뚤동초등학교를 준공했다.

베트남에서는 1999년 빈투안 성을 강타한 수해 긴급구호활동을 계기로 지속적인 지원사업이 전개되었다. 2001년 빈투안 성 판티엣 시 청소년직업훈련센터 내에 컴퓨터 센터를 개원하고, 12,000달러 상당의 컴퓨터 30대와 주변기기 1세트 등을 지원했다. 2004년에는 함토안남 현 떤떤 읍에 70여 명을 수용할 수 있는 희망유치원을 세울 수 있도록 지원했고, 2006년 1월에는 베트남 식수개발 프로젝트의 일환으로 6개월 분량의 물을 저장할 수 있는 1,300리터짜리 물항아리 630개를 지원했다. 그뿐만 아니라 2007년 8월에는 심장병을 앓고 있는 베트남 어린이 7명에게 무료시술로 건강을 되찾아 주었다.

아프리카 케냐에서는 나망가 지역의 마사이 부족에 대한 지원 사업을 전개했다. 이곳의 마사이 부족은 외부 자본에 의한 토지매매로 인해 대부분의 토지를 외부인에게 빼앗겼다. 이로 인해 유목민이었던 마사이 부족은 생활 근거지를 잃어버리게 되었고, 그 결과 극심한 생활고를 겪게 되었다. 굿피플은 이들을 위해 인근 계곡에서 물을 끌어오는 총 15km의 수자원 개발공사를 비롯해 보건 환경 개선을 위한 클리닉 건축사업, 주택개선 사업, 농업을 통한 식량 자급자족정책인 대단위 농장 운영사업 등을 전개했다.

긴급구호사업

굿피플은 1999년 코소보 난민, 파주 수해복구 및 터키 이재민 구호활동을 시작으로 2002년 11월 최초의 NGO 굿피플재난구조단을 결성하여 국내외 긴급 구호사업을 전개하고 있다.

국내의 경우 1999년 파주 수해복구사업을 전개한 데 이어 2002년 태풍 루사로 인한 경남 고성의 수재민 구호활동에 1,400여 명을 동원해 수해복구사업을 벌였다.

이외에도 굿피플은 UN과 연계하여 26톤 규모의 긴급구호 물품을 전달하였고, KOCIA 및 이랜드복지단의 후원으로 지속사업인 정수장을 건설함과 동시에 이라크 남부 바쿠바 시에 소재한 400병상 규모의 국립병원에서 1주일 동안 1,000여 명에게 의료봉사활동을 하면서 25명에게 백내장 수술을 실시하기도 했다. 또한 2003년 12월 26일 이란에서 강진이 발생해 6,000여 명의 사상자가 발생했을 때 굿피플재난구조단은 12월 30일 현지에 도착하여 생존자 탐색 활동 및 시신 발굴 작업을 벌였다.

2005년 10월 8일에는 파키스탄에서 강한 지진이 발생하여 약 45만 명이 사망하고 수백만 명의 이재민이 발생하는 대참사가 빚어졌다. 이때에 굿피플은 총 19명의 구조팀과 의료팀, 구호 및 행정지원팀을 즉각 파견해 10월 10일부터 영국 수색 구조팀과 합동으로 구조활동을 펼치기도 했다.

이러한 활발한 국내외 활동으로 굿피플은 2003년과 2004년에 KOCIA 우수사업장으로 선정되었으며, 긴급 재난구조 활동의 우수성을 인정받아 2005년에 대통령 표창을 받았다.

조용기 목사는 2008년 2월 9일 '사랑과행복나눔재단'을 발족하여 위기가정 회복, 소외계층을 위한 의료·법률·주택수리지원서비스, 외국인 근로자 인권보호 및 회복 등 사회복지 사업을 전개하고 있다. -《여의도순복음교회 60년사, 서울말씀사, 2018》 참조

IV
1989~2007

92세계성령화대성회. 여의도 광장, 1992. 8. 15~16

39.

조용기 목사와
92세계성령화대성회

세계성신클럽을 조직하면서 조용기 목사를 찾아갔다.

"목사님, 40대 젊은 목회자들이 교파를 초월해서 1990년대 성령운동을 전개하고자 세계성신클럽을 발족했습니다. 성령운동의 영맥을 잇고자 조용기 목사님과 부흥운동의 간판인 신현균 목사를 고문으로 모시기로 했습니다. 초대 회장에 김우영 목사를 추대해서 창립예배와 취임예배를 갖고자 하니 설교를 맡아주세요."

"안 목사, 왜 클럽이라고 했나요? 일본에서는 클럽을 구락부라고 해서 술 마시는 곳으로 인식하는데."

"김우영 목사, 김국도 목사, 박만용 목사, 손학풍 목사 등 감리교 목사가 많다 보니 요한 웨슬레의 홀리클럽을 본떠서 그렇게 정한 겁니다."

"성신클럽은 감리교의 홀리클럽이라고 영역하면 안 되고, 홀리스피리츠클럽이라고 해야 정확한 거니 영문명은 'The World Holy Spirit Club'으로 해요."

만나교회에서 조용기 목사를 강사로 세계성신클럽 창립과 김우영 목사 초대 회장 취임예배를 드렸다.

만나교회에다 사무실을 마련하고 나서 첫 번째 성회로 경기도 용인에 있는 태화산기도원에서 산상성회로 모였다.

10월에는 92세계성령화대성회 준비 성극공연으로 매리 P. 햄린 작, 김수민 역, 문고헌 연출, 〈너는 반석이니라〉를 1989년 10월 26일부터 30일까지 세종문화회관 별관에서 공연하였다. 강계식, 한인수, 김민정, 윤덕용, 이금주, 한상미, 송수영, 김윤형 출연으로 19회 공연이 전석 매진되었다. 임마누엘교회 김국도 목사는 산상 야외예배에 올라가서 배당된 티켓 천 장을 모두 팔았다.

세계성신클럽 제1회 후원회원의 날이 1989년 10월 30일, 롯데월드 호텔에서 3백여 명의 후원회원들이 모인 가운데 열렸다. 현미, 정훈희 집사가 찬양하고, 〈너는 반석이니라〉의 출연자들이 나와서 인사했다. 성령운동과 문화운동의 양날갯짓은 한국교회의 성령운동과 문화시대를 열어 놓았다.

1992년 6월에 대학생분과위원장 신성남 목사가 준비해서 여의도순복음교회 교육관에서 실행위원회를 열었다. 나는 1992년 8월에 여의도 광장에서 92세계성령화대성회를 개최할 것을 제안하였다. 92세계성령화대성회를 실행위원들의 만장일치로 결의하였다.

조용기 목사, 지상에서의 오해가 천상에서 풀어져

1990년 봄에 훼밀리아파트에 사는 여의도순복음교회 교육자선교회의 황명자 전도사가 우리 순복음문화교회를 찾아왔다. 여의도순복음교회의 교무국장 이만호 목사와 갈등이 생겨 교회를 사임했다고 하였다. 황명자 전도사는 순복음문화교회에서 봉사하겠다며 자신을 주보에 교무국장 직함으로 올려달라고 하였다. 그 주보가 여의도순복음교회 송파교구 전도사의 손에 들려서 이만호 교무국장을 경유하여 조용기 목사에게 보고가 되었다. 조용기 목사는 대노하였다. 조용기 목사는 내가 자신의 권위에 도전하는 것으로 여겼다.

즉각 세계성신클럽에 있는 조용기 목사의 제자들, 부회장 최성규 목사를 비롯해서 여의도순복음교회와 교단에 있는 모든 목사가 빠져나갔다. 얼마나 추상같은 명령인지 하와이 선교사 유수양 목사는 내 차에 동승해서 여의도순복음교회 근처로 지나가다가 차창으로 아는 목사들이 보이자 뒷좌석 아래로 고개를 숙이기까지 하였다.

조용기 목사의 절친 신현균 목사도 떠나고, 대부분의 임원들이 세계성신클럽과 92세계성령화성회 조직에서 떠났다. 이만신 목사를 대표대회장으로 내세우고 나겸일 목사를 회장으로 세웠지만 대부분의 목사가 우리와 거리를 두었다. 그러나 나는 사람을 의지하지 않고 성령을 좇아 행하고자 했다.

어느 날 한국에 나온 장진우 장로가 르네상스호텔에서 만나자고 하였다. 예약된 식당에 가보니 곽선희 목사, 길자연 목사, 최이식 목사가 나와 있었다. 1990년 4월 25일부터 소망교회에서 제11차 재북미 한인기독교교역자 귀국연합수련회를 갖게 되었다. 주강사는 김상복 목사이고, 곽선희, 박조준, 신현균, 정진경, 조용기, 최훈 목사가 시간 강사였다.

미주복음신문사의 의뢰를 받고 곽선희 목사가 한국대회장을, 길자연 목사가 준비위원장을, 최이석 목사가 총무를, 그리고 내가 부총무를 맡아 핵심조직을 구성하였다. 이외에 협동총무에 김삼환 목사, 나겸일 목사가 들어 있는 것이 지금 와서 보니 격세지감을 갖게 한다.

볼티모어 벧엘교회를 담임하는 김상복 목사를 한국에선 누구도 알지 못했다. 나는 김상복 목사를 클로즈업하고 기라성 같은 곽선희 목사, 조용기 목사 등 시간 강사의 사진을 작게 배치한 포스터와 광고를 제작하였다. 뉴페이스 김상복 목사에 대하여 그가 과연 누구이기에 한국교회의 기라성 같은 목사들이 들러리를 서게 되었는지 평신도들도 관심을 갖게 되었다. 소망교회 연합성회가 성도들로 가득 차고 넘쳤다. 북미 교역자 귀국수련회 기간에 강영훈 국무총리가 미주에서 나온 교역자와 한국준비위원회 조직위원들에게 조찬을 베풀었다.

나는 잠실 롯데호텔 기도회가 끝나고 떠나는 조용기 목사를 쫓아가며 인사를 했지만 곁눈으로도 보고자 하지 않았다. 조용기 목사는 호텔 정문에서 차에 오르기 전에 "김명남, 김남수 목사에게 받은 상처를 자네에게 받았어. 자네는 내게 침을 뱉고 짓밟은 거야"라고 하며 나에 대한 노여움을 거두지 않았다.

뉴욕성신클럽 초대 회장인 퀸즈한인교회 한진관 목사, 목양장로교회 송병기 목사, 워싱턴 제일한인침례교회 이동원 목사, 워싱턴 북부장로교회 나광삼 목사, 라스베이거스순복음교회 김종기 목사, 로스앤젤레스 지역 얼바인제일침례교회 이철빈 목사 등으로부터 제3차 미주성령화대성회 개최를 요청 받았다. 나는 나겸일 목사, 김용완 목사, 박성배 목사, 손양도 목사 등을 강사단으로 구성하였다.

1991년 3월 3일에 미국 전역을 순회하기 위해서 할인 패스를 사용할 수 있는 유나이티드 에어라인을 타고 김포공항에서 미국으로 출발하게 되었다. 나겸일 목사 가족과 내 가족이 포함된 강사단 열한 명이 김포공항 유나이티드 항공사 발권대 앞에 섰다. 오버 부킹이 되어 퍼스트석 3장과 이코노미석 3장을 내주고 나머지 다섯 명은 노스웨스트 항공편으로 대체해 주겠다는 것이었다. 그리해서 나겸일 목사 부부와 내가 일등석에 타게 되었고, 나겸일 목사의 장녀 나은영과 내 가족 구명혜와 안세실은 이코노미 티켓을 발권받아 탑승했다. 김용완 목사, 박성배 목사, 손양도 목사 등은 노스웨스트 항공을 타고 가서 뉴욕에서 합류하기로 하였다.

그날따라 항공이 연착되어 정한 시간을 넘겨 이륙하게 되었다. 퍼스트석에 들어가니 조용기 목사와 통역으로 수행하는 미국 변호사 김홍준 장로가 1열 우측과 2열에 자리 잡고 있었다. 나겸일 목사 부부가 4열 우측이고, 나는 3열 좌측 통로좌석이었다. 나겸일 목사와 내가 조용기 목사께 인사드렸다.

"자네 웬일인가?"

"뉴욕 퀸즈한인교회에서 나겸일 목사를 강사로 미주성회 가는 길입니다. 유나이티드 항공이 오버 부킹되어서 나겸일 목사 부부하고 저를 일등석으로 업그레이드 시켜 주었습니다."

샌프란시스코 북미총회로 가는 조용기 목사는 내 말에 반신반의하면서 어쩔 수 없이 좁은 공간에서 열한 시간 이상을 함께 비행하게 되었다. 나는 기내식을 먹고 나서 비어 있는 조용기 목사의 옆 좌석에 앉았다.

"목사님, 신현균 목사는 한국교회 지도자로선 너무 가볍습니다. 저는 목사님에 대한 변증서를 썼다가 김덕환과 이정승에게 출판물에 의한 명예훼손으로 고소당하여 방배경찰서와 남부지방검찰청에 불려가서 양손에 지문까지 검정 특수잉크로 채취당했습니다. 그걸 '피아노 친다'고 합니다. 그래서 지난번에 여권 발급받을 때도 여권과에서 범죄경력확인서를 제출하라고 해서 경찰청까지 가서 발급받아 제출했습니다."

"신현균 목사는 부흥운동 하는 거고, 자네는 내 제자로서 성령운동 하는 거니 같을 수가 없지."

나중에 신현균 목사는 조용기 목사에게 이런 말을 들었다고 전해 주었다.

"안준배 목사가 돈도 없을 텐데, 나와 화해하려고 비싼 일등석 티켓을 구입한 거야. 무슨 이코노미석을 오버 부킹했다고 일등석을 내주노?"

조용기 목사는 사전에 면담을 신청해서 받아들여지지 않으면 만날 수 없었다. 나 또한 예외가 아니었다. 그러던 중 성령께서 1991년 3월 3일 주일 오후의 샌프란시스코 북미총회에 가는 조용기 목사와 뉴욕성령화성회에 가는 나를 피할 수도 외면하기도 어려운 좁은 공간에서 만나게 해서 오해를 풀고 92세계성령화대성회를 성공시키게 하셨다. 조용기 목사가 지상에서는 내게 대한 오해를 풀지 않으니까 하나님께서 유나이티드 항공을 통해서 이코노미석을 퍼스트석으로 변경시키면서까지 천상 가까운 태평양의 하늘에서 화해하게 하신 것이다.

여의도순복음교회 실세 장로들이 내게 말했다.

"우리 조용기 목사님이 세계에서 제일 큰 교회의 목회자이신데 어떻게 신현균 목사 아래 자리에 있습니까? 우리는 그런 조직이라면 협조할 수 없습니다."

92세계성령화대성회 조직을 개편하면서 총재 신현균 목사, 상임부총재 조용기 목사 체제였다. 나는 신현균 목사에게 만나 뵙자고 전화했다. 신현균 목사는 그날 여의도순복음교회에서 국민일보 창사 기념예배에 설교를 금요철야기도회에서 하게 되었다며 렉싱턴호텔 사우나로 오라고 하였다.

"신 목사님, 여의도 광장 성회는 조용기 목사님과 여의도순복음교회가 전적으로 협력해야 합니다. 그런데 여의도 장로들이 직책을 바꿔달라고 하니, 조 목사님을 총재로 하고 신 목사님이 대표대회장을 맡아주세요. 그리고 대표대회장이 모든 것을 다 결정하고 대표하는 거고, 총재는 상징적인 자리인 거지요."

"나야 하나님의 일을 잘하려는 데에는 조용기 목사보다 내가 선배

이지만 아래로 내려갈 수 있어요. 그런데 조용기 목사가 받아들일까?"

"우리들이 하면 거부할 겁니다. 그러나 신 목사님이 직접 권하면 하시지 않겠어요?"

신현균 목사는 그날 여의도순복음교회 강단 옆자리에 앉아 있는 조용기 목사에게 이렇게 말을 했다.

"당신이 92성회 총재를 맡고 내가 대표대회장을 하는 걸로 해요."

"아니, 내가 왜 신 목사가 하는 총재를 해요? 나는 못해요."

조용기 목사는 몇 차례 사양하다가 총재직을 수락하였다.

"다른 사람이 하라면 안 하겠지만 신 목사가 하라고 하니 총재를 맡겠소."

1992년 신년조찬기도회

나는 새해를 맞아 1992년 신년조찬기도회 및 서울·경기지역 교역자 초청 92성회 설명회를 계획했다. 순서지를 만들면서 민자당 대표최고위원 김영삼 장로에게 신년회에 축사를 해달라고 공문을 보냈다. 김영삼 장로는 순서의뢰서를 받자마자 순서를 맡겠다고 연락을 해주었다.

신년회 좌석배치도를 만들면서 메인 테이블 상석에 조용기 목사와 김영삼 장로를 앉게 하였다. 92성회의 총재 조용기 목사와 민자당 대표최고위원이며 여당의 대통령 후보로 유력시되는 김영삼 장로가 조찬을 하면서 자연스럽게 대화를 나눌 수 있도록 한 것이다. 메인 테이블에는 김영삼 장로가 출석하는 충현교회 원로목사 김창인 목사와 신현균 목사, 피종진 목사, 이만신 목사, 노태철 목사, 나겸일 목사, 최성규 목사, 최이식 목사가 앉아서 대화를 하도록 하였다.

92성회 신년조찬기도회 및 서울 경기지역 교역자 초청 설명회가

1992년 1월 6일 오전 7시 63빌딩 국제회의장에서 열렸다. 명예총재 김창인 목사, 총재 조용기 목사, 상임부총재 이만신 목사, 대표대회장 신현균 목사를 비롯하여 민자당 대표최고위원 김영삼 장로 등 1천여 명의 목회자와 장로가 참석하였다.

1992년 8월 15일부터 16일까지 여의도 광장에서 개최되는 92성회를 210여 일 남겨 두고 열린 이날 조찬기도회에서는 92성회의 의의를 알리고, 서울을 중심으로 전국 교회와 교역자들의 참여를 도모하였다.

92세계성령화대성회 장소 확정과 김영삼 장로

1992년 신년조찬기도회와 설명회를 갖고 나니 이제 92세계성령화대성회가 6개월 앞으로 다가왔다. 여의도 광장 장소 사용 허가는 물론이고 11억 원에 이르는 집행 예산은 전혀 준비되어 있지 못했다. 우리가 할 수 있는 것은 준비성회와 조직위원들의 참여를 독려하며, 매월 모여서 브이데이(V-Day) 카운트하면서 합심기도하는 것뿐이었다.

본부 간사 33명은 매일 아침 9시 채플에서 합심기도를 하였다. 그 당시는 컴퓨터가 일반화되지 않았었다. 대학에서 컴퓨터를 전공한 김미경을 전산부 주임간사로 발령을 냈다. 김미경 간사는 누구보다도 기도에 열심이었다. 세계성신클럽이 〈국민일보〉에 낸 53억 인류 복음화를 위한 세계성령화의 일꾼을 찾는다는 간사모집 광고를 보고 찾아와서, 후원회원 관리를 비롯한 전산 작업을 하게 되었다.

문정동 세계성신클럽 본부 사무실은 3층부터 5층까지 100여 평을 임대해서 3층에는 사무국과 홍보부 선우혜인, 안성희, 설경희, 총무팀 김병희, 박숙향, 전산팀이 배치되었다. 4층에는 회의실과 부흥사연수원이 있었다. 5층에는 김한식 진행위원장이 한사랑선교회에서 파견된 진행 총무 김영대와 섭외부장 정구현, 진행차장 최영광과 대회 진행업무를 보았다.

전산부 김미경 간사가 보기에 그녀가 다니는 교회의 목사와 달리 부흥사들이 주로 드나드는 이곳에서 보게 되는 목사들은 너무 달라 보였다. 그중에 일부이지만, 부흥사 목사들의 언행이 거칠고 책임과 의무는 아랑곳하지 않으면서 자신의 주장만 내세우는 행태를 보고 갈등했다. 하나님의 뜻이 아닌데 자신이 이곳에서 시간을 낭비하는 것이 아닌가 하는 의심이 생겼다.

1992년 4월의 어느 날, 김미경 간사는 곧 사표를 쓰겠다는 생각을 갖고 아침 기도회에서 합심기도를 했다. 김미경 간사는 기도 중에 환상을 보았다. 여의도 광장에 강단이 세워지고 그 앞에 수많은 성도가 빽빽하게 가득 찬 환상이었다. 김미경은 그 놀라운 비전을 보고는 회개하고, 이 시대에 임한 하나님의 뜻에 순종하여 성령을 좇아가겠다고 기도회 말미에 간증을 했다.

여의도 광장의 사용허가를 내주는 곳은 영등포구청이었지만 이는 형식적이었다. 실제로는 청와대에서 장소 사용을 승인해야만 영등포구청장이 사용허가증을 내어주게 되어 있었다. 나는 여당인 민자당의 대표 김영삼 의원에게 협조 공문을 보냈다. 92성회 임원들과 미팅을 제안했다. 프라자호텔 객실을 독립된 식당으로 꾸며서 정관계 인사들이 식사하며 회의를 하는 별실을 예약했다.

조용기 목사를 찾아가서 여의도 광장 장소 사용 건으로 김영삼 대표를 초청하여 조찬을 하면서 협력을 요청하게 되었다고 보고했다. 조용기 목사에게 김영삼 대표가 직접 참석하기로 했다는 것과 신현균 목사, 최성규 목사, 최이식 목사, 안준배 목사가 조찬회의 멤버라고 보고했다.

김영삼 장로 초청 92성회 조찬 설명회. 왼쪽부터 안준배 목사, 최성규 목사, 김영삼 장로, 조용기 목사, 신현균 목사, 최이식 목사. 서울 프라자호텔 별실, 1992. 4. 25.

 1992년 4월 25일 오전 7시에 프라자호텔 별실 식당에 참석자들이 모였다. 조용기 목사가 먼저 기도하고 나서 말을 꺼냈다.
 "한국교회는 여러 차례 여의도 광장에 모여서 나라와 민족을 위하여 기도했습니다. 이번 광복절에도 기도회를 갖게 되었습니다. 김영삼 장로님이 장소 사용이 되도록 도와주십시오."
 나는 그 자리에서 대회 실무자로서 구체적인 장소 사용 허가 절차를 보고했다.
 "형식적으로는 여의도 광장이 영등포구청 관할이기는 하지만 실제로는 노태우 대통령이 재가를 해줘야 되는 것입니다."
 김영삼 대표가 말했다.
 "잘 알겠습니다. 도와드려야지요. 그런데 지금보다는 곧 민자당 대통령 후보로 내가 결정되고 나서 노태우 대통령에게 말했으면 합

39. 조용기 목사와 92세계성령화대성회 311

니다."

최이식 목사는 "김영삼 장로가 여당의 대통령 후보로 선출되고 대통령이 되면 청와대에서 가만히 계셔도 우리나라는 민족 복음화의 분위기가 상승될 겁니다"라고 했다.

참석자들은 김영삼 장로가 대통령 후보가 되고 마침내 장로 대통령이 나오리라는 덕담을 주고받았다.

나는 여의도에 있는 민자당 대표실에 가서 김영삼 장로를 독대했다. 접견은 김기수 수행비서가 면담 일정을 잡아서 내게 전화를 줌으로 이루어졌다. 나는 92성회가 제작한 넥타이핀, 카우스보딩 세트, 넥타이와 기념품을 선물했다. 여의도 광장에 대형강단 설치와 음향설비, 부대시설을 발주하려면 늦어도 2개월 전에는 허가가 나와야 한다고 김영삼 대표에게 말했다.

"알겠습니다. 안 사무총장님, 그 안에 허가가 나오도록 힘쓰겠습니다."

육사를 나와 육군 준장으로 예편한 최창윤 공보처 장관은 민정계 출신이나 김영삼 대표와 가까워져서 장소 사용 허가를 받는 데에 중요한 역할을 하였다. 그러나 김영삼 대표가 민자당 대통령 후보가 되고서도 영등포구청에서는 세계성신클럽이 신청한 공문에 대하여 답을 내놓지 않고 있었다. 92성회 총재 되는 조용기 목사에게 찾아가서 그간의 보고를 했다. 조용기 목사는 내 앞에서 최창윤 공보처 장관에게 전화해서 강한 어조로 속히 장소 사용 허가가 나오도록 요청했다.

나는 영등포구청에 1992년 8월 14일부터 16일까지 여의도 광장을 사흘간 사용하게 해달라고 공문을 보냈다. 그리고 진행부 차장 최영광 전도사를 직접 영등포구청의 담당자에게 보냈다. 담당자는 천주교 신자였는데 장소 사용이 불가하다고 말했다.

"여의도 광장 사용허가 신청서가 산더미로 쌓여 있습니다. 종교는 한 해에 기독교는 부활절에, 그리고 천주교와 불교가 행사를 신청하면 한 번씩 사용승인을 합니다. 이외에는 더 이상 여의도 광장을 사용할 수 없습니다."

"저는 지금 장소 사용 허가를 받고자 사흘 금식 중입니다. 허가가 날 때까지 이곳에서 죽으면 죽으리라고 금식하겠습니다."

그러자 담당 주임은 '마음대로 하라'고 하면서 점심 식사를 하러 나갔다. 점심 식사를 마치고 들어온 담당 부서 과장이 최영광 전도사를 보더니 어떻게 하루 종일 있느냐고 물었다. 구청 담당 과장은 담당자에게 신청서를 가져오라고 하더니 최영광 전도사에게 왜 여의도 광장에서 해야 되는지에 대하여 설명을 해보라고 하였다.

설명을 들은 구청 담당 과장은 "나도 교회 집사인데도 금식을 한 번도 못했습니다. 그렇게 금식하면서 이렇게 앉아 있으니 마음이 아픕니다. 제가 노력해 보겠습니다" 하면서 과장 결재란에 도장을 찍고 "내일 부구청장과 구청장에게 보고하겠습니다"라고 하였다. 다음 날 다시 최영광 전도사는 나흘째 금식하면서 구청에 들어갔다. 담당 과장은 부구청장 결재는 받았는데, 구청장 결재가 나지 않았다고 했다. 이유는 관계기관과 협의를 해야 된다는 것이었다. 최영광 전도사는 다섯째 날 금식하면서 영등포구청에 들어가서 시경, 중앙정보부, 치안본부, 시청 관계자들에게 92성회를 여의도 광장에서 해야 하는 이유를 브리핑했다. 회의를 마치고 구청 과장이 92성회 여의도 광장 사용허가를 긍정적으로 검토하겠다고 했다는 최영광 전도사의 보고를 받았다.

남서울중앙교회에서 신현균 목사를 강사로 하는 준비성회에 최영광 전도사와 함께 가서 장소 사용이 가능할 것 같다고 신현균 목사와 피종진 목사에게 알렸다. 신현균 목사는 강단에서 영등포구청의 관계자들이 긍정적인 검토를 하겠다는 보고를 앞질러서 여의도 광장 사용허가가 되었다고 성도들에게 선포하였다. 그때 찬양단이 "사막에 샘이 넘쳐 흐르리라"라는 찬양을 부르기 시작했다. 그 순간 최영광 전도사는 망치로 머리를 맞은 듯이 또렷하게 하나님 말씀을 받았다.

"내 영광을 위해 여의도 광장 사용을 허락하리라."

성령께서 세 번이나 거듭 말씀하셨다.

영등포구청은 하루만 사용하라고 하였다. 나는 하루는 안 하겠다고 버텼다. 절충해서 이틀 사용하는 것으로 해서 1992년 7월 9일, 영등포구청에서 사용허가서를 보내주었다. 나는 1974년 엑스플로74 기간에 여의도 광장에서 드렸던 기도를 떠올리고 하나님의 인도하심과 섭리하심에 감격했다. 최영광 전도사는 여의도 광장 사용허가와 성공적 개최를 위하여 40일 금식기도를 하였다. 이는 본부 간사 33명과 2만 명 기도회원과 500명 조직위원의 기도 응답이었다.

46일을 남겨 두고, 세계 각국에서 온 기독교 지도자들과 92성회 조직위원들을 포함하여 순서자와 찬양단이 자리 잡을 수 있는 대형강단과 음향장비를 발주해야 했다. 수십만 명이 이용할 수 있는 간이 화장실과 응급환자를 위한 시설을 갖추어야 했다. KBS와 MBC TV 방송, CF 광고 제작과 신문광고, 포스터, 전단, 현수막, 시청, 서울역의 광고탑, 육교 광고 등 수없는 일들을 동시다발로 진행해야 했다. 그리고 매일매일 상당 금액을 업체에 지불해야 했다. 문정동 대회본부에 들른 최이식 준비위원장에게 내일 당장 수천만 원을 결제해야 한다고 보고했다. 최이식 목사는 가장 성경적인 대답을 해주었다.

"내일 일은 내일 염려하세요."

나는 기도했다.

"1974엑스플로의 여의도 광장 대형성회에서 스물두 살의 젊은이가 했던 기도에 응답하신 성령께서 92성회를 성공적으로 치르게 해주세요. 92성회를 성공적으로 마치고 저를 데려가셔도 좋습니다. 그리스도인 한 명 한 명이 성령으로 변화되어 오대양 육대주로 성령행전을 하게 해주세요."

김우영 목사의 제안으로 누구나 한 번만 회비를 내면 세계성신클럽 평생후원회원이 되는 제도가 있었다. 나는 평생회원이 되는 후원회원 2만 명에게 기도요청과 더불어 92성회를 위하여 한 번만 더 후원비를 보내달라는 공문을 보냈다. 매일매일 하루에 수백만 원의 후원비가 통장에 입금되었다. 10억 원의 대회예산 중 2억 원이 넘는 후원헌금이 입금되었다.

문제는 8월 15일과 16일의 한낮의 뜨거운 열기 아래 여의도 광장에 50만 명을 채울 수가 있는가 하는 것이었다. 조직위원들의 교회마다 교세에 따라 버스 동원을 요청했지만 확실한 것은 아니었다. 여의도순복음교회에는 20만 명 이상의 성도를 동원해 달라고 동원공문을 보내었다. 그런데 들리는 이야기가 조용기 목사는 강사로만 나서고 크고 작은 행사에 성도들을 한 해 동안에도 여러 차례 동원하였기 때문에 92성회에는 조직적으로 동원하지 않고 그저 자발적 참여만 하라는 지침이 교구에 하달되었다는 것이었다.

나는 조용기 목사를 찾아갔다.

"목사님, 그동안 한국교회 연합행사는 김준곤 목사와 신현균 목사가 대표해서 여의도 광장에서 50만 명에서 100만 명이 모였습니다. 전에는 복음화대회로 모였지만 92성회는 성령화대회이고 조용기 목사님이 총재로 대표하고 있습니다. 여의도 광장이 텅텅 비어 있게 되면 한국교회는 조용기 목사님에 대한 대표권에 실망할 겁니다. 더욱이 조용기 목사님의 요청으로 여의도 광장 사용허가를 내준 김영삼 대표와 노태우 정부와 정치권은 목사님을 어떻게 생각할까요?"

"자네는 다른 교회 동원하는 것만 신경 쓰게. 우리 교회는 총동원령을 내려서 여의도 광장을 가득 채울 거요."

나는 여의도순복음교회 교무국장 고건일 목사에게 여의도순복음교회 성도 15만 명이 앉을 광장 배치도를 건네주었다. 2천 명의 헌금위원과 안내위원 협조와 연합성가대 5천 명 이상 동원을 다시 한 번 확인하였다. 해외 성지순례 여행을 계약했거나 여름휴가를 계획했던 여의도순복음교회 교역자들에게까지 휴가 연기나 취소하라는 공문이 하달되었다.

92성회 최종점검을 위한 순서자와 임원의 연석회의가 1992년 8월 10일에 문정동 92성회 본부 4층 회의실에서 열렸다. 본 성회 강사 조용기 목사, 피종진 목사, 김홍도 목사, 최성규 목사, 최이식 목사와 순서자들

V-day 20기도회를 하고 동광교회에서 육교로 이동하는 조용기 목사에게 진행 보고하는 안준배 목사. 뒤따르는 박남용, 유수양 목사

이 모였다.

나는 중요 순서자들에게 보고했다.

"오늘 여의도 광장 성회를 닷새 앞두고 최종 점검을 하겠습니다. 무엇보다도 성회 날이 되는 8월 15일과 16일의 오후 2시는 1년 중 가장 뜨거운 태양이 내리쬐는 날입니다. 여의도 광장은 나무가 없어서 그늘진 곳이 없습니다. 전국에서 오전부터 모여드는 성도들이 세 시간이나 아스팔트 바닥에 앉아서 성회에 참석해야 합니다. 그래서 영등포소방서에 의뢰하여 살수차를 성회 시작 직전에 뿌리려고 합니다. 그렇지만 비가 내리면 우비를 입거나 우산을 쓴다고 해도 장시간 성회에 성도들이 앉아 있을 수 없습니다."

조용기 목사는 나의 보고를 다 듣고는 이렇게 결론을 내려주었다.

"하나님께서 이스라엘 백성을 광야로 인도할 적에 낮에는 구름기둥이 떠오르게 하셨고, 밤에는 불기둥을 세우셨습니다. 우리도 성회 당일에 하나님께서 구름기둥으로 태양광선을 가려 달라고 기도합시다. 비가 오지 않도록 일기를 주관하시는 하나님께 기도합시다."

우리는 2만 명의 기도회원들과 전국 교회에 브이데이(V-day) 40일 전부터 성회를 치르는 데 최상의 날씨를 허락해 달라고 기도카드를 보내 기도요청을 한 것을 상기하면서 조용기 목사와 순서자들이 손을 잡고 통성기도를 하였다.

92세계성령화대성회 여의도 광장

1992년 8월 12일 수요일 오후 7시에 여의도순복음교회에서 순서자 헌신예배를 드리게 되었다. 여의도순복음교회 수요예배는 오전이 메인 예배라서 교구 버스로 성도들을 동원했다. 수요일 저녁 예배는 직장인들이 주로 참석하다 보니 본당이 아닌 예루살렘성전에서 예배하였다. 92성회 자원봉사자들과 순서자들이 모여서 헌신예배를 한다고 하니 여의도순복음교회 총무국에서 본당 사용을 불허하였다. 나는 서울지역 교회에 요청해서 1만 명이 예배할 수 있는 본당의 1층을 채우겠다고 장담했다. 고건일 부목사는 성도는 물론 성가대와 안내위원을 지원할 수 없으니 모든 것을 다 알아서 하라고 하였다. 본 교회 수요예배에 참석하려는 성도는 별도로 예루살렘성전에서 수요예배를 하겠다고 하였다. 그러더니 고건일 부목사에게 다시 전화가 왔다. 〈국민일보〉 광고를 보고 여의도순복음교회 교인이 아닌 다른 교회 교인들의 문의 전화가 빗발치듯 여의도순복음교회로 걸려왔던 모양이다.

"안 목사님, 우리가 도와줄 게 없을까요? 전에 성가대와 안내위원을 세워달라고 했는데 우리 교회가 봉사하겠습니다."

"그래요? 좋습니다."

수요헌신예배는 최이식 목사와 이스라엘의 케이트 인트레이터 목사가 설교하여서 5천 명 이상이 참석하였다. 그러나 문제는 그다음에 일어났다.

총무국장 문연순 장로, 경리국장 최성민 장로와 당시에 육군 대령으로 예편한 이창길 장로까지 여의도순복음교회의 세 명의 장로가 실세 장로로 불렸다. 여의도순복음교회 총무국장이 헌신예배의 헌금을 교회 규정상 내줄 수 없다는 것이었다. 자세한 사항은 고건일 부목사를 만나서 설명을 들으라고 했다. 곧장 부목사실로 찾아갔더니 남선교회 회장 박용구 장로와 고건일 목사가 함께 있길래 대뜸 문제를 제기했다.

"고 목사님, 수요헌신예배의 설교자 케이트 인트레이터 목사의 사례비와 찬양팀의 경비와 신문광고비를 92성회 본부가 담당했고, 헌금자들도 92성회 헌신예배의 헌금에 봉헌한 것이니 본부로 입금해

주십시오."

"나는 재정에 대해서는 관여할 수 없으니 총무국에 이야기하세요."

"아니, 이거 핑퐁 칩니까?"

나는 최성민 장로와 문연순 장로와 번갈아서 교무국장 응접세트에 있는 전화기로 통화하다가 바닥에 수화기를 내던졌다. 나는 화를 내며 자리를 박차고 나왔다.

다음 날 63빌딩 국제회의장에서 외국인 천여 명과 국내 조직위원 200명을 위한 환영 만찬이 있었다. 92세계성령화대성회에서 영어 동시통역을 맡은 메릴랜드 주립대학교 대학원 수학과 연구원 백인자 박사와 워싱턴순복음제일교회 이영훈 목사의 사회로 국악선교단과 타이완의 호각전통예술단이 공연을 하였다. 이어서 명예총재 김창인 목사의 환영사, 총재 조용기 목사의 인사말과 신현균 목사의 성회 안내와 최이식 목사의 강사 소개가 있었다.

외국인 참석자 만찬 경비를 피종진 목사가 담당했다. 식사비가 3천만 원이나 되었다. 그 후 피종진 목사는 종종 이런 말을 하였다.

"내 평생 식사비를 한 번에 3천만 원이나 내다 보니 그다음부터는 무서운 게 없어졌어요."

그날 6시부터는 여의도순복음교회에서 전야예배와 전야제가 열려서 천여 명의 외국인은 관광버스를 타고 이동하였다. 나는 환영 만찬을 끝내고 나서 조용기 목사께 인사를 했다. 그런데 조용기 목사는 나를 외면했다. 조용기 목사는 옆에 있는 신현균 목사에게 "63빌딩에 있는 사우나로 갑시다" 하고 성큼성큼 앞만 보고 걸어갔다.

나중에 그 이유를 신현균 목사에게 들었다.

"당신이 수요예배 헌금 달라고 해서 조용기 목사가 화난 거요. 이 성회만 하고 앞으로는 안준배 목사하고는 안 하겠다고 했어요."

고건일 부목사의 왜곡된 보고와 대구순복음교회에서 이태희 목사를 강사로 한 대구 준비성회에서도 비슷한 보고를 주변으로부터 받은 조용기 목사는 나와는 함께 연합사업을 하지 않겠다고 한 것이다.

전야예배는 미주 대표대회장 한진관 목사가 설교하였다. 이어서 장소를 바울 성전으로 옮겨서 '오 홀리 화이어'라는 페스티벌을 하였다. 전야 구성 연출, 최성찬 작곡, 강숙현 안무, 중앙성결교회 주일학교 교사로 봉사하는 미스코리아 진 김성령이 사회를 보고 임동진, 정영숙, 최선자, 박형근, 전용대, 티나 강, 호산나선교발레단, 국악선교회, 글로리아 예수선교단이 출연하였다.

무대에 대형 지구본이 놓여 있었다. 지구본은 온 세계의 재난과 고통의 상황을 상징하였다.

"한 젊은이의 기도는 성령의 수레바퀴를 여의도로 진입하게 하였습니다" 하는 내레이션이 나오는 가운데 초대교회 120문도에게 성령이 임하였던 성령의 역사가 92세계성령화대성회를 기점으로 다시 세계로 나아감을 형상화하였다. '거룩한 불'이라는 이미지를 세계 각국에서 참가한 성령운동 지도자에게 제시하였다.

여의도순복음교회에서 1992년 8월 14일 오전의 개회예배는 김장환 목사가 설교하였다. 저녁 성회는 이태희 목사와 박태희 목사가 강사로 나섰다. 철야기도 성회는 여의도순복음교회 성도들을 대상으로 자체 기도회를 갖고, 여의도순복음교회 성도들은 대부분 여의도교회 교구 버스를 타려고 시간 맞추어 대부분 퇴장하였다. 그러나 92성회 철야기도 성회에는 전국 각지에서 성도들이 몰려들었다. 충주 그리스도의 교회 이은대 목사는 교회 승합차로 교인들을 태워와서 철야기도성회를 참석하고 8월 15일의 여의도 광장에 참석하고

자 하였다. 그러나 빈자리가 보이지 않아서 2층의 발코니석 한구석에 앉았는데 잠시 후에 여의도순복음교회 성도들이 자기들이 전부터 맡은 자리라며 비키라고 하였다. 철야성회가 끝나고 나서는 베들레헴 성전의 의자에 누웠더니 수위들이 잠자는 곳이 아니라며 나가라고 했지만 은혜가 충만해서 다 극복할 수 있었고, 성령 안에서 기쁨이 넘쳐났다고 하였다.

이호문 목사의 순발력 있는 설교 후에 92성회를 위한 두 번째 헌금을 하였다. 미리 한 번 헌금을 했기에 과연 얼마나 나올지를 몰랐다. 더욱이 여의도순복음교회 수전실은 굳게 닫혔고, 경리국 직원들은 퇴근했다.

밤 11시부터 그다음 날 3시까지 윤석전 목사의 설교로 두 번째 기도회를 마쳤다. 대회 간사들은 대형 이민 가방에 헌금을 담아서 건너편 렉싱턴호텔로 가서 집행부가 잡아 놓은 방에서 밤새도록 수작업으로 헌금 계수를 하였다. 놀랍게도 봉투 겉봉에 기도제목을 쓴 상당한 액수의 정성 든 헌금이 들어왔다. 이는 여의도순복음교회 철야기도회의 평상시 헌금에 못지않았다.

여의도 광장에는 8월 14일 오후부터 밤새 비가 내렸다. 낮에 각 교회별로 앉게 하는 구역 표시를 해놓았지만, 다음 날 아침이 되어 보니 전날 비가 쏟아져서 백색 선이 다 지워져 있었다. 오전 11시에 여의도 광장의 특설 무대에 올라가 현장점검을 하였다.

성도들이 각지에서 줄을 서서 여의도 광장으로 들어오고 있었다. 과연 이 넓은 광장이 채워질까. 1973년 빌리 그레이엄 전도대회, 1974년 엑스플로 성회, 1977년 민족복음화대성회, 1980년 세계복음화대성회, 1984년 한국기독교백주년선교대회, 1988년 세계복음화대성회처럼 이 자리가 차고도 넘칠까.

오후 1시가 넘어가니 성도들은 앞자리부터 스펀지 방석을 깔고 빼곡이 앉기 시작했다. 하늘에는 구름이 가득 끼었다. 그야말로 구름기둥이 여의도 광장에 피어올랐다. 어느 사이에 내 옆에 이호문 목사가 선글라스를 끼고 반팔 잠바를 입고 서 있는 것이었다.

"안 목사, 70년대와 80년대 여의도 광장 성회가 이번에도 재현되고 있어요. 88성회 이후로, 대형성회는 안 될 것으로 알았는데 당신들이 해냈소."

김미경 간사가 기도 가운데 보았던 환상이 실제로 여의도 광장에 펼쳐졌다. 강단과 성도들이 있는 곳이 너무 멀리 떨어졌기에 사람들은 한 걸음이라도 더 앞으로 나왔다. 찬양이 시작되는 오후 2시에 여의도 광장은 마포대교에서 영등포대교까지 50만 명이 넘는 성도들로 가득 차고 넘쳐났다. 하나님은 바람을 보내주셨다. 대형 에어컨을 하늘에다 설치한 것보다 더 성능이 좋은, 하나님이 불게 하신 자연 바람이 여의도 상공의 사방에서 불었다. 시원한 바람으로 인해 성도들은 강단이 보일 수 있는 앞으로 나와 앉았고, 가깝게 붙어 앉아도 조금도 덥지 않았다.

오후 2시부터 세계성령화예술선교단과 글로리아예수찬양선교단, 대만 호각전통예술찬양단의 찬양으로 식전행사가 시작됐다. 92성회 태권도선교위원장 김희공 목사와 김희관 전도사, 김희도 장로 삼형제가 이끌고 있는 태권도선교회가 태권도와 복음성가로 십자가 드라마를 보여주었다. 세계 각국에서 모인 외국인들은 환호했다.

3시가 되자 최이식 목사의 사회로 김창인 목사가 개회선언을 하였다. 세계성신클럽 회장 나겸일 목사의 인사말, 대회장 노태철 목사의 대표기도, 피종진 목사의 설교에 이어 조용기 목사의 설교가 있었다. 역시 조용기 목사는 실내보다도 드넓은 광장의 수십만 명이 모이는 곳에서 폭발적인 메시지를 선포했다.

92세계성령화대성회 설교하는 조용기 목사. 여의도 광장, 1992. 8. 15.

　이어서 이태희 목사가 나라와 민족을 위한 기도를 30분 이상 인도하였다. 이때 단상에 위치한 교역자석에 앉아서 기도하던 대천덕 신부가 단상으로 올라와서 기도 인도 중인 이태희 목사에게 대언을 하였다. 성령께서 한국 여성들이 낙태한 것을 살인죄로 지적하셨다는 것과 이를 기독교인 모두가 함께 회개하여야 한다는 것이었다. 여의도 광장에서 개최되었던 그 어느 성회보다도 회개의 기도가 폭넓게 아주 길게 광장의 곳곳에 울려 퍼졌다.
　첫날 성회가 끝나고 나서 국내외 성령운동 지도자들은 서로 얼싸안고 여의도 광장에서 성령으로 역사하신 주님을 찬양했다. 조용기 목사는 내 어깨를 두들겨주며 말했다.
　"안 목사, 수고 많이 했다. 잘했어."
　조용기 목사는 진정으로 날 격려하고 치하했다. 그간의 수많은 오해와 갈등이 여의도 광장의 강단에서 일순간에 해소되었다. 그 이후로도 30년 이상 조용기 목사는 내가 하는 성령운동의 배경이 되

92세계성령화대성회에서 각자 안수하며 기도하는 모습. 여의도 광장

어 주었다. 조용기 목사에게 교계에서 행세하는 이들이 찾아와서 "안준배 목사와 가까이하지 마세요"라고 말할 때마다 이렇게 말해 주었다.

"세계성신클럽이 아무리 큰일을 하려고 해도 하나님이 허락하시지 않으면 안 되게 되어 있고, 사람이 아무리 막으려 해도 하나님이 허락하신 거라면 잘 될 겁니다."

조용기 목사는 8월 16일 여의도순복음교회의 대성전에서 드리는 주일 4부와 5부 예배를 여의도 광장으로 나가서 한국교회와 연합예배로 할 수 있도록 하였다. 첫날 50만 명에 이어서 다음 날에도 40만 명 성도가 여의도 광장을 가득 채웠다. 1992년 8월 16일에는 최성규 목사의 사회로 《감옥생활에서 찬송생활로》의 저자 멀린 캐로더스 목사가 "어제 하나님께서 광야 40년 동안 구름기둥과 불기둥으로 인도하신 사건을 직접 목도하였다"며 여의도 광장 상공만 비가 내리지 않았음을 감격어린 어조로 인사말을 전했다. 이어서 신현균 목사와 김홍도 목사가 설교하였다.

나의 거듭된 제안으로 조용기 목사는 30분간 나라와 민족통일을 위한 기도를 인도했다. 이때 수많은 성도가 기도 응답과 신유 체험을 하였다. 오히려 설교보다도 여의도 광장에서 장시간 합심기도를 할 때 더 큰 성령의·불을 받았다고 간증하는 이들이 부지기수였다. 과거의 복음화성회가 메시지 중심이었다면 성령화성회는 오순절의 체험적 기도운동이었다.

나는 8월 15일과 16일 연이어 여의도 광장 강단에서 인사와 감사를 전했다. 순서자는 두 날 중 하루만 순서가 주어졌지만, 조용기 목사와 나는 이틀에 걸쳐 여의도 광장 단상에서 순서를 맡았다. 94미주대회 대표대회장 한진관 목사가 성회기를 인수받아 1994년에 미국 뉴욕에서 다시 만날 것을 선포하였다.

남산에는 비가 부슬부슬 내리고 있었지만 여의도 광장에는 비가 내리지 않았다. 샌프란시스코에 사는 재미교포 가스펠 가수 티나 강이 폐회송을 부르자 여의도 상공에도 비가 후드득 떨어져 내렸다. 김준곤 목사의 축도가 끝나자 여의도 상공을 뒤덮은 먹구름에서 수도권 전 지역으로 비가 쏟아지고 있었다.

92성회는 이전의 복음화 운동의 역사적 맥을 이으면서도 오순절주의 성령운동을 명확히 표방한 집회였다. 오순절주의 성령운동은 그동안 한국교회에서 백안시되어 왔지만 92성회를 통해서 집회의 정

통성기도하는 신현균 목사, 김창인 목사, 조용기 목사, 한진관 목사, 나겸일 목사

체성을 결정짓는 중심으로 부상하였다. 이전의 복음화운동에서도 성령운동은 중요한 역할을 감당하였지만, 명확히 오순절주의 성령운동의 특징을 띤 것은 아니었다. 90년대 성령운동은 성령의 능력과 그로 인한 가시적 은혜를 강조하였다.

92성회는 21세기를 준비하는 1990년대를 성령으로 열고자 하는 취지에서 개최되었다. 그래서 "성령으로 세계를"이란 구호 아래 역대 성회사상 최초로 성령을 단일주제로 하였다. 92성회의 가장 기본적인 출발점은 도래한 성령시대에 관한 시대적이며 성서적인 인식이다. 당시 세계교회 내에서 성령운동의 열기가 급속도로 전해지고 있었으며, 성령을 인정하는 교회의 놀라운 성장과, 성령과 함께하는 사역의 기적적인 결과들이 공유되고 있었다. 이와 같은 상황에서 한국적 성령운동의 활발한 전개를 통해 또 한 단계의 급성장을 이룬 한국 기독교는 성령운동의 초교파적이며 아울러 세계적인 확산을 선언하고 주도해 가야 할 대내외적인 입지를 가졌던 바, 이의 구현을 위해 개최된 성회였다.

기존의 성회가 비기독교인을 대상으로 전도를 강조한 '복음화' 성회였다면, 92성회는 성령의 능력에 대한 강조, 먼저 믿은 그리스도인들의 성령을 통한 회개와 각성 등의 변화를 내용으로 하는 '성령화' 성회였다. 이는 말씀을 통해 약속해 주신 늦은 비 성령의 역사에 대한 믿음을 바탕으로 한 것으로, 한국교회를 통해 세계성령화를 선언하는 것을 특징으로 삼고 있었다. 이후 대형집회에서 오순절 성령운동은 한국교회에 거부감 없이 수용되었고, 집회의 성격을 가장 명확하게 해주는 신앙적 형태가 되었다.

개신교가 전해진 지 한 세기 동안 한국교회는 1천만 성도와 5만여 교회로 급속한 발전을 이루었다. 그러나 외적인 발전에 비해 내 이웃으로부터 출발하는 사랑의 실천과 사회적 기여도에 대해서는 자성이 요구되고 있는 현실이었다. 기독교 인구가 늘어나고 있음에도 불구하고 사회의 퇴폐적 양상이 더욱 짙어져 가는 것은 성경적인 빛과 소금으로서의 역할을 그리스도인이 감당하고 있지 못함이요, 교회가 사회에 대한 제 책임을 다해내지 못하고 있기 때문이었다.

이렇게 생각할 때 사회적 혼란과 문화적 타락 현상 등은 일차적으로 기독교인의 책임이었다. 때문에, 한국교회에는 과감한 쇄신과 대책이 요구되었다. 이에 믿지 않는 자들을 향한 전도와 함께 먼저 믿은 자들의 회개와 각성을 통한 변화는 더욱 큰 의미와 우선순위를 요구하는 것이다. 따라서 그리스도인과 교회로부터 출발하는 회개와 자체적인 정화를 통해 기독교인과 교회의 참된 위상을 정립해야 했다. 아울러 기독교와 교계의 대사회적 호소력과 영향력을 건전

92세계성령화대성회. 여의도 광장, 1992. 8. 15~16.

한 방향에서 고양시켜야 했다. 이런 의미에서 92성회는 구체적으로 사랑 나누기 운동과 성경적 근거를 바탕으로 한 도덕적 가치관의 확립으로 파생력을 지니는 운동의 시발점이자 그 전개 내용으로서의 의의를 지녔다.

마지막으로 92성회는 일회성이 아닌 지속적인 성령운동사역과 국내외 대형성령화대성회의 출발점을 이루었다. 92성회는 기존 한국 기독교 대형성회의 또 하나의 성상으로 개최되었을 뿐 아니라 한국 교회를 중심으로 한 1990년대 본격적인 성령운동과 세계를 향한 성령 대장정의 시발로서의 의미를 지녔다.

더불어 92성회의 성공 요인 중 하나는 적절한 대회조직과 33명의 본부 풀타임 간사들의 치밀한 준비와 노력, 기도가 배후에 있었기 때문이었다. 이들은 계속적인 확인 점검과 아이디어 개발, 부단한 홍보로 92성회를 합격선으로 이끌어 내는 데 크게 기여하였다. 성회를 통해 얻은 헌금 1억 원은 러시아를 비롯한 해외 선교단체 및 농어촌 교회에 고루 나누어 주는 선례를 남겼고, 본 성회 중 한 시간 이상 지속된 통성기도는 한국 기독교사에도 길이 기록될 만한 일이었다.

대형성회가 교계의 주목을 새롭게 받게 된 것을 차치하고라도 92성회의 가장 큰 공헌은 기독교인들에게 가장 요청되는 것이 성령운동이라는 사실을 재확인시킨 것이다. 더구나 복음을 성령운동과 다각적으로 접목, 토착화시켜야 한다는 시대적 사명을 갖게 했다. 많은 성도가 이 대회를 통해 잃어버린 신앙을 되찾고 선교적 사명을 재다짐하였다. 따라서 92성회가 교계 전체에 파급시킨 '성령화 붐'은 성령운동이 한국 기독교의 주도적 위치에 있음을 입증하였다. 동시에 기독교인 전체에게 성령운동을 통한 시대적인 사명의 중요성을 인식시켰다.

40.

5대양 6대주로 성령행전

1992년 8월 15일과 16일에 여의도 광장에 모인 한국교회 100만 명의 기도는 오대양 육대주에서 성령운동으로 사도행전을 재현하고자 하였다. 1993년이 되어 아프리카 케냐 나이로비 우후르파크에서 93아프리카성령화대성회를 갖게 되었다. 또한 서울에서는 금세기 최대의 신유와 구원의 부흥사 라인하르트 본케 목사를 초청하여 93서울성령화대성회를 가졌다.

아프리카 복음화에 새로운 전기를 마련한 93아프리카성령화대성회

케냐의 수도 나이로비에서 1993년 3월 25일 개막되었던 93아프리카성령화대성회(준비위원장 정운교 선교사)가 아프리카 기독교 사상 유례가 없었던 연인원 100만 명을 기록하며 3월 31일 폐막하였다.

한국성령운동의 제3세계 진출이라는 측면에서 볼 때 이번 성회는 뜻깊게 평가된다. 케냐만 해도 수많은 복음단체가 밀집되어 있어 연합적인 성격의 대형집회가 생소할 것으로 생각하였던 준비위원회

93아프리카성령화대성회, 설교하는 조용기 목사. 케냐 나이로비 우후르파크

의 기우는 말 그대로 기우가 되었다.

일주일간 계속된 성회에 연일 계속해서 집회 장소인 우후르파크를 가득 메우는 인파들을 어떻게 설명하여야 할지 관계자는 물론이고 취재를 하기 위하여 집회에 참가한 기자단들도 의아해하였고, 기자들 스스로도 두 손을 높이 들고 하나님께 영광을 돌리는 모습은 비단 참가한 목회자들뿐만 아니라 우후르파크로 나온 케냐의 국민들을 감동하게 하였다.

세계성신클럽이 주최한 93아프리카성령화대성회(케냐 대회장 Bishop Arthur Kitonga)는 주강사 조용기 목사와 영어로 설교할 수 있

93아프리카성령화대성회, 축복기도하는 이영훈 목사

는 이영훈 목사가 부강사로 그리고 케냐의 기찬하(Bishop Wellington Gichanga) 감독이 각각 두 차례씩, 뉴욕 한진관 목사가 한 차례 우후르파크를 가득 메운 아프리카인에게 복음을 전했다. 세계성신클럽의 회장인 김용완 목사와 김장환, 노태철, 나겸일, 이영훈, 최성규, 한진관 목사가 세미나와 성회를 인도하였다.

93아프리카성령화대성회는 성회뿐만 아니라 목회자 세미나를 같이하여 내실 있고 알찬 성회였다. 목회자 세미나에는 동아프리카에서 목회자의 길을 걷는 사람이나 기타 목회와 연관된 6천여 명의 목회자가 케냐를 비롯한 탄자니아, 우간다, 소말리아, 남아프리카공화국, 짐바브웨, 말라위 등의 지역에서 광범위하게 참가하였다.

하나님께서 93아프리카성령화대성회에 보내신 사랑은 크고도 넘쳤다. 뭉칠 수 없는 종족과 부족이 모이고, 50여 개의 부족과 종족 별 그리고 당별로 나뉘어 있어 합일이 불가능한데도 새 정부 출범 후에 성회를 함께 준비하였다고 했다. 케냐의 다니엘 아랍 모아져 대통령을 비롯하여 고위 인사들이 대거 참석하여 아프리카 복음화에 큰 계기를 만들었다. 이것은 성령과 동행하는 조용기 목사가 93아프리카성령화대성회의 주 강사였기 때문에 가능했다. 조용기 목사는 지구 120바퀴를 돌아 해외성회 개최 71국가에서 대형성회 370회의 주 강사였다. 그는 수억 명에게 복음을 전하였고, 현재도 파송된 673명의 선교사가 각 나라를 섬기고 있다. 그가 가는 세계 곳곳마다 연합하게 했다.

1만 명 이상의 결신자와 기도자를 연일 기록하였던 93아프리카성령화대성회는 구원과 신유의 자리였고, 화합과 이해와 사랑의 잔치였다. 아프리카를 복음의 열기로 뜨겁게 하였던 93아프리카성령화대성회는 그 규모나 참가인원, 준비과정 등을 통하여 모든 면에서 아프리카 선교의 새 장을 여는 획기적인 행사였다. 이는 세계성신클럽이 나아가고자 하는 목표인 세계 복음화의 염원을 앞당기는 계기가 되었다.

라인하르트 본케 목사 초청 93서울성령화대성회

국제기독만민전도협회(International Ministry Christ of All Nations)의 대표 라인하르트 본케는 독일 출생으로, 1967년 아프리카 선교사로 파송 받아 아프리카 대륙의 복음 전파자와 부흥사로 크게 쓰임 받고 있었다. 그는 사역 초기부터 천막을 치고 부흥성회를 개최하였으며, 세계에서 7년간 3만 4천 석의 좌석을 가진 초대형 이동식 천막을 이용하여 아프리카 대륙 순회 전도집회를 하고 있었다. 1990년

나이지리아 카두나 성회에는 50만 명이 참석하였으며, 1991년 5월 회교권인 인도네시아의 수도 자카르타에서도 수십만 명이 운집하였다.

이영훈 목사와 백인자 교수가 공문을 영역하여 라인하르트 본케 목사를 93서울성령화대성회 주 강사로 초청하였다. 본케의 선교단체 CFAN은 구체적인 협의를 진행하여 93서울성령화대성회의 강사초청을 수락하였다.

조용기 목사는 라인하르트 본케가 세계성신클럽의 초청을 받아들였다는 보고를 듣고 놀라워했다.

"아니, 본케는 내가 초청해도 2년 이상 스케줄이 사전에 예약되어 있어서 올 수 없었는데, 자네는 대단하네. 서울올림픽스타디움은 우리 교회가 1년 이상 준비해서 교인을 총동원해야 치르는데, 우리 교회를 빌려줄 터이니 여의도순복음교회에서 하세요."

그 기간에 조용기 목사는 구라파 집회가 예정되어 있어서 공동강사는 할 수 없지만 93서울성회 장소로 여의도순복음교회를 사용하도록 해주었다.

여의도순복음교회는 버스를 동원하지 않고는 본당을 채울 수 없었다. 그러나 세계성신클럽이 국민일보와 극동방송, 아시아방송, 기독교방송에 홍보를 함으로써 집회 시작 전부터 대중교통을 이용해서 예배당을 가득 채웠다.

1993년 5월 20일부터 22일까지 여의도순복음교회에서 97민족통일성령화대성회가 주최하고 세계성신클럽이 후원한 93서울성령화대성회에 연인원 15만 명이 모였다.

여의도순복음교회 총무국장 김복우 장로, 경리국장 문연순 장로가 성회 기간 중 첫 번 성회 헌금을 여의도순복음교회에 입금해 달

여의도순복음교회에서 설교하는 라인하르트 본케 목사. 1993. 5. 20~22.

라고 했다. 첫 성회도 헌금이 크게 들어왔지만 이후 헌금이 은혜 가운데 넘쳐나게 봉헌되었다. 어떤 이는 500만 원의 헌금을 기도제목을 담아서 드렸다. 그러나 총무국은 여섯 번째 예배의 헌금을 주최 측인 세계성신클럽에 전달하지 않고 총무국에 보관했다. 유럽 성회를 마치고 귀국하는 토요일에 총무국은 조용기 목사에게 세계성신클럽 집회에서 예상 밖의 많은 헌금이 들어왔으니 여의도순복음교회에 입금해야 함을 보고했다. 조용기 목사는 "약속했으니 내어주어라"고 비서실 강석자 전도사를 통해 총무국에 지시했다.

그 후 어느 모임에서 만나게 된 조용기 목사는 내게 이렇게 말했다.
"자네들이 와서 칼쿠리로 헌금을 다 긁어 갔다며."

라인하르트 본케 성회 이후 여의도순복음교회 당회의 결의로 본당에서 외부 기관이 주최하여 드려진 헌금은 집회 주최 측에 내주지 않도록 규정을 정하게 되었다.

오전 성회와 오후 성회, 그리고 철야예배 등 모두 7차례의 예배를 통하여 15만 명을 기록한 이번 성회는 5월 20일 첫날부터 마지막 날인 5월 22일까지 연일 대성전을 가득 채우며 진행되었다. 특히 몸이 불편한 사람들이 앞자리에 눕거나 복도에 앉아서 돌리기 힘든 고개를 겨우 들어 강사를 쳐다보며 예배에 참가하는 진지한 모습을 볼 수 있었다. 딸을 등에 업고 절규하는 아버지의 진한 부성애 등 헌신의 기도를 드리는 모습은 보는 이로 하여금 눈시울을 붉히게 하였다.

윤석전 목사는 라인하르트 본케 목사가 안수기도를 시작하자마자 먼저 강단에 무릎을 꿇고 기도를 요청했다.

"내게도 본케 목사와 같은 능력이 임하게 기도해 주세요."

윤석전 목사는 누구보다도 기도의 능력을 사모했다.

주강사 라인하르트 본케 목사와 통역 김홍도 목사, 최이식, 손학풍, 나겸일, 윤석전 목사가 시간 강사가 되어 여의도에 성령의 불이 임하였다.

41.

미주성령화대성회, 조용기 목사와 한진관 목사

여의도 광장의 92세계성령화대성회는 아프리카 대륙에 이어 북미주에서 1994년 10월 23일부터 30일까지 뉴욕퀸즈칼리지 골든센터와 퀸즈한인교회에서 94미주성령화대성회로 이어졌다. 26개월의 준비과정에서 나는 뉴욕을 3~4일 체류일정으로 수시 방문하여 뉴욕 대표대회장 한진관 목사와 준비위원장 이호선 목사를 비롯하여 미주준비위원회 실행위원을 만나서 대회준비를 점검했다.

한진관 목사는 한국에서 한국신학대학을 마치고 1956년 미국에 와서 캘리포니아에 있는 태평양신학교를 다녔다. 이어서 시카고에 있는 현제명, 홍난파가 공부한 쉐우드 음악학교를 졸업하였다. 그리고 계리사로 3년간 근무하다가 1968년 뉴욕 유니온신학교를 졸업하였다. 그 당시 뉴욕에는 한인교회가 맨해튼에 있는 뉴욕한인교회, 브루클린에 있는 브루클린한인교회 단 두 개에 불과했다. 한인들이 살고 있는 퀸즈에는 한인교회가 하나도 없었다.

함경도 출신의 무뚝뚝하고 고지식한 한진관 강도사는 1959년 이화여대 사회사업과를 졸업하고 1964년 미국 미네소타 주립대학교 대학원에서 사회사업을 전공한 김태열의 적극적인 구애로 결혼하였다. 김태열은 1964년부터 1978년까지 뉴욕시 사회사업국 공무원으로 일하면서 한진관 강도사를 도와서 교회를 개척하게 되었다.

한진관 강도사와 그의 아내 김태열은 당시 1969년 7월 13일에 23명이 모여서 퀸즈한인교회 창립 준비예배를 드렸다. 뉴욕에는 한국인이 5~6백 명 살았는데, 1969년 7월 22일 정식예배를 시작한 첫날부터 70여 명이 모였다. 교회건물은 크리스마스 카드에 그려져 있는 것 같은 아름다운 청교도의 교회당이었으며, 유니온신학교의 선배 되는 켈리(Kelly) 목사의 배려로 교세는 천천히 증가하였다.

한진관 강도사는 39세가 되던 1969년 10월 미국의 U.C.C.(United Church of Christ) 교단으로부터 목사 안수를 받았다. 그의 안수식에는 미국 목사와 한국 목사 20여 명이 참석하여 축하해 주었다. 김태열 사모의 대학 시절 총장이었던 김활란 박사가 참석하여 축하해 주기도 하였다.

퀸즈한인교회는 서서히 부흥되고는 있었지만, 교인들의 영적 상태는 세상과 양다리를 걸치고 있었다. 주일에 중국식당에 가던 습관, 주일에 음식을 사다가 친교 시간에 다과를 하고, 무더운 여름에는 예배가 끝나기가 바쁘게 많은 부서에서 해수욕장으로 가는 것을 당연시했다.

한진관 목사는 1977년에 금식하며 교인들을 영적으로 잘 양육하지 못했던 일들을 회개하였다. 점차 교회는 변화되기 시작하였다. 한진관 목사의 은혜 체험으로 인해서 1978년 당시 280여 명이 모이다가, 교회가 나누어지게 되어 교인 수는 오히려 100여 명으로 줄어들었다. 그러나 100여 명으로 줄어든 성도들이 어느 정도 영적으로 강화되면서 1980년에 교인 수가 급성장하였다.

1년에 두 차례 열리는 부흥회 때는 500석의 교회가 700~800명을 수용하게 되었다. 부흥회 때 손뼉 치고 통성기도하며 밤늦게까지 '주

뉴욕평신도연합성회 조용기 목사. 퀸즈한인교회. 1991. 4. 15~19.

여 3창'을 하며 울부짖는 데다 새벽기도, 철야기도가 있고, 여러 행사가 갑자기 늘어나게 되었다. 100년이 된 교회당이 초과된 인원수로 건물 바닥이 내려앉기까지 했으며, 주차장 입구까지 차를 세우게 되었다. 미국교회는 주객이 전도되어 버리자 공동의회의 결의로 한인교회에 '그만 나가달라'고 통보를 했다.

퀸즈한인교회는 이때부터 성전 건축을 위한 기도를 하게 되었다. 1984년 10월 라과디아 공항 근처에 있는 3에이커가 좀 넘는 컨트리클럽을 250만 불에 구입하게 되었다. 우여곡절 끝에 1986년 7월 27일에 교회를 짓고 입당하였다. 그리고 퀸즈한인교회는 2,500여 명으로 당시 뉴욕순복음교회에 이어 가장 크게 부흥되었다.

나는 1990년 1월 22일(월)부터 24일(수)까지 퀸즈한인교회에서 세계성신클럽이 주최하는 뉴욕성령화대성회를 개최하였다. 하와이, 로스앤젤레스 성회를 마치고 뉴욕 현지 시간 오후 7시경 라과디아 공항에 도착하였다. 기내에서의 기름진 두 끼 식사에 벌써 김치를 찾는 우리 일행의 심정을 잘 알고 퀸즈한인교회 한진관 목사와 김태열 사모는 강사단 일행의 저녁 식사를 한식으로 교회 식당에 준비해 놓고 있었다. 느끼해져 있는 우리의 속을 김칫국으로 얼큰하게 씻어낸 후 뉴욕에서의 첫 성회를 시작하였다.

오후 6시가 넘어서야 퇴근을 하는 뉴욕생활권으로 인해 8시가 돼서야 시작한 첫날 강사는 김우영 목사였다. 둘째 날에는 최이식 목사, 셋째 날에는 손학풍 목사가 담당하였다.

특히 뉴욕은 주초에는 집회를 해도 직장생활로 인해서 성도들이 참석을 할 수 없어서 금요일부터 주일까지 하는 주말성회를 했다. 하지만 우리는 과감하게 주초에 성회 일정을 잡고 뉴욕 성회를 하였다. 오후 8시가 넘어서자 2천 석 예배당은 성도들로 가득 찼다.

앞을 바라보니, 교회 강단 벽에 "초대교회와 같은 교회가 되자"는 표어가 붙어 있었다. 구체적으로 7가지를 열거했는데, 가장 인상적인 내용이 '손 대접에 풍성한 교회'라는 글이었다.

한진관 목사는 특별했다. 헌금 시간에는 성도들에게 지갑 속에 있는 캐시를 다 하나님께 드리라고 강조하였다. 성회 중에 들어오는 헌금은 세계성신클럽에 전달함에도 최선을 다해서 봉헌하라고 독려하였다.

한진관 목사는 성령 충만해서 누구보다도 조용기 목사를 존경하고 사모했다. 내게 94미주성령화대성회를 유치하면서 조용기 목사를 주 강사로 모시고 오라고 간곡하게 말했다.

한진관 목사의 요청을 받아 1995년에는 20세기 늦은비 성령운동

94세계성령화대성회에서 설교하는 조용기 목사. 퀸즈칼리지 콜든센터

이 동서양에서 일어나면서 북미에서는 팻 로버슨 목사, 유럽에서는 라인하르트 본케 목사, 아시아에서는 당시 변두리인 대조동 깨밭에서 24인용 천막을 치고 다섯 명의 성도로 출발한 여의도순복음교회의 조용기 목사를 강사로 한자리에 세우고자 했다. 세계성신클럽은 이 시대 성령운동의 대표적인 주자 조용기 목사와 팻 로버슨 목사, 라인하르트 본케 목사를 세계의 수도라고 할 수 있는 뉴욕의 강단에 설 수 있도록 추진하였다.

한진관 목사는 자신이 시무하는 뉴욕퀸즈한인교회에서 94미주성회를 치르기를 원했다. 그러나 대부분의 뉴욕 한인교회 목사들은 매디슨스퀘어가든이나 퀸즈칼리지에서 연합행사로 갖고자 했다. 나는 이를 조율해야 했다. 교인 동원을 위해서는 순복음뉴욕교회 김

퀸즈한인교회 당회장 집무실에서 기도하는 팻 로버슨 목사와 조용기 목사
시계바늘 돌아가는 순으로 손영구, 최성규, 안준배, 최이식 목사

남수 목사의 협력을 이끌어내야 했다. 조용기 목사와 김남수 목사는 한국총회와 북미총회의 분열로 인해서 오랫동안 교류하지 않았다.

　곽규석 목사의 사회로 퀸즈한인교회에서 한국과 미주지역에서 모인 교역자를 위한 리셉션을 하게 되었다. 그날 나는 한진관 목사 집무실에서 김남수 목사를 조용기 목사에게 인사를 시키면서 두 분이 불편했던 사이를 풀도록 하였다. 조용기 목사가 김남수 목사를 받아들여서 콜든센터의 94미주세계성령화대성회에 순복음뉴욕교회 성가대가 서게 되었다. 이로써 뉴욕 최대의 교인이 모이는 순복음뉴욕교회 성도들이 94미주성회에 적극 참여하게 되었다.

　1994년 10월 25일부터 27일까지 퀸즈한인교회에서 노태철 목사,

최이식 목사, 김창인 목사, 최성규 목사, 한진관 목사가 설교했다. 미국 CBN과 700클럽의 대표인 팻 로버슨 목사가 자가용 비행기로 라과디아 공항에 도착하자마자 메시지를 전하였다. 팻 로버슨은 이날 세계성신클럽이 제정한 세계성령봉사상 제5회 국제부문을 수상하였다. 10월 27일에는 세계성신클럽의 국제고문으로 공동 사역하게 된 라인하르트 본케 목사가 뉴욕에 사는 다인종 다민족들이 대거 참석한 가운데 열정적으로 설교했다.

퀸즈한인교회에서의 철야기도회와 새벽기도회는 이영훈, 손학풍, 김용완, 최이식, 이은대, 안준배, 정초자, 홍만표, 이만호, 손석이 목사가 강사로 나섰다.

10월 29일부터 30일까지 뉴욕 퀸즈칼리지 콜든센터에서 교민과 미국인 성도 3천 명이 참석한 가운데 조용기 목사가 이틀 연속 메시지를 선포하였다. 94세계성령화대성회는 한국교회와 미국교회에서 동일하게 역사하는 성령의 은혜가 넘쳐났다.

42.

세계를
마음에 품고 하라

1973년 8월 순복음중앙교회가 여의도로 이전했다. 순복음중앙교회가 있었던 곳에는 교단의 총회 본부가 3층에 입주하고, 교회는 소교민 목사가 서대문순복음교회라는 명칭으로 교회를 세웠다. 나는 1974년 5월 13일 순복음중앙교회 대학부에서 알았던 박용순, 최인선, 김낙봉 등과 함께 서대문순복음교회에서 중국대륙선교회를 창립하였다. 서대문구 냉천동에 서너 평 정도 되는 마루방을 보증금 10만 원에 월세 5천 원으로 임대하여 매주 정기 모임을 가졌다.

그러다가 네오스선교회로 명칭을 변경하여 안성의 신생극장에서 1974년 10월 25일에 예수 페스티벌을 하였다. 성황리에 행사를 마치고 그다음 날 나는 방위병으로 수색에 있는 제30사단에서 21일간 신병훈련을 받았다. 그런데 훈련병으로 있는 내게 네오스선교회 멤버 최인선, 최희섭 등이 위문편지를 보내주었다. 그 내용 중에 우리 단체에 대해서 보고를 받은 조용기 목사가 교회 교직원 예배에서 부정적인 말을 하였다는 것이 있었다.

"우리 교회 대학부에 안준배라는 신학생이 있어요. 그가 대학부에서 알고 지낸 친구들을 데리고 나가서 선교하는 조직을 만들겠다고 합니다. 교회 밖에다 따로 사무실을 얻어 놓고 모임을 갖는다는 겁니다. 이런 것은 아주 잘못된 겁니다."

나는 훈련소에서 장문의 편지를 써서 조용기 목사에게 군사우편으로 부쳤다. 조용기 목사는 내 편지를 읽어보았다. 그 후 나는 훈련을 받고 나서 영등포구청 병사계에 배치되었다. 나는 조용기 목사에게 면담을 신청하여 교회의 당회장실에서 조용기 목사를 대면하게 되었다.

"목사님, 앞으로 중국 대륙에 문이 열리면 그곳에 성령 받은 젊은 이들이 직업선교사나 의료선교사로 들어가야 합니다. 그 일을 지금부터 준비해야 합니다. 그러니 우리 단체의 고문이 되어 주셔서 한국교회의 지도자를 연결해 주세요."

조용기 목사는 내 말을 다 듣고는 이렇게 말해 주었다.

"자네가 구상한 사업과 오가니제이션을 보니 대단해. 하지만 자네는 아직 무명이라서 누가 참여할는지 모르겠어. 그리고 한국교회 지도자들은 이름만 걸치는 것은 해도 돈은 안 내놔요. 내가 나서서 하는 사업도 다 이름만 걸쳐 놓았지, 돈 내는 일은 '나 몰라라' 하는 거요. 그러니 더 성장해서 이런 큰일을 하도록 하게나."

그 자리에서 조용기 목사는 내게 이렇게 당부하였다.

"자네는 무슨 일을 하든지 세계를 마음에 품고 하게나. 성령과 동역하여 민족과 세계를 복음화하게."

조용기 목사의 권면은 내게 큰 격려가 되었다. 그로부터 14년이란 시간이 지나서 1989년 3월 27일에 세계성신클럽을 창립하면서 조용기 목사는 고문직을 수락하였다. 그리고 조용기 목사는 세계성령운동의 30년 사역을 긍정과 희망의 언어로 이끌어주었다.

43.

라스베이거스에 복음을 심은
김종기 목사, 김시스터즈와 김영일

　세계성신클럽은 1990년대에 뉴욕성신클럽과 라스베이거스성신클럽 등을 설립하였다. 이에 라스베이거스의 김종기 목사는 성령운동의 중요한 구심점이 되었다. 그리고 김영일 장로는 찬양사역으로 성령운동의 현장에 이바지하였다.

　쇼와 도박의 도시 라스베이거스는 밤만 되면 휘황찬란한 네온이 불야성을 이루는 파라다이스였다. 네바다 사막 위에 세워진 라스베이거스는 1930년대에 후버 댐이 건설되고 도박이 합법화되었다. 1940년 이후 인구가 급속히 증가하면서, 특히 헨더슨 신흥 교외 지역과 북부 라스베이거스에 있는 고급 호텔과 카지노 도박장이 즐비하게 세워지게 되었다. 이국적인 연예 무대 때문에 유흥관광지로 알려지면서 연중무휴의 관광이 패키지가 되어 유럽, 아시아 등 전 세계에서 관광객들이 들어오게 되었다. 라스베이거스는 누구나 원하면 교회에서 결혼식을 올려 부부가 되었고, 동시에 이혼도 자유로운, 모든 것이 가능한 환락의 도시이다.

　낮에는 사막의 열기로 인하여 행인이 없는 죽음의 도시이지만 밤에는 불야성 속에 인생을 구가하는 축제의 천국이다. 연중무휴이고, 호텔 내에 있는 카지노는 창문도 없고 시계도 없어서 낮과 밤이 구분되지 않는다. 아마추어가 당기는 손잡이에서 어마어마한 잭팟이 터져 언론에 대서특필되기도 했다. 주말은 물론 주중에도 밤과 낮이 없이 일확천금을 노리는 군상으로 넘쳐나는, 신과는 상관없는 세속도시가 라스베이거스이다.

쾌락과 도박, 연예의 대명사 라스베이거스에는 교회가 세워져도 주일날 교회에 오는 이가 없어서 얼마 가지 못해 문을 닫기 십상이다. 월세 교회로 세워졌다가 잠시 후에 교인도 떠나고 목회자도 떠나기에, 자고 나면 교회가 없어지는 것이 하나도 이상하지 않게 여겨진다.

이러한 라스베이거스에 교회를 개척하여 자체 교회당을 짓고, 매주일 장년 성도 500명 이상 출석하고 천여 명의 교인들이 주일성수하는 교회로 세운 사람이 라스베이거스순복음교회 김종기 목사이다.

김종기 목사는 1942년 10월 25일 일본 마나시 현에서 출생하였다. 그는 경희대학교 음대 관악부를 1960년부터 수학하여 1965년에 졸업하였다. 트럼펫 주자인 김종기는 시립교향악단, 국립교향악단, 예그린악단에서 연주 활동을 하였다. MBC TV에서도 활동하였고, 숭실고등학교 음악교사로 3년간 교편을 잡았었다. 1973년에 미국으로 이민하여 로스앤젤레스에서 햄버거 가게를 운영하기도 했다.

그런 그가 성령세례를 받고 하나님의 특별하신 섭리 가운데 주의 종으로 부르심을 받아 1978년에 조용기 목사가 설립한 로스앤젤레스 베데스다신학교를 다니게 되었다. 최자실 목사와의 만남에서 큰 영향을 받은 그는 최자실 목사의 권유를 받아 라스베이거스 주변에 라스베이거스금식기도원을 세웠다.

어느 날 기도 중에 김종기 목사는 "라스베이거스로 가라"고 하시는 하나님의 음성을 듣게 되었다. 라스베이거스는 웬만한 목회자는 눈에 보이고 귀에 들리는 소리에 오염되거나 나태해져서 목회지를 옮기든지 세상으로 나가든지 하는 쾌락 도시였다. 그런데 내가 본 김종기 목사의 첫인상은, 다부진 체구에 눈썹이 굵고 진하면서 강인한 장군의 용모를 갖고 있었다. 외형만으로도 결단력 있고 불의와는 타협할 수 없는 정의로운 성품이 배어 있었다. 그가 바리톤 음성으로 "어허허" 하고 웃으면서 하는 말은 카리스마가 있었다. 그랬기에 하나님은 라스베이거스에서 성령으로 변화된 그리스도인을 확보하고 목양을 할 수 있는 적임자로 김종기를 택하신 것이다.

김종기 목사는 1979년 10월 14일에 아홉 명의 성도와 함께 복음의 불모지 라스베이거스에서 교회를 개척했다. 1981년 7월부터 교회 주일학교에 한글반을 개설했다. 영어권에서 살다 보니 한국인 2세나 3세가 되면 한국어를 잊어버리기 마련이기에, 한글반을 열어 한글을 가르치고 한국인의 정체성을 상실하지 않게 하였다. 김종기 목사는 교회학교 주일학교 어린이와 중고등학생에게도 직접 설교를 했다.

또한 영어로 설교하지 않으면 제대로 이해하지 못하는 학생들을 위하여 영어설교를 시작하였다. 어른이 되어 미국에 이민한 1세대가 이민 2세, 3세에게 영어로 설교하는 것이 쉬운 일이 아니었다. 그래서 그는 빌리 그레이엄 목사의 설교 테이프를 차에다 틀어놓고 새벽기도를 나가는 차 안에서 새벽부터 시작하여 저녁까지 듣기를 반복하였다. 그러던 어느 날 빌리 그레이엄의 영어 설교가 귀에 펑 하고 들어오게 되었다. 그런 정신력이 있어서 김종기 목사는 미국인보다 더 강력하고 은혜로운 영어설교자가 되었다. 처음에는 학생들이 김종기 목사의 콩글리쉬 영어설교를 듣고 킥킥대고 여기저기서 웃어댔다. 그러나 얼마 못 가서 심령이 깨어지고 은혜를 받고 성령 충만한 학생들이 되었다.

김종기 목사는 1988년 7월에는 순복음 라스베이거스 한국학교 학원을 정식인가 받았다. 1993년 5월에는 2대 교장이 되어서 청소년 교육에 열과 성을 다하였다. 김종기 목사는 미주복음신문사가 주최하는 국내외 재북미교역자 수련회에 강사로 나섰다. 인천순복음교회에서 개최된 재북미귀국수련회에서 김종기 목사는 최성규 목사의 성경적 효운동에 대한 강의와 현장을 목격하였다. 그는 한민족의 정체성인 효를 한인 청소년기에 정착시키고자 그때부터 미주청소년 교육에 성경적 효운동을 첨가하여 미주 2세, 3세 교육의 중요 과제로 삼았다.

김시스터즈의 김숙자, 김브라더스의 김영일

1990년대 초에 미주복음신문사 장진우 장로가 이호문 목사를 통하여 잠실체육관에서 곽규석 목사 귀국집회를 개최하였다. 후라이보이 곽규석 장로가 도미하여 뉴욕에서 목사가 되어 뉴욕기독교방송국과 한마음침례교회를 목회하였다. 한마음침례교회는 지금은 사위 박국화 목사가 곽규석 목사의 뒤를 이어 목회하고 있다. 그러다가 곽규석 목사가 오랜만에 한국에서 집회를 하게 되었고, 그때 김종기 목사와 라스베이거스순복음교회에 출석하던 김해송과 이난영의 자제 김영일 집사와 김숙자 씨가 1부 찬양 집회를 맡았다.

"내게 강 같은 평화"를 비롯한 복음성가를 김숙자, 김영일과 코리안키튼즈의 윤복희와 함께 노래했던 여가수 김차순 집사, 김종기 목사가 함께 부르고 그의 장기인 트럼펫 연주를 하였다. 김영일은 색소폰 연주로 곽규석 목사가 등단하기 전에 은혜의 분위기를 자아냈다.

김숙자, 김영일의 부친 김해송은 작사가, 작곡가, 편곡가, 연주가, 악단장, 가수로서 만능 엔터테이너이다. 신민요, 만요, 재즈 등 대중

음악의 모든 분야를 섭렵했다. 1911년 평안남도 개천에서 출생하여 숭실전문학교에 다닐 때부터 클래식 기타 등의 연주에 탁월하였다. 1938년에 이난영이 취입한 "다방의 푸른 꿈"을 작곡했는데, 이는 국내에서 유행한 최초의 블루스곡이라고 할 수 있다.

전쟁의 상흔이 아직도 여기저기서 드러나는 1951년에 대구에서 김시스터즈는 김해송과 이난영의 세 딸 영자, 숙자, 애자로 시작하였다. 그러나 영자가 키가 커져서 무용단으로 들어가게 되었고, 1953년에 새로 이봉룡의 딸인 조카 이민자가 들어와 김시스터즈로 걸그룹의 원조를 탄생시켰다.

이난영은 한국전쟁 당시 김해송이 납북되고 중구 필동 2가 집이 폭격을 맞아 무너져내리자 오빠 이봉룡과 함께 굶주린 시대에 먹고 살기 위하여 김시스터즈를 만들었다.

김시스터즈는 1953년 수도극장에서 데뷔 무대를 가졌다. 가야금 연주와 장구도 치면서 아리랑을 비롯한 한국노래를 불렀다. 그리고 미군부대로 무대를 넓혀 나갔다. 이때는 돈 대신 위스키를 받아 와 팔아서 살림에 보탰다. 그들이 미8군 무대에서 인기를 얻자 일본에 있는 미군들에게까지 퍼졌다. 라스베이거스에서 아시안 쇼를 기획한 톰 볼이 이 이야기를 듣고, 1958년 한국에 와서 계약을 하고 김시스터즈의 미국 진출을 성사시켰다.

김시스터즈는 라스베이거스 선더버드호텔에서 가진 차이나 돌 데뷔 쇼에서 성공적으로 데뷔를 했다. 패티 페이지의 '테네시 왈츠'와 미8군 무대에서 불렀던 로큰롤을 주로 불렀다. 당초 4주 계약이 8개월 반으로 연장되면서 인기를 얻게 되었다. 1960년 〈라이프〉 지에 소개되고 미국 CBS 인기 TV쇼 '에드 설리반 쇼'에 22차례 출연하게 되었다. 처음에는 한복을 입고 아리랑을 노래하다가 의상을 바꾸면

김시스터즈 라스베이거스 공연. 왼쪽부터 김숙자, 민자, 애자

서 노래를 부르며 연주를 함께 했다.

  1960년 김시스터즈가 불렀던 리메이크곡 "찰리 브라운"은 빌보드 차트에 오르기도 했다. 김시스터즈는 다양한 악기를 연주할 줄 알았다. 그중에서 김숙자가 가장 탁월하여 13개의 악기를 연주할 줄 알았고, 애자, 민자도 각각 10개 이상의 악기를 다루었다. 색소폰, 트럼본, 플룻, 벤조, 기타, 클라리넷, 아코디언, 마림바, 백파이프, 피아노, 만돌린, 바이올린을 한국의 김시스터즈가 다채롭게 연주하자 텔레비전 시청자와 관객은 브라보를 외쳤다. 이는 어머니 이난영이 미국 아이들은 보컬이 뛰어나니 노래에다 악기를 다뤄야 미국 가수들을 능가할 수 있다고 가르친 결과였다.

  그들은 1967년에 50만 달러의 세금을 납부한 라스베이거스 고액 납세자 6위였다. 당시 미국의 1인당 국민소득이 2,076달러였던 시절 김시스터즈가 스타더스트호텔에서 받은 돈은 주급이 1만 5천 달러였다.

김시스터즈 귀국공연. 서울시민회관, 1970. 5. 24.

1970년 5월에 김시스터즈가 그들의 라스베이거스 전속 악단을 대동하고 귀국하였다. 언론은 김시스터즈의 금의환향을 크게 보도하였고, 서울시민회관에서 열린 사흘 동안의 귀국 공연은 전석 매진되었다. 나는 서울시민회관에 가서 입장권을 구하려고 했으나 암표마저도 구할 수 없어서 공연을 볼 수 없었다. 시간이 흐른 1999년 어느 날, 나는 청계천 황학동 레코드 가게에서 주머니를 탈탈 털어 거금 15만 원을 주고 김시스터즈의 귀국 시민회관 실황 특집 레코드판을 사게 되었다.

신진레코드사가 1970년 7월 14일 제작하여 발매한 음반에 바늘을 얹으면 젊고 젊은 목소리의 후라이보이 곽규석의 소개 멘트가 나온다. "레이디스 젠틀맨 나우 히어리즈. 우리가 기다리고 기다렸던 한국의 딸 김시스터즈입니다." 이어서 "컴 백 투 미"의 초반 연주와 "안녕하십니까요, 여러분"의 인사로 숙자, 애자, 민자의 전성기 목소리가 노래로 흐른다.

김시스터즈의 가족사는 월북된 아버지 김해송과 "목포의 눈물"의 국민가수 이난영, 라스베이거스 최고의 쇼를 보여주던 김시스터즈와 김브라더스로 이어지는 분단한국사이며 한국가요사이다. 덧붙이면 김영일 작사, 이봉룡 작곡의 "김치 깍두기"는 미국 한인이민사라고 하겠다.

머나먼 미국 땅에 십 년 넘어 살면서 고국 생각 그리워
아침저녁 식사 때면 런치에다 비후스텍 맛좋다고 자랑 쳐도
우리나라 배추김치 깍두기만 못하더라
코리아의 천하명물 김치 깍두기 깍두기
자나깨나 잊지 못할 김치 깍두기

2015년 tvN에서 김시스터즈를 다룬 드라마 "위대한 이야기, 이난영과 김시스터즈"가 방영되었고, 2017년에는 김대현 감독의 다큐멘터리 "다방의 푸른 꿈, Try To Remember"가 상영되었다.

1963년에 김브라더스, 김영조, 영일, 상호, 태성이 미국으로 진출하였다. 김영일은 김해송과 이난영의 일곱 남매 중 다섯째이다. 스물두 살의 김영일은 미국에서 연예생활을 하며, 노름과 술과 담배로 찌든 삶을 살았다. 그러다가 로스앤젤레스에서 크게 성공한 김방앗간의 딸과 결혼하였는데, 그녀가 크리스천이었다. 그의 아내는 김영일의 구원을 위하여 10년을 기도했다. 그는 아내를 데려다주기 위해 교회에 가게 되었고, 예배가 끝날 때까지 밖에서 기다렸다. 쇼 무대에서 노래하던 상태다 보니, 이상한 옷에 목에는 금목걸이를 세 개씩 걸고, 손가락에는 반지를 여섯 개씩 끼고 껄렁거렸다.

그런데 어느 날 교회에서 들려오는 찬송 소리가 귀에 쏙 박혀서 계속 입으로 흥얼거리게 되었다. 아내와 함께 집에 오면서 할렐루야 찬양을 했더니 아내가 놀라면서 할렐루야로 화답하였다. 그렇게 조금씩 교회에 발을 옮기게 되었다. 김영일은 음악을 좋아해서 그런지 찬양을 부르면 눈물이 나고 은혜가 되었다. 살아온 인생도 그렇고 해서 눈물을 많이 흘리며 찬송을 하였다. 김종기 목사는 김영일에게 계속 특송을 시켰다. 김종기 목사는 김영일이 교회에 빠지지 않게 하기 위해서 특송을 시켰던 것이다.

김영일은 1990년 1월 하와이에서 하와이순복음교회 유수양 목사를 통하여 세계성신클럽을 알게 되었다. 세계성신클럽이 제1차 미주 4대 도시 성회를 시작하면서 하와이 루스벨트 하이스쿨에서 가진 하와이성령화대성회에서 김우영 목사, 김국도 목사, 최이식 목사가 저녁 집회 설교자로 나섰다. 낮에는 이승만 초대대통령이 세웠던 연합감리교회에서 교역자 세미나가 있어서 김영일 집사가 색소폰 연주와 찬양을 하게 되었다. 나는 "기독교문화와 대중문화"에 대한 특강을 하였다. 대중문화 속의 유행가가 끼친 시대적 역할에 대한 강의를 들은 김영일은 그때부터 세계성신클럽의 92세계성령화대성회 준비를 위한 미주성회와 한국성회에서 찬양을 담당하게 되었다.

김종기 목사는 김영일을 라스베이거스순복음교회 장로로 장립하여 교회의 울타리를 넘어서 이민교회와 한국교회, 일본교회를 순회 연주하도록 배려해 주었다. 김종기 목사와 김영일 장로는 한국교회 집회와 성령대회에 강사와 찬양으로 섬겼다. 그리고 매년 한 번씩 6·25를 기념하여 세계성신클럽 강사들을 초청하여 라스베이거스성령화대성회를 열게 했다.

미국 워싱턴 DC가 소재한 버지니아 주에 있는 한국복음선교협회와 주간 미주복음신문을 경영하는 장진우 장로가 있었다. 그는 한국의 대표적인 목회자인 조용기 목사, 곽선희 목사, 길자연 목사, 이중표 목사와 부흥사인 이천석 목사, 신현균 목사, 이호문 목사, 김홍도 목사, 최복규 목사, 최이식 목사 등의 스케줄을 받아서 미국 50개 주에 있는 한인교회에 부흥회를 연결하였다. 그러나 그 과정에서 교회와 강사들에게 지나친 신문광고비를 요구하거나 비용을 청구하여서 대부분 그를 기피하였다.

한편 장진우 장로는 미국의 대도시 교회에서 한인 목회자들을 대상으로 '한인기독교교역자수련회'를 주관했다. 그러다가 한인 목회자들이 한국에서 수련회를 하기를 원했다. 1990년 4월 25일부터 28일까지 소망교회(담임목사 곽선희)에서 수련회를 갖게 되었다. 그때부터 격년으로 한국에서 미주 한인 목회자들이 고국에서 귀국 수련회를 갖는 것을 희망하였다.

1997년이 되어서 장진우 장로가 한국에 들어와서는 '제19차 재북미한인교역자수련회'를 여의도순복음교회에서 갖고 싶다며, 내게 조용기 목사와의 면담 약속을 잡아달라고 했다.

나는 하는 수 없이 그러자고 대답하고, 다음 날 아침 일찍 여의도순복음교회를 찾았다. 그때 마침, 교육관 앞에서 베이지색 버버리 코트 차림으로 집무실로 출근하는 조용기 목사를 만나게 되었다.

"목사님, 장진우 장로가 9시에 찾아뵙겠다고 합니다."

"내가 왜 그 사람을 만나? 시간 낭비야. 안 목사가 나 시간 없다고 전해."

조용기 목사는 톤이 다운된 음성으로 장진우 장로의 면담을 거절하겠다는 의사를 밝혔다. 조용기 목사는 자신의 의사와는 무관하게 신문광고비를 내고 자주 광고비를 요구하는 장진우 장로와는 관계를 지속하기를 원하지 않았다. 나는 중간에서 어떻게 장진우 장로에게 이런 조용기 목사의 의사를 전달해야 할지 난감했다. 나는 조용기 목사에게 들은 이야기를 장진우 장로에게 곧이곧대로 전달할 수 없었다. 순간 지혜가 떠올랐다. 렉싱턴호텔 뒤에 있는 대아죽집에서 조찬을 하면서 장진우 장로에게 이렇게 조언을 해주었다.

"장 장로님, 이번에 국민일보 차일석 사장이 물러나고, 조 목사님의 맏아들 조희준이 사장이 되었어요. 그러니 이따가 조용기 목사님을 뵙게 되면 조희준 사장을 세운 건 아주 잘한 일이라고 말씀드리세요."

조용기 목사 접견실에서 불청객이 되어 앉았는데 고석환 부목사가 나를 보자고 하였다.

"안 목사님, 당회장님께서 장진우 장로 만날 시간이 없다고 하니 그에게 잘 말해서 돌아가시죠."

"나야 그러고 싶은데, 미국에서 비행기 타고 왔는데 설득이 잘 안 돼요."

고석환 부목사가 잠시 당회장실에 들어갔다가 나오더니 "장진우 장로 면담할 때 안 목사님도 동석해 주세요"라고 했다.

장진우 장로와 함께 당회장실에 들어갔더니 조용기 목사가 말했다.

"아니 장 장로, 나를 만나고 싶으면 내게 직접 연락해야지, 왜 안 목사 통해서 만나자고 했어요? 그래서 내가 면담을 거절한 거요."

나는 조용기 목사의 면담 거절 의사를 액면 그대로 전달하지 않았는데, 조용기 목사는 내가 곧이곧대로 면담 거절 의사를 전한 것으로 알고 상대방의 마음에 상처를 주지 않고자 그렇게 해명한 것이다.

그러자 장진우 장로는 이렇게 말했다.

"조 목사님, 이번에 조희준 사장 잘 세운 겁니다. 아, 차일석 장로가 무슨 일을 하겠습니까? 조희준 사장처럼 젊은 세대가 국민일보를 맡아서 키워야지요. 너무 잘하셨습니다."

"아, 그래요. 다들 그렇게 말해주니 감사합니다. 찾아온 용건이 뭔가요?"

"재북미 한인 교역자들이 내년에는 여의도순복음교회에서 수련회를 갖고 조용기 목사님의 목회를 배우고 싶어 합니다."

"장 장로님, 우리 교회는 벌써 1년 행사 일정이 다 잡혀 있어요. 그러니 강남에 있는 제2성전에서 하세요. 거기도 3,000명 이상 좌석이 있고, 부대시설도 좋습니다."

그렇게 해서 어렵사리 1998년 3월 10일부터 13일까지 제19차 재북미한인교역자수련회를 여의도순복음교회 제2성전(현 순복음강남교회)에서 하게 되었다. 그러나 여의도순복음교회는 장소만 빌려주는 것이었고, 저녁 성회에는 교인 동원을 하지 않겠다는 방침이었다.

나는 3천 명을 수용하는 강남성전에 강남 일대에 거주하는 기독교인들이 자발적으로 참여하게 하는 방안으로 〈국민일보〉에 광고를 내고, 포스터와 전단 등을 제작하여 홍보하였다. 그리고 제2성전 담임 신성남 목사와 협의하여 저녁 집회 강사로 조용기 목사, 김삼환 목사, 윤석전 목사를 세웠다.

성회 마지막 날에는 통일음악회를 열었다. 가수 윤복희, 소프라노 김인혜 교수와 조승미 발레단, 안희복 교수가 지휘하는 제2성전 성가대, 라스베이거스순복음교회 김종기 목사가 트럼펫을 솔로 연주하도록 연출했다. 그로 인해서 강남지역 성도들이 예배당을 가득 채우게 되었고, 300명이 넘는 한인 목회자들은 고국에서 말씀과 음악으로 영적 충전을 하게 되었다.

트럼펫을 연주하는 김종기 목사. 여의도순복음교회 제2성전

2005년에는 미주이민100주년대회가 로스앤젤레스에서 개최되어 김삼환 목사, 이재창 목사 등과 내가 라스베이거스에 찾아갔다. 그때 김종기 목사는 폐암 투병 중에 김삼환 목사 등 한국 목사들에게 기도를 받았다. 김종기 목사는 이재창 목사가 안수하는 순간에 뜨거운 불을 체험하였다.

　　로스앤젤레스에서 100여 명의 이민 목회자와 한국 목회자들이 버스를 타고 라스베이거스순복음교회에 가서 집회를 갖고 호텔로 돌아가게 되었다. 라스베이거스는 호텔과 카지노장이 한 건물에 있었다. 김종기 목사는 버스에 올라타서 "라스베이거스 카지노장에는 우리 교인들이 많습니다. 얼마 전에 어느 목사가 와서 카지노에서 큰 액수의 돈을 잃었다는 것이 한국방송에도 보도되었습니다. 한국에서 많은 목사님들이 오셨는데, 하나님과 교민들이 보고 있으니 오락이라고 구경하거나 카지노장에 잠시라도 계시지 마십시오"라고 말했다.

　　생애 마지막까지 신앙의 정도를 걸었던 김종기 목사는 2005년 11월 21일 향년 64세로 소천했다.

　　조용기 목사에게 임한 성령의 역사는 환락과 도박의 도시 라스베이거스에서도 김종기 목사를 통하여 지속이 되었으며, 앞으로도 이어질 것이다.

44.
기하성희년대회와 조용기 목사

기독교대한하나님의성회는 창립 50주년을 맞이하여 희년을 선포했다. 2002년 3월 8일 총회회관에서 2003기하성희년대회 본부 개소식을 하였다. 먼저 대회조직에 착수하여 총재 조용기 목사, 대표대회장 박정근 목사, 본부장 김용완 목사, 준비위원장 유재필 목사, 사무총장으로 나를 선임하였다.

2002년 10월 4일에 여의도순복음교회 대성전에서 조용기 목사를 강사로 '기하성서울희년준비성회'를 개최하였다. 이어서 교단 50년사 편찬위원회(위원장 김진환 목사)를 조직해서 교단 50년사를 편찬하기로 하였다.

2002년 11월 11일에는 대조동순복음교회에서 기하성희년신학심포지엄을 개최하였다. 1958년 5월 18일 대조동 깨밭에서 천막교회로 시작된 순복음교회에서 800여 명의 목회자와 중남미, 중동, 아시아에서 한국을 찾아온 WCC 에큐메니칼 신학자들 20여 명과 국내 신학자, 신학도가 참석한 가운데 열렸다.

국제신학연구원 원장 김삼환 박사는 '펜타코스탈-에큐메니칼 대

기하성희년신학심포지엄. 대조동 순복음교회, 2002. 11. 11.

화'를 주관하였다. 그는 영어와 한국어를 동시에 구사하면서 "순복음 3중축복의 신앙"이라는 주제로 조용기 목사의 신학과 신앙이 기독교대한하나님의성회 50년사에 근간이 된 것을 국내외 석학들에게 발표하였다.

희년복음성가경연대회를 11월 30일 순복음노원교회에서 열었다. 교단 여러 교회에서 장년부 4팀, 대학청년부 4팀, 중고등부 7팀, 국악부 3팀 등 모두 18개 팀이 경연에 참가하였다. 이날 심사위원장 김성혜 총장이 대상 엄진용 목사가 시무하는 제일좋은교회 '이른비와 늦은비', 금상 '닛시 중창단', 은상 이지미, 한응원, 동상 백승엽, 아이노스, 최보람 등에게 시상을 했다.

기독교대한하나님의성회 공로자

2003년 4월 10일 CCMM 우봉홀에서 기하성 50년 역사 속에서 50인, 50교회에 대한 헌정식을 가졌다.

교단 창설 공로자로는 1953년 교단을 창립한 박성산, 배부근, 허홍, 곽봉조, 윤성덕, 김성환 목사 등 이미 작고한 6인이 선정되었다. 교단 발전 공로자로는 교단을 한국과 세계적으로 성장 발전하는 데에 큰 역할을 한 조용기 목사, 한국 오순절의 산파 메리 C. 럼시 선교사, 아더 B. 체스넛 선교사, 워너 마일스 선교사가 선정되었다.

교단 발전 기여자로는 메이나드 케참(Maynard Ketcham) 선교사, 맥신 스트로브리지, 베리 헨리, 존 스텟츠 선교사와 교단사의 산 증인이라고 할 수 있는 박정근 목사, 서병열 목사, 최성규 목사가 선정되었다.

초기 목회자 박귀임 전도사, 김길윤, 양찬석, 정찬성, 문재호, 김상호, 최치봉, 김운경, 최요열 목사, 순교자 박헌근 장로, 교단 행정가 김경철 목사가 선정되었다. 리처드 존스턴, 찰스 버더필드, 존 허스턴, 루이스 P. 리처드 선교사가 이 땅에 뿌린 복음의 씨앗이 오늘날 세계적인 교단으로, 한국의 장로교, 감리교, 기하성 교단 등의 3대 교단이라는 열매를 맺게 했다.

성령운동을 한국과 세계에 확산한 부흥사 최자실 목사, 김진환 목사, 사무엘 토드 목사가 부흥사 4인으로 선정되었다.

한인 선교사는 이정봉 선교사, 황모영 선교사, 최원철 선교사, 김종양 선교사, 한치완 선교사가 선정되었다. 신학 교육자는 아더 C. 솔티스 선교사, 한세대학교 발전에 기여한 박정열 목사, 이규호 장로, 김성혜 목사, 순복음신학교 이홍구 목사, 호서대학교 설립자 강석규

2003년 기하성희년 50인·50교회 헌정식에서 설교하는 조용기 목사

장로, 오순절 신학의 기초를 세운 변종호 목사가 선정되었다. 언론 부문에는 국민일보 창간 판매국장과 사장으로 재임하면서 '복음 실은 국민일보'로 발전시킨 노승숙 장로가 선정되었다.

기독교대한하나님의성회 50년 역사를 이루어낸 50교회를 선정하였는데 공로 대교회로 여의도순복음교회가 선정되었다. 이외에도 1924년에 윤성덕 목사에 의해 창립된 황해교회(지금의 가거도교회, 박계갑 목사), 1937년 전도인 전문 평신도에 의해서 세워진 이목교회(이문근 목사), 1948년 3월 5일 박귀임 전도사가 세운 순천오순절교회(신정헌 목사), 1948년 4월 15일 김성환 목사가 자신의 절을 교회로 바친 목포순복음교회(지금의 서남순복음교회, 안기호 목사), 김운경 목사가

CCMM 우봉홀 기념 케이크 절단. 우측부터 안준배, 박문옥, 유재필, 최성규, 박정근, 조용기, 김성혜, 박영찬, 정원희, 이재창, 김용완, 장희열. 2003. 4. 10.

1952년 2월 여수에서 세운 순복음여수교회(양문승 목사), 1952년 5월 허홍 목사가 세운 남부교회(정동균 목사), 1952년 7월 박정례 전도사가 세운 구례순복음교회(노남규 목사), 박성산 목사가 1952년 세운 남원중앙교회(서병열 목사)와 1952년 11월에 세운 순복음부산교회(차종화 목사), 김길윤 전도사가 세운 순복음거제중앙교회(김창영 목사), 1953년 5월 15일 청천면 장리에 있는 청천순복음교회(안명복 목사) 등, 교단 창립을 전후하여 세워진 이상의 교회들이 역사적 교회로 선정되었다.

박귀임 전도사가 광주 불로동에 세운 광주순복음교회(정원희 목사)는 역사적대교회로서 선정되었다. 뒤늦게 세워졌으나 짧은 역사

속에서 지역을 대표하는 교회로 선정된 대전순복음교회(김석산 목사), 서산순복음교회(백승억 목사), 수원순복음교회(이재창 목사), 순복음경동교회(이홍구 목사), 순복음교회(박정근 목사), 순복음노원교회(유재필 목사), 순복음부평교회(장희열 목사), 순복음대구교회(고건일 목사), 순복음의정부교회(박종선 목사), 인천순복음교회(최성규 목사), 순복음성남교회(엄기호 목사), 순복음춘천교회(김주환 목사), 해운대순복음교회(정경철 목사)가 중대형교회로 선정되었다.

교단기여교회로 구로순복음교회(김경철 목사), 순복음새소망교회(이봉식 목사), 순복음한성교회(함동근 목사), 은평중앙교회(김진환 목사), 서대문교회(김준성 목사), 평택순복음교회(강현식 목사), 이천순복음교회(김명현 목사), 순복음평택중앙교회(박남용 목사), 진해순복음교회(박영찬 목사), 전주순복음교회(임종달 목사), 순복음제주도중앙교회(초근수 목사), 광주 순복음만백성교회(강희욱 목사) 등 50교회가 교단 50년사에 등재되었다.

2003년 3월 31일부터 4월 3일까지 농어촌 오지교회 사순절 순례를 하였다. 기독교대한하나님의성회 50년 성령 역사는 산골 깊숙이 자리 잡고 묵묵히 복음의 씨앗을 심은 농어촌 교회들이 있었기 때문이다. 진행위원장 김창곤 목사가 운전하여 경상도 산골에 위치한 외삼순복음교회(김태영 목사)에서 2003년 3월 31일 첫 순회 예배를 드렸다. 그리고 지방회의 추천을 받은 지역의 미자립 교회에 50만 원의 희년 후원금을 전달했다. 4월 1일에는 전라도에 위치한 작천순복음교회(김진회 목사), 충청도 장기순복음교회(김사라 목사)에서 순회성회를 했다. 이어 4월 2일 강원도 예미순복음교회(안태삼 목사), 경기도 은혜순복음교회(김장수 목사)에서 기하성희년50농어촌교회로 선정된 교회를 격려하고 지원했다.

영산아트홀에 입장하는 조용기 목사를 환영하는 해외 참석자들. 2003. 5. 20.

　　2003년 4월 14일부터 16일까지 대한민국 최서남단 가거도순복음교회(박계갑 목사)에서 성회를 가졌다. 첫날 저녁 성회는 김용완 목사, 다음 날 오전 성회는 정원희 목사가 메시지를 전했다. 광주순복음교회는 외딴 섬 지역에 있는 교회 목사와 성도들에게 희년대회 참가비 지원금 350만 원을 가거도순복음교회에 전달했다. 이로써 성도 30여 명이 서울상암경기장에서 열리는 '2003기하성희년대성회'에 참여할 수 있었다. 5월 22일에 개최된 성회에 참석한 가거도순복음교회 박계갑 목사와 성도 30명은 현존하는 오순절 최초의 교회로서 긍지와 감사를 담은 30만 원의 감사헌금을 하였다.

　　2003년 5월 20일 영산아트홀에서 지인숙 연출의 〈이 기쁜 소식을〉

제2부 뮤지컬에서 메조소프라노 김현주 교수와 바리톤 김재창 씨가 '타오르는 성령의 불꽃'을 열창하고 있다. 2003. 5. 20.

이라는 뮤지컬을 김재창, 손미선, 김현주, 임정현 등 성악가가 출연하여 교단역사 50년을 노래와 춤으로 보여주었다. 미국 하나님의성회 동양선교부장과 존 스텟츠, 버더필드 등 선교사들은 본고장의 음악극을 뛰어넘는 수작이라고 칭찬하였다.

성령 충만을 통해 한국에 '제2의 오순절운동'이 일어나길 기원하는 은혜와 기도의 열기가 2003년 5월 22일 서울상암월드컵경기장을 뜨겁게 달구었다.

'성령역사오십년'이라는 타이틀로 교단 창립 50주년을 기념한 '2003기하성희년대성회'가 교단 소속 교역자와 성도 7만 명이 참석한 가운데 불꽃을 모았다.

성회는 임종달 목사, 김민정 집사가 사회를 맡아 뮤지컬, 연극, 국악, 찬양으로 기독교대한하나님의성회 교단 역사 50년을 보여주는 최종률 연출의 〈성령이 오셨네〉로 시작되었다. 윤덕용, 정선일, 김민정이 출연한 〈한반도 회복〉이라는 연극 공연을 한 후, 대만 총회장 스테판 싸이, 일본 부총회장 스기모토 수스케 목사(통역 강일성 목사), 선교사 대표 찰스 버더필드(통역 박정호 목사), 세계하나님의성회 참석자 대표이고 희년 50인 선교사로 선정된 존 스텟츠 목사(통역 이원박 목사), 한국장로교총연합회 대표회장 전병금 목사, 한국기독교성령 100주년대회 총재 피종진 목사의 축사가 이어졌다.

이어서 여의도순복음교회 임마누엘성가대가 Gospel Selection 뮤지컬로 생동하는 순복음의 신앙을 보여주었다. 김정자 성정문화재단 이사장이 김상길 시인의 "그에게 소망을 두리라"는 기념시를 낭송하였다. 이준아 정가 "성령가", 김형철 판소리 "해방가"에 뒤이어 경기명창 김선란, 한진자, 이유라, 남궁랑, 노학순, 김점순의 "희년아리랑"과 메조 소프라노 김현주의 "희년아리랑"은 동서의 만남을 보여주었다.

입장식에는 전호윤 목사, 함동근 목사의 사회로 대취타의 나발과 북소리에 맞추어 만국기, 성회기가 입장하고, 뒤이어서 조용기 목사와 순서자, 해외 참가자들과 지방회 임원들이 행진하며 운동장에 들어왔다.

개회식은 사무총장 안준배 목사의 사회로 미주 참가단 김종기 목사와 이광희 목사가 애국가 제창을 선도하였다. 총회장 김정명 목사의 개회선언, "하나님의성회가"를 성악가 손미선, 김현주, 임정현의 선창으로 전 성도가 제창하였다. 대표대회장 박정근 목사의 개회사에 이어 천년을 향한 겨레의 노래 "전도곡"(안준배 작사, 문성모 작곡)을 서

기하성희년대회 설교하는 조용기 목사. 서울상암월드컵경기장. 2003. 5. 22.

도소리 보유자 김광숙과 시온국악예술단이 30분 분량으로 불렀다.

준비위원장 유재필 목사의 사회로 박영찬 목사의 취지문 낭독, 교단 50년사 낭독을 김진환 목사, 희년 50인, 희년 50교회, 희년농어촌 오지 50교회를 본부장 김용완 목사가 선포하였다. 이어서 해외 70교회를 함동근 목사가 선포하였다. 미국하나님의성회 총회장 토마스 E. 트라스크 목사의 영상 메시지를 방영했다.

성령역사 50년의 중심에 있는 총재 조용기 목사가 "희년의 복"을 설교하고, 교단 창립 후 민족복음화와 세계선교를 위해 끊임없이 전진한 기하성의 지난 50년을 회고했다. 설교 후에는 희년기를 총재 조용기 목사가 총회장 김정명 목사에게 전달했다. 교단 역사 속에서 수많은 분열이 있었지만, 교단 50주년은 하나가 되어 '240만 성도, 5천 교회' 성장을 목표로 단합하였다. 이날 교단 발전과 통합에 절대적 공헌을 한 조용기 목사에게 공로상을 수여했다.

조용기 목사는 이날 교단 성장의 동력이 되고 있는 신유축복기도

교단창립 50주년기념 2003기하성희년 리셉션에서 떡을 절단하는 중앙에서
조용기 목사, 김성혜 목사, 박정근 목사.

를 하였다. 재미 피아니스트 이경미의 성령찬양메들리 연주에 이어 이재창 목사, 정원희 목사, 장희열 목사가 나서서 통성기도로 교단의 정체성을 보여주었다.

한국기독교교회협의회 회장 최성규 목사, 한국기독교총연합회 회장 길자연 목사, 재단법인 아가페 이사장 김삼환 목사가 한국교회를 대표하여 축사를 하였다. 2003명으로 구성된 연합찬양대의 "희년아리랑" 찬양, 박남용 목사의 구호 제창에 이어 박종선 목사의 축도로 2003기하성희년대성회가 마무리되었다.

우리는 언제 분열되고 나누어진 기하성교단이 다시 한자리에 모여, 하나 된 교단으로 성령역사를 한국교회와 오대양 육대주로 전달

기하성50주년 리셉션에서 말씀을 전하는 조용기 목사

할 수 있을까. 2023년 교단 창립 70주년에는 성령의 하나 되게 하심을 실천할 수 있기를 희망한다.

기하성희년대회가 끝나고 17년이 지나서이다. 조용기 목사는 2020년 7월 일산 컨트리클럽에서 운동을 마치고는 영목회 제자들과 사실상 마지막 대면을 하였다. 그는 교단이 하나 되는 것에 대한 기대를 종내 숨기지 못했다.

그날 웬일인지 조용기 목사는 제자들을 한 사람 한 사람 손을 잡으면서 격려하고 당부하였다. 성전 건축으로 교회가 어렵게 된 엄기호 목사에게는 눈물까지 흘리면서 안타까워했다. 이어서 기독교대한하나님의성회 광화문 교단의 영향력을 갖고 있는 함동근 목사에게 이렇게 말했다.

44. 기하성희년대회와 조용기 목사   371

"자네들은 언제 합칠 건가? 속히 하나가 되어야지."

이어 함동근 목사는 이렇게 답변했다.

"목사님, 염려하지 마세요. 지금은 아니지만 때가 되면 통합을 할 수 있을 것입니다."

함동근 목사는 2021년 9월 14일 조용기 목사가 소천하고 나서 어느 모임에서 '조용기 목사의 마지막 당부는 교단이 하나가 되는 것이었다'고 내게 말해 주었다. 조용기 목사는 끝까지 교단이 하나 되고 연합하는 것에 대한 희망을 갖고 있었다.

안 목사, 국악 공연이 언제 끝나나?

만 24개월의 준비행사와 본행사를 마치고 2003년 5월 22일에 50주년 기념 리셉션을 63국제회의장에서 미국, 일본에서 참석한 하나님의성회 대표단, 한국의 교계, 사회, 정계, 지도자들 천여 명이 참석한 가운데 가졌다.

정가 이수자 이준아의 시조창 "성령가", 김형철의 판소리 "해방가", 김선란 명창의 희년국악예술단 국악찬양으로 축하 공연이 이어졌다. 나는 무대 뒤에서 연출을 보고 있었는데, 최영광 목사가 내게 와서 조용기 목사가 급히 나를 찾는다고 했다. 조용기 목사는 나를 보자마자 이렇게 말했다.

"안 목사, 국악 공연이 언제 끝나나? 내가 한 주 내내 국악을 듣다 보니 꿈에서까지 국악 소리가 들리네."

나는 "이 프로그램으로 중단시키겠습니다"라고 대답을 할 수밖에 없었다. 전야제가 열리는 영산아트홀에서도, 본 성회가 열리는 상암월드컵경기장에서도 입장식부터 백 명의 취타대가 태평소와 나발을 불고 대북을 두들겨대면서 행진하였다. 조용기 목사가 살아오면서 어쩌다 들었던 국악을 기하성희년대회에서 한 주간 동안 평생에 들었던 것보다 더 많이 듣게 된 것이다.

눈과 귀에 어지간히 국악 소리가 쏟아진지라, 나는 리셉션 식전행사를 맡겼던 문재숙 교수가 이끄는 가야금 연주단 '예가회'가 늦게 도착하였기에, 문재숙 교수에게 양해를 구하고 다과회에서 연주해 달라고 하였다. 그러자 문재숙 교수는 식사하고 대화하는 분위기에서 연주할 수 없다고 거절하고 철수하였다.

나는 기하성 교단의 역사를 전통음악과 서양음악으로 표현하고자 하였다. 상암월드컵경기장을 가득 채운 7만 명이 모인 성회를 한국교회에 상장시켰다. 내가 1999년 5월에 기하성 교단 총무선거에서 연거푸 낙선하고 나서 현실로부터 도피하고자 분당의 경기민요학원을 찾아갔던 발길이 국악을 한국교회로 진입시키는 통로가 된 것이다. 기하성 교단의 역사보다도 배나 오래된 장로교와 감리교에 비해서도 월등히 뛰어난 예술제와 신학 심포지엄을 갖고 농어촌 오지교회까지 찾아가서 성령역사 50년의 은혜를 나누었다.

45.

성령역사 일백년, 1907년 길선주 목사, 2007년 조용기 목사

1907년 성령운동이 발화된 지 51년이 지난 1958년 5월 18일 대조동 공동묘지 터 위에 천막교회가 세워졌다. 조용기 전도사와 최자실 전도사와 그녀의 자녀인 김성혜, 성수, 성광 남매로 이루어진 5명의 개척교인이 첫 예배를 드린 때만 해도 아무도 순복음교회의 시작을 주목한 이가 없었다. 그로부터 49년이 흘러 천막교회는 한국교회와 세계교회에 성령운동을 재점화한 여의도순복음교회가 되었다. 조용기 목사는 성령운동의 아이콘이 되었고, 치유사역을 바탕으로 한 모성적 성령운동으로 성령 1세기의 넓고도 깊은 성령역사 일백년의 마침표가 되었다.

1989년 3월 27일 세계성신클럽이 19명의 차세대 부흥사와 목회자, 문화운동가를 중심으로 발족되었을 때에도 소그룹집단인 세계성신클럽이 훗날 한국교회 성령운동을 견인하리라고는 누구도 예상하지 못했다. 한국교회 연합운동의 모티브가 성령운동이 될 것이라는 짐작은 더더구나 못했다. 한국교회 대형성회가 1973 빌리 그레이엄 전도대회를 시작으로 1974 엑스플로, 1977 민족복음화대성회, 1980 세계복음화대성회, 1984 한국기독교백주년선교대회, 1988 세계복음화대성회로 승계되면서 연합운동의 대명제는 복음화운동이고 부흥운동이었다. 이를 복음화에서 성령화로 변환하여 초대회장 김우영 목사와 이재창, 손학풍, 김용완, 김국도, 최이식, 안준배, 문오장 목사 등 발기인들은 "성령으로 세계를"이란 슬로건을 걸고 성령운동을 제창하였다. 1992 세계성령화대성회를 단기 중간지점으로 설정하여 기도운동을 일으켰다.

당시만 해도 한국교회 주류연합의 주제로는 낯설게 여기던 성령운동이 1992년 8월 15일과 16일 여의도 광장에서 일백만 기도성회로 회집되어 한 시간 이상 연속통성기도를 하였다. 여의도 광장에서의 장엄한 통성기도는 '장대현교회의 통성기도'를 잇는 한국교회 예배양식의 중요 포인트가 되게 하였다.

일찍이 92세계성령화대성회 제2대 대표대회장이었던 이만신 목사가 한국교회 연합운동의 새 이정표로 1997 민족통일성령복음화대성회를 제시하였다. 장대현교회 성령운동의 90주년이면서 자생적 교단인 한국성결교회 90주년이 되는 1997년의 중요성을 우리에게 인식시켰다. 길선주 새벽기도회를 한국교회 내에서 대표적으로 계승한 명성교회 김삼환 목사를 대표대회장으로 세우고 한국기독교교회협의회 총무 김동완 목사, 한국기독교총연합회의 실무자가 개인 자격으로 임원이 되어 부흥사들과 합류하게 되었다. 신학자 김명혁 교수의 가세로 인하여 97민족통일성령복음화대성회의 구성이 보수와 진보, 신학자, 목회자, 부흥사, 문화예술가의 협업을 이루게 되었다. 그리하여 명성교회와 금란교회, 횃불회관에서 성회를 개최하여 90년대 연합운동에 있어서 성령운동의 지속성을 보여주었다.

길선주 목사의 묵시복음관에 의하여 과연 21세기를 탈 없이 세기적 전환을 이룰 수 있을까 하는 염려가 있었다.

그러나 21세기는 오차 없이 시작되었고, 2001년 11월 2일에 한국

기독교성령100주년대회를 여의도 CCMM 우봉홀에서 발기하였다. 이는 역시 21세기 한국교회 연합운동의 아이덴티티는 백년 전과 마찬가지로 성령운동이어야 한다는 당위성을 입증하는 것이다. 한국교회는 2000년을 전후하면서 성령100주년대회에 대한 공감대를 드러내기 시작했다. 평양대부흥이란 수식어도 따르지만 이의 핵심은 조선교회에 임한 오순절 성령강림 사건이었으며, 오늘의 한국교회에 임하여야 할 성령의 주도적 사역이다. 미래의 한국교회도 성령운동으로 정체성을 드러낼 것이다.

성령은 하나님 아버지, 성자 예수와 동격이면서 보혜사로 교회의 현장에 임하신다. 5년 6개월여의 준비과정도 돌이켜보니 성령의 간섭하심에 다름 아니었다. 우리는 당초 특정한 교회가 아니라 잠실주경기장과 상암월드컵경기장 같은 세속적이면서 대중적인 탈 교회적인 장소를 선호하였다. 금세기 성령운동의 정점인 대표고문 조용기 목사는 자신도 모르게 성령의 뜻을 전달하였다. 원래는 서울올림픽주경기장과 상암월드컵경기장에서 2007년 5월 18일 오전에 성회를 갖자고 한 것이 조용기 목사였다. 그러나 몇 번 수정한 끝에 본인이 시무하는 여의도순복음교회로 최종 결정하도록 하였다. 이것은 성령운동의 정체성을 보여주는 것으로, 장대현교회의 성령역사가 교회에서 일어났듯이 오늘의 성령역사도 교회 안에서 일어나야 함을 확고히 한 것이다.

1907년 평양 장대현교회에 임한 성령강림은 계획된 것이 아니었다. 정례적으로 열리는 1월의 부흥사경회만 정해진 것이고, 성령께서 임재하심에 회개가 있었으며, 2년 후 백만인 구령운동으로 발전된 것이다. 교회는 그리스도를 주로 고백한 신자이면서 그 신자 하나하나가 모여 예배드리는 곳이다. 성령일백년사에 있어서 한국교회와 세계교회의 표상으로 세워진 여의도순복음교회에서 한국기독

조용기 목사에게 대회 책자를 보여주는 안준배 목사, 피종진 목사

교성령100주년대성회를 갖게 된 것은 전적으로 성령의 인도하심이었다.

2007 한국기독교성령100주년대성회

1907년 1월 14일 장대현교회, 1958년 5월 18일 순복음교회 천막교회당, 2007년 5월 18일 여의도순복음교회, 2007년 5월 19일 이후의 한국교회, 기막힌 연합이고 연결이다.

한국교회에 임한 성령 강림의 역사는 회개하는 것이다. 부흥은 하위 개념으로 자연히 수반되는 성격이다. 우리 스스로가 사회로부터 오해되거나 지적되고 있는 사항들을 기도제목 삼아 기도한다면 한국교회의 내일은 소망이 있다.

대성회 한 주 전 5월 6일부터 13일까지 17개 지역교회에서 한국기독교성령100주년지역성회가 열렸다.

한국기독교성령100주년대성회 첫째 날 2007년 5월 14일 안요한 목사가 시무하는 새빛교회에서 맹인교우들과 함께 성찬예배를 드렸다. '한국교회 섬김의 날-주여 낮은 데로 임하소서'는 가장 약한 교회, 상처받은 이들과 함께 드리는 예배였다.

둘째 날 5월 15일은 '한국교회 목사·장로의 밤'으로 한국교회 연합과 일치의 주제로 신라호텔 다이너스티홀에서 성령 일백인 초청 리셉션을 가졌다. 길선주 목사가 그토록 염원한, 예배에 있어서 전통문화예술을 토착화하고자 길선주와 그 당시를 국악창극〈장대현 아리랑〉으로 재현하였다.

나는 1999년에 황학동 레코드 가게에서 구입했던 1970년 조용기 목사가 서른네 살에 취입한 설교집 레코드판을 '한국교회 목사·장

7m 떡을 커팅하는 좌로부터 엄신형, 한영훈, 장희열, 김성길, 조용기, 피종진, 방지일, 박종순, 안준배 목사

1970년에 취입한 조용기 목사 레코드 설교집

로의 밤'에 성령센터 건립기금을 모으고자 경매로 내놓았다. 여의도순복음교회 장로 한 분이 그것을 2백만 원에 낙찰받았다. 그 후 2008년 5월 9일, 여의도순복음교회 창립 및 조용기 목사 성역 50주년 기념 기도대성회가 서울올림픽주경기장에서 열렸을 때 그 레코드판이 조용기 목사의 50년 사역을 영상으로 보여주는 데 사용되었다. 조용기 목사의 30분 메시지는 얼마나 빠르고 힘 있는지, 보통의 목사들 설교 속도에 비해 3배 이상 빨랐다. 그리고 성령의 역사가 재생되어 듣는 이들에게 은혜가 넘쳐났다.

셋째 날 5월 16일은 길자연 목사가 담임하는 왕성교회에서 '평양대부흥 일백년 회고의 날'로 평양 대부흥 100주년 감사예배를 드렸다. 현존하는 97세의 최고령 방지일 목사가 길선주 목사를 증언했다. 우리는 길선주 목사를 대면하지는 못했다. 그러나 장대현교회의 전도사로 길선주 목사를 섬겼던 방지일 목사가 생생하게 길선주 목사에 대한 이야기를 마치 어제 있었던 일처럼 들려주었다.

넷째 날 5월 17일은 '한국교회 문화예술의 밤-성령이여 임하소서'의 주제로 한국기독교성령100주년대성회 전야제가 연세중앙교회에서 열렸다. 담임하는 윤석전 목사는 하루 여덟 시간 기도를 외치는 기도자이다. 윤석전 목사의 사회로 최낙중 목사의 체험적 메시지가 선포되었다. 국악을 근본으로 양악으로 작곡된 안준배 극본, 천봉화 작곡 오페레타 〈길선주〉가 박인수, 임정근, 김필승, 변병철, 김요한, 김현주, 오미선, 강명숙, 박미자, 이세이 출연, 최종률 연출로 1907년 성령운동의 어제와 오늘과 내일을 문화적으로 조명하였다.

다섯째 날 5월 18일 여의도순복음교회에서 '한국교회 미래의 날'의 주제로 드린 기념예배는 한영훈 목사의 사회로 김성길 목사의 메시지와 민경배 목사의 기념사가 있었다. 이어서 한국기독교성령100주년기도대성회에서는 장희열 목사 사회로 한국기독교성령100년사 역사인물에 등재된 목회자 조용기 목사와 부흥사 피종진 목사가 설교를 하였다. 최성규 목사, 유재필 목사, 이재창 목사, 소강석 목사가 통성기도를 인도했다.

성령백년, 예수님만 바라봅니다

1907년 평양대부흥운동 100주년을 기념하여 성령운동과 연합운동의 절정을 이룬 것은 2007년 '한국기독교성령100주년대회'였다. 77

민족복음화성회가 평양대부흥운동 70주년 집회였고, 97민족통일성령복음화대성회가 90주년 집회였던 것과 마찬가지로 이번 대회의 구심점도 한국교회에 성령의 역사가 강하게 임했던 평양대부흥운동이었다. 사실 평양대부흥운동 100주년은 한국교회에 의미 깊은 행사였다. 당시 한국기독교성령100주년대회 이외에 1907년을 기념하는 많은 다양한 행사와 성회가 개최되었지만, 민경배 교수는 다른 대회보다 활발하고 짜임새 있고, 인원도 많이 참가한 것은 이 대회였다고 평가하였다.

2007년 한국기독교성령100주년대회는 1907년 장대현교회 성령 강림 100주년 기념 대회이니만큼 무엇보다 '회개'가 그 중심을 이루었다. 이는 평양대부흥운동의 성령 강림이 길선주 목사의 회개에서 시발되었으며, 무엇보다 죄의 통회, 공개적인 자백, 죄에 대한 통찰이 평양대부흥운동의 중요한 특징이었기 때문이다. 준비위원회는 회개에 뒤따르는 성령의 강한 역사를 기대했다.

2007년 한국기독교성령100주년대회는 2001년부터 준비되었다. 그해 11월 여의도의 국민일보 사옥(CCMM) 우봉홀에서 한국기독교성령100주년대회가 조직되었다. 이 대회는 준비 기간 중 한국교회사에 의미 있는 족적을 남겼는데, 그것은 2004년 11월 4일 한국 기독교 성령 일백인, 일백 헌정 교회를 선정했다는 점이다. 조용기 목사와 여의도순복음교회가 그 중심에 있기에 한국교회를 대표하게 된 일백 교회를 선정하고, 역사적 및 현존하는 각계 성령의 사람들을 일백인으로 분류한 것이었다.

이외에 신학적, 역사적 정리 작업도 있었다. 평양대부흥운동과 그 중심인물인 길선주를 신학적으로 정립하고, 성령운동의 과거와 미래를 점검하기 위해 2005년부터 2007년까지 세 차례에 걸쳐 신학 심포지엄이 개최되었다.

헌정 백드롭 앞에서 헌정사를 하는 안준배 목사. 순복음부평교회, 2007. 11. 23.

또한 본 대회가 끝난 후 2007년 11월 23일, 민경배, 피종진, 장희열, 안준배, 임종달, 최낙중, 주남석, 이강평, 강헌식, 박응순 목사가 공동집례하여 순복음부평교회 옆에 위치한 한국기독교선교역사기념관에 성령백년기념비를 제막하고 타임캡슐을 매설하는 행사도 가졌다. 타임캡슐에는 주로 성령대성회에 관한 자료가 들어갔는데, 100년 후에 개봉하는 것으로 하였다.

이와 같은 행사는 한국기독교성령100주년대회가 성회나 문화행사뿐만 아니라 1907년 평양대부흥운동을 역사적으로 기념하는 것에도 주안점을 두었다는 것을 보여준다. 한 시대의 부흥을 책임졌던 인물들이 그 역사적 사명을 다하고 '또 하나의 기념' 대상이 되었던 것이다.

나는 한국기독교성령일백인 헌정식을 하면서 순복음부평교회 시청각 예배실에 대형 현수막을 설치했다. 조용기 목사를 중심으로 16명의 뒷모습을 배경으로 헌정문을 넣었다.

"예수님을 바라봅니다. 1907년 평양장대현교회의 오순절 성령 강림을 바라봅니다. 향후 백 년, 2107년 한국교회를 바라봅니다."

한국기독교성령100주년기념대회는 6년간의 준비사역과 2007년 5월 18일 여의도순복음교회에서의 '한국교회 미래의 날·회개'라는 주제로 열린 본 성회에서 '오직 예수'만 바라보았다. 아무리 크게 쓰임 받았어도 인간의 얼굴은 감춰지고 '오직 예수님'만 바라보는, 예수 그리스도의 종 된 우리 모두를 드러낸 것이었다. 이렇게 디자인한 〈국민일보〉에 실린 광고를 보고 한국교회 목회자와 평신도들이 처음에는 놀랐고, 그리고 후에는 감동이 가슴속에서 솟구쳤다고 한다.

2007 한국교회성령100주년대회에서 방지일 목사께 순서를 부탁하면 어김없이 참석하여 쩌렁쩌렁한 목소리로 격려해 주셨다. 국민일보 12층 우봉홀에서 결산보고를 하면서 조용기 목사를 통하여 양복상품권을 드렸었다. 얼마 후에 교계 행사에서 만나 뵙고는 "방 목사님, 양복을 지으셨나요?"라고 여쭈니, "그렇지 않아도 양복을 하나 해야겠다고 생각하던 차에, 잘 받아 두었는데 어디에다 두었는지 몰라요"라고 하셨다. 나는 체스타필드양복점의 김욱진 장로에게 후에 분실된 티켓이 나오면 내가 책임지겠다고 이야기해서 티켓을 분실하신 방지일 목사께 조끼를 포함한 양복을 지어드렸다. 나중에 방지일 목사는 휠체어에 의지해서 연합행사에 참석하였는데 나를 보면 반가워하셨다. "안 목사는 약방의 감초야, 이거 다 안 목사가 했지?" 방지일 목사는 2014년 10월 10일, 하나님의 부름을 받을 때까지 영

원한 한국교회의 현역이셨다.

　1990년대 이후의 성령운동은 오순절 성령운동이 그 중심에 있다. 1990년대 이후 한국교회의 정체로 인해 대형집회에서는 여전히 성령운동을 통한 민족복음화와 교회의 양적 성장을 변하지 않는 가치로 강조했다. 한국교회의 침체기에 한국교회는 오순절 성령운동으로 성장의 활력을 얻으려 했던 것이다. 다만 이 시기에는 각 교회와 기독교인들의 영적인 각성, 성령 충만, 그리고 윤리성 제고와 같은 한국교회의 질적인 부분도 강조하였다.
　성령운동을 주도하는 목회자들 간의 연합활동은 개교회적 차원의 성격을 갖지만 부흥회와 대규모 집회 등을 통하여 교회의 부흥과 성장에 이바지하고 있다. 기관이나 단체에 의한 교단 연합적 활동은 인위적인 요소가 강하게 작용하고, 대형집회를 통한 연합활동은 일회성 성회로 그치는 단점은 있으나 교회연합 활동과 한국교회 성장에 이바지한 바가 크다. 따라서 21세기 한국교회에도 여전히 성령운동을 통한 교회연합 활동은 계속되어야 할 것이다.
　한국교회 대형집회를 개최하며 성령운동을 통한 한국교회 연합사역을 견인한 세계성령운동중앙협의회는 소강석 목사, 오범열 목사, 김삼환 목사, 유순임 목사, 정인찬 목사, 배진기 목사, 이수형 목사, 장기철 목사 등이 대표회장을 맡아 성령운동연합단체의 역할을 하고 있다.

한국기독교성령역사100인에 선정된 조용기 목사

　2004년 11월 4일 한국기독교성령100주년대회는 서울 올림픽파크텔에서 성령 100인·100헌정교회 선정식을 갖고 1907년 평양 장대현교회를 중심으로 일어난 한국교회의 성령 강림 역사 100주년을 기념했다.

한국기독교성령100주년대회는 성령 100인·100헌정교회에 이어 성령운동에 크게 기여한 인물을 역사인물 100인, 각계인물 100인, 목회자, 문화예술 100인으로 분야별로 선정 발표했다. 이 가운데 여의도순복음교회와 관련된 목회자 평신도 등이 한국 기독교 성령 100년 역사 속에 폭넓게 자리하였다. 선정 인물 중 여의도순복음교회 관련 목회자와 평신도 명단은 다음과 같다.

역사인물 조용기 목사, 최자실 목사, 각계인물 100인 이영훈 목사, 김삼환 목사(신학자), 김성혜 목사, 강석규 장로(교육), 양인평 장로, 전용태 장로(법조), 문화예술 안희복(지휘), 문고헌(연출), 노승숙(언론), 김상길, 이성교(시), 안준배(문화운동) 등이었다. 국내외 100헌정교회는 여의도순복음교회, 미국 워싱턴순복음제일교회, 나성순복음교회, 순복음뉴욕교회, 브라질 순복음상파울로교회, 일본 순복음동경교회, 요코하마순복음교회, 후쿠오카순복음교회, 오사카순복음교회, 대만 타이페이순복음교회, 호주 시드니순복음교회 외 한국교회에서 조용기 목사로부터 큰 영향을 받은 소강석 목사가 개척하여 성장시킨 새에덴교회가 선정되었다.

이 모두는 거목 조용기 목사를 중심으로 한 성령운동의 가지라 할 수 있다.

더 패밀리 오브 맨 메달리온 수상한 조용기 목사

2005년 5월 18일 조용기 목사는 뉴욕 브루클린의 크리스천문화센터에서 뉴욕기독교교회협의회(CCCNY; The Council of Churches of the City New York)가 수여하는 '더 패밀리 오브 맨 메달리온'(The Family of Man Medallion)을 받았다. 조용기 목사가 이 상을 수상한 것은 전 세계 목사 중에서 최초의 사례라 매우 의미가 컸다.

CCCNY 회장 캘빈 버츠 목사는 "조용기 목사의 사역으로 하나님 나라가 전 세계로 확장되게 되었으며, 많은 사람이 조용기 목사를 통해 희망과 용기를 되찾게 됐다"고 선정 이유를 밝혔다.

조용기 목사는 "이 같은 상을 수상하리라고는 전혀 생각하지 못했으며, 앞으로도 하나님의 사역을 위해 보다 더 헌신하라는 의미로 알겠다"면서 "이번 수상을 통해 하나님으로부터 받은 소명의 완수와 주님의 나라 확장을 위해서 더욱 매진해 나가겠다"고 말했다.

1963년에 제정된 '더 패밀리 오브 맨 메달리온'은 세계 번영과 안정, 그리고 각 분야에서 타인의 추앙을 받는 사람에게 주는 상이다. 1963년에 미국의 존 F. 케네디 대통령이 처음 수상한 뒤 아이젠하워, 닉슨, 지미 카터 등 역대 미국 대통령과 록펠러, 포드 등 유명경제인이 수상하였다. 그러나 1986년을 끝으로 수상자를 선정하지 못하다가 조용기 목사가 25번째 수상자로 선정되었다. 특히 한국인으로서는 조용기 목사가 처음일 뿐만 아니라 목사로서는 세계 최초 수상자라는 기록을 남겼다.

뉴욕 시의 5개 자치구 중 브롱스와 브루클린에서는 조용기 목사의 '더 패밀리 오브 맨 메달리온' 수상과 조용기 목사의 뉴욕시 대성회 인도를 기념해 5월 18일을 '조용기 목사의 날'로 선포했다.

아주사 거리 부흥 100주년, 주 강사 조용기 목사

2006년 4월 25~26일 '2006년에 다시 함께'라는 주제로 '아주사거리 부흥100주년기념대회'가 103개국에서 40여 만 명이 참석한 가운데 미국 오순절연합회 주최로 열렸다. 기념대회는 아주사 100주년 대회 대회장으로 현재 오랄 로버츠대학교의 총장이며 세계오순절연합회

'아주사거리부흥100주년기념대회'에서 '대수확'을 주제로 말씀을 전하는 조용기 목사.
LA메모리얼 콜로세움 내 스포츠 아레나, 2006. 4. 29.

(PWF)의 총회장을 맡고 있는 윌리엄 윌슨(William Wilson) 목사의 인도 하에 당시 나성순복음교회를 담임하고 있던 이영훈 목사가 준비위원장을 맡아 LA컨벤션센터에서 개최되었다. 4월 29일 컨벤션센터에서 열린 아시아의 밤 행사에서 조용기 목사는 성령과 함께할 때에만 아시아와 세계교회가 부흥될 수 있다고 강력하게 메시지를 전했다.

조용기 목사는 지난 48년의 목회를 회고하며 "성령은 파트너이자 동역자였고, 동업자였다"며 "미국은 물론 아시아와 세계를 변화시키기 위해서 성령과 함께 나아가자"고 역설했다. 조용기 목사가 주강사로 초빙된 기념대회는 미국 LA컨벤션센터와 여러 교회 및 아주사 부흥운동이 시작된 312번지 주변 등에서 동시다발적으로 시작돼 4월 29일 메모리얼 콜로세움의 스포츠 아레나에서의 전도집회로 대단원의 막을 내렸다.

V

2008~2022

한국교회 봉사단이 주관하여 2007년 12월 17일 조용기 목사, 이영훈 목사 등 성도 250여 명이 태안에서 기름 제거 작업을 하였다.

46.

조용기 목사의 후임, 이영훈 목사

2005년 1월 여의도순복음교회 실행위원회에서 당시 당회장 조용기 목사는 "만 70세가 되는 내년 중에 은퇴하겠다"라고 공표하면서 "후임자 선임은 민주적으로 교회법에 따라 공평하게 처리될 것"이라고 밝혔다.

여의도순복음교회는 2006년 10월 29일 '2006년 제6차 당회 운영위원회'를 열고 교회제도개선위원회가 발의한 '후임 위임목사 선발을 위한 추천의 건'을 논의한 후에 추천된 7명의 후보를 놓고 투표를 실시했다. 운영위원회에 상정된 후임 목회자는 미국 나성순복음교회 이영훈 목사, 여의도순복음교회 강동성전 최명우 목사, 원당순복음교회 고경환 목사, 여의도순복음교회 청년국장 하용달 목사, 여의도순복음교회 도봉성전 김삼환 목사, 미국 뉴욕순복음연합교회 양승호 목사, 영국 런던순복음교회 김용복 목사 등 7인이었다. 이날 당회를 대표하는 150명의 운영위원(장로)들의 1차 투표를 통해 이영훈 목사(42표), 최명우 목사(34표), 고경환 목사(21표) 등 3명이 최종 후보로 선출됐다.

여의도순복음교회의 후임 위임목사를 선출하는 특별임시당회가

2006년 11월 12일 제2교육관 11층 세미나실에서 열렸다. 장로회가 주관한 이 임시당회에는 총 1,219명의 시무장로 가운데 933명이 참석해 선거관리위원회가 설치한 기표소에서 비밀투표를 했다. 이날 비밀투표를 통해 3명의 후보 중 최다 득표를 얻은 후보는 조용기 목사가 은퇴하는 2009년까지 공동목회를 하게 되어 있었다. 이는 여의도순복음교회가 자체적으로 마련한 위임목사직의 단계적 이양을 위한 특별규정 제5조(선발 단계)에 따라 이루어진 결정이었다.

투표에 앞서 임시당회에서 조용기 목사와 933명의 장로들은 하나님께서 원하시는 합당한 지도자를 선출하게 해달라고 기도했다. 이후 실시된 투표에서 이영훈 목사가 435표, 최명우 목사가 258표, 고경환 목사가 204표를 각각 얻어 최종적으로 최다득표자 이영훈 목사가 여의도순복음교회의 후임 위임목사로 선출되었다.

여의도순복음교회는 교단 헌법에 의거하여 차기 위임목사 선출의 최종 단계로 2007년 7월 8일 주일 대성전과 21개 지성전에서 20세 이상 침례교인들을 대상으로 공동의회를 개최하여 이영훈 목사에 대한 위임목사 인준 투표를 실시했다. 이날 대성전에서는 7차례 예배가 끝날 때마다 위임목사 인준을 위한 공동의회가 열렸고, 표결은 대형교회의 특성을 감안해 기립투표로 진행했다. 투표에 참석한 15만 4,088명 가운데 15만 3,645명이 이영훈 위임목사 인준에 찬성했다.

이영훈 목사, 제2대 위임목사 취임

2008년 5월 21일 이영훈 위임목사는 전 성도들이 지켜보는 가운데 조용기 목사의 뒤를 이어 여의도순복음교회 2대 위임목사로 공식 취임했다. 기독교대한하나님의성회 여의도지방회 주관으로 대성전에서 드려진 이영훈 위임목사의 취임예배는 전 교회적, 전 교단적인 기쁨과 감사의 예배였을 뿐만 아니라, 한국교회와 사회로부터도 큰 관심과 기대를 모았다.

조용기 목사는 격려사를 통해 "이영훈 목사님과 같은 사랑하는 제자를 주신 하나님께 감사드립니다. 저는 뒤에서 여러분을 위해 열심히 기도하고 우리 이영훈 목사님의 목회에 있는 힘을 다해 협조하고 도와줘서 이영훈 목사님이 더 큰 일을 하도록 힘을 쓰겠습니다"라고 말하며 성도들의 기도를 당부했다.

교계 지도자들과 전 성도들의 축복 가운데 취임한 이영훈 위임목사는 여의도순복음교회의 성령 충만한 사역을 계승할 것을 다짐하면서 "모든 영광을 하나님께 올려드립니다. 영적인 스승이신 조용기 목사님께도 깊은 감사를 드립니다. 하나님 나라의 확장을 위해 최선을 다해서 주님의 몸 된 교회를 섬기고 성도님들을 섬기겠습니다"라고 말했다.

이영훈 위임목사의 출생과 성장

이영훈 목사는 여의도순복음교회 장로회장을 역임(1977~79)한 아버지 이경선 장로와 어머니 김선실 목사의 4남 1녀 중 둘째 아들로, 1954년 11월 19일 증조부 이재식 선생에서부터 이어 내려오는 4대째 기독교 집안에서 태어났다. 평양에서 베어드 선교사를 만나 복음을 받아들인 이재식 선생은 앞장서서 교회 건축에 헌신하였고, 이런 그의 신앙은 조부 이원근 장로에게 전해졌다. 당시 평양 최대의 교회인 서문밖교회의 장로였던 조부 이원근 장로는 평양미싱무역협회 이사장으로서 일본에서 미싱을 수입하여 평양 전역에 보급하였는데 음양으로 독립운동을 지원하였다. 그는 1919년 3월 만세운동에 참여하여 6개월의 옥고를 치르는 등 어려운 상황에도 굴복하지 않는 믿음의 소유자였다. 또한 아버지 이경선 장로는 월남하여 아버지의 사업을 이어받아 미싱 제조, 수출, 보급에 힘쓴 청빈한 사업가로 성공을 거두었으며, 어머니 김선실 명예 목사는 심방전도사로서 최자실 목사와 함께 열정적으로 복음을 전했다.

북한에 김일성 정권이 들어서고 기독교인이 숙청의 대상이 되는 등 정세가 급박하게 돌아가자, 이원근 장로는 1948년 6월 가족들과 함께 황해도 해주 항구에서 빌린 통통배의 맨 밑바닥에 몸을 숨기고 38선을 넘어 서울 땅에 도착했다. 서울에 도착하여 당시 월남한 성도들을 위해 영락교회 마당에 마련된 천막에서 약 한 달 동안 머문 후, 서울 원효로에 거처를 정하여 남영동 91번지에 정착했고, 그곳에 남영동교회를 세워 월남한 성도들을 돌봤다.

이원근 장로는 1949년 8월에 광주에 소재한 미국 남장로교 선교본부에서 만난 탈미지 선교사의 부탁으로 1950년 1월 제주도에 내려가 조사(전도사 또는 강도사와 비슷한 직분)의 자격으로 예장통합 남원교회(現 예장통합 소속)를 재건하여, 2년 반 목회하고 남원중학교를 인수 및 운영하였으며, 위미와 표선에 기도처를 세웠다. 위미교회, 표선교회도 그 지역에 가장 큰 예장통합측 교회로 자리잡았다. 그리고 3남 경준 목사는 서귀포에 교회를 세웠다. 또한 제주도 사역 후에는 부산에 잠시 정착하며 한경직 목사를 도와 부산영락교회를 세우는 데 동참했다. 부산영락교회가 완공된 후 이원근 장로는 큰아버지 이경화 장로와 방지일 목사의 고모가 되는 큰어머니 방복심 권사에게 고현봉 목사를 모시고 교회를 잘 섬겨줄 것을 권면하고 상경했다. 이처럼 이원근 장로는 가는 곳마다 교회를 세우며 복음 전하는 일에 앞장섰다.

"복을 받고 싶으냐? 그러면 교회를 잘 섬기고, 주의 종의 뜻을 잘 받들어 모셔라. 복 받는 비결은 주일성수다. 그리고 교회 중심의 신앙생활이다."

이영훈 목사는 그의 가족에게 가장 큰 신앙적 영향을 주었던 조부 이원근 장로 밑에서 '하나님 제일주의 신앙'을 배우며 자랐다. 이영훈 목사는 어릴 때부터 매일 가정예배를 드리고, 매주 토요일마다 성경공부를 하는 등 신앙생활의 기본을 가정으로부터 배웠다. 이로 인해 그는 신앙이 최고의 유산임을 깨닫게 되었다.

서대문 순복음중앙교회로의 출석

1964년 초, 이원근 장로는 가족들과 함께 서울 서대문구 냉천동 45번지로 이사했다. 이원근 장로는 장로교 전통의 집안이었으나 북한에서 옥고를 치른 후유증으로 다리가 불편하여 집에서 도보로 5분 거리에 있는 순복음중앙교회로 새벽예배를 다니게 되었다. 약 3개월 후 가족들을 한자리에 불러 모은 이원근 장로는 "이번 주부터 우리 가족은 모두 순복음교회에 출석한다. 그 교회의 젊은 목사님이 매우 성령 충만하고, 말씀이 살아 있어, 은혜를 많이 받고 있다"라고 말했다. 그렇게 1964년 4월, 이원근 장로와 이영훈 목사 가족은 순복음중앙교회에 출석하게 되었다.

독실한 장로교 집안에서 조용한 신앙생활을 했던 이영훈 목사에게 처음에는 순복음의 열정적인 예배가 매우 파격적이고 낯설었다. 교회에서 예배 때마다 성령침례의 중요성을 강조하자 성령침례와 방언을 간절히 사모하게 된 이영훈 목사는 1966년 2월 조용기 목사의 부흥성회에서 성령침례를 받았다.

성령침례를 받고 2년 후, 중학교 2학년이었던 이영훈 목사는 조용기 목사와 아주 가깝게 지내던 복음의 동역자 홍콩 ICA 교회 설립자인 오티스 키너 목사가 인도하던 부흥회에 참석했다가 강력한 성령의 임재를 체험했다. 그날 이영훈 목사는 '나도 이제 일생 예수님을 위해 살아야겠다'라고 결심했다. 그 후 이영훈 목사는 연세대학교 신학과에 입학했고, 졸업 후 지금의 한세대학교의 전신인 순복음신학교의 신학과에 편입했다. 그리고 이후 여의도순복음교회 전도사로서 본격적인 사역을 시작하게 되었다.

위임목사 선출 이전까지의 이영훈 목사 목회 경력

1977년 신학교 졸업 후 영산출판사(현 서울말씀사)의 편집부장으로 첫 사역을 시작한 이영훈 목사는 새로 창간된 〈순복음뉴스〉의 초대 편집장으로도 일했다. 이후 1978년 현 국제신학연구원의 전신인 순복음교육연구소의 창립 멤버로서 신학연구실장으로 사역을 감당했으며, 1981년 순복음교육연구소의 제2대 소장으로 취임했다. 그리고 1982년 5월 목사안수를 받고 연세대학교 연합신학대학원(조직신학 전공)을 졸업하고 그해 7월 미국 유학길에 올랐다.

1985년 2월 필라델피아에 소재한 템플대학교에서 박사 학위과정을 밟고 있던 이영훈 목사는 담임목사가 공석이었던 워싱턴순복음제일교회에 부임하여 약 6년 만에 워싱턴 근교 버지니아주 알렉산드리아(6401 Lincholnia RD)의 3천 평 대지에 1천 명을 수용하는 교회를 건축하였다. 교회를 건축하는 동안 물질적·육체적·정신적으로 힘든 상황 가운데에서도 이영훈 목사는 오직 기도와 절대긍정의 믿음으로 모든 것을 극복해 나갔다. 그렇게 성전이 준공될 무렵, 워싱턴순복음제일교회는 주일예배 출석 교인이 1천 명을 돌파하며 워싱턴에서 세 번째로 큰 한인교회가 되었다.

성전 완공 후 1991년 조용기 목사를 초청해 헌당예배를 드렸다. 1992년 5월, 이영훈 목사는 조용기 목사의 부름을 받고 한국으로 돌아와 국제신학연구원 원장으로 부임했다. 이때 《여의도순복음교회의 신앙과 신학 I, II》를 편찬하는 등 순복음 신학의 정립에 주력하여 예장통합 측과 10년간 불거진 이단 시비를 잠재우는 데 일조했다. 1994년 9월 8~13일에 소망교회에서 개최된 제79회 예장통합 총회에서는 조용기 목사에 대한 신학적 논쟁의 대부분이 '오순절 신학의 특수성'에 기인한 것으로 연구 보고를 받고 이단 규정을 철회하였다.

이영훈 목사는 한 번 약속하면 번복하지 않았다. 한 번은 그가 국제신학연구원으로 재직하고 있을 때에 북미총회가 로스앤젤레스에서 총회를 하면서 세미나 특강을 요청했다. 이영훈 목사는 세미나 강사초청에 응하였는데 그 날짜 다음 일자에 중요한 일이 발생하였다. 그는 약속을 취소하지 않고 당일 세미나 일정에 비행기를 타고 맞추어 로스앤젤레스에 도착하였다. 그리고 성실하게 강의를 마치고는 식사도 하지 않고 다시 로스앤젤레스 공항으로 되돌아가 귀국 비행기에 올랐다. 이민심사관은 여권에 부착된 입국 날짜가 오전이었고 다시 오후 항공편으로 출국하게 되는 여권 출입국 도장을 찍으며 의아한 표정을 지었다고 한다.

그 후 이영훈 목사는 베데스다 대학교 총장으로 부임하여 정규 대학으로의 승격 및 연방정부 학력 인가를 취득하였고, 이후 2000년 동경순복음교회 담임으로 부임했다. 부임 당시 동경순복음교회는 10억 원이라는 큰 액수의 보증금에 9천만 원의 월세를 내고 있어서 교회 건축은 엄두도 내지 못하는 상황이었다. 그러나 이영훈 목사는 온 성도와 함께 매일 새벽기도에 힘썼고, 1년 반 후 동경 한복판에 약 150억 원 규모의 8층 빌딩을 매입하여 조용기 목사를 초청해 입당예배를 드리게 되었다.

이후 이영훈 목사는 조용기 목사의 명을 받아 여의도순복음교회 교무 부목사에 임명되어 교회를 섬기다가, 2005년 다시 미국 로스앤젤레스의 나성순복음교회로 파송되었다. 이영훈 목사는 당회 내 갈등으로 어려움을 겪고 있는 나성순복음교회에서 강력한 새벽기도회 운동을 전개했고, 그 결과 장로들 간의 갈등 문제가 10개월 만에 완전히 해결되었다. 2006년 이영훈 목사는 여의도순복음교회 2대 위임목사로 선출되었다.

한 번은 워싱턴순복음제일교회 강사로 초청되었던 아프리카 정운교 선교사가 이영훈 목사와 목회현장에서 이런 대화를 나누었다.

"이 목사님은 매일 새벽 4시 30분에 제 숙소인 호텔로 오셨고, 5시에 새벽기도회 후 워싱턴 시내에 들어가 심방하며 아침을 때우고, 하루 종일 성도들 심방을 하시고, 밤 11시에 저를 내려준 후 한 집을 더 심방하고 집으로 가셨지요. 매일을 그렇게 지내다보니 저는 완전히 녹초가 되었는데 어떻게 이토록 생명을 건 목회 하실까 걱정도 됩니다."

이에 이영훈 목사는 "주변에 조용기 목사님의 참 제자라고 주장하는 사람들이 많아요. 근데 조 목사님의 제자라면 구령의 열정을 가지고 우선 교회부터 성장시켜야지요"라고 말했다.

조용기 목사가 매일 6시 5분 전에 한결같이 여의도순복음교회에 출근했던 성실한 목회자였던 것처럼, 후임 이영훈 목사도 오전 6시에 출근해서 일이 있으면 밤 11~12시를 넘기는 것이 다반사였다. 하나님은 여의도순복음교회를 사랑하셔서 조용기 목사를 **빼닮은** 이영훈 목사를 조용기 목사의 후임으로 세우신 것이다.

47.

여의도순복음교회
창립 50주년

    2008년 5월 18일 오전 9시 여의도순복음교회 대성전에서 '교회창립 50주년 감사예배'를 드렸다. 이날 조용기 원로목사는 "사랑과 행복 나누기"라는 제목으로 설교했고, 김성혜 총장이 축사를 전했으며, 지교회관리본부장 김경문 목사가 교회 연혁과 교세 현황을 보고했다.

    2008년 5월까지 여의도순복음교회 성도 수는 재적 78만 명으로 집계되었다. 조직으로는 대교구 34개, 소교구 337개, 구역 1만 4,775개로 구성되었다. 교역자는 목사 252명, 전도사 360명으로 총 612명이었다. 제직은 장로 1,555명, 안수집사 3,207명, 권사 1만 2,378명, 서리집사 8만 6,387명으로 총 10만 3,527명이었다. 해외에 파송된 선교사는 총 638명이었으며, 여의도순복음교회를 통해 세워진 교회는 국내 370여 곳, 해외 782곳 등 총 1,200여 곳이었다.

    또한 2008년 5월까지 조용기 원로목사의 저서는 총 621권이었다. 그중 국내에서는 한글로 325권, 영문으로 49권이 출판되었다. 해외에서 세계 각국 언어로 번역 출판된 서적은 247권에 이르렀는데, 이

조용기 목사 최초 저서 《병을 짊어지신 예수님》. 1966.2.17 초판

책들은 세계 58개 출판사들과 공식적으로 판권 계약을 하여 총 40개 언어로 출간되었으며, 미국과 영국 등에 소재한 우수한 대학들에 기증되었다.

 2008년 5월에는 '교회창립 및 조용기 목사 성역 50주년 기념성회'가 서울올림픽주경기장에서 개최되었다. 이날 성회는 총 12만여 명이 참석한 가운데 3부에 걸쳐 진행되었다. 13일에는 '교회창립 및 조용기 목사 성역 50주년 출판기념회'가 진행되었다. 이밖에도 6월 6일 교회창립 50주년 기념 '전국청년부흥대성회'가 개최되었으며, 7월 7일에는 '한세대 개명 10주년, 국민일보 창간 20주년, 성역 50주년 기념 음악회'를 하였다.

조용기 목사 원로목사 추대예배

차기 위임목사 선출이 마무리되어 가자, 2007년 5월 13일 운영위원회에서 조용기 목사의 원로목사 추대 시기를 조용기 목사의 뜻을 따라 교회 창립 50주년이 되는 2008년 5월로 결정했다.

2008년 5월 14일 여의도순복음교회 대성전에서 '조용기 목사 원로목사 추대예배'가 드려졌다. 이영훈 목사의 사회로 시작된 이날 예배는 이종은 원로장로의 기도, 김낙형 장로의 성경 봉독 후 명성교회 김삼환 목사의 설교로 이어졌다. 설교 후 김순배 장로회장의 추대사가 있었다. 이어 기독교대한하나님의성회 총회장 김종남 목사는 조용기 목사가 원로목사가 되었음을 공표하고 원로목사 추대패와 공로패를 전달했다. 이어 한국기독교선교연합회, 영목회, 순복음아시아총회, 전국장로연합회, 전국남녀선교회 대표들이 감사패를 증정했고, 조용목 목사, 이영훈 목사, 각 기관 대표들이 선물과 꽃다발을 증정했다. 이 예배에는 미국하나님의성회 총회장인 조지 우드 박사가 참석하여 "조용기 목사는 복음 전도사자로서 놀라운 업적을 이루고, 세계오순절교회협의회 총재, 오순절 지도자로서 세계 전역에 탁월한 영향을 미쳤다. 앞으로도 하나님 나라 확장에 최선을 다해 주시길 바란다"라며 조용기 목사에게 공로패와 선물을 증정했다. 또한 이명박 대통령과 오랄 로버츠 목사의 축하 영상이 방영되었다.

제2대 위임목사 선출의 의의

2000년대 초 한국교회의 가장 큰 관심은 세계적 위상을 가진 여의도순복음교회의 차기 위임목사 선임에 대한 것이었다. 그간 국내

2009 송구영신예배 조용기 원로목사, 이영훈 위임목사
2009. 12. 31. 여의도순복음교회 제공

취임사를 하고 있는 이영훈 위임목사. 2006. 11. 12. 여의도순복음교회 제공

대형교회들이 리더십 교체 이후 전임자와 후임자 사이의 극심한 갈등문제, 부자간의 담임목사직 이양으로 인한 이른바 '교회세습' 논란에 휘말리곤 했다. 그러나 이러한 교회 안팎의 걱정을 불식시키듯, 여의도순복음교회는 세계 어느 초대형 교회에서도 찾아볼 수 없었던 민주적 절차로 후임 위임목사 후보 7명을 추천받았고, 1차 운영위원회, 2차 당회 투표를 거쳐 최대 득표자를 선출하고, 3차 공동의회에서 전 성도들의 투표로 위임목사를 선출하여 국내외적으로 유례를 찾아볼 수 없는 민주적 승계를 이루어냈다.

2006년 11월 12일 이영훈 목사가 여의도순복음교회 후임 2대 위임목사로 선출됐던 날, 국내외 방송사와 신문사 종교부 기자들이 여의도순복음교회로 총출동해 후임자 선출 과정과 투표 상황을 취재했다. 또 대형교회에 늘 비판적이었던 언론들도 후임자 선임 과정의 투명한 절차에 대해 이례적으로 찬사를 쏟아냈다. 〈한국일보〉는 사설을 통해 여의도순복음교회에서 절대적 영향력을 지닌 조용기 원로목사가 후계자 선출 과정이 공정하게 진행될 수 있도록 도왔다고 언급하면서, "한국 개신교회의 세습이라는 봉건적 악습에서 세습의 고리를 끊는 계기가 되었다"라고 긍정적으로 평가했다. 〈문화일보〉는 관련 기사를 통해 "오늘날 여의도순복음교회를 일구고 후임자 선정에 관련한 절대 권한을 가진 조용기 목사가 후임 목사를 장로들의 비밀투표로 뽑은 것은 매우 이례적인 일"이라고 평가했다.

또한 이영훈 목사가 제2대 위임목사 승계와 정착 과정을 순조로이 이끌어갈 수 있었던 가장 큰 이유는 바로 조용기 목사의 영적 유산을 잘 계승하였기 때문이라 볼 수 있다. 이영훈 위임목사는 누구보다도 조용기 원로목사의 신학과 목회철학을 잘 알고 있었고, 국제신학연구원장 재임 시절 조용기 원로목사의 오순절 성령운동을 신학적으로 체계화하여 기독교 정통신학의 한 줄기로 자리매김하게 하였었다. 아울러 조용기 원로목사는 제자 이영훈 목사가 여의도순복음교회 제2대 위임목사로 정착할 수 있도록 지원과 격려를 아끼지 않았다.

이영훈 위임목사는 "전임 목사와 관계가 좋아야 교회가 튼튼히 설 수 있다"라며, "원로목사님을 아버지처럼 섬기면 문제가 없고, 실제로 조용기 목사님은 나의 스승이자 영적 아버지와 같은 분"이라고 말했다. 이러한 전임 목사과 후임 목사의 상호신뢰가 기반이 되어 이영훈 위임목사의 제2대 위임목사 취임 이후에도 여의도순복음교회의 부흥 성장은 계속되고 있다. -《여의도순복음교회 60년사, 서울말씀사, 2018》 참조

48.

평양조용기심장전문병원

평양조용기심장전문병원 착공식이 2007년 12월 4일 조용기 목사와 여의도순복음교회 방북단 250명과 북한 주민들이 참석한 가운데 평양 대동강구역 동문2동 병원부지에서 거행되었다. 조용기 목사는 "이 일을 계기로 남측 크리스천들과 북측 동포 사이에 더 많은 민간교류와 사랑의 교제가 있게 될 것을 확신한다"고 소감을 피력했다.

평양에 심장전문병원을 건립하는 계획은 2007년 5월 평양심장병원건립추진위원회가 구성돼 6월 21일 조용기 목사가 개성을 방문하면서 본격화되었다. 이후 건립위원장 이종근 장로가 수차례 개성과 평양을 오가며 조선그리스도교련맹 대표 강영섭 목사와 실무회담을 갖고 구체적으로 추진하였다. 이영훈 담임목사는 "조용기 목사님의 성역 50주년을 기념해 북한선교의 역사가 이루어지는 뜻깊은 사업인 만큼 북한선교에 큰 획을 긋게 될 것"이라며 기대를 전했다.

마침내 9월 15일 평양조용기심장전문병원 건립계약을 체결한 다음 11월 13일 10억 원 상당의 건설장비와 물자를 지원했다. 드디어 12월 3일 조용기 목사는 여의도순복음교회 방북단을 이끌고 김포공

평양조용기심장전문병원 착공식. 왼쪽부터 소강석, 이용규, 조선그리스도교련맹 강명철 위원장, 김성혜, 조용기, 미상, 권오성, 이종근

항에서 직항 전세기편으로 평양 순안비행장에 도착하였다. 조선그리스도교련맹 강영섭 위원장으로부터 국빈급에 준하는 최고의 영접을 받았다. 방북단은 10대의 버스에 분승, 평양시내 양각도호텔에 여장을 풀었다.

12월 4일 착공식에 이어 12월 5일 조용기 목사는 김영남 상임위원장을 통해 '사랑 조국 통일'이라는 글귀가 적힌 액자를 김정일 국방위원장에게 전달했다. 다음 날 조용기 목사는 기자회견을 갖고 "고향을 찾아온 것처럼 훈훈하다"고 첫 소감을 밝혔다. 또한 "세계를 다니며 설교하다 보면 '타'민족이기 때문에 긴장하게 되는데, 북한 주민들과는 오랜 역사와 전통을 함께했을 뿐만 아니라 말과 외모까지 똑같아 이질감이 전혀 느껴지지 않는다. 우리 교회에서 설교를 하는 것처럼 평안하다"고 메시지를 전했다.

방북단이 평양에 머무는 동안 북한 측은 인민문화궁전에서 환영 만찬과 환송 만찬을 베풀었다. 인민문화궁전은 2007년 6월 노무현 대통령의 평양 방문 시 김영남 위원장의 첫 영접을 받은 곳이자 답례 만찬을 주재한 곳이다. 북측 관계자는 국가 차원이 아닌 민간 대표단이 인민문화궁전에서 만찬을 가진 것은 이전에 없던 일이라고 밝혔다.

평양조용기심장전문병원은 그 당시 약 200억 원이 투입돼 연면적 20,000㎡로, 지하 1층, 지상 7층의 260개 병상을 갖추게 된다. 여의도순복음교회의 강력한 요구로 병원 안에 60㎡의 원목사무실과 100㎡의 예배실을 두게 돼 북한 복음화의 통로가 될 것으로 보인다. 2010년 6월 완공 예정으로 병원 설비공사 및 건축공사는 여의도순복음교회에서 지도하고 완공 후 의료기술도 북한과 상호 협력해 지원하게 되었다.

이때 조용기 목사를 수행하여 평양조용기심장전문병원 착공식을 지켜본 소강석 목사는 "평양의 심장을 어루만지소서"란 시를 지었다. 소강석 시인은 평양조용기심장전문병원의 건립을 서사하였다. 머지않아 평양조용기심장전문병원이 완성되어 이식을 받은 이들에게서 조용기 목사의 심장이 뜨겁게 뛸 것이라고 노래하였다.

> 저 대동강의 넘실대는 푸른 물결이여
> 이제 분열과 상처, 죽음의 노래를 그치고
> 병마에 시달리는 원한의 눈물을 멈춰라
> 조용기심장전문병원과 함께
> 민족화합과 평화통일의 함성을 외쳐라
> 주여
> 이제 조용기심장전문병원이

심장이 아픈 어린아이들을 살리는
사랑의 성소가 되게 하시고
분열된 역사, 갈기갈기 찢겨진 산하
다시 순결한 백의민족으로 하나 되게 하는
사랑과 용서, 거룩한 중보의 밑거름이 되게 하소서

뿐만 아니라 다시 생기를 찾은 심장에
예수 그리스도의 뜨거운 심장이 이식되고
5대양 6대주 전 세계를 다니며 복음을 외쳤던
조용기 목사의 심장이 이식되어
평양과 백두산 천지를 넘어
만주와 시베리아 벌판에 이르기까지
하나님의 사랑과 평화를 전하는 심장이 되게 하옵소서
이제 북녘땅
수천, 수만, 수백만의 아픈 심장을 어루만지고
다시 건강한 심장으로 소생케 할
역사적인 첫걸음을 내딛는 이때

찬란한 생명과 사랑의 빛으로
민족화합과 평화통일의 물꼬가 터지게 하옵소서
사랑의 손길로
평양의 심장을 넘어
이 민족의 아픈 심장을 어루만져 주소서.

그러나 평양 조용기심장전문병원은 2010년 남북관계가 급격히 경색됨에 따라 공사가 중단되었다. 이영훈 목사와 여의도순복음교회는 2021년 10월에 UN 안보리로부터 인도주의적 차원에서 물자 반입 허가를 받아서 공사를 재개할 수 있게 되었다. 그러나 이 일을 시작한 조용기 목사는 완공을 보기 전에 소천하였다. 이제는 이영훈 목사를 통하여 조용기 목사의 남북 평화통일의 교두보가 되어줄 평양 조용기심장전문병원이 세워질 것이다.

한편 이영훈 목사는 2014년 8월 26일 겨레사랑 2대 이사장으로 취임하여 북한 나무심기 사업을 실시하여 2015년까지 2만 그루의 나무를 심었다. 이와 함께 북한 주민을 위해 260개 군에 인민병원을 세우기 위한 사업을 진행하고 있다.

이영훈 목사는 "북한을 향한 인도주의 차원의 지원과 교류는 북한에게 우리나라에 대한 한 형제, 한 민족이라는 공동체 의식을 갖게 할 것이다. 이러한 민간교류를 통해 서서히 통일의 장벽을 낮춰놓아야 어느 날 갑자기 베를린 장벽이 무너지듯이 통일이 되어도 그 충격이 적을 것이다"라고 말했다.

49.

한국교회사의
조용기 목사

　한국기독교성령100년사 편찬위원회(위원장 소강석 목사)는 2017종교개혁500주년 성령대회와 세계성령운동중앙협의회 주최로 2011년 10월 31일 연세대학교 신학관 예배실에서 제7차 신학 심포지엄을 열었다. 이번 심포지엄의 주제는 "영산 조용기 목사, 유성 김준곤 목사, 영해 신현균 목사가 한국교회에 끼친 영향"이라는 주제였다. 1970년대 폭발적인 한국교회 부흥을 이끌었던 조용기 목사의 성령운동, 김준곤 목사의 전도운동, 신현균 목사의 부흥운동에 대해 조명하였다.
　서울신대 현대기독교역사연구소장 박명수 교수는 "해방 후 한국교회사와 여의도순복음교회의 조용기 목사"를 발제했다. 여기서는 조용기 목사의 사역을 집대성한 박명수 교수의 논문을 압축하여 게재한다.

　해방 후 한국교회의 지형에서 가장 중요한 사건 가운데 하나가 여의도순복음교회의 등장이다. 실지로 해방 직후 한국교회사에서 오순절신앙의 위치란 보잘것없었다. 하지만 조용기 목사가 여의도순복음교회를 시작하면서 오순절운동은 한국교계에서 비약적인 발전을 하였다. 그 후 반세기가 되지 않아서 한국교회의 변두리에 있던 여의도순복음교회와 오순절신앙은 한국교계의 중심에 서게 되었다. 이것은 마치 여의도순복음교회가 서울 변두리 대조동에서 시작하여 여의도에 자리를 잡은 것과 비슷하다.

여의도순복음교회가 한국교회의 중심에 설 수 있었던 것은 조용기 목사의 오순절신앙이 한국교회 신자들의 마음을 사로잡았기 때문이다. 실지로 여의도순복음교회가 한국교회의 중심에 서는 데에는 많은 장애물이 있었다. 우선 한국교회의 주류교단이 이것을 막았다. 하지만 조용기 목사가 강조하는 '오중복음'은 주류교단의 힘으로도 막을 수 없는 것이었다. 조용기 목사는 한국교회의 대중들이 무엇을 원하는지 잘 알고 있었고, 그것을 잡지와 방송을 통하여 널리 전하게 되었다. 사실 조용기 목사와 여의도순복음교회가 한국교회의 중심에 서게 된 것은 90년대를 전후해서이지만 이미 조용기 목사의 메시지는 한국 기독교인들의 중심에 있었다. 다시 말하면 조용기 목사의 메시지가 먼저 사람들을 사로잡은 다음에 조용기 목사는 한국교회의 중심에 서게 되었다는 것이다.

변두리에서 중심으로: 해방 이후 여의도순복음교회의 역사와 한국교회

80년대 한국교회는 수많은 대형집회를 갖게 되었고, 그 장소는 대부분 여의도였다. 그리고 이와 같은 대형집회는 여의도순복음교회의 지원을 받지 않고서는 가능하지 않았다. 장로교 통합 측과 여의도순복음교회 사이에 갈등이 야기된 다음, 1984년에 열린 한국기독교선교백주년선교대회에 조용기 목사가 주 강사 가운데 한 사람으로 초청되었다. 이 대회는 한국교회의 가장 대표적인 연합모임이었고, 통합 측의 한경직 목사가 그 대표를 맡고 있었다. 이것은 통합 측의 주장이 한국교계에 널리 공인되고 있지 못하다는 것을 말해 준다. 비록 한국의 주류교단은 조용기 목사를 이단시했지만, 한국 기독교인들 다수는 조용기 목사의 설교에 큰 감화를 받았다. 결국 이와 같은 대중적 지지가 힘이 되어 조용기 목사와 여의도순복음교회는 사이비 시비에서 벗어날 수 있었다.

그 후 조용기 목사는 주류 한국교회의 무대에 자주 나타나게 되었다. 1992년 '92세계성령화대성회'에서 조용기 목사는 총재직과 주강사를 맡았고, 통합 측의 신현균 목사가 대표대회장을 맡았다. 결국에 가서는 통합 측 자체도 1994년에 그간의 교리적인 문제는 성경에 대한 교파 간의 신학적인 차이라고 양해했다. 이것으로 여의도순복음교회가 한국교회의 주류교회로 등장하는 데 있어서 커다란 장애를 넘은 것이었다.

여의도순복음교회가 이단 사이비 시비를 넘어서 한국교회의 주류에 편입될 수 있었던 중요한 요인 가운데 하나가 신학에 대한 여의도순복음교회의 자세이다. 대부분의 오순절교회들은 신학을 무시하고, 자신들의 변증을 게을리한다. 하지만 여의도순복음교회는 국제신학연구원을 만들어서 오순절신학을 정립하고, 국외와 국내의 신학자들을 초청하여 자신들의 신학을 연구하게 하였다. 이것을 통하여 여의도순복음교회에 대한 오해는 대부분 신학적으로 해명되었다.

여의도로 건너와 조용기 목사의 오순절운동은 보다 폭을 넓혔다. 1997년 하나님의성회는 NCCK에 가입하게 되었다. 위에서 언급한 대로 한국에서 오순절운동은 주류교회로부터 소외를 당하였다. 조 목사의 NCCK 가입은 국내외적으로 큰 반향을 일으켰다. 그러나 세계교회의 상황은 벌써 WEA(세계 복음주의 연맹)와 WCC(세계기독교교회협의회)와 오순절교단의 대화와 선교에 대한 협력이 전개되고 있었다. 그리하여 보수복음주의에 속해 있던 여의도순복음교회가 진보 그룹을 대변하는 NCCK에 가입한 것이다. 기독교대한하나님의성회는 NCCK에 가입하여 신학위원장을 맡았다. 이것은 매우 상징적인 의미가 있다. 즉, 한국교회는 보수 진보를 떠나 하나님의성회를 한국의 주요교단으로 인정하게 되었다는 의미이다.

여의도순복음교회는 해방 후 군소교단의 변두리에서 지금은 세계 최대 교회이며 동시에 한국의 주류교단 가운데 하나로서 평가받고 있다. 하나님의 성회 교세도 5200교회, 160만으로 장로교 합동, 통합에 이은 3번째 교단으로 자리 매김하게 되었다. 특별히 여의도순복음교회가 전폭 지원하여 설립한 국민일보는 조민제 회장이 경영을 맡은 이후 최근 매년 흑자 경영을 이루고 4대 일간지로 발돋움하여 네이버 온라인 구독자 420만을 갖고 있는 메이저 신문이 되었다. 한국교회를 대변하는 이 신문을 통해서 한국교회는 한국사회를 향하여 발언하고 있다. 순복음교회는 한국교회의 입을 주관하고 있는 것이다.

한국 기독교의 신앙형태와 여의도순복음교회

여의도순복음교회는 단지 외형적으로 한국교회의 주류에 편입한 것이 아니라 신앙적인 형태에 있어서 오히려 한국교회의 주류를 형성했다. 사실 순복음교회의 신앙 스타일은 한국교회에서 약간의 경멸적인 대우를 받았다. 하지만 조용기 목사는 줄곧 오순절신앙을 강조했으며, 그 결과 여의도순복음교회의 신앙 스타일은 한국교회의 주요 신앙 스타일의 하나가 되었다.

한국교회는 장로교회가 지배한다. 사실 장로제도는 한국교회가 가장 선호하는 제도이다. 원래 장로제도가 없던 감리교회나 침례교회조차도 장로제도를 받아들이고 있다.

하지만 신앙의 내용으로 볼 때 한국교회는 오순절신앙이 대세라고 말할 수 있다. 원래 한국교회는 성령운동을 강조하는 교회였다. 한국교회의 가장 대표적인 신앙체험이라고 말할 수 있는 1907년 대부흥운동은 2차적인 은혜로서 성령 충만을 강조하는 성령운동이다. 한국에 들어온 최초의 선교사들은 세례와 성령세례를 동일시하는 사람들이 아니라 물세례와 성령세례를 구분하고, 물세례 다음에 성령세례를 받아야 한다고 생각하는 사람들이었다. 한국 장로교선교사의 대부라고 불리는 사무엘 마펫은 세례를 받은 신자들을 보면서 성령세례 받기를 간구했다.

한국교회는 외형적으로는 장로교회가 주도하였지만 내용적으로는 체험적인 신앙, 곧 성령 충만을 강조하였다. 중생, 성령세례, 신유, 재림은 특정 교파의 주장이 아니라 한국교회 전체의 흐름이었다. 하지만 여의도순복음교회의 등장은 한국교회의 신앙을 보다 더 오순절적인 신앙으로 만들어 놓았다. 우선 방언의 확산을 예로 들 수 있다. 사실 한국교회는 방언에 대해서 호의적이 아니었다. 하지만 현재 한국교회에서 가장 보수적으로 경험하는 종교체험은 바로 방언이다.

방언 못지않게 여의도순복음교회가 한국교회에 영향을 미친 것은 축복의 복음이다. 조용기 목사의 축복의 메시지는 가난한 사람들에게 호소력이 있었다. 그리고 이와 같은 그의 메시지는 전파와 활자를 통해서 전국적으로 퍼져 나갔다. 필자의 판단으로는 한국교회의 강단을 조사해 보면 가장 보편적인 설교의 주제는 어떻게 가난을 극복할 것인가 하는 것이다. 조용기 목사는 전통적인 내세지향적인 설교를 지양하고, 현실에서 어떻게 하나님의 축복을 누릴 것인가를 강조하였다.

필자는 여의도순복음교회의 조용기 목사가 한국교회에 미친 가장 큰 영향력은 그의 설교라고 생각한다. 수많은 방송과 TV를 통해서 그의 메시지는 전국에 퍼졌고, 수많은 목회자가 그의 설교를 반복하였다. 실제로 교파와 관계없이 한국교회의 신앙형태는 오순절적이라고 말할 수 있다.

한국사회의 변화와 여의도순복음교회

여의도순복음교회가 한국 최대의 교회가 된 것은 무엇보다도 변화하는 한국 사회에 적응했기 때문이다. 조용기 목사의 메시지의 핵심은 희망이다. 자신이 절망 가운데 있으면서 희망이라는 꿈을 가진 것처럼, 그는 교회를 찾아오는 사람들에게 희망을 심어 주었다.

조용기 목사는 일제 강점기와 해방 이후의 시대는 다르다고 생각했다. 일제 강점기는 희망을 가질 수 없었다. 그래서 설교의 내용이 현실도피적인 재림사상이었다. 하지만 해방 이후는 다르다. 대한민국이 건국되었고, 자유가 보장되었다. 이제 새롭게 출발할 수 있을 때이다. 따라서 조용기 목사의 희망의 신학은 산업화시대에 가장 적절한 메시지였다.

농촌에서 도시로 몰려든 수많은 사람이 새로운 환경에서 낙심하기 쉽다. 하지만 조용기 목사의 설교를 통해서 이들은 다시금 희망을 찾게 된다. 이들은 성령이 함께하시기 때문에 희망을 갖고 노력한다면 더 나은 삶을 살 수 있다는 확신을 갖게 된다. 이것은 매우 중요한 메시지이다. 사람이 더 나은 삶을 살 수 있다는 희망을 갖지 못하면 그다음에 좌절하게 되고, 좌절은 유토피아를 꿈꾸게 되고, 이런 사람들에게 공산주의의 평등한 세계는 매력적이 아닐 수 없다. 필자는 조용기 목사의 희망의 설교는 한국사회가 과격한 혁명보다는 점진적인 발전으로 나아가게 만드는 중요한 요인이 되었다고 생각한다.

한국사회의 산업화는 여기에 따른 수많은 부작용을 가져왔다. 소위 '압축성장'은 이 땅에 수많은 그늘을 만들어 놓았고, 80년대 후반부터 한국사회는 이런 압축성장으로부터 고통을 받고 있는 사람들에 대해서 관심을 갖기 시작하였다. 그리하여 1985년에 불우 청소년과 무의탁 노인들을 위한 사회복지법인 엘림복지타운을 만들었고, 이어서 2008년 조용기 목사의 은퇴와 더불어 사랑과 행복 나눔운동을 통하여 한국사회의 구석구석에 있는 어려운 사람들을 돕는 모임을 만들었다. 이 사업은 조용기 목사가 은퇴 후 벌이는 마지막 사업으로서 그는 사회봉사로 그의 인생의 마지막을 정리하고자 했다.

이와 같이 여의도순복음교회는 한국 현대사와 함께 발전하여 왔다. 한국사회가 희망이 없을 때 희망을 전했고, 산업화시대에 근면을 가르쳤으며, 도시화 가운데서 오아시스의 역할을 하였고, 국가의 정체성이 위태로울 때 대한민국을 지켰고, 압축성장의 문제가 드러났을 때 그 아픔을 치유하고자 했으며, 조용기 목사가 은퇴했을 때 마지막 힘을 어려운 이웃을 돕는 데 사용하고자 했다.

미디어 왕국과 여의도순복음교회

여의도순복음교회의 또 다른 특징은 아무도 생각하지 못한 새로운 영역을 개척하였다는 것이다. 전통적으로 한국교회는 장로교, 감리교, 성결교라는 교파를 중심으로 구성되었다. 그리고 실질적으로 이 교파의 장벽은 매우 컸다. 여의도순복음교회의 강력한 성령운동도 이 장벽을 넘기는 쉽지 않았다. 하지만 매스컴의 영역은 사실 주인이 없었다. 매스컴은 교파의 장벽을 넘어서 순복음의 신앙을 효과적으로 전달할 수 있었다. 조용기 목사는 이런 새로운 영역을 개척한 사람이다. 실제로 여의도순복음교회가 한국과 세계에 영향력을 행사할 수 있었던 것은 한국의 어떤 교회보다도 미디어를 잘 활용했기 때문이다.

〈순복음가족신문〉, 〈신앙계〉에 이어서 여의도순복음교회가 총력을 기울여서 만든 것은 〈국민일보〉이다. 1988년 세계 최초의 기독교계 일간지로서 〈국민일보〉가 창간되었다. 〈국민일보〉의 창간은 여의도순복음교회의 위상을 급진적으로 격상시켰다. 당장 〈국민일보〉는 한국교회의 대변지가 되었다. 〈국민일보〉가 창간되자 모든 교파나 모든 단체는 〈국민일보〉를 통하여 자신을 소개하고 싶어 했다. 〈국민일보〉는 기존의 교계 신문이나 잡지와는 그 효과가 비교할 수 없었다. 〈국민일보〉는 대부분의 교역자들이 교파를 초월하여 다 구독하고 있을 뿐 아니라 상당수의 평신도들도 독자가 되어 있다. 따라서 〈국민일보〉에 나타나는 기사의 효과는 전 기독교적이었다. 비록 〈국민일보〉가 여의도순복음교회에 의해서 창간되었지만 〈국민일보〉는 한국교회의 전체의 신문이 되려고 노력하였다. 이와 동시에 〈국민일보〉에는 〈순복음가족신문〉이나 〈신앙계〉와 같은 순수한 오순절의 신앙이 강조되고 있지 않은 것 같다.

여의도순복음교회는 활자라는 미디어를 장악했을 뿐만이 아니라 방송이라는 미디어를 장악하였다. 실질적으로 교파의 장벽을 뛰어넘는 데 방송선교는 매우 중요한 역할을 하였다. 방송선교는 교파의 장벽만을 넘는 것이 아니라 기독교의 울타리를 넘어서 일반인들에게 오순절 신앙을 전하는 중요한 매체가 되었다.

사실 여의도순복음교회는 방송의 유익을 가장 빨리 파악하고 있었다. 실제로 신자가 증가하면서 한 장소에 모든 신자가 모여서 예배드릴 수 없었고, TV 모니터를 통해서 여러 장소에서 예배를 드렸다.

당시 한국교회에서는 예배란 모든 신자가 한 장소에 모여서 직접 눈으로 설교자를 보면서 드려야 하는 것이라고 생각하고 있었다. 필자의 생각으로는 이런 고전적인 생각을 극복하고, 모니터를 통해서 예배를 드린 최초의 교회가 여의도순복음교회라고 생각한다. 이런 점에서 여의도순복음교회는 미디어의 유익을 어떤 다른 교회보다도 빨리 파악하고 있었다고 생각한다.

여의도순복음교회는 본당 및 수많은 지성전을 갖고 있다. 그리고 이것을 연결하는 것이 바로 방송 미디어이다. 하지만 이것은 기술상의 문제로 화질이 좋지 못하였다. 그러던 중, 1995년 우리나라 최초의 통신위성인 무궁화위성이 발사되자 통신위성을 통해서 새로운 방법으로 본당에서의 예배실황을 중계할 수 있게 되었다. 이것으로 여의도순복음교회의 주일 낮 예배는 전국과 세계에 직접 중계되었고, 이것을 통해서 여의도순복음교회 가족들이 하나의 공동체 의식을 갖게 되었다. 조용기 목사는 현대문명의 흐름을 가장 빨리 파악하고, 그것을 목회에 적용하는 능력을 갖추었다.

세계선교와 여의도순복음교회

여의도순복음교회가 한국교회의 중심에 서게 된 중요한 이유 가운데 하나가 세계가 조용기 목사를 인정하기 때문이었다. 사실 조용기 목사가 한국교회의 중심에 서기 전에 조용기 목사는 국제적으로 인정받는 지도자가 되었다.

우선 조용기 목사가 세계적으로 인정받는 통로는 오순절교단이었다. 조용기 목사는 1964년 미국하나님의성회 창립 50주년 기념식에 참석하여 유창한 영어로 한국교회를 소개하여 국제무대에 등장하게 되었고, 미국의 하나님의성회는 조용기 목사에게 전 세계에 다니

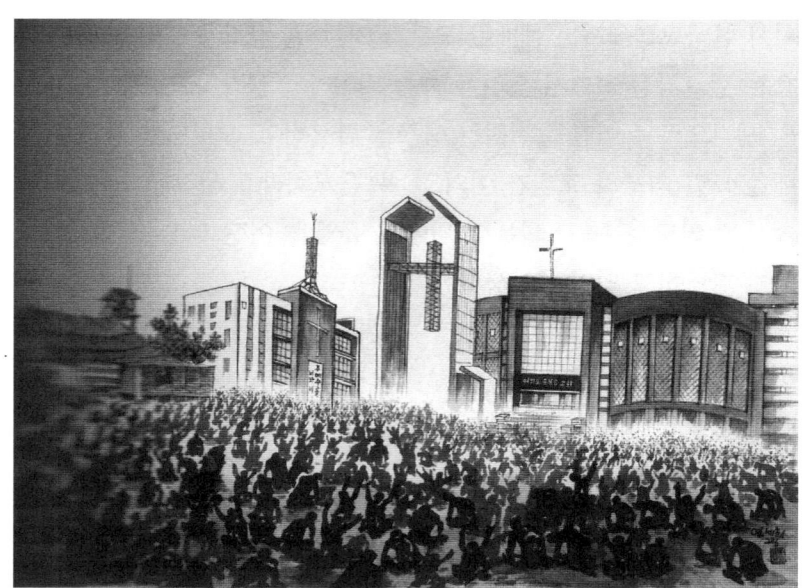
대조동 천막교회, 서대문 순복음중앙교회, 여의도순복음교회. 연세희 그림

며 집회를 인도할 수 있도록 기회를 만들어 주었다. 그뿐만 아니라 한국에서 여의도순복음교회가 성장함에 따라 여의도순복음교회는 세계적인 오순절대회를 개최하는 주요 장소가 되었다. 1973년 여의도순복음교회가 성전헌당식을 할 때, 오순절대회를 갖게 되었다. 이때 전 세계 39개국에서 2천 명의 사람들이 참석하였는데 김포공항이 설립된 이래 가장 많은 외국인이 방문한 것이었다. 그 후 여의도순복음교회는 수많은 국제대회를 개최해서 세계 오순절 운동의 중심에 서게 되었다.

조용기 목사와 여의도순복음교회가 국제적으로 위상이 높아진 것은 국제교회성장연구원 때문이다. 조용기 목사는 1976년 국제교회성장연구원(Church Growth International)을 창립하였고, 전 세계의 많은 교회들을 초청하여 교회 성장의 원칙과 방법을 강의하였다.

조용기 목사의 국제교회성장연구원은 여의도순복음교회를 전 세계에 알리는 통로였다. 이것을 통해서 전 세계 교회는 오순절신앙뿐만이 아니라 한국교회를 알게 되었다. 또한 조용기 목사는 교회성장연구원을 통해서 전 세계적인 교회성장학자와 오순절지도자들을 한국에 초청하게 되었다. 이것으로 인해서 그는 보다 국제적인 네트워크를 강화했고, 국제적인 지도자로서 더욱 부상하게 되었다. 교회성장연구원이 발전함에 따라서 이 모임은 한국에서만이 아니라 전 세계의 여러 장소에서 개최되게 되었다.

조용기 목사를 이렇게 세계적인 인물로 만든 요인 가운데 우리는 매스컴의 영향력을 말하지 않을 수 없다. 위에서 지적한 대로 오순절운동은 처음부터 매스컴을 정복하였다. 사실 매스컴은 기존교회가 아직 장악하지 못한 영토였다. 그런데 오순절운동은 매스컴을 점령함으로써 기독교 세계의 판도를 바꾸어 놓았다.

정체성과 적응성 사이에서: 순복음 신앙의 미래

필자는 본 논문의 두 번째 질문을 제기하고자 한다. 그것은 이제 여의도순복음교회는 어떻게 미래를 설계해야 하는가 하는 점이다. 우리가 역사를 볼 때 위험은 항상 승리했을 때 나타나게 된다. 섰다고 생각했을 때 바로 넘어지는 때이다. 필자가 보기에는 오순절운동은 바로 그런 시점에 와 있다고 본다. 이에 순복음교회가 미래 시대에 어떻게 대처해야 하는가를 살펴보려고 한다.

첫째, 순복음신앙은 이제 개인의 카리스마에서 집단의 정신으로 발전되어야 한다. 누가 무엇이라고 해도 오늘의 순복음교회를 형성하는 데 있어서 조용기 목사의 위치는 절대적이었다. 비록 초기에 최자실 목사가 있었고, 외국의 선교사들의 도움이 있었지만 역시 조

조용기 목사와 이영훈 목사, 광주순복음교회 제직 임명예배. 2015. 2. 19.

용기 목사라는 걸출한 인물이 없었더라면 오늘의 순복음교회는 존재하기 힘들 것이다. 하지만 우리는 동시에 조용기 목사 혼자만으로는 오늘의 순복음교회는 가능하지 않다는 것을 분명히 인정해야 한다. 순복음신앙이란 조용기 목사의 독창적인 작품이 아니라 세계 오순절신앙을 받아들여 그가 한국적으로 변형시켜 오늘의 형태를 만든 것이다. 따라서 우리는 조용기 목사를 하늘에서 떨어진 인물로 묘사하기보다는 20세기에 전 세계적으로 확산된 오순절운동의 일환으로 이해해야 한다.

실제로 조용기 목사의 은퇴 이후 여의도순복음교회는 이와 같은 작업을 하고 있다고 본다. 조용기 목사 이후 여의도순복음교회의 새로운 위임목사가 된 이영훈 목사는 이 점을 잘 인식하고 있는 것 같다. 그리하여 2009년 여의도순복음교회의 지교회와 지성전을 독립시켜 독립교회로 만들었다. 이제 여의도순복음교회는 이영훈 목사를 중심으로 조용기 목사가 남긴 오순절신앙을 계승 발전시켜야 할 것이다. 조용기 목사가 은퇴한 새로운 시대의 여의도순복음교회는 어떻게 조용기 목사가 남긴 신앙적인 유산을 공동정신으로 발전시킬 수 있는가 하는 중대한 문제를 직면하고 있다.

이런 점에서 여의도순복음교회가 이영훈 목사를 2대 담임목사로 선임한 것은 매우 적절한 것이다. 이영훈 목사는 여의도순복음교회 산하 국제신학연구원을 맡아 순복음신학을 정리하는 데 가장 결정적인 역할을 하였다. 그의 이와 같은 노력으로 순복음신학은 변두리의 신학에서 한국교회의 주요한 신학의 흐름 가운데 하나로 바뀌었다. 이에 여의도순복음교회는 이런 신학적인 기반 위에서 공동의 신학을 발전시켜야 할 것이다.

둘째, 순복음의 신학은 순복음의 신앙을 잘 표현할 수 있는 방식으로 정립되어야 한다. 한 집단이 개인의 카리스마에서 집단의 정신으로 발전하기 위해서 무엇보다도 필요한 것이 이론화작업이다. 자기들의 주장으로 이론적으로 정립해 놓지 않으면 결국 그것을 교육시킬 수 없다. 그러면 결국에 가서는 공동의 정신은 만들어질 수 없는 것이다. 이런 사실을 잘 알고 있는 여의도순복음교회는 오래전부터 신학화 작업을 해왔다. 오순절신학은 기존 신학이 제대로 다루지 않았던 성령세례, 신유, 재림, 축복과 같은 것들을 다룰 수 있는 구조를 가져야 하며, 오히려 이런 것들이 신학의 핵심 이슈가 되도록 해야 한다.

셋째, 오순절운동은 세속화의 위험을 가장 경계해야 한다. 오순절운동은 기독교의 변두리에서 기존 교회가 형식적이고, 세속적이며, 생동감을 잃었다고 비판하면서 출발하였다. 그러면서 기독교는 신약성서를 따라서 오순절의 생생한 경험을 해야 한다고 강조하였다. 이런 오순절의 메시지는 많은 사람에게 호소력이 있었고, 그래서 그들은 자신들의 교회를 떠나서 오순절운동에 참여하게 되었다.

당연히 초기 오순절운동의 자랑은 그들의 생동감 있는 믿음이었다.

여의도순복음교회가 세속화의 위험 가운데서도 자신의 오순절적인 정체성을 확립하려고 하는 것을 본다. 실제로 이영훈 목사는 여의도순복음교회의 정체성이 무엇인 줄을 잘 알고 있다. 프로그램의 홍수 가운데서 성령의 역사가 빠지면 아무것도 아니라는 것을 잘 알고 있다. 그리고 이것을 회복하기 위해서 노력하고 있다. 여의도순복음교회가 자랑해야 할 것은 숫자나 건물, 재정이 아니라 예수 그리스도의 능력이어야 한다.

넷째, 여의도순복음교회는 한국의 대표적인 교회로서 포용할 것과 반대해야 할 것을 명백하게 해야 할 것이다. 여의도순복음교회는 세계 최대교회로서 한국의 대표적인 교회이다. 따라서 여의도순복음교회의 입장과 태도는 한국 교계에 지대한 영향을 미치게 될 것이다. 지금까지 한국의 오순절운동은 외연을 넓히는 데 노력해 왔다. 이것으로 순복음교회는 한국교회의 주류에 들어서게 되었다. 하지만 이런 노력이 신앙과 신학의 경계를 분명히 하는 일과 병행되지 않는다면 오순절운동은 복음주의 신앙의 정체성을 상실하게 될 것이다.

다섯째, 오순절운동은 그 근본인 성결운동의 정신을 회복해야 한다. 오순절운동의 뿌리는 성결운동이다. 따라서 오순절운동은 성결운동과 함께할 때 그 진정한 능력이 나타난다고 생각한다. 사실 성결운동에서 오순절운동이 갈라질 때, 성결운동과 오순절운동의 교세는 비슷했다. 하지만 지금에 와서 오순절운동은 세계교회를 이끌고 나가는 거대한 운동이 되었다. 이에 비해서 성결운동은 오순절운동과 같은 발전을 하지 못했다. 필자는 여기에 이유가 있다고 본다. 성령체험은 일차적으로 종교체험이며, 이차적으로 윤리이다. 하지만 오순절운동은 윤리적인 측면에서 많은 비판을 받고 있다. 이제 오순절운동은 다시 성결을 회복해야 한다. 세상은 종교에서 성결을 보고자 한다.

한국의 오순절운동은 1907년 평양대부흥운동의 영성과 여의도순복음교회의 영성을 조화시켜야 한다고 생각한다. 1907년 평양대부흥운동은 한국교회 신앙체험의 원형이다. 그리고 이 부흥운동은 철저한 회개를 통한 성결한 삶이었다. 여기에는 자복과 배상이 있었고, 용서와 화해가 있었다. 그런데 여의도순복음교회의 영성에는 이러한 요소가 많이 나오지 않는다. 하지만 여의도순복음교회의 영성에는 현실에서 성령의 능력으로 긍정적인 삶을 살아가게 만드는 동인이 있다. 평양대부흥운동의 성결의 영성과 여의도순복음교회의 적극적인 삶의 영성이 조화될 때 한국교회의 영성은 새로운 차원을 향해 나아갈 수 있을 것이라고 생각한다.

이제 여의도순복음교회는 한국교회의 중심세력 가운데 하나로 한국교회와 사회에 막강한 영향력을 행사하고 있다. 여의도순복음교회는 이제 새로운 도전에 직면하고 있다. 그것은 어떻게 정체성을 유지하면서 동시에 시대의 변화에 적응해 나가는가 하는 점이다.

우리는 역사로부터 많은 것들을 배울 수 있다. 처음에 운동으로 시작했던 것들이 제도화되고, 그다음에는 그것이 교리화되고, 그다음에는 경직되어서 결국은 쇠퇴하고 만다. 문제는 이런 위험을 알면서 여기에 어떻게 대처해야 하는가 하는 점이다. 오순절운동도 예외가 아니다.

세계적인 오순절 학자 그랜트 왜커는 오순절신앙의 특징을 초대교회로 돌아가려는 원초주의와 현실사회에 적응하려는 실용주의라고 평가하고 있다. 실제적으로 오순절운동은 초대교회로 돌아가서 오순절운동을 회복하려는 강한 정체성을 갖고 있지만 동시에 변화하는 사회에서 시대의 흐름을 받아들이면서 자신을 갱신해 나가는 강한 실용성을 가져야 할 것이다. -〈한국기독교성령100주년 제7차 신학 심포지엄 "해방 후 한국교회사" 박명수 발제 요약, 세계성령운동중앙협의회, 2011〉

50.

큰바위얼굴
조용기 목사

조용기 목사는 1989년 3월 27일 세계성령운동중앙협의회의 전신 세계성신클럽의 고문으로 추대되었다. 세계성신클럽이 1992년 8월 15일과 16일 여의도 광장에서 개최하여 일백만 명이 모인 92세계성령화대성회에서 조용기 목사는 총재와 주 강사로 한국교회를 연합시킨 구심점이었다. 그 이후 세계성령운동중앙협의회가 주최한 97민족통일성령복음화대성회, 2007한국기독교성령100주년대회, 2010천만인성령대성회, 2017종교개혁500주년성령대회에 이르기까지 조용기 목사는 성령운동의 중심으로서 한국교회를 성령으로 하나 되게 하였다. 조용기 목사는 대표고문을 맡아 조직을 상징했으며, 크고 작은 행사에서 메시지로 한국교회가 나아가야 할 방향을 제시하였다.

세계성령운동중앙협의회는 매해 신년 초에 63빌딩 국제회의장, 앰버서더호텔, 롯데호텔 등에서 신년조찬기도회를 가졌다. 2012년 1월 5일 오전 7시에 앰버서더호텔 그랜드볼룸에서 수도권 목회자 5백여 명이 참석한 가운데 2017종교개혁500주년성령대회 조찬기도회가 열렸다.

2012조찬기도회 케이크 절단, 왼쪽부터 임병재, 박응순, 권태진, 김용완, 이호선, 장희열, 이영훈, 조용기, 최낙중, 김삼환, 정몽준, 김문수, 안준배, 차명수, 주남석, 고훈, 강헌식, 손학풍

이날 사회는 소강석 목사이고, 설교는 조용기 목사였다. 조용기 목사는 여의도순복음교회 원로목사이면서 동시에 한국교회 원로목사로서, 창세기 1장 1절과 2절에 있는 말씀으로 "성령은 사람이 할 수 없는 기적을 행하시고, 죄인에게 임하셔서 모든 것을 극복하고 이기게 하신다. 성령의 역사는 초자연적인 역사로서 우리가 감당할 수 없는 역사를 시행하신다"라고 전했다.

신년사는 이영훈 목사, 최낙중 목사, 인사말 권태진 목사, 장희열 목사가 전했다. 그런데 신년조찬기도회가 진행되고 있을 때, 사회를 보고 있던 소강석 목사가 갑자기 여의도김포순복음교회를 담임하는 김삼환 목사에게 사회를 맡아달라고 하더니 하단하는 것이었다.

당시 소강석 목사는 연말의 무리한 일정으로 과로를 한데다가, 본인이 시무하는 새에덴교회에서 신년축복성회 집회를 마치고 마지막 날 외부 손님을 배웅하러 바깥에 나갔다가 찬바람을 맞았다. 그날 밤이라도 푹 수면을 취했으면 좋았을 텐데 그다음 날 새벽에 신년조찬기도회에 사회를 보고자 나온 것이 더 큰 문제가 되었다. 웬만하면 주최 측에 몸 상태가 좋지 않다고 말하고 모임에 나오지 않았어야 했던 것이다.

그런데도 그가 신년기도회에 나간 이유가 있었다. 그것은 그가 가장 닮고 싶은 조용기 목사가 설교를 하는데 자신이 사회를 맡았기 때문이었다. 이 시대, 하나님이 크고 귀하게 쓰시는 영적 지도자 조용기 목사를 당연히 영접하고 섬겨야 한다고 생각했다. 결국 그는 사회를 보는 중에 안면마비가 시작되는 것을 느끼고 부득불 중간에 하단하여 병원을 찾아야 했다. 소강석 목사는 그로부터 2주 이상을 설교를 못하고 은둔하며 외로운 시간을 보내야 했다.

소강석 목사에게 조용기 목사는 신학생 시절부터 그의 마음에 큰 바위얼굴이고, 산봉우리였다.

2019년 12월 4일 여의도순복음교회에서 〈국민일보〉 창간 31주년 기념예배에 조용기 목사의 설교 후, 이영훈 목사가 통성기도를 인도하고 있을 때였다. 소강석 목사는 강단에 서서 열심히 손을 들고 기도하고 있었다. 그런데 누가 그의 손을 잡는 것이었다. 눈을 뜨고 보니 조용기 목사가 소강석 목사의 손을 자신의 머리에다 얹어버리는 것이었다. 안수기도를 해달라는 것이었다. 그는 순간적으로 조용기 목사를 끌어안고 기도를 하였다. '어떻게 감히 제가 조용기 목사님 머리에 손을 얹겠습니까? 저의 큰바위얼굴이셨던 목사님의 머리에 감히 손을 얹다니요?'

소강석 목사는 조용기 목사를 끌어안고 기도하였다.
"하나님, 조 목사님이 젊은 날 얼마나 체력을 소진하셨습니까? 여

국민일보 창간 31주년 기념예배에서 조용기 목사가 소강석 목사를 안고 기도하는 모습
여의도순복음교회. 2019. 12. 4.

의도순복음교회를 세계 최대의 교회로 키우고 5대양 6대주를 다니며 세계복음화를 이루기 위해 얼마나 온몸의 진액을 짜내며 희생하셨습니까? 또한 위태로운 한국교회 수십 년 후를 바라보시며 공적교회를 지키고 보호하는 대변자 국민일보를 창간하여 오늘에 이르기까지 조 목사님은 몸을 축을 내고 축을 내셨습니다. 부디, 조 목사님의 수고를 보상해 주시고 건강을 회복시켜 주옵소서. 청년의 몸과 두뇌와 혀와 기백을 주옵소서. 지금까지 살아오신 날들보다 앞으로 살아갈 날들이 더 행복하고 하나님께 더 큰 영광을 돌리며 영향력의 지경이 넓어지게 하옵소서…"

소강석 목사는 기도하면서 눈물을 펑펑 쏟았다. 조용기 목사는 기도하는 내내 어린아이처럼 그의 품에 안겨서 "아멘, 아멘" 하였다. 기도하는 동안 소강석 목사의 몸과 마음이 불덩이가 되었다.

51.

이 땅에 희망을 심고, 예수님 품으로 (1936~2021)

금세기 위대한 희망 전도자 조용기 목사가 2021년 9월 14일 86세를 일기로 하나님의 부름을 받았다. 조용기 목사는 2020년 7월 21일 그의 집무실에서 뇌출혈로 쓰러진 후 서울대병원에서 치료를 받아오다 이날 오전 7시 13분 그토록 사모하는 본향을 찾아갔다.

나는 그날 아침 조용기 목사의 별세 소식을 들으면서 "피에타 시뇨레"(주여 들어주소서)가 마음속에서 불러졌다. 시편 26편 8절과 9절의 다윗의 시로 하나님께 긍휼을 탄원하는 기도이다.

주여 들어주소서
괴로움 속의 저에게
자비를 베푸소서
저의 기도가 당신께 다다를 때
날 엄히 벌하지 마소서
덜 엄하고 항상 인자한 눈길을 저에게 주소서
당신의 엄한 지옥의 불 속에 벌하지 마소서
주여, 없게 하소서.

조용기 목사는 20세기와 21세기 두 세기에 걸친 한국교회와 세계교회의 거성이었다. 한국교회총연합이 중심이 되어 조용기 목사의 장례를 '조용기 목사 한국교회의 장'으로 공고했다. 장례위원장에 한국교회총연합의 공동 대표회장인 소강석 목사, 이철 목사, 장종현 목사가 당연직으로 맡았으며, 집행위원장에는 여의도순복음교회 이영훈 위임목사가 맡았다. 집행부위원장은 이장균, 김호성, 신범섭, 유족은 조희준, 조민제, 조승제이다.

기독교연합단체가 조직되고 나서 한국교회장으로 장례한 것은 2009년 9월 3일 정진경 목사가 처음이었다. 이보다 먼저 한경직 목사는 2000년 4월 19일에 소천하여 영락교회장으로 장례를 하였었다. 그렇지만 조용기 목사는 한국교회를 대표하는 복음 전도자에 걸맞게 한국교회가 연합하여 장례예식을 거행하였다. 이는 이영훈 목사가 한국교회 연합과 역사의식이 있어서이고, 조용기 목사를 사부로 존경하고 따랐던 소강석 목사가 때마침 한국교회총연합의 대표회장으로서 긴급회의를 열어서 결의하여서이다.

소강석 목사는 장례위원장으로 빈소가 마련된 여의도순복음교회 베다니홀로 아침 6시 40분에 도착해서 집행위원장 이영훈 목사와 함께 제일 먼저 헌화하였다. 그는 장례위원장으로 하루 12시간 이상 서 있으면서 정관계 인사, 대권후보, 유력인사와 교계와 성도 수만 명의 조문객을 맞이하였다.

조용기 목사의 빈소에는 박병석 국회의장, 김부겸 국무총리, 유영민 대통령 비서실장, 오세훈 서울시장, 황희 문화관광체육부장관이 찾아와 헌화하였다. 여야의 예비 대권후보 윤석열, 이재명, 안철수, 이낙연, 정세균, 홍준표, 유승민, 최재형, 황교안과 이준석, 송영길 당 대표가 줄을 이어서 조용기 목사의 영정에 국화꽃 한 송이를 바쳤다.

이날 김장환 목사가 제안하여 김삼환, 최성규, 장종현, 오정현, 오정호 목사가 윤석열 대권 예비후보를 둘러싸고 그의 등에 손을 얹고 기도하였다. 2022년 3월 9일 제20대 대통령선거에서 국민의힘 윤석열 후보가 역대 대통령선거에서 가장 근소한 0.73퍼센트 24만 표 차이로 당선되었다.

여의도순복음교회 베다니홀에 설치된 고 조용기 목사의 빈소 외에 전국에 있는 제자교회에 조문소가 마련되었다. 순복음강북교회(전호윤 목사), 아홉길사랑교회(김봉준 목사), 순복음강남교회(최명우 목사), 순복음성북교회(정재명 목사), 순복음도봉교회(김용준 목사), 순복음노원교회(이상용 목사), 순복음성동교회(정홍은 목사), 김포순복음교회(김삼환 목사), 순복음인천교회(최용호 목사), 순복음중동교회(김경문 목사), 일산순복음영산교회(강영선 목사), 순복음부평교회(이기성 목사), 순복음엘림교회(민장기 목사), 순복음의정부교회(박정호 목사), 순복음안산교회(김유민 목사), 순복음원당교회(고경환 목사), 예수가족교회(신성남 목사), 수원순복음교회(이요한 목사), 광주순복음교회(한상인 목사), 순복음대구교회(이건호 목사), 부산 금정순복음교회(김형근 목사) 등 형제교회마다 조문소를 세워서 찾아오는 조문객을 맞았다.

순복음세계선교회 북미총회는 뉴욕순복음연합교회(양승호 목사)에 조문소를 설치하여 뉴욕의 목회자와 한인교인들을 맞이했다. 순복음안디옥교회 이만호 목사는 "십자가 천국 복음을 외치셨던 조용기 목사님의 뒤를 따르겠습니다"라고 현지 TV 인터뷰를 하였다. 그리고 뉴욕순복음연합교회 양승호 목사는 "조용기 목사님의 유업을 이어나가겠습니다"라고 다짐하였다. 로스앤젤레스 나성순복음교회(전유철 목사), 워싱턴순복음제일교회(윤창재 목사), 시카고순복음교회(김판호 목사), 애틀랜타 스와니순복음교회(고영용 목사), 캐나다 토론토순복음교회(주권태 목사) 등 북미주 11곳에 조문소가 설치되어 한인 목회자와 성도들의 조문을 받았다.

소강석 목사는 입관식에서 수의를 입고 누워 있는 조용기 목사의 오른손을 잡고 이렇게 고백했다. "목사님같이 수많은 병자를 고치고 앉은뱅이까지 일으켰던 분도 이렇게 가시네요. 다시 일어나실 순 없나요."

집행위원장 이영훈 목사는 "조용기 목사님을 떠나보내며"라는 추모 메시지를 발표했다.

"어제 아침 소천하신 조용기 원로목사님은 한국교회의 거목이요, 세계교회의 위대한 복음 전도자였습니다. 조용기 목사님은 6·25전쟁의 폐허 속에서 희망을 잃고 실의에 빠져 있던 사람들에게 예수님의 십자가 부활의 신앙을 전하며 희망의 메시지를 전파했습니다. 사람들이 안 된다, 어렵다, 힘들다고 부정적으로 말할 때 조용기 목사님께선 언제나 '할 수 있다, 하면 된다, 해보자' 설파하셨습니다.

목사님의 그 카랑카랑한 음성이 귀에 쟁쟁합니다. 이 희망과 긍정과 용기의 복음이 전쟁 후 가난과 절망에 빠진 이 나라의 수많은 사람을 일으켜 세우고 격려하여 비로소 오늘의 대한민국이 있게 한 원동력이었습니다. 저에게는 더욱이 영적인 아버지이자 스승이셨던 조용기 목사님께서 이제 우리 곁을 떠나 하나님 품으로 돌아가셨습니다.

성도 한 사람 한 사람을 지극히 사랑하셨던 목사님을 잃은 슬픔은 이루 말할 수 없습니다. 선한 싸움을 다 싸우고 달려갈 길을 마치고, 끝내 믿음을 지키신 목사님께 하나님께서 준비하신 의의 면류관이 주어지리라 믿습니다. 여의도순복음교회는 조용기 목사님의 이런 희망의 신학, 절대긍정의 신학이 원동력이 되어 세계 최대의 교회로 성장하였습니다.

우리는 고난조차 축복으로 나아가는 하나의 과정이라 믿었고, 당장 파산했어도 여의도순복음교회에 와서 조용기 목사님의 설교를 들으면 속이 후련해지고 주먹을 불끈 쥐고 일어나는 힘이 생겼습니다. 우리 교인들 가운데 특히 큰 성공을 이룬 분들은 다 그렇게 실패를 딛고 일어난 분들입니다. 이 건강한 영성이 여의도순복음교회의 영성이 되었습니다.

조용기 목사님의 성령운동은 '모성적 성령운동'입니다. 우리 사회가 광복과 6·25전쟁, 4·19, 5·16으로 이어지는 혼돈의 시간을 지나며 가난과 불안정의 고난을 견뎌내는 데 목사님의 성령운동이 깊이 기여했습니다. 고난을 딛고 일어나게 하는 것도 성령의 능력입니다. 이 능력이 가난을 극복하면서 개인구원이 사회구원으로 나아가도록 방향을 전환해 주었습니다.

예수님께서 소외된 사람들과 같이하셨듯이 여의도순복음교회는 가난하고 병들고 소외된 사람들과 함께 웃고 울면서 그들의 삶을 변화시켜 온 것입니다.

조용기 목사님께서 개척 초기 서대문 대조동 천막교회 시절부터 오갈 데 없는 사람들과 병들어 치료받지 못하는 사람들과 함께 예배한 사실은 잘 알려진 사실입니다. 제자는 마땅히 스승의 발자취를 따라가며 그 사역 속에서 자신의 사역을 접목합니다. 저의 관심사도 언제나 조용기 목사님의 사역을 어떻게 잘 계승하고 체계화하느냐였습니다.

요한 웨슬리의 제자들이 감리교회를 만들어냈듯이 저는 조 목사님의 방대한 사역을 소화하고 정리하는 데 노력해 왔습니다. 조 목사님의 사상 또는 성령운동을 신학화하여 해외로 보급하고, 나름의 훈련코스를 개발해 왔습니다. 그래서 저에게 조 목사님은 언제나 샘물 같은 분입니다. 영적 아버지입니다.

그래서 조용기 목사님을 육신으로는 떠나보내지만 저에게, 그리고 우리 여의도순복음교회에, 아니 성령운동의 불길이 타오르는 모든 곳에서 조용기 목사님은 영원히 살아 계실 것입니다. 지금 우리 사회는 물질적으로 풍요하여 선진국의 대열에 들었으나 세대 간에, 지역 간에, 남녀 간에, 이념 간에 그 어느 때보다 심한 갈등을 겪으며 아이를 낳고 싶어 하지 않는 세상이 되었습니다.

이 갈등의 황폐한 심령에 우리는 다시 성령의 하나 되게 하시는 능력을 간절히 구할 것입니다. 다시 희망을 이야기할 것입니다. 그리고 그때처럼 '할 수 있다, 하면 된다, 해보자'고 말할 것입니다. 이 절대긍정과 절대감사의 힘으로 조용기 목사님의 신앙을 이어갈 것입니다.

사랑하고 존경하는 조용기 목사님, 이제 고단한 땅에서의 모든 시간을 뒤로하고 하나님 품에서 평안을 누리십시오."

서울대병원에서 입관식을 마치고 장례위원회는 여의도순복음교회 베다니홀 입구에서 유족들과 함께 위로예배를 가졌다. 김장환 목사, 장종현 목사, 최성규 목사, 오정현 목사, 오정호 목사가 순서를 맡고, 명성교회 원로 김삼환 목사가 "미스바 광장의 사무엘"이라는 제목으로 설교했다.

"1958년 조 목사님은 천막교회를 시작하셨습니다. 그러나 조 목사님은 천막이 아니라 여의도 광장의 교회를 일군 목사님으로 기억됩니다. 6·25전쟁이 끝난 지 10년도 안 됐던 때, 절망에 빠지고 소망을 잃은 백성에게 주의 종 조 목사님을 보내 여의도 광장을 오늘의 미스바 광장으로 열게 하셨습니다. 그리고 이 땅에 성령의 불을 붙였고 한국교회는 일어섰습니다. 그때부터 지금까지 한국교회는 광장에서 피어오른 은혜가 뜨겁게 이어지고 있습니다. 오늘의 여의도 광장은 미스바 광장과도 같습니다.

하나님은 블레셋을 멸하시고 위대한 이스라엘을 만들어 주셨습니다. 한국도 그 옛날 광장의 집회가 없었다면 북한과의 격차를 벌릴 수 없었을 것입니다. 모두 여의도 광장에서 열린 '엑스플로 74' 같은 수많은 광장 집회 때문이었습니다. 우리는 드디어 일본과 중국에 눌리지 않고 대등하게 경주할 힘이 생겼습니다. 이렇게 된 것은 미스바 광장과 같은 여의도 광장에서의 기도 때문입니다. 이 일을 이끌어 오신 분이 바로 조용기 목사님이십니다.

조 목사님은 여의도에만 불을 붙인 게 아니라 세계교회에 부흥의 불을 붙이는 사명을 감당했습니다. 전 세계 어느 곳이든 조 목사님이 방문하지 않은 곳이 없었습니다. 한국교회도 마찬가지입니다. 어느 교단의 누구 할 것 없이 큰 영향을 받았습니다. 그분의 성령운동과 철야기도를 이어받지 않은 목회자가 없습니다. 외롭고 힘들게 사역하신 조 목사님을 위로해야 합니다.

한국교회는 조 목사님의 사역을 기념하고 여의도순복음교회를 기억해야 합니다. 조 목사님의 아드님들도 조 목사님의 사역을 잘 이어가시고 빛내야만 합니다.

조 목사님은 성령운동만 하신 게 아니었습니다. 봉사와 사회참여도 많이 하시고 제자훈련과 영성훈련 등 안 하신 사역이 없습니다. 심장병 어린이 돕기 운동도 펼치셨습니다. 우리 모두 힘을 모아 조 목사님의 유업을 이어 한국에 다시 광장의 역사

조용기 목사를 조문하는 성도들을 맞고 있는 우측부터 상주 조민제 회장, 이영훈 목사, 소강석 목사. 여의도순복음교회 베다니홀

가 일어날 수 있도록 힘써야 하겠습니다."

2021년 9월 16일, 나는 문성모 목사, 김창곤 목사와 함께 조용기 목사의 영정 앞에 국화 한 송이를 바치고 조용기 목사를 추모했다. 1968년 9월 서대문에 있었던 순복음중앙교회의 청년초청성회에서 전한 조용기 목사의 설교를 추억했다. 그로부터 53년여간 들었던 그의 메시지를, 그 기도를…. 조용기 목사가 전하는 희망의 복음을 듣고자 그가 서 있는 단상 앞으로 구름떼같이 모여든 인파, 그의 기도를 받고 싶어 한 수많은 성도가 가졌던 눈빛이 떠올랐다. 그날 조용기 목사를 오랫동안 수행한 영산포럼 회장 김영도 장로, 장두호 장로와 수많은 성도가 조용기 목사를 눈물로 배웅하고 있었다. 조용기 목사님! 그는 우리 시대에 영원히 기억될 주의 종이다.

2021년 9월 18일 오전 8시 여의도순복음교회 대성전에서 조용기 목사의 천국환송예배가 드려졌다. 이장균 목사의 사회로 장종현 목사가 기도하고, 조용기 목사가 작사하고 김성혜 목사가 작곡한 "내 평생 살아온 길"이 바리톤 이응광의 조가로 장중하게 울려 퍼졌다.

나같이 못난 인간 주님께서 살리려
하늘나라 영광 보좌 모두 버리시었네
낮고 낮은 세상의 사람 형상 입으신
하나님의 큰 사랑 어디에다 견주리

이어서 김장환 목사는 "나는 부활이요 생명이니"(요 11:25-26)란 제목으로 설교했다. "우리는 위대한 업적을 이룬 한국교회의 큰 별을 잃었다. 조용기 목사님은 오직 천국 소망을 갖고 복음을 전했으며, 이제 달려갈 길을 다 달려간 후에 천국으로 가셨다. 조 목사님은 주님의 품에서 편안히 쉬실 것"이라며, 김장환 목사는 "이제 우리는 조용기 목사님이 이룬 업적과 목회를 잘 계승해 복음 전파의 사명을 힘차게 이어 나가자"고 전했다.

다음 순서로, 조용기 목사의 일대기를 영상으로 보여주었다. 영상마다 조용기 목사가 복음을 들고 서는 곳에는 수많은 인파가 몰려왔다. 77민족복음화성회, 80세계복음화대성회, 84한국기독교선교100주년대회, 88세계복음화대성회, 92세계성령화대성회가 열린 여의도 광장에 은혜를 사모하는 백만 명의 성도들이 구름처럼 몰려들었다. 해외성회 개최국 71개, 이동 거리 지구 120바퀴, 대형집회 370회에서 연인원 수억 명에게 조용기 목사는 복음을 전했다. 조용기 목사는 국내교회 522개와 해외교회 1,194개를 개척했고 현재 해외 선교사 673명을 파송하였으며, 무료 심장수술 4,704명을 시술하고, 소외된 이들에게 끝없는 사랑과 행복을 나누어 주었다.

문재인 대통령, 마틴 루터 킹 재단 버니스 킹 이사장, 빌리 그레이엄 복음전도협회 프랭크 그레이엄 회장, 주한 미국 크리스토퍼 델 코소 대사대리, 대만 장마오송 목사 외 지도자들의 추모사가 방영되었다.

장례위원장 소강석 목사의 추모시 "꽃잎은 져도 그 향기는 지지 않습니다"라는 조시가 낭송되었다.

아, 생각만 해도 가슴이 뛰고 눈물 나게 하는 조용기 목사님
우리들의 가슴을 강타했던 그 포효의 메시지가
여전히 우리 귓가에 남겨 있는데
목사님은 어찌하여 끝내 우리 곁을 떠나셨습니까
아직은 때가 아닌데,
우리는 목사님을 보낼 준비가 되지 않았는데
5대양 6대주를 향해 폭풍의 질주를 하시며 쓰신 신 사도행전의
역사와
그 새벽의 붉은 외침을 우리 곁에 남겨 두시고
어찌하여 홀연히 홀연히 떠나시고야 말았나이까

저 부산 판자촌에서 콜록콜록하며 피를 토하던 폐병 소년에게
하나님께서 꽃이라 불러주셨지요
비로소 조용기라는 꽃봉오리 하나가 민족의 광야와 5대양 6대주에
성령의 봄, 예수의 계절이 오게 하였거니
그 꽃향기는 아직도 사라지지 않고 우리의 가슴에 남아 있습니다.

아, 가슴 저리도록 보고픈 님이여,
우리는 차마 님을 보내드릴 수가 없네요
우리 눈에 사라지지 않는 님의 눈동자로 인하여
우리가 님을 더 보내드릴 수가 없습니다.
이제야 우리는 수많은 사탄의 공격과 맞서 싸우며
주의 제단 앞에 홀로 흘려야 했던
님의 그 처절한 눈물의 의미를 헤아릴 듯합니다.

세계 속에 한국의 이름을 가장 많이 알렸던 애국자요
국민일보를 통해 진리의 등불을 밝혔던 선지자요
사랑과행복나눔재단을 통하여
소외된 이웃과 병든 자들을 가슴에 안은 사랑의 제사장이여
당신의 그리운 목소리, 자애로운 눈동자를 우리의 심장에 담아
한국교회 하나 됨과 민족복음화, 세계선교의 새 길을 열어가겠습니다

아, 조용기 목사님, 이 땅에 님이라는 꽃잎은 떨어졌지만
그 향기는 지지 않겠거니
천국에서는 더 위대한 꽃봉오리가 되소서
주님께서 다시 님에게 꽃봉오리가 되라 명해 주신다면
셀 수 없는 꽃봉오리와 향기를
한국교회에 선물해 주시라고 주님께 한 번만 부탁해 주소서
먼저 가신 사모님과 천국에서 만나셔서
끝없이 이영훈 목사님과 여의도순복음교회, 아니 한국교회에
사랑과 화해와 부흥의 봄이 오도록 탄원하여 주소서.

한교총 공동대표회장 이철 감리교 감독회장의 조사, 이영훈 목사의 약력보고와 인사말, 가족대표 조민제 국민일보 회장의 인사, 박종화 목사의 축도로 천국환송예배를 마쳤다. 최성규 목사의 발인기도가 끝난 후 조용기 목사가 가장 사랑했던, 65년 목회의 결정체인 여의도순복음교회의 단상을 떠나 장지인 오산리최자실금식기도원으로 출발했다.

　이날 오전 10시 경기도 파주시에 위치한 고 김성혜 사모의 묘소 옆에 마련된 장지에서 이장균 목사의 사회, 영목회장 전호윤 목사의 기도, 이영훈 목사의 설교가 있었다. "부활의 은혜"(고전 15:51-58)라는 제목으로 이영훈 목사는 "성도들을 지극히 사랑하셨던 목사님을 잃은 슬픔은 이루 말할 수 없다. 선한 싸움을 다 싸우고 달려갈 길을 마치고 끝내 믿음을 지키신 목사님께 하나님께서 준비하신 의의 면류관이 주어지리라 믿는다"면서 "조 목사님의 사역이 우리의 마음 가운데 뿌리 내려서 계승되길 바란다"고 당부했다.

　최성규 목사의 축도로 하관예배를 마치고 장례위원장 소강석 목사의 기도 후 이영훈 목사, 유가족, 제자 목회자, 성도들이 순서대로 취토하여 이 땅에서 조용기 목사의 마지막을 추모했다.

52.

CBS 토론
"고 조용기 목사, 무엇을 남겼나?"

2021년 9월 17일 오후에 CBS TV 이승규 기자로부터 전화가 걸려왔다. 조용기 목사를 추모하며 토론하는 프로그램에 패널로 참여해달라는 요청이었다. 나는 기독교 신자가 되면서 "어느 누구라도 내게 주의 일을 맡기면 못한다고 하지 않고 하겠습니다"라는 기도를 했었다.

"예, 해보겠습니다. 질문 요지는 미리 보내주시나요?"

"담당 PD가 사전에 질문 요지서를 보낼 겁니다. 그런데 녹화일이 추석 연휴 직후 9월 23일이에요."

"알겠습니다."

조용기 목사의 장례는 5일장이라 2021년 9월 18일 오전 8시에 여의도순복음교회에서 발인예배가 예정되어 있었다. 내가 방송에 토론자로 출연한 것이라야 1988년에 KBS TV 일요일 아침 6시에 생방송되는 종교인 대화 프로그램에 출연한 것이 유일했다. 그러다 보니 나는 방송토론 프로그램에 나선다는 것이 부담스러웠다. 더욱이 담당 PD 고석표 선임기자로부터 전송된 질문 요지서를 읽어보니 질문서 하나하나가 쉽지 않았다. 예민한 질문에 제대로 답하기 위해 조

CBS 토론 "고 조용기 목사, 무엇을 남겼나?" 왼쪽부터 안준배 목사, 김상덕 박사, 서명삼 교수

용기 목사에게 영향을 받은 대로 긍정적이고 적극적으로 기도하며 준비하였다.

2021년 9월 23일 오후 5시에 CBS 목동 스튜디오에서 녹화를 하였다. 한국기독교사회문제연구원 연구실장 김상덕 박사의 오프닝 멘트로 토론이 시작되었다.

"여의도순복음교회를 세운 조용기 원로목사가 9월 14일 세상을 떠났습니다. 50년간 목회활동을 해온 조용기 목사는 한국교회 성장과 부흥의 대표적 상징이 됐고 언론과 NGO 단체 등을 설립해 활동하며 교회를 넘어 사회적으로도 큰 영향을 끼쳤습니다. CBS 토론은 고 조용기 목사의 활동이 교회적, 신학적, 사회적으로 어떤 의미를 갖는지 돌아보고자 합니다."

나와 이화여자대학교 기독교학과 서명삼 교수가 패널이 되어서

8개 질문에 서로 상반된 측면에서 토론을 전개하고자 했다. 토론에서 조용기 목사에 대한 가장 부정적 평가를 담고 있는 "여의도교회가 이렇게 양적으로 부흥 성장하게 되면서 그 이면에는 물량적 성장주의라는 비판도 있는 게 사실입니다. 어떻게 봐야 할까요?"라는 질문에 나는 어설프게 옹호하거나 합리화시키는 대신 정면 돌파를 택했다.

나는 조용기 목사와의 개인사적인 이야기를 나누고 싶다고 전제했다. 조용기 목사의 큰아들 조희준 씨가 보유하고 있는 주식을 교회의 재정으로 시가보다 과도하게 비싸게 매입한 배임 사건으로 조용기 목사가 서울고등법원에서 2년 6개월 집행유예를 선고받았을 때를 이야기했다. 당시 2014년 8월 21일에 형사법원 엘리베이터 좁은 공간에서 나는 조용기 목사와 마주 보게 되었다. 나를 쳐다보는 조용기 목사의 눈빛에서 나는 말할 수 없는 슬픔과 회한을 보았었다. 나는 그 눈빛을 통해 조용기 목사가 자신의 가족사에 드리워진 물량적 성장주의의 부정적인 면을 인식하고 있었음을 알 수 있었다고 말했다. 그 순간 서명삼 교수와 사회자 김상덕 박사와의 사이에 물량적 성장주의 실체에 대한 공감대가 형성되는 것을 느꼈다. 나중에 CBS TV로 시청한 시청자와 유튜브 채널로 조회한 이들도 위대한 사역자이면서 동시에 세 아들의 아버지가 되는 조용기 목사에 대한 이해를 갖게 되었다고 했다.

서명삼 교수 역시 조용기 목사에 대한 비판적인 것보다는 한국 기독교 역사에서 한 획을 그은 고 조용기 목사의 생애와 사역을 객관적으로 토론하였다.

김상덕 박사는 "조금은 짓궂은 질문을 하겠습니다. 조용기 목사가 한국교회 후배 목회자들에게 남기고 간 과제가 있다면 어떤 게 있을까요?"라는 질문으로 토론회를 마무리하고자 하였다.

나는 이렇게 클로징 멘트를 하였다.

"조용기 목사가 목회하던 시대는 복음의 현재적 의미가 필요했던 시기였고, 그러다 보니 의도치 않게 물량적 성장주의를 낳았습니다. 그러나 지금의 후배 목회자들은 복음의 현재성으로 인한 부요함을 누리는 것을 넘어서 가진 것을 덜어내고 비워내서 낮은 곳을 찾아가는 발걸음이 되어야 하겠습니다."

1885년 4월 부활절날 아침에 인천 제물포항으로 언더우드와 아펜젤러 선교사가 들어온 이래 기독교는 부흥하고 성장했다. 이로 인해 한국교회는 부와 힘이 생겼다.

영원한 생명에 대한 관심을 갖고 있는 유대 지도자 한 사람이 예수께 이런 질문을 하였다. "선하신 선생님, 제가 어떻게 해야 영원한 생명을 얻을 수 있겠습니까?"

예수는 그에게 "십계명을 지키라"고 하셨다. 그러자 그는 "그 모든 것을 어릴 때부터 지켰습니다"라고 대답했다. 예수께서 말씀하셨다. "그러나 네게 아직도 한 가지 부족한 것이 있다. 네가 가진 것을 다 팔아 그 돈을 가난한 사람들에게 나누어 주어라. 그러면 하늘에다가 네 재물을 쌓는 것이 될 것이다. 그리고 와서 나를 따르라." 그 사람은 이 말씀을 듣자 침울한 표정으로 가버렸다. 그는 큰 부자였기 때문이라고 누가복음서는 적었다.

예수께서 부자 청년의 뒷모습을 보시며 제자들에게 말씀하셨다. "부자가 하나님 나라에 들어가기는 매우 어렵다. 부자가 하나님 나라에 들어가기보다는 낙타가 바늘귀로 들어가는 것이 더 쉬울 것이다."

얼마나 단호하고 무서운 경고인가. 이 땅에다 재물을 쌓아둔 자는 하늘나라에 들어갈 수 없다는 것이다. 누구든지 하나님 나라를 위하여 재물을 버리는 자가 영원한 생명을 얻을 것이라는 예수의 가르침을 우리 모두 따라야 할 것이다.

조용기 목사의 신앙과 신학을 계승하고 계속 발전시키기 위하여 여의도순복음교회 이영훈 목사와 제자 목회자들은 '사단법인 영산 글로벌미션포럼'을 설립하고, 2021년 11월 25일 서울 여의도 국민일보 빌딩 그랜드볼룸에서 설립감사예배를 드렸다. 이사장 이영훈 목사는 "조용기 목사의 영적 유산을 잘 물려받고 이어나가자"고 천명하였다.

이영훈 목사는 2022년 1월 5일 국민일보 신년대담에서 고 조용기 목사에 대해 다음과 같이 말했다. "우리 집 아래에 사시던 조 목사님은 늘 지나가며 장난스럽게 나를 툭 치고 가실 정도로 아들처럼 사랑해 주셨다. 어릴 때 뵈었던 조 목사님은 마르고 키가 큰 기억이 있다. 걸음도 설교 속도로 빨랐다. 설교는 늘 힘 있고 감동을 줬다. 학창 시절에도 부흥회와 금요철야, 새벽예배 등 조 목사님 설교를 빠짐없이 들었다. 중·고등학교와 대학교 진학 과정마다 시험을 볼 때 목사님께 기도를 받았다. 제 인생의 영적 아버지이면서 멘토셨다. 그분의 뜻을 거역하지 말자는 것이 나의 자세였다. 어머니도 주의 종 말씀에 순종하라고 항상 강조하셨다. 순종하는 마음으로 7차례에 걸친 해외 사역에 이어 종착역으로 이곳 여의도순복음교회로 왔다. 하나님의 인도하심이라 확신한다. 그리고 지금도 조 목사님이 남긴 영적 유산의 두 축인 성령충만과 절대긍정을 중심으로 교회를 섬기고 있다."

이영훈 목사는 여의도순복음교회 대성전 1층에 조용기 목사 기념

홀, 오산리최자실기념금식기도원에다 기념관을 건립할 것이라고 하였다. 조용기 목사의 목회철학의 이론적 체계화 지원, 국내외 석학초청 포럼 지원, 교회성장 사례연구 지원 등의 사업을 펼칠 것이라고 한다. 나는 거기에 더하여 영산 조용기 목사의 제자로서 한국교회의 목회자들이 크고 높아진 위치에서 낮고 소외된 곳으로 찾아가는 '예수 닮아가는 제자'가 되었으면 한다.

조용기 목사는 50년 목회 사역을 마치고 은퇴하면서 '사랑과 행복나눔재단(현 재단법인영산조용기자선재단)'을 발족시켜 소외된 이웃과 가난한 이들을 돕겠다는 결단을 내렸다. 조용기 목사는 이렇게 말했다.

"나는 이제 곧 목회 사역에서 졸업합니다. 그러나 하나님은 나에게 새로운 꿈을 주셨습니다. 그것은 '사랑과 행복 나누기 운동'을 펼치는 것입니다. 우리는 소외되고 불쌍한 이웃에게 하나님의 사랑으로 다가가야 합니다. 사랑과 행복을 나누는 운동은 거창한 것이 아닙니다. 내게 있는 것을 나누어 주는 것입니다. 가진 것이 없어도 누구나 사랑과 행복을 나눌 수 있습니다. 사랑은 나누면 나눌수록 더 커져서 마침내 예수 그리스도의 사랑으로 이 세상을 뒤덮을 것입니다."

이영훈 목사는 조용기 목사의 나눔과 구제 사역을 이어받아 여의도순복음교회와 각 지교회가 지역 사회를 섬기는 교회가 되도록 힘쓰고 있다. 오래전부터 개인 구원과 함께 섬김을 통한 사회 구원을 실천해 온 여의도순복음교회가 앞으로도 '소외된 이웃을 섬기는 교회'로 존재할 것이라는 것이 이영훈 목사의 변함없는 의지이다. 이영훈 목사는 조용기 목사의 영적 계승자로서 이렇게 다짐했다.

"신약성경 사도행전은 오순절 성령강림의 결과로 초대교회가 탄생했고 디아코니아(diaconia) 즉 돌보고 나누는 것이 초대교회의 지속적인 부흥과 성장을 뒷받침한 원동력이었다는 것을 잘 보여 줍니다. 나는 여의도순복음교회가 앞으로도 조용기 목사님이 남기신 뜻을 계승하여 '성령의 능력으로 섬김과 나눔을 실천하는 사도행전적 교회'가 되기를 바라며 땅끝까지 복음 증거와 함께 나누고 베푸는 사역에 계속 힘쓸 것입니다."

53.

꿈과 이상을
이루는 고래

2021년 12월 1일 여의도순복음교회에서 국민일보 창사 33주년 감사예배가 있었다. 이날 소강석 목사는 "고래를 위하여"라는 제목으로 설교했다. 그는 국민일보를 '고래'라고 칭했다. 다음은 정호승 시인의 "고래를 위하여"이다.

푸른 바다에 고래가 없으면
푸른 바다가 아니지
마음속에 푸른 바다의
고래 한 마리 키우지 않으면
청년이 아니지

푸른 바다가 고래를 위하여
푸르다는 걸 아직 모르는 사람은
아직 사랑을 모르지

고래도 가끔 수평선 위로 치솟아 올라

별을 바라본다
나도 가끔 내 마음속의 고래를 위하여
밤하늘 별들을 바라본다

소강석 목사가 말하는 고래는 우리가 추구하는 꿈, 이상, 사랑, 자유, 생명이다. 가난한 신학생 시절 수돗물로 배를 채우던 소강석 목사에게 조용기 목사는 이 시대 푸른 바다를 유영하는 고래였다. 고래 조용기 목사는 〈국민일보〉라는 고래를 낳았고, 〈국민일보〉는 지면을 통하여 이어령, 김형석 교수라는 고래와 수많은 고래를 낳게 된 것이다.

소강석 목사는 조용기 목사를 롤모델로 삼아 새에덴교회를 한국교회를 대표하는 교회로 성장시켰다. 그러고 나서 그는 조용기 목사를 근접에서 만날 수 있게 되었다. 소강석 목사는 조용기 목사의 영적인 큰아들은 이영훈 목사이고, 자신은 여의도순복음교회 출신이 아니라서 의붓자식이라고 자신을 낮추어 말했다. 그가 조용기 목사의 직계 제자들에게 부러움을 느낀 것은 조용기 목사가 그들에게 "야, 너 왔냐? 할렐루야, 이리 앉아라"라고 반말을 한다는 것이었다. 그래서 소강석 목사는 명절날 세배를 하러 가서, "조 목사님, 목사님의 제자에게 하듯 저에게도 반말을 해주세요"라고 하며 조용기 목사의 사랑을 받고자 했다.

소강석 목사는 조용기 목사를 흠모한 나머지 조용기 목사가 매고 있던 넥타이를 얻어냈었다. 그리고 국민일보 창사 33주년 예배에 그 넥타이를 매고 나와 강단에서 '훔쳤다'는 표현으로 자랑을 하였다. 마치 엘리사가 엘리야가 승천하기 직전 엘리야의 겉옷을 취하게 된 것처럼….

국민일보 창사 33주년 기념예배에서 설교하는 소강석 목사.
여의도순복음교회, 2021. 12. 3.

그는 이선희의 "인연"을 개사하여 불렀다.

"별처럼 수많은 사람들
그중에 우리가 만나
꿈을 꾸듯 서로 알아보고
순복음만으로 벅차던
우리가 고래를 낳고
그 모든 건 기적이었음을,
그 모든 건 은혜이었음을
그 모든 건 눈물이었음을."

소강석 목사는 그날 메시지를 전하면서 조용기 목사를 추모했다. 그리고 조용기 목사를 이어받아 국민일보와 한국교회 연합사역이라는 고래를 낳자고 외쳤다.

2019년 여의도순복음교회의 국민일보 창사 31주년 감사예배에서 조용기 목사는 소강석 목사를 부둥켜안고 기도했었다. 조용기 목사는 2020년에는 병상에서 국민일보 창사 32주년 감사예배를 무의식 가운데서 동참했을 것이다. 2021년 국민일보 창사 33주년 감사예배는 예수님 품 안에서 내려다보며 찬송을 불렀을 것이다.

한국교회의 어느 설교자가 이날의 소강석 목사처럼 설립자 조용기 목사, 후계자 이영훈 목사, 국민일보 조민제 회장을, 그리고 수많은 한국교회 목회자, 성도를 국민일보라는 고래로 이어지게 할 수 있을까. 소강석 목사가 있어서 조용기 목사의 영적 유산이 흐르고 흘러 한국교회의 대하가 되고 있다. 조용기 목사는 여의도순복음교회 이영훈 목사에게, 한국 교계는 소강석 목사를 통하여 한강, 아니 아마존강보다 더 큰 영적인 대하를 형성하고 있다고 할 것이다.

강물은 흘러 흘러 바다로 모이게 되고, 동해 바다는 태평양으로 흐른다. 한국교회 5만 목회자와 1천만 그리스도인은 세계의 바다를 유영하는 저 바다의 고래가 되자. 그리고 꿈과 이상, 사랑, 자유, 생명이라는 고래를 낳자!

문화체육관광부에 등록된 신문 등 정기간행물은 2021년 22,225곳이다. 이중 인터넷신문은 9,110곳이다. '언론'이란 사전적으로는 '여론형성, 의제설정, 환경감시, 오락제공의 기능을 가지고 있다'고 정의하고 있다. 국내에서는 '메이저 언론'이라고 불리는 신문사, 방송사 등과 이외의 수많은 매체가 언론의 역할을 하고 있다. 지금의 언론 시장을 보면 활자 미디어는 축소되고 있는 반면에 영상 미디어가 확장되고 있는 추세이다.

내가 살고 있는 이화동만 해도 주변 거주자 중에서 일간신문을 배달받아 보는 구독자가 나 외에는 드물다. 그러다 보니 신문 외에 TV조선, A채널, JTBC, MBN 등 영상 미디어 그룹은 살아남지만, 일간신문은 발행 부수의 축소로 인하여 영향력이 감소되고 있다. 그러한 매스미디어 환경 속에도 조용기 목사가 창간하고, 구독열이 강한 한국교회의 독자층을 형성한 〈국민일보〉는 생명력이 있다고 하겠다. 그것은 〈국민일보〉가 한국교회를 대변하며 '사랑, 진실, 인간'이라는 기독교적 가치를 지면에 담아내고 있기 때문이다.

나는 1980년대에 《조용기 목사와 성령운동》이라는 책을 쓰게 되면서 조용기 목사를 자주 면담했었다. 그때 나는 조용기 목사에게 이런 말을 했다.

"한국교회는 조 목사님의 삼중구원, 오중복음을 기반으로 한 성령운동의 영향을 받은 한국교회가 될 것입니다. 요한 웨슬리의 메소디스트 운동처럼요."

"그런 것은 앞으로 자네들이 해야지."

요한 웨슬리의 신학과 신앙을 공통분모로 하는 기독교대한하나님의성회(대표총회장 이영훈 목사), 기독교대한감리회(감독회장 이철 감독), 기독교대한성결교회(총회장 지형은 목사), 예수교대한성결교회(총회장 이상문 목사), 나사렛성결교회(총회장 신민규 목사), 구세군 대한본영(사령관 장만희 사관)이 참여하여 2022년 3월 11일 국민일보 CCMM 루나미엘레에서 '웨슬리안교단장협의회'를 창립했다. 웨슬리안 신앙의 뿌리를 두고 있는 국내 교단들의 규모는 한국 교회 전체의 35퍼센트 가량으로 4백만 신자가 된다.

미국 고든코웰대학교 세계기독교연구센터의 '2022년 세계 기독교 현황 및 전망'에 따르면 2022년 현재 전 세계 인구 중에서 가톨릭과 정교회를 제외한 10억 명의 기독교인 중에서 오순절 신앙 계통이 6억 명, 침례교가 9천만 명, 감리교가 7천6백만 명, 장로교 1천8백만 명 등이다.

이날 창립총회에서 교단순번제에 의한 제1대 회장으로 선출된 이영훈 목사는 "6개 교단은 먼저 한국 사회를 우리가 섬기고 한국 사회에서 소금과 빛의 역할을 감당하기 위해 하나가 되어야 한다. 우리 4백만 웨슬리안 공동체가 하나가 되어 성령운동의 역사를 다시 회복하고 개인적 구원과 성화운동 나아가 사회적 성화, 곧 사회 구원운동을 펼쳐나가자"고 웨슬리안교단장협의회의 방향을 제시했다.

교권주의나 물량주의 등으로 사회에 근심을 끼친 모습을 탈피하여 사랑의 섬김 공동체를 회복하여 다시 성령운동을 확산시켜 제2의 부흥을 전개시켜 나가야 함을 회장 이영훈 목사가 천명했다. 이는 한국교회가 하나 되어 한국 사회를 섬기자는 조용기 목사의 뜻을 실천하는 것이라 할 것이다.

54. 한국교회 건축가, 조용기 목사

1989년 봄에 조용기 목사를 찾아가 한국교회의 40대 목회자와 부흥사들이 발기한 세계성신클럽의 고문을 맡아달라고 요청했었다. "성령으로 세계를!"이라는 슬로건을 내세워 한국교회를 통한 세계교회 성령운동을 주도하겠다는 취지를 듣고 조용기 목사는 흔쾌히 받아들였다. 그로부터 32년 동안 조용기 목사는 세계성신클럽과 함께 여의도 광장에서의 92세계성령화대성회, 아프리카 케냐 나이로비 우후르 파크에서의 93아프리카성령화대성회, 미국 뉴욕 퀸즈칼리지 콜든센터의 94세계성령화대성회와 국내외의 여러 도시에서의 성령운동을 전개했었다.

2022년 1월 24일부터 28일까지 세계성령운동중앙협의회가 이수형 목사, 오범열 목사, 이은대 목사, 박응순 목사, 김창곤 목사 등이 강사가 되어 오산리기도원에서 성령금식대성회를 주최하였다. 성회 마지막 날에 강사단은 조용기 목사 묘소에서 이 땅에서 63년을 성령과 동역하다가 2021년 9월 14일 소천한 조용기 목사 추모기도회를 가졌다.

이날 강헌식 목사의 사회로 "내 평생 살아온 길" 찬송을 부른 뒤,

장향희 목사가 "살아생전 한없이 드넓은 우주와 같고 거대한 장편 소설과도 같은 값진 삶을 살아간 조용기 목사님의 삶을 본받아 우리도 같은 길을 걷게 하여 주옵소서"라고 기도하였다. 이어서 세계성령운동중앙협의회 대표회장 장기철 목사가 추모 메시지를 낭독하였다.

"1907년 1월 평양 장대현교회에서 길선주 목사의 회개로 발화된 성령운동이 1958년 대조동 깨밭 천막교회 조용기 전도사에게 이어졌습니다. 이제 우리는 조용기 목사님의 목회와 신학을 계승하고 발전시켜 78억 세계인을 복음화하기 위한 성령운동을 한국에서 세계로 확산시켜 나가야 합니다.

그러자면 먼저 한국교회가 성령으로 충만하고 새롭게 되어야 할 것입니다. 이를 위해 정치, 경제, 사회, 교육, 문화를 비롯한 각계각층에 성령운동으로 복음 인간화, 복음 개혁화, 복음 세계화를 이루고자 합니다. 그뿐만 아니라, 오순절 성령신학을 정립하여 신학적 바탕에서 기독교 문화의 토착화를 이루어 나가고자 합니다.

지금 세계는 코로나 팬데믹으로 종말론적인 현상을 보이고 있습니다. 그러나 우리 세계성령운동중앙협의회는 2천 년 교회사에 때마다 역사하시던 성령의 사역을 통하여 조용기 목사님이 외쳤던, 예수 그리스도의 십자가 대속의 메시지를 때를 얻든지 못 얻든지 온 세상에 전하겠습니다."

추모 메시지에 이어 오산리최자실금식기도원 원장 김원철 목사는 "순복음의 영성을 가진 성도들이 잠들어 있는 2004기의 묘역에 안식하고 있는 조용기 목사님의 묘소를 찾아온 추모객의 30퍼센트 정도는 '어떻게 조용기 목사님의 묘가 이렇게 작고 평범하게 조성되어 있느냐'고 항의하였고, 나머지 70퍼센트의 추모객은 여느 일반 성도와 차이가 없는 묘에 오히려 감동을 받았다고 하였습니다. 이런 바람을 담아 오산리최자실금식기도원 대지 138,000평 내에 건립하는 조용기 목사 기념센터에 전시실, 도서실, 극장, 세미나실 등을 세워서 조용기 목사님의 복음적 삶을 이곳을 찾아오는 이들에게 보여주게 될 것입니다"라고 말했다. 이어서 나는 본서 《조용기 목사 평전》의 서문을 조용기 목사의 묘소에서 낭독하였다.

2022년 1월 28일 오후 4시, 오산리공원 묘지는 몹시 추웠다. 추위로 얼어붙은 하늘과 땅 사이로 불어오고 불려가는 겨울바람이 휘몰아치는, 오산리기도원 부원장이었던 김상호 목사가 매일 밤 기도한 엘리야 고지 아래, 조용기 목사의 묘소 앞에 서 있는데 우리 안에 성령의 불꽃이 타오르고 있음을 느꼈다. 조용기 목사는 살아생전에 오산리기도원을 한눈에 내려다보는 위치 묘역에 자신이 누울 곳을 잡아 놓았었다. 평범하고 검소한 묘지를. 바로 이곳에 조용기 목사의 묘, 그 옆에 김성혜 목사, 최자실 목사의 묘비가 나란히 세워져 있다. 이 위대한 주의 종은 세상이 참 고향이 아니고 다만 잠시 이 땅에 나그네로 와 있는 것에 불과하다는 것을 알고, 항상 하늘에 있는 참 고향을 그리워했음을 알 수 있었다. 하나님은 이들의 하나님이라고 불리는 것을 받아들이고, 이들을 위한 하나님의 도성을 만들어 두셨기에….

조용기 목사의 묘가 이곳을 찾아오는 이들에게 하나님께 인정받은 그의 생애를 묵묵히 증거하고 있다.

앞으로 이러한 조용기 목사의 신앙과 신학은 이를 계승하는 한국교회 목회자와 성도들의 성령행전을 통해서 21세기에도 세계 곳곳에서 기록될 것이다.

2022년 3월 28일 세계성령운동중앙협의회가 창립 33주년을 맞아 대학로 한국기독교성령센터 황희자 채플에서 '조용기 목사 성령운동의 계승과 발전'이라는 주제로 성령포럼을 가졌다. 세계성령운동중앙협의회 대표회장 장기철 목사는 "세계성령운동중앙협의회의 33년 역사는 조용기 목사의 여의도 광장, 케냐 나이로비 우후르파크, 뉴욕 퀸즈칼리지 콜든센터에서의 성령운동을 수행한 기록입니다. 지난 20세기와 금세기, 양대 세기에 걸친 성령시대, 성령의 사람 조용기 목사님의 시간과 공간을 우리가 함께 공유한 것은 한국교회의 크나큰 자산입니다"라고 기념 메시지를 전했다.

이날 주제 강연에 나선 배진기 목사는 이렇게 주제 요지를 짚어주었다.

"조용기 목사님은 기도의 사람이었습니다. 우리가 조용기 목사님에게 어떤 스킬을 배우려고 하기보다는 그분의 기도를 배워야 합니다. 조용기 목사님은 하나님의 주권 앞에 서 있던 한 연약한 인간이었을 뿐입니다. 그러나 그가 끊임없이 기도할 때 하나님의 능력과 권능이 그를 통해 나타났던 것입니다. 조용기 목사님의 '4차원의 영성'의 핵심 또한 '기도'입니다. 조용기 목사님은 기도로 4차원의 세계를 누리고 살았던 '기도의 사람'이었습니다. 조용기 목사님의 성령운동에 있어서 계승과 발전의 핵심은 일상의 삶에서의 쉬지 않고 이어지는 영교의 기도 바로 '방언기도'라고 말하겠습니다."

패널 강헌식 목사는 "조용기 목사님의 사역은 성령 안에서 하나가 되는 것이었습니다. 한국교회는 조용기 목사님의 의지를 이어받아 성령으로 하나 되고 연합해야 할 것입니다"라고 말했다. 장향희 목사는 "조용기 목사님은 항상 뵐 때마다 아들 같은 저에게 친구라고 불러 주셨습니다. 한국교회 목회자는 그분의 겸손을 배워야 합니다"라고 하였다.

문성모 목사는 "조용기 목사님은 '삼중축복', '오중복음', '4차원의 영성'이라는 확실한 주제를 가지고 설교하였습니다. 그는 이러한 주제를 가지고 성경 어디를 본문으로 하든지 초지일관 동일한 메시지를 선포하였습니다. 설교자들은 이 시대의 한국교회를 위한 설교 주제가 무엇인가를 고민하고 확정하고 선포해야 할 것입니다"라고 하였다. 남준희 목사는 "저는 조용기 목사님을 수행하면서 어떤 때는 현장에서 문제가 있음에도 매사에 긍정적으로 판단하고 관계자들을 격려해 주시는 조용기 목사님을 뵙곤 하였습니다. 한국교회 목회자들은 이러한 조용기 목사님의 긍정의 언어를 사용해야 합니다"라고 말하였다.

박용순 목사는 북한선교와 탈북자를 도와야 할 것이라고 하였고, 김종양 선교사는 조용기 목사의 세계선교의 사역을 본받아 에스와티니 기독의대에서 교육과 의료 선교를 하고 있다고 하였다. 박흥일 장로는 한국교회 연합단체가 통합과 연합을 하자고 하였고, 김창곤 목사는 조용기 목사의 성령 동행의 역사를 세계성령운동중앙협의회가 앞으로도 이어가자고 하였다.

인간은 누구나 세상에서 집을 짓는다. 반석 위가 아니면 모래 위에 저마다 집을 짓는다. 조용기 목사는 85년 7개월의 서사를 통해서 '한국교회'라는 큰 집을 짓는 건축가였다. 진정으로 가치 있는 삶은 항상 높은 공공성을 갖게 마련이다. 조용기 목사가 걸었던 발자취는 현재에 영향을 미치고, 이로 인해 미래를 만들어가는 영속되는 시간의 흐름 속에 한국교회를 만세반석 위에 건축하고 있는 것이다.

55.

한국교회 연합과 국민대통합의 진원지, 여의도순복음교회

한국 기독교 74개 교단이 2022년 4월 17일 여의도순복음교회에서 '2022년 한국교회부활절연합예배'를 드리며 예수 그리스도의 부활신앙으로 분열과 갈등을 넘어 사회 대통합을 이룰 것을 선언했다.

고명진 목사의 사회로 이천오백 명으로 구성된 새에덴교회, 여의도순복음교회 연합성가대(지휘 류형길)의 '길을 만드시는 주'라는 찬양 후, 소강석 목사는 '부활의 기쁜 소식, 오늘의 희망'이라는 제목으로 메시지를 전했다.

"예수님의 부활은 당시 절망에 빠져 있던 제자들에게 가장 기쁜 소식이었을 뿐만 아니라 희망이 되었습니다. 더구나 예수님께서는 개인 자격으로 부활하신 것이 아니라 예수 그리스도 안에서 모든 잠자는 자들의 첫 열매로 부활하셨습니다. 그러니까 부활은 모든 인류에게 과거의 희망이기도 하였고 오늘 우리 사회와 이 시대의 희망이기도 합니다.

그럼에도 여전히 우리 사회는 긍정과 희망보다는 부정과 절망적인 면이 있습니다. 이런 때에 예수 그리스도의 부활의 능력만이 분열된 사회를 하나로 만들고 갈라진 시대를 희망의 시대로 만들 수

'2022년 한국교회부활절연합예배'에서 말씀을 전하고 있는 소강석 목사.
2022. 4. 17. 여의도순복음교회

있습니다. 한국교회가 하나가 될 때 초갈등사회를 화해사회로 만들고 국민대화합과 통합의 사회를 이룰 수 있습니다. 그러기 위해서 한국교회는 사회적 균형추 역할을 제대로 해야 합니다. 그럴 때 사랑과 화해의 다리가 되며 역사의 희망을 밝히는 등불이요 진리의 빛이 될 수 있습니다.

 1885년 부활절 아침에 제물포 항에 도착한 언더우드와 아펜젤러는 교회도 세웠지만, 병원을 짓고 학교를 세우며 자유와 평화, 박애와 인권, 민주주의 정신을 가르쳤습니다. 그래서 1948년에 실제적으로 대한민국을 건국할 때 건국위원들은 기독교 정신을 모토로 삼았던 것입니다. 그런데 그 정신을 더 거슬러 올라가면 그리스도의 십자가와 부활의 복음이 있습니다.

오늘 우리도 코로나의 어둠이 아무리 깊을지라도, 부활의 복음으로 다시 우리 사회에 코로나 패러독스를 선물로 줄 수 있습니다. 부활절연합예배가 거룩한 나비효과를 이루어서 코로나 환자들을 돌보고 치료해 오신 의료진들, 코로나로 희생된 유가족과 소상공인, 강원도의 화재민들에게 하나님의 한없는 위로와 희망으로 전달이 되시기를 바랍니다. 아니, 아직도 전쟁이 멈추고 있지 않는 우크라이나와 러시아의 전선에도 화해와 평화의 꽃이 피어나고 전쟁이 종식될 수 있기를 바랍니다.

이 자리에 계신 사랑하며 존경하는 한국교회 지도자 여러분, 그리고 성도 여러분, 오늘 부활절연합예배를 통하여 다시 한번 한국 교회가 희망의 돛을 올리며 소망의 깃발을 펄럭일 수 있기를 바랍니다. 죽음에서 부활하신 예수 그리스도 성자 하나님, 부활의 영을 예수 그리스도에게 보내신 성부 하나님, 그리고 장사된 지 사흘 만에 예수 그리스도를 부활케 하신 성령 하나님께 영광을 올려 드립니다."

오른쪽부터 1열 윤석열 대통령 당선인, 김기현 국회의원, 장제원 국회의원, 이영훈 목사
2열 오세훈 서울시장, 배현진 국회의원

이날 예배는 장종현 목사의 축도에 이어 윤석열 대통령 당선인이 나와서 부활절 축하 인사를 하였다.

"2022년 한국교회 부활절연합예배 개최를 진심으로 축하드립니다. 부활절을 맞아 한국교회가 한 자리에 모이는 이 영광스러운 자리에, 여러분과 함께 기도를 드릴 수 있어 매우 기쁘게 생각합니다. 특히 교파를 초월해서 모두가 함께 모이는 자리라 더욱 의미가 있는 것 같습니다. 한국교회는 코로나 위기 속에서도 예수님의 가르침을 실천하며 어려운 이웃들의 든든한 버팀목이 되어 왔습니다. 이 자리를 빌려 우리 사회의 아픔을 보듬고 따뜻한 공동체 형성에 앞장서 온 여러분의 노고에 깊이 감사드립니다.

목회자 여러분 그리고 성도 여러분, 지금 우리는 수많은 위기와 도전 앞에 서 있습니다. 대내외 환경은 엄중하고 저성장 양극화는 시급히 해결해야 할 과제입니다. 그런 면에서 우리 경제가 재도약하기 위한 기틀을 닦는 데에도 우리 모두의 지혜를 모아야 합니다. 고난과 역경을 이겨내고 부활하신 예수님의 가르침을 실천하고 우리 국민의 위대함이 함께한다면, 모든 어려움과 위기도 기회로 바꿀 수 있습니다. 자기 희생과 헌신, 그리고 부활은 그리스도 정신의 요체입니다.

조금 전 부활절연합예배 안내 책자에서 "분열된 사회를 통합하라"는 당부의 말씀을 읽었습니다. 국정 운영을 국익과 국민의 관점에서 풀어가고, 국민의 뜻을 잘 받드는 길이 통합의 첫걸음이라 생각합니다. 제게 맡기신 임무를 잘 새기고 진정으로 최선을 다하겠습니다. 성도 여러분께서도 기도로 함께해 주실 것을 믿습니다. 부활절연합예배에 함께해 주신 여러분께 거듭 감사드리며, 주 예수 그리스도 부활의 기쁨과 축복이 여러분 모두에게 가득하기를 기원합니다. 감사합니다."

이어 준비위원장 엄진용 목사의 사회로 환영과 결단의 시간을 갖

'2022년 한국교회부활절연합예배'에서 환영사를 하고 있는 이영훈 목사.
2022. 4. 17. 여의도순복음교회

고 이영훈 담임목사가 환영사를 하였다.

"지난 3년간 코로나19 사태로 인해 한국교회는 많은 고난을 겪고 여러 시련을 마주해야 했습니다. 뜻하지 않은 고난과 시련으로 인해 예수님이 부활하신 것을 모르고 엠마오로 향하던 두 제자처럼 낙심할 때도 있었습니다. 그러나 한국교회는 예배의 자리를 지켜냈고 이 어려운 시기를 끝내 이겨냈습니다.

이는 한국교회에 뿌리내리고 있는 순교자의 신앙과 성도들의 가슴에 살아 숨쉬고 있는 부활신앙 때문입니다. 폭풍 앞에서 작은 불은 꺼지지만, 큰불은 더욱 거세게 타오르는 것처럼 곤경과 재앙 앞에서 강한 신앙은 더욱 굳세어지는 것입니다. 한국교회는 코로나19 사태를 통과하면서 더욱 강해졌습니다.

앞으로 어떤 시련과 역경이 다가온다고 할지라도 성령충만과 부활신앙으로 무장해 더욱 굳세지고 하나님께 큰 영광을 올려 드리게 될 것입니다."

2022부활절연합예배는 대회장 이상문 목사의 대회사, 한교총 대표회장 류영모 목사의 격려사, NCCK 회장 장만희 구세군 사령관, 황희 문체부장관이 대독한 문재인 대통령 축사와 오세훈 서울시장, 김기현 전 국민의힘 원내대표의 축사에 이어진 이정현 예장대신 총회장의 파송기도로 마무리됐다.

이날 부활절 연합예배에서 모은 헌금 13억 원은 삼척, 울진 산불피해 돕기와 우크라이나 난민 돕기 성금으로 사용하기로 하였다.

이보다 앞서 윤석열 대통령 당선 감사예배가 2022년 4월 1일 아침에 극동방송 공개아트홀에서 있었다. 이날 국민의힘 기독인회 회장 이채익 국회의원의 사회로 김삼환 목사가 기도하고 이배용 권사가 느헤미야 1장 2~5절을 봉독한 후 김장환 목사가 '눈물의 기도'라는 제목으로 설교했다. 이어 장종현 목사가 축사하고 이영훈 목사가 격려사를 하였다.

이영훈 목사는 "첫째로, 국민대통합을 이루는 대통령이 되시기 바랍니다. 세계 유일의 분단국가인 대한민국에서 반만년 역사 이래 편 가르기, 갈라치기 등 이 같은 분열은 본 적이 없습니다. 동과 서, 좌와 우, 있는 자와 없는 자 편을 갈라놓았습니다. 우리는 한민족이므로 지역, 이념, 계층을 뛰어넘어 하나 됨을 이루어야 합니다.

둘째로, 소외된 사람들을 보살피는 대통령이 되시기 바랍니다. 소년·소녀 가장, 독거노인, 장애우, 전국 보육원 시설에서 자라는 아이들, 3만 4천 명 탈북자, 3만 5천 명 미혼모, 200만 명 다문화 가족, 집을 나와 일용직으로 일자리를 찾아 살아가고 있는 100만 명 홈리스,

중·고등학교 중퇴자 40~50만 명 등 누군가의 도움이 절실한 사람들을 사랑으로 품어주기를 바랍니다.

셋째로, 젊은이들에게 꿈과 희망을 주는 대통령이 되시기 바랍니다. 젊은이들은 대한민국의 미래입니다. 젊은이들이 꿈과 희망을 잃어버렸습니다. 집값의 폭등으로 보금자리를 구할 수 없고, 일자리를 찾기가 하늘의 별 따기가 되었습니다. 결혼도 포기하고, 결혼해도 자녀를 갖지 않아 저출산의 재앙을 맞이하게 되었습니다. 윤석열 대통령 당선인께서는 과감하게 정책을 펼쳐 젊은이들에게 꿈과 희망을 주시는 대통령이 되시기를 바랍니다"라고 윤석열 정부의 국정 과제를 제시하고 격려했다.

이날 윤석열 대통령 당선인은 이렇게 인사말을 하였다.

"우리 교회는 역사의 변곡점마다 하나님의 공의와 그리스도의 사랑을 실천하여 통합과 번영의 역사를 이끌어 왔습니다. 나라가 어렵고 힘들 때마다 국민 곁에서 큰 힘과 용기를 주었고, 도움이 필요한 이들에게는 따뜻한 이웃이 되어 주었습니다. 사랑과 헌신으로 임했던 교회 지도자와 성도 여러분의 역할을 절대 잊지 않겠습니다.

지금 우리 사회는 여전히 풀어가야 할 과제들이 매우 많습니다. 양극화와 저출산같이 장기적인 과제와 함께 코로나로 인한 경제, 사회적 위기 역시 우리가 함께 극복해야 할 일입니다. 거룩한 예수님의 크신 사랑으로 대한민국이 위기를 극복하고 힘차게 도약할 수 있도록 누구보다 저를 아끼시고 사랑하는 목회자님들께서 더 큰 기도로 힘을 실어주십시오. 제가 보답하는 길은 국민의 이익, 국익의 관점에서 국정을 펼치고 국민이 원하고 필요로 하는 바를 잘 헤아려서 일 잘하는 정부가 되도록 노력하는 또 노력하는 일이라고 생각합니다.

이 자리에 계신 여러분들께서 많은 기회를 주시리라 믿습니다. 나라 안팎이 어렵고 중차대한 시기에 막중한 임무를 맡게 돼서 책임감을 느끼지만 이 역시 하나님께서 맡기신 임무라고 보고 그 뜻을 따라 힘껏 일하겠습니다"라고 당선 인사를 하였다.

이후 오정현 목사의 인도로 김기현 의원, 서임중 목사, 이철 감독, 권모세 장로가 각각 특별기도를 하였다.

조용기 목사는 1973년 8월에 여의도 국회의사당을 정면으로 바라보는 위치에 여의도순복음교회를 건축하였다. 그는 서른일곱 살의 젊은 목사로서 1만 명이 동시에 예배하는 동양 최대의 교회를 여의도 모래밭에 세웠다. 조용기 목사는 '성령을 좇아 행하라'(갈 5:16)는 말씀을 따라 성령과 일평생 동행하였다. 그가 모든 것을 쏟아부은 여의도순복음교회는 한국교회의 큰 자산인 것이다.

조용기 목사의 눈물과 기도와 찬송과 말씀이 여의도순복음교회 곳곳에 심겨져 있다. 바로 이곳에서 한국교회는 성령으로 하나 되고 연합하여 한국과 세계를 섬기고 있다. 조용기 목사의 기도와 섬김, 연합과 통합의 유전자를 이어받은 여의도순복음교회 이영훈 담임목사에 의하여 조용기 목사의 성령동행 역사는 지금, 앞으로도 한국교회사에 쓰여지고 있다. 여의도순복음교회라는 유형 공간이 있어서 8천 명의 교계, 정계 지도자와 성도가 한자리에서 '2022 부활절연합예배'를 드릴 수 있었다. 그리고 CBS, CTS 등의 기독교TV를 통하여 1천만 명 기독교인과 5천만 명 국민에게 예수 그리스도의 복음이 온 누리에 전파되고 있는 것이다.

조용기 목사 86년 생애의 결정체 여의도순복음교회는 보수와 진보의 진영간 갈등을 치유하고 국민대통합으로 대한민국의 미래를 열어가는 진원지가 될 것이다.

56.

조용기 목사 평전, 한국교회사에 헌정

《조용기 목사 평전》이 출판되고 50여 일이 지난 2022년 7월 4일 한국기독교성령센터 황희자채플에서 조용기 목사 평전 헌정예배를 하였다. 1989년 3월 27일 조용기 목사를 정점으로 40대 목회자, 부흥사, 신학자, 예술가 등 19명이 발기한 세계성령운동중앙협의회가 지분 등기되어 있는 한국기독교성령센터는 여의도순복음교회와 더불어 조용기 목사의 성령운동 역사를 담고 있는 곳이다.

이날 김용완 목사, 안요한 목사, 손광호 목사, 김경철 목사, 기용성 목사, 김명화 목사, 최광순 목사, 전아 목사, 한정열 목사, 탁정신 목사, 김인숙 전도사 등 60여 명의 수록자가 참석한 가운데 헌정식을 하였다. 헌정예배는 세계성령운동중앙협의회 사무총장 김창곤 목사의 사회로 조용기 목사가 작사하고 김성혜 목사가 작곡한 '내 평생 살아온 길'을 찬송하는 것으로 시작했다.

이어서 남준희 목사가 "주님께서는 한국 역사에 가장 어두움이 짙고 캄캄할 때, 영산 조용기 목사님을 이 땅에 보내주시고 5중 복음, 3중 축복, 4차원 영성으로 이 민족을 구원하시며, 세계 최대의 교회를 세우게 하셨나이다. 더욱 복음의 기치를 높이 들어, 오대양 육대주의 세계민들을 주님께 인도하고, 생동력 있는 말씀과 성령운동을 일으키어 천국을 향한 위대한 구원 소망을 선포하며, 생명을 다하여 끝까지 충성하시다가, 주님께서 부르셔서 영광 중, 하늘나라로 들어가게 하셨나이다. 이를 추억하고 기념하여, 저자 안준배 목사님을 통해 목회와 선교의 인생 역정을 기록하게 하시고, 뜻깊은 헌정예배를 드리게 되었사오니 감사드립니다"라고 기도하였다.

한국기독교성령역사연구원 원장이며《조용기 목사 평전》을 지은 안준배 목사는 이렇게 헌정사를 하였다. "조용기 목사의 성령동행 역사는 조용기 목사의 기도와 섬김, 연합과 통합의 정체성을 이어받은 여의도순복음교회 이영훈 목사, 새에덴교회 소강석 목사, 세계성령운동중앙협의회 장기철 목사와 조용기 목사 평전 수록자들에 의하여 지금, 앞으로도 한국교회사에 계속 이어질 것입니다. 조용기 목사는 전 생애를 바쳐 '한국교회'라는 큰 집을 짓는 건축가였습니다. 본서는 조용기 목사가 설계하고 건축한 유무형의 한국교회 자산을 짓는데 동사한 목수 일천여 명의 기록물이기도 합니다. 이에 우리는《조용기 목사 평전》을 한국교회사에 헌정합니다."

소프라노 오미선 교수는 헌정가로 조용기 목사의 삶과 우리 모두의 고백을 담고 있는 손경민 작사, 작곡의 '은혜'를 피아니스트 강석희의 반주로 불렀다.

내가 누려왔던 모든 것들이
내가 지나왔던 모든 시간이
내가 걸어왔던 모든 순간이
당연한 것 아니라 은혜였소

모든 것이 은혜 은혜 은혜

한 없는 은혜
내 삶에 당연한 것
하나도 없었던 것을
모든 것이 은혜 은혜였소

이날 새에덴교회 소강석 목사는 '꽃잎은 져도 향기는 지지 않으리'(고후 2:14~16)라는 제목으로 조용기 목사에게 헌정하는 메시지를 전했다.

"저는 신학교를 간다고 집에서 쫓겨나서 광주신학교를 입학하였습니다. 그런데 광주신학교 2학년 때로 기억하는데 김 아무개 전도사가 쓴 《조용기 목사, 그는 과연 이단인가》라는 책을 신학교 앞에서 팔고 있었어요. 그때 우리 장로교회에서는 조용기 목사님을 많이 비판하고 있었던 때입니다.

저는 당시에 《나는 할렐루야 아줌마였다》라는 책을 눈물을 훔치면서 읽었거든요. 그런데 신학교 앞에서 그런 책을 파니까 버럭 화가 났어요. 물론, 장로교 신학과 오순절 신학은 차이가 있지만, 그럼에도 불구하고 조 목사님은 예수 그리스도의 피 묻은 복음을 전하고 하나님 나라 확장을 위하여 성령 운동을 하셨어요. 그러니 다 복음의 울타리에서는 하나이지 않습니까? 그래서 책 파는 사람하고 엄청 싸웠어요. 그때 제가 조용기 목사님을 향한 의협심이 생긴 것 같았어요.

그로부터 얼마 후에 서점에 가니까 《조용기 목사와 성령 운동》이라는 책이 나왔더라고요. 제가 얼른 사서 그 책을 다 읽어봤어요. 그런데 그 책은 누가 썼냐면, 안준배 목사님이 썼어요. 저는 그때 안준배 목사님이 누군지도 모르지만 되게 감사했어요. 그래서 지금도 안준배 목사님에 대해 누가 뭐라고 해도, 저는 안준배 목사님과의 관계를 잘 지키고 신의를 지켜왔어요.

신학교 다닐 때 조용기 목사님이 저의 아이돌이었습니다. 그래서 기도원에 올라가면 항상 조용기 목사님의 흉내를 내기도 하고, 신학교에서 소풍을 가서 장기자랑대회를 할 때면 조 목사님 성대모사를 했어요.

저는 신학교를 졸업하고 무일푼으로 가락동에서 개척을 했어요. 비가 오면 물이 새고, 비가 오지 않으면 쥐들이 우글거리는 지하상가 23평에서 개척을 한 거예요. 그런데 주일이면 꼭 저희 교회 앞에서 여의도순복음교회 버스가 와서 교인들을 전부 다 데려가 버려요. 그때 하마터면 상처가 될 뻔했어요.

그런데 제가 오히려 축복을 했죠. '하나님, 여의도순복음교회가 더 잘 되게 하옵소서. 더 부흥하게 하옵소서. 조용기 목사님이 큰일을 하시지만, 더 세계적으로 큰 사역을 하게 하시고 빌리 그레이엄보다도 더 크게 쓰임 받게 하옵소서.' 지금 생각해 봐도 이거는 제 인생에 가장 판단을 잘했던 것 같아요. 그렇게 저는 조용기 목사님의 직계 제자가 아니지만, 누구보다 조용기 목사님의 신앙과 사역을 추앙했어요. 그래서 저는 조 목사님의 흉내라도 좀 내게 해달라고 기도를 했었지요.

그런데 그 뒤로 어찌어찌해서 조 목사님을 뵐 수 있었어요. 저는 정말 조 목사님의 그림자도 밟지 않을 정도로 흠모하고 존경하였고, 조 목사님 역시 저를 직계 제자 이상으로 사랑을 해주셨어요. 그래서 저는 조 목사님이 한때 여러 가지로 공격을 받고 비난을 받을 때도 끝까지 조 목사님 편에 서서 변호하고 또 작지만 방패가 되어 힘껏 막아드렸어요. 조 목사님이 법적 문제에 처할 때도 저는 저의 모든 역량을 다해서 조 목사님 편에서 뛰고 활동을 했어요.

그러한 조 목사님도 세월을 이길 수는 없었던 것 같아요. 그리고 성경의 진리대로 사람은 한 번 죽는 것이 정한 이치라는 사실을 보여주셨어요. 그럼에도 불구하고 저는 조 목사님 돌아가셨을 때 얼마나 제 가슴이 흘러내렸는지 몰라요. 특별히 입관예배때 조용기 목사님이 평안하게 눈을 감고 계시는 모습을 보았어요. 그때 제가 예수님께서 죽은 지 나흘이나 되었던 나사로를 살린 것을 생각하면서 마음속으로 이렇게 외쳐 보았어요. '목사님, 지금 일어나 보세요. 만약에 지금 일어난다면 전 세계가 떠들썩할 거예요.' 그러나 끝내 조 목사님은 일어나지 않으셨습니다. 그리고 하관예배에 가서 마지막 기도를 하였습니다. 그런데요, 목사님 관이 땅속에 안장되는데 마음이 기가 막히는 거예요.

'아 세상에 저런 위대한 종도 죽어 땅속에 묻히는가? 얼마나 많은 환자들을 고치고 앉은뱅이까지 일으키셨는데… 엘리야는 얼마나 대단한 삶을 살았으면 불 말과 불 수레를 타고 하늘로 올라갔단 말인가. 에녹은 얼마나 위대한 삶을 살았으면 죽음을 맛보지 않고 하늘로 올라갔단 말인가.'

중요한 것은 뭐냐면, 그렇게 조 목사님은 그렇게 가셨지만 우리가 아직 보내드리지 못하고 있는 것 같아요. 그분의 삶을 꽃잎으로 비유한다면, 꽃잎은 졌지만, 그 향기는 지지 않았어요. 그래서 그분의 신앙과 영성, 사역의 혼이 계속 우리를 통해 계승되고 있어요. 그런데 안준배 목사님이 조용기 목사님의 평전을 낸 거예요. 이 평전을 보면 어쩌면 그렇게 조용기 목사님의 신앙과 사역을 꿰뚫고 있는지 몰라요. 그리고 제가 직계 제자는 아니지만, 조용기 목사님의 어떤 영맥을 잇는 사람 중에 하나가 저라는 사실도 언급하고 있어요. 그래서 저는 이 책을 읽고 너무 감읍했어요. 그런 의미에서 저는 안준배 목사님께 참 감사를 드립니다. 그래서 안준배 목사님께서 저더러 평전을 읽고 헌정시를 써달라고 해서 이런 헌정시를 썼어요.

설교하는 소강석 목사. 2022. 7. 4 한국기독교성령센터 황희자채플

희망의 별빛 아리아여, 성령 동행의 대서사시여!

경상남도 울주군 진장의 황무지에서 태어나
강직한 아버지로부터 법도를 익히고
깊은 사고력과 감성, 언어력이 빛을 발하던 별의 아이
그러나 18세가 되던 소년의 밤하늘에는 폐병의 검은 구름이 덮치고
독방에 홀로 누워 죽음을 비감하던 어느 날,
누나의 친구가 전해 준 한 권의 성경과 위로
"예수님을 믿으면 병을 이기고 죽음의 두려움에서 벗어날 수 있어"

성경을 펼치자 밤하늘의 은하수처럼 빛나던

성경의 위대한 서사와 활자들
외로운 소년의 벗이 되어 준 감성의 반딧불
엘리어트, 톨스토이, 헤르만 헤세, 릴케…
그 어느 간절하게 기도하던 밤,
온 천지가 불길로 환하게 타오르고
소년 앞에 광채를 발하며 다가오신 흰옷 입은 예수님,
"내가 네 병을 고쳐 줄 터이니 평생 나의 종이 되겠느냐"

마침내 서울역과 파고다공원에서 북을 치며 노방전도를 하는
순복음신학교 신학생 조용기,
그는 최자실 전도사님과 함께 대조동 깨밭 천막교회를 시작하였고
사과상자에 보자기를 씌운 초라한 강대상이었지만
온갖 병자들이 낫고 악한 영들이 쫓겨나는
성령행전의 폭풍이 일기 시작하였거니
서대문 순복음중앙교회를 지나
여의도순복음교회 건축에 이르기까지
세계 최대 단일교회의 기적 같은 부흥을 이룬
5대양 6대주를 향한 신 사도행전의 역사여

1973 빌리 그레이엄 전도대회, 엑스플로74
77민족복음화대성회, 80세계복음화대성회
한국기독교선교100주년대회로 이어지는 성령의 파도는
복음의 빛과 하나 되어 민족복음화의 푸른 바다를 이루었으니

이사야의 심장으로 국민일보를 창간하여 진리의 등불을 밝힌
선지자여

굿피플, 평양조용기심장병원, 사랑과 행복나눔재단을 통하여
소외된 이웃과 병든 이들을 가슴에 안은 사랑의 제사장이여
92세계성령화대성회를 통하여 세계를 마음에 품고
성령역사 일백년의 대서사시를 기록한 부흥의 사도여

아, 그립고 보고픈 조용기 목사님,
당신의 위대한 목회 서사를 담은 평전을 출판하였으니
글이 아닌 길이 되어 우리가 가야 할 길을 열어 주소서
민족의 광야에 쓰러진 들꽃의 상처를 싸매어주는 따뜻한 봄비 되어
한국교회와 전 세계교회의 영혼의 들판을 푸르게 하여 주소서

여호수아와 같은 이영훈 목사님을 통하여 이어져갈
님의 목회 사상과 영성, 영적 유산의 거대한 산맥이여!
평전의 책장마다 숨 쉬고 있는 님의 폐장, 잠들지 않는 심장의 음성이여!
세계교회사의 황금서판에
천년의 바람에도 지워지지 않을 대역사로 기록될
희망의 별빛 아리아여, 성령 동행의 대서사시여!

　사도 바울은 오늘 본문에서 우리는 그리스도의 향기가 돼야 한다고 했어요. 조 목사님은 그리스도의 향기가 되는 삶을 살았어요. 물론 그분도 인간이기 때문에 왜 공과 과가 없었겠습니까? 그러나 과가 있지만, 그 과가 절대로 그 위대한 공을 덮을 수는 없어요. 그래서 이 책의 단점이라고 할까요, 좀 부족한 부분이 있다면, 조 목사님의 과도 약간 언급했으면 더 완벽한 책이 되지 않았을까, 이런 생각도 해봅니다. 그러나 어찌 조 목사님의 제자 된 도

리로서 그러한 것을 낱낱이 기록할 수 있겠습니까마는….

어쨌든 이 책은 하나의 서사가 아니라 그분의 음성이라 할 수 있습니다. 이 책이 수많은 사람에게 읽혀져서 조 목사님의 사역뿐만 아니라 그분의 영성과 사역의 혼이 길이길이 전달되었으면 좋겠습니다. 그리고 이 책이 하나님의 제단에 제물로 드려져서 정말 하나님이 기뻐하시고 영광을 받으셨으면 좋겠습니다.

그렇습니다. 조용기 목사님이라는 꽃잎은 떨어졌지만, 향기는 지지 않았습니다. 그 향기는 이 책이 있는 한 영원히 지워지지 않을 것입니다. 아니, 하나님의 제단에 불멸의 제물로 드려지고, 이 세상에는 불멸의 역사로 남기를 바랍니다. 그리고 이 책을 통하여 제2의 조용기, 제3의 조용기, 제4의 조용기들이 많이 나올 수 있기를 바랍니다."

서울신대 명예교수 박명수 목사는 안준배의 《조용기 목사 평전》을 읽고 '원근법으로 묘사한 조용기 목사의 일생'이라는 제목으로 다음과 같이 서평하였다.

해방 후 한국기독교의 두 중심인물: 한경직과 조용기

필자는 해방 이후 한국기독교 역사를 논하려면 가장 중요한 두 분의 인물이 있다고 생각한다. 한 분은 영락교회의 한경직 목사요, 다른 한 분은 여의도순복음교회의 조용기 목사이다. 한경직 목사는 해방 이후 대한민국의 건국과정과 6.25 전쟁을 통하여 그의 리더십이 빛나고 있다. 월남 피란민이었던 그는 주류 장로교의 목사로서 미국과의 국제관계를 기반으로 해방 이후 한국교회의 초석을 놓은 분이다. 여기에 비해서 조용기 목사는 1960년대부터 소위 민주화가 시작되는 1990년대 이전까지 한국교회의 중심인물로서 한국교회의 성장에 큰 기여를 했다. 조용기 목사는 한경직 목사와는 달리 경남 출신으로 폐결핵의 난관을 겪고 한국의 신흥교파의 하나인 하나님의 성회 목사로서 미국의 오순절 교파들과의 관계를 기반으로 한국교회의 부흥운동을 이끌었다. 사실 조용기 목사는 한국의 비주류에 속했던 인물이지만 현재 여의도순복음교회는 새로운 담임목사 이영훈을 중심으로 한국교회의 중심에 서 있다.

안준배 목사의 조용기 평전의 의미와 특징

안준배 목사의 평전은 다음 몇 가지의 특징을 갖고 있다.

첫째는 조용기 목사를 잘 아는 내부자의 관점에서 쓰여졌다는 것이다. 안준배 목사는 원래 조용기 목사 밑에서 은혜를 받은 사람이며, 그의 교회에서 사역을 했고, 그의 영향 아래 있는 오순절 운동을 중심으로 활동하고 있다. 따라서 이 평전은 객관적인 조용기 목사의 전기가 아니라 안준배 목사와 관련되어 그와 함께한 조용기의 활동 내용이 많이 담겨 있다. 따라서 이 책은 조용기 목사의 평전이지만 동시에 안준배 목사의 자서전이기도 하다. 그러기에 익스피어리엔셜 바이오그라피(Experiential Biography), 조용기 목사를 경험해 본 사람들의 경험적 전기라 할 것이다. 이런 점에 엄격한 평전과는 다른 모습을 보여주고 있다.

둘째는 이 책은 본인의 직접적인 경험에 근거해서 쓰여졌기 때문에 어쩌면 일차적인 자료의 성격도 갖고 있다고 본다. 이 책은 조용기 목사가 1980년대와 1990년대 하나님의성회 교단과 갖고 있었던 갈등들을 잘 설명해 주고 있다. 이는 당시 하나님의 성회에 관련되어 활동하지 않았으면 알 수 없는 일들이다. 우리는 이 책에서 조용기 목사를 이해하는 데 필요한 수많은 1차적인 자료를 얻게 된다. 특별히 이 책이 갖는 장점은 안준배 목사를 중심으로 소위 조용기 목사의 제자들과 조용기 목사의 관계이다. 여의도순복음교회에서는 안준배 목사와 동년배의 사람들이 많이 있고, 이들이 조용기 목사와의 관계 속에서 성장했고, 조용기 목사도 이들과의 관계를 통해서 그의 영향력을 확대해 나갔다. 이런 설명 등은 여기에 등장하는 많은 인물을 친구로 두고 있는 안준배 목사가 아니면 설명할 수 없는 것일 것이다.

셋째로 이 책은 안준배 목사가 적극 참여해서 진행된 한국의 성령운동과 관련해서 조용기 목사를 설명하고 있다. 사실 초기 한국교회의 부흥운동의 주역은 조용기 목사가 아니었다. 1960년대와 1970년대를 거치면서 비록 여의도순복음교회는 대형교회가 되었지만 실제로 한국교회에서 조용기 목사의 위치가 대단한 것은 아니었다. 하지만 1970년대를 중심으로 한국교회의 대형집회가 여의도 광장에서 진행되었고, 바로 이곳에 있던 여의도순복음교회가 주목을 받게 되었다. 필자는 이때부터 조용기 목사가 한국교회의 주목을 받게 되었다고 본다. 이런 조용기 목사의 부상은 1985년 한국기독교선교백주년대회에 조용기 목사가 강사로 서게 됨으로써 그는 한국교회의 중심적인 위치를 확보하게 되었다. 안준배 목사는 이때부터 순복음교회를 넘어서서 범교단적인 차원에서 성령운동을 이끌고 있었고, 이런 성령운동의 중심에 조용기 목사를 상정하고 있는 것이다. 이 책은 바로 이런 차원에서 조용기 목사를 한국성령운동의 중심인물로 설정하고 설명하고 있다.

새로운 조용기 목사 연구를 위한 몇 가지 제안

조용기 목사는 단지 어떤 특정한 교회사적인 전통에 매인 인물이 아니다. 따라서 조용기 목사를 연구하는 데 있어서 한국교회사뿐만이 아니라 한국문화사, 경제사 등등 다양한 분야를 통해서 이런 연구를 확장시키는 것이 중요하다고 본다. 필자의 개인적인 생각으로는 조용기 목사는 오늘의 대한민국을 만드는 데 기여한 몇 안 되는 중요한 인물 가운데 하나이다. 미국에서 19세기 초 잭슨의 민주주의와 피니의 부흥운동이 하나가 되어 미국의 기초를 이루었다면 1960년대에서 1980년대까지 박정희의 근대화 운동과 조용기의 적극적인 사고 강조가 오늘의 대한민국을 만드는 데 기여했다고 본다.

우리가 조용기 목사를 연구하는 데 있어서 그를 하늘의 천사로 승화시킬 필요는 없다고 본다. 조용기 목사 역시 인간의 역사에 속하는 인물이며, 따라서 많은 한계를 가지고 있는 인물이다. 따라서 그의 한계를 지적하고, 그 안에서 그가 하나님으로부터 어떻게 쓰임 받았는가를 밝혀내는 것이 앞으로 우리 연구의 과제이기도 하다.

어떤 시각으로 조용기 목사를 연구해야 할까?

다음으로 어떤 시각으로 조용기 목사의 전기를 써야 할 것인가 하는 점이다. 조용기 목사를 연구하기 위해서는 우리가 고려해야 할 몇 가지 관점이 있다고 본다.

첫째, 조용기 목사를 한 사람의 크리스천으로서 어떻게 그가 하나님과 씨름했으며, 여기에 대해서 어떤 답을 얻었고, 이것이 어떻게 그의 사역과 관련되는가를 밝혀야 할 것이다. 필자는 조용기 목사의 가장 큰 자산은 그가 폐결핵 말기에 만난 하나님 경험이라고 본다.

둘째, 조용기 목사의 가장 일차적인 모습은 순복음교회의 목사라는 점이다. 따라서 조용기 목사가 어떻게 오순절신앙을 수용하고 발전시켰는지를 살펴보아야 할 것이다.

셋째, 조용기 목사는 한국기독교의 주요 지도자라는 점이다. 따라서 해방 이후 한국기독교의 발전과정에서 조용기 목사가 가졌던 위치를 추적해야 한다.

넷째, 조용기 목사는 세계적인 오순절 운동의 지도자라는 점이다. 한국기독교에서 조용기 목사만큼 국제적인 사역을 감당한 분은 없다.

다섯째, 조용기 목사는 기독교를 넘어서서 한국 사회를 이끌어 간 지도자 가운데 하나이다. 조용기 목사는 한강의 기적을 이루어내는 측면에서 박정희, 정주영과 더불어 기억되어야 한다.

여섯째, 조용기 목사는 변화하는 사회에 끊임없이 자신을 변화시켜 왔다는 점을 인정해야 한다. 세계적으로 유명한 사회학자 마틴은 오순절운동의 가장 중요한 특징은 적응성이라고 했다.

일곱째, 조용기 목사를 평가하는 데 중요한 요소는 팀워크라고 본다. 그의 개척 시기에는 최자실 목사, 국제사역에서는 외국 선교사, 국내, 국외의 한인사역에서는 제자들 그룹, 다음 세대 사역에서는 이영훈 목사, 한국교회연합과 부흥 사역에서는 소강석 목사 등이 매우 중요한 역할을 하였다. 이런 내용들이 종합적으로 녹아져서 조용기 목사를 평가해야 할 것이다.

안준배 목사의 조용기 목사 평전, 보다 본격적인 연구를 위한 출발

필자는 안준배 목사의 이 평전은 앞으로 연구를 위한 좋은 기초를 놓았다고 본다. 무엇보다도 이 책은 여의도순복음교회와 조용기 목사의 지근거리에 있는 사람이 그의 모습을 기록했다는 점에서 큰 의미가 있다. 우리는 이 책을 통해서 조용기 목사의 구체적인 모습을 알 수 있다. 그러나 안준배 목사는 지근거리에 있지만 보다 거시적으로 조용기 목사를 설명하려고 많은 노력을 하고 있다. 선교사와의 관계, 국제적인 활동, 한국교회와의 관계와 같은 내부자들에게는 보이지 않는 측면도 잘 설명하고 있다. 앞으로 안준배 목사가 설명한 조용기 목사의 모습에 살을 붙이고, 뼈를 세워서 해방 이후 한국교회를 이끌어 온 위대한 한 사람의 지도자를 재발견하는 일이 일어나기를 바란다.

이어서 여의도순복음교회 이영훈 담임목사가 영상으로 축하 메시지를 전했다.

"조용기 목사님의 평전이 발간되어서 오늘 이렇게 헌정예배를 갖게 된 것을 진심으로 축하드립니다. 제가 조용기 목사님을 처음 뵌 것은 10살 때입니다. 그때 이후 천국 가실 때까지 58년 동안 가장 가까운 위치에서, 또 해외 사역지에서 우리 조용기 목사님을 섬기면서 그 귀한 사역에 참여할 수 있었습니다. 제가 아는 조용기 목사님은 하나님 앞에서 정말 순수하고, 겸손하고, 복음 전파의 열정에 사로잡혀 헌신하신 하나님의 귀한 종이십니다. 그런데 외적으로 드러난 여러 가지 업적보다 더 중요한 것이 목사님의 기도의 모습이라고 생각합니다. 목사님은 신실한 기도의 종이셨습니다. 목사님은 그 바쁜 일정 속에서도 언제나 기도하는 일에 최선을 다하셨습니다. 어느 곳에 성회를 가시든지 몇 시간 동안 기도로 준비하시고, 성회에 서셨던 모습이 늘 기억이 납니다. 이 귀한 평전이 하나님의 신실한 종으로 한평생 주님 한 분만 섬기셨던 조용기 목사님의 귀한 발자취가 기억되어지고, 목사님의 성령충만의 역사, 절대 긍정의 믿음의 역사를 이어나가는 귀한 길잡이가 되기를 소원합니다."

세계성령운동중앙협의회 대표회장 장기철 목사도 축하 메시지를 전했다.

"조용기 목사님께서 하늘나라로 부르심을 받으신 지 1년이 채 안 되었습니다. 목사님은 떠나셨지만, 목사님께서 이 땅에서 쉼 없이 달려가셨던 헤아릴 수 없는 발자취들은 성령의 불씨가 되어 한국교회 안에, 수많은 성도의 가슴속에 여전히 타오르고 있습니다. 그 길을 기억하며 따라가기 원하는 사람들, 목사님을 사랑하고 존경하는 사람들의 바람을 미리 헤아리셨을까요.

이번에 안준배 목사님을 통해 출판된 《조용기 목사 평전》은 우리 모두에게 큰 위로이며 축복입니다. 이 책이 위로가 되는 까닭은 조용기 목사님께서 행하신 귀한 사역 하나하나가 마치 그 시절로 돌아가 그 자리에 있는 것같이 세밀하게 기록되어 있어 다시 조용기 목사님을 뵙는 것 같으니, 목사님을 그리워하는 모두에게 큰 위로가 됩니다. 또한 이 책이 축복인 까닭은 이 책을 마주하는 모든 이들이 그 성령의 역사를 더욱 사모함으로 그 성령의 불이 다시 우리 가슴에서 불일 듯 일어나게 되니 축복이라 아니할 수 없는 것입니다.

이제 이 위로와 축복의 통로가 되신 안준배 목사님의 조용기 목사 평전 헌정예배를 드리면서 오직 우리의 감사를 하나님께만 올려드립니다. 이 책이 정말 많은 사람에게 읽히기를 바랍니다. 민들레 꽃씨가 어디로 날아가 심어져 어디서 꽃을 피울지, 얼마나 많은 꽃으로 피어날지 알 수 없는 것처럼 이 책이 세상으로 날아가 우리가 알 수도 없는 곳에서 헤아릴 수 없는 많은 감격으로 피어나길 소망합니다."

소프라노 오미선 교수가 '날더러 이르기를'(작사 안준배, 작곡 김광자), '나날이 희망을'(작사 안준배, 작곡 조성기)을 축가로 헌정을 축하하였다.

축사자 피종진 목사는 "내가 조용기 목사님을 처음 접하게 된 것은, 전도사 시절 때였습니다. 당시 나는 生死의 기로에서 투병 중 기도하다가 성령의 강한 임재를 체험하는 순간 치유를 체험한 후였기에 성령이 충만하신 조용기 목사님과 교제가 쉽게 이루어지게 되었

조용기 목사 평전 헌정예배. 1열 왼쪽부터 구명혜, 안요한, 장기철, 안준배, 소강석, 피종진, 함동근, 주남석, 김용완, 손광호. 2열 왼쪽부터 김창곤, 김경철, 남준희, 기용성, 박명수, 강헌식, 정운교, 전아, 오미선, 강석희, 서광수. 한국기독교성령센터 황희자채플. 2022. 7. 4

고, 한평생 변함없이 내가 가장 존경하는 동역자로 함께 사역하며 여기까지 오게 된 것입니다"라고 회고했다.

《조용기 목사 평전》 헌정예배에 최성규 목사는 "조용기 목사님은 기독교대한하나님의성회의 봄입니다. 한국교회와 성도들에게 봄입니다. 21세기 부흥의 봄입니다. 봄처럼, 조용기 목사님을 뵈면 희망이 솟습니다. 새로운 미래가 열립니다. 조용기 목사님과 함께 하면 얼었던 땅에서 새싹이 솟아납니다. 나도 누군가에게 봄이 되고 싶다는 소망이 솟아오릅니다"라고 서면 축사를 하였다.

이강평 목사는 "조용기 목사는 목회자들이 바라보는 영적 지도자셨고, 성도들이 우러러보는 목사님이셨습니다. 부정적인 것을 타파하고 긍정적 마인드로 가슴에 불을 지핀 위대한 목자이셨습니다. 영원한 멘토시며 비저너리이십니다. 허름한 천막교회로 시작하여 단일교회 성도 70만 명이라는 세계 최고의 교회로 성장시키신 분이십니다. 요한3서 1장 2절의 말씀을 목회 철학으로 삼으시고, 삼박자 구원을 통해 참 축복이 무엇인가를 말씀해 주셨습니다. 언제나 성령님을 의지하여 사셨고, 강력한 성령운동을 통하여 부흥의 역사를 이루어 가셨습니다. 카리스마 있는 말씀으로 사람들을 변화시키셨고 말씀을 듣는 사람 중에 치유의 역사가 나타나 하나님의 살아 역사하심을 증거하신 분이십니다. 비록 우리 곁을 떠나 하나님의 품으로 가셨지만, 조용기 목사님은 한마디로 한국교회 성장의 원동력이셨으며 세계교회 성장의 중심이셨습니다"라고 서면 축사를 하였다.

신성종 목사는 "이 책은 조용기 목사의 출생(1936)에서부터 소천 때(2022)까지 조용기 목사가 만난 사람들과 그에게 영향을 받은 수많은 사람의 이야기를 담고 있다. 저자 안준배 목사는 조용기 목사와 함께한 반세기의 역사를 동행자의 눈으로 자세히 기록하고 있어 한국 교회사를 읽는 것 같은 분위기를 준다"라고 축사하였다.

주남석 목사는 "조용기 목사님의 출생과 어린 시절, 투병 생활, 예수님을 믿게 된 배경과 성령체험 등에 감동을 받았고 신학생 시절, 영어 통역, 그리고 천막 치고 최자실 목사님과 함께 개척했던 교회가 세계의 최고 교회로 부흥 성장한 것 등이 큰 감동이었습니다. 이뿐만 아니라 박정희 대통령의 새마을운동은 성공적이었는데, 그 시발점이 조용기 목사님이셨으며, 대한민국과 한국교회와 세계교회에 큰 영향을 끼쳤음은 대단한 일이었습니다"라고 축사하였다.

강헌식 목사는 "조용기 목사님이 이 시대 모든 이들에게 영적 멘토이시고 한국과 세계교회 앞에 성령운동가이셨다"고 회고했으며, 장향희 목사는 "이 책을 통해서 조용기 목사님은 영원히, 많은 주의 종들에게 본이 될 것이며, 책을 읽는 이의 가슴마다 성령운동의 바람이 일어나기를 바란다"고 축사하였다.

함동근 목사는 "영산 조용기 목사님은 예수 그리스도의 부르심을 받고 한평생을 성령님과 함께 하며 복음전파와 하나님의 나라 확장을 위해 살았습니다"라고 회고하였다.

정운교 선교사는 "저는 조용기 목사님을 주 강사로 모시고 1993년 나이로비 아프리카성령화대성회를 준비하는 책임을 맡았었습니다. 아프리카에서 처음으로 개최되는 조용기 목사님 성회였고, 저도 경험이 없어서 긴장이 많이 되었고 시행착오도 있었습니다. 당시 여의도순복음교회 선교국장님도 성회 준비가 걱정이 되셨던지, 도와주시겠다며 자주 연락을 주셨는데 하루는 준비 예산을 올리라 하시더군요. 그래서 추정 예산을 선교국에 보냈더니, 다음 날 아침에 대회장 기통가(Gitonga) 감독이 조 목사님께서 성회를 취소할 것 같다고 전화를 해서 깜짝 놀랐습니다. 그날 이후로는 아주 조용히 예산 없이 조용기 목사님 성회를 준비하고 있었는데, 여의도에서 1992 세계성령화대성회를 준비하셨던 안준배 목사님께서 $10,000을 성회 준비 경비로 지원해 주셔서 실제적인 큰 도움이 되어 7일간 케냐의 100여 교단이 연합해 100만 명이 동원되고, 3일간 4,000여 명의 목회자 세미나, 10,000명 이상의 새신자를 낳는 은혜로운 대성회를 치를 수 있었습니다. 93아프리카대성회의 열매로 조용기 목사를 수행한 실업인연합회장 이병훈 장로, 부회장 김순배 장로가 주축이 되어 15명 정도의 아프리카를 사랑하는 성도 그룹이 형성되었습니다. 이에 조용기 목사는 '선한 사람들'이라는 NGO를 설립하게 하였고, 후에 '굿피플'로 발전되었습니다"라고 회고하였다.

조용기 목사가 남긴 유산은 크고 깊다. 우리 모두는 조용기 목사라는 위대한 한국교회 건축가가 지어낸 한국교회를 보수하고 증축해서 하나님의 나라를 이 땅 위에 세워나가야 할 것이다.

참고문헌

단행본

국제신학연구원,《하나님의 성회 교회사》, 서울말씀사, 1998.
국제신학연구원,《여의도의 목회자》, 서울말씀사, 2008.
《기독교대한하나님의성회 50년사》, 기독교대한하나님의성회, 2005.
김동수, 류동희,《영산 조용기 목사의 삶과 사상》, 킹덤북스, 2010.
여운학,《주여 뜻대로 이루소서-세계선교와 조용기 목사》, 규장문화사, 1982.
안준배,《조용기 목사와 성령운동》, 박영사, 1982.
안준배 편저,《한국기독교성령100년인물사》 1~5권, 한국기독교성령역사연구원,
　　　쿰란출판사, 2009~2021.
안준배 편저,《기하성희년신학과 성령역사50년》, 기독교대한하나님의성회, 2003.
박계점,《포올. 조》, 장원사, 1988.
박명수,《급하고 강한 바람》, 서울말씀사, 2012.
변종호,《한국의 오순절신앙운동사》, 신생관, 1978.
《여의도순복음교회 30년사(1958-1988)》, 여의도순복음교회, 1989.
《여의도순복음교회 40년사(1958-1998)》, 여의도순복음교회, 1998.
《여의도순복음교회 50년사(1958-2008)》, 여의도순복음교회, 2008.
《여의도순복음교회 60년사(1958-2018)》, 서울말씀사, 2018.
이승한,《위대한 복음전도자 빌리 그레이엄 조용기》, 쿰란출판사, 2012.
이영훈,《성령운동의 발자취》, 서울말씀사, 2014.
이호선,《성령의 권능》, 도서출판 새한, 2021.
조용기,《병을 짊어지신 예수님》, 기독교대한하나님의 성회, 1966.
조용기,《4차원의 영적 세계》, 서울말씀사, 1996.
조용기,《4차원의 영성》, 교회성장연구소, 2004.
조용기,《희망목회 45년》, 교회성장연구소, 2004.

최자실, 《나는 할렐루야 아줌마였다》, 영산출판사, 1978.
한국기독교100주년기념사업협의회, 《한국기독교100주년 기념사업총람》, 1987.
영목회, 《영산의 기슭에서》, 교회성장연구소, 2022.
한국기독교성령100주년제7차신학심포지엄, 세계성령운동중앙협의회, 2011.

논문

안준배, 〈성령운동의 시각에서 본 한국교회 연합활동: 역사와 전망〉
　　　서울기독대학교 대학원, 2011학년도 박사학위논문, 2012.

신문기사

국민일보, "조용기 목사 별세", 2021. 9. 15.
국민일보, "숫자로 보는 성역 65년", 2021. 9. 15.
국민일보, "영산 조용기 목사의 삶과 목회", 2021. 9. 16.
국민일보, "위로예배 설교문 미스바 광장의 사무엘"(김삼환), 2021. 9. 17.
국민일보, "'오직 성령' 온 누리에 복음선포"(백상현), 2021. 9. 18.
국민일보, "나의 형님, 조용기 목사"(조용찬), 2021. 9. 17.
국민일보, "그대는 무엇을 남기고 떠나려는가", 2021. 9. 30.
국민일보, "부활의 기쁜 소식 온 인류에 희망", 2022. 4. 18.
조선일보, "천막에서 세계 최대교회 일군 '희망전도사'"(김한수), 2021. 9. 15.
순복음총회신문, "조용기 목사님을 떠나보내며"(이영훈), 2021. 10. 3.
기독교한국신문, "고 조용기 목사님의 사진에 투영된 내 얼굴"(소강석), 2021. 9. 23.
크로스뉴스, "정계와 교계가 함께 한 부활절 예배"(송상원), 2022. 4. 17.

| 찾아보기 |

ㄱ

강계식 303
강내우 250
강달희 11, 148, 150, 152, 153, 154, 230
강대연 130
강동인 243
강만원 131
강명선 66, 172
강명숙 380
강명철 405
강명희 149, 166, 168, 169, 172
강석규 11, 168, 169, 170, 171, 172, 362, 385
강석자 335
강석하 166
강성숙 131
강석희 467, 481
강수연 280
강숙현 320
강순구 172
강신주 250
강영선 430
강영섭 404, 405
강영식 185
강영훈 305
강원용 162, 270, 273
강일구 172
강일성 368
강정호 130
강철구 172
강헌식 9, 294, 365, 382, 425, 453, 456, 481, 482
강형인 89
강화자 272
강효실 275
강희욱 365
고건일 316, 318, 320, 365
고경환 194, 390, 391, 430
고명진 458
고미라 156

고석표   440
고석환   356
고엔지 무라가미   99
고영수   237
고영용   430
고은아   275, 280
고은정   275
고현봉   393
고훈   294, 425
공수형   142
공용우   181
공은표   186
공정식   181
곽규석   243, 274, 342, 349, 352
곽복영   69
곽봉조   113, 114, 115, 128, 129, 362
곽선희   304, 355
구명혜   9, 102, 105, 148, 149, 153, 156, 166, 173, 305, 481
구봉서   274
구은덕   215
권경환   138
권길정   30
권모세   465
권부현   69, 121
권오성   405

권태관   69
권태진   425
권혁주   239
권혁창   166, 180
기용성   466, 481
기찬하   332
기통가(Kitonga)   331, 483
길봉희   69
길선주   13, 219, 374, 375, 378, 380, 381, 454
길자연   304, 355, 370, 380
김가은   121
김경문   17, 291, 292, 293, 294, 398, 430
김경애   102
김경자   69
김경철   183, 362, 365
김경철B   466, 481
김광덕   142
김광숙   369
김광자   480
김국도   149, 150, 302, 303, 354, 375
김근태   235
김기병   130
김기수   312
김기주   275

김기현	460, 463, 465	김명희	237, 239
김길윤	113, 117, 128, 362, 364	김문수	425
김낙붕	226, 239, 240, 344	김문제	146
김낙형	216, 400	김문환	273
김남수	185, 246, 305, 341, 342	김미경	309, 310, 322
김대중	235	김민정	303, 368
김대현	353	김민희	243
김덕룡	281	김범석	186
김덕환	264, 306	김병순	131
김동길	280	김병희	309
김동선	102	김보훈	164
김동업	112	김복동	217
김동엽	294, 295	김복선	20, 22
김동용	142	김복우	334
김동완	375	김봉준	217, 430
김동욱	142	김부겸	429
김동혁	163	김브라더스	349, 353
김동희	131	김사라	365
김두년	117, 128	김사모	66
김두식	266, 279	김삼호	149, 150
김득만	279	김삼환	304, 357, 359, 370, 375, 384, 385, 400, 433, 463, 485
김마리아	89, 103		
김명남	305		
김명섭	218	김삼환(B)	360, 390, 425, 426, 430
김명혁	375		
김명현	365	김상건	130
김명화	92, 466	김상길	102, 252, 268, 368, 385

김상덕 441, 442
김상복 304, 305
김상협 83
김상호 189, 262, 362, 455
김서원 252
김석금 89
김석산 365
김석훈 247
김선구 102
김선도 150
김선란 368, 372
김선실 105, 154, 392, 393
김성광 151, 236, 246, 247, 248
김성길 378, 380
김성령 320
김성수 185, 247
김성심 89
김성원 275
김성일 242
김성혜 18, 48, 63, 105, 106, 107, 159, 216, 237, 245, 247, 248, 249, 252, 253, 254, 361, 362, 364, 370, 374, 385, 398, 405, 436, 439, 455, 466
김성환 113, 114, 128, 362, 363
김세나 248

김세창 271
김세환 142, 246
김수민 303
김수읍 268
김수형 247, 248, 276
김숙자 242, 349, 351
김순덕 89
김순배 400, 483
김순서 242
김순혜 82
김승열 131
김승옥 144, 252, 277
김승호 163
김시스터즈 13, 346, 349, 350, 351, 352, 353
김신애 89
김신철 252
김신환 277
김안나 248
김애자 350, 351, 352
김여원 89
김여호수아 66, 240, 242
김연양 243
김영남 405, 406
김영대 310
김영도 435
김영란 239

김영민	248	김운경	362, 363
김영삼	308, 309, 310, 311, 312, 315	김원식	257
		김원주	131
김영식	289, 290	김원철	244, 282, 454
김영애	186	김원태	235
김영옥	89, 101, 103, 104	김웍스	271, 272
김영일	13, 346, 349, 353, 354	김유민	430
김영자	350	김유정	130
김영조	353	김윤지	249
김영주	205	김윤형	303
김영진	252	김은숙	105, 156, 162
김옥자	69	김을동	247
김온겸	89	김을수	69
김왕호	130	김응호	89
김요한	150	김인문	247, 275
김요한B	380	김인숙	466
김용덕	166, 180, 236	김인실	248
김용복	390	김인찬	166, 181, 182
김용완	125, 193, 305, 332, 343, 360, 364, 366, 369, 375, 425, 466, 481	김인혜	357
		김일	66
		김일성	393
김용원	235	김일회	131
김용준	430	김자림	252
김용철	192, 194, 195	김장수	365
김우영	302, 315, 340, 354, 375	김장환	220, 271, 320, 332, 430,
김우종	235	김장환	433, 436, 463
김욱진	383	김재규	226

김재창	367	김진석	259
김재희	242	김진환	151, 229, 263, 264, 360, 362, 365, 369
김점순	368		
김정래	102	김진회	365
김정률	274, 276, 279	김차순	349
김정명	368, 369	김찬묵	92
김정수	185	김찬실	16
김정순	89	김창곤	365, 435, 453, 457, 466, 481
김정애	10, 27		
김정일	405	김창규	218
김정자	368	김창기	247
김정준	69	김창영	364
김정호	245	김창인	279, 308, 309, 319, 322, 326, 343
김종기	13, 305, 346, 347, 348, 349, 354, 357, 358, 359, 368		
		김충남	219
		김치복	265
김종남	400	김태성	353
김종양	362, 457	김태열	337, 338, 340
김종호	102	김태영	365
김주환	365	김태정	276
김준곤	223, 224, 226, 231, 232, 271, 315, 325, 409	김판호	430
		김필승	380
김준성	365	김한식	309
김지하	235	김해만	166
김지향	280	김해송	349, 350, 353
김지현	186	김향선	89
김진국	216	김현옥	133, 158, 159

김현주	367, 368, 380	나은영	305
김형근	430	남궁랑	368
김형기	257	남준희	457, 466, 481
김형모	89	남진	274
김형미	9	노건옥	182
김형석	448	노기영	131
김형철	368, 372	노남규	364
김형택	156	노동수	89
김혜수	280	노무현	406
김혜영	250	노석진	89
김호성	429	노승숙	268, 295, 363, 385
김홍도	149, 316, 325, 336, 355	노승우	116
김홍준	306	노옥진	89
김홍철	243, 244, 246	노윤식	116
김활란	338	노은아	16
김훈	277	노재성	252
김희공	322	노태우	311, 316
김희관	322	노태철	116, 308, 322, 332, 342
김희도	322	노학래	116
		노학순	368
		노형래	116
	ㄴ	노희석	116
나겸일	267, 268, 304, 305, 306, 308, 322, 326, 332, 336	니체	250
		니코스 카잔차키스	239, 241, 242
나광삼	240, 242, 305		
나다윗	104	닉슨	386
나시윤	149		

ㄷ

단희동　112
다니엘 아랍 모아져　333
대천덕　65, 67, 96, 97, 98, 323
더그라스 크레어　124
데니스톤 로버트 허디슨　124
데이비드 로스　243,
도예종　235
돈 라이스　10, 33, 35, 36, 37, 38
동봉금　130
두엔 돌싱　124
디 엘 무디　67

ㄹ

라인하르트 본케　107, 330, 333, 334, 335, 336, 341, 343
랄프 버드　138
레이 찰스　143
렛셀 에머슨　124
로버트 마론　124
로시니　272
록펠러　386
론다　124
루이스 P. 리처드　38, 105, 118, 129, 362

루피 리처드　38
류영모　463
류태영　137
류형길　458
르우벤 아처 토레이　67
리드　137
리디아　122, 123
리처드 로버츠　285, 286
리처드 존스턴　119, 362
린다　120, 124
릴케　8, 28, 472

ㅁ

마가레트 무어(모진주)　241
마가렛 칼로우　123
마르린　124
마명숙　130
마틴 루터 킹　437
마틴 부버　239, 241, 278
매리 P. 햄린　303
맥신 스트로브리지　122, 362
멀린 캐로더스　325
메레디스　109, 110
메리 C. 럼시　4, 11, 108, 109, 110, 362
메이나드 케참　99, 362

찾아보기　493

모리스 세를로　138
무성이 엄마　53, 57, 58, 59, 60, 61, 62
문고헌　280, 303, 385
문금선　149, 150, 166, 182
문남이　102
문달숙　151
문상희　168
문선길　156
문성모　368, 435, 457
문성원　114
문세광　225
문숙(오경숙)　237, 238, 239, 240, 241, 242, 243
문연순　183, 318, 319, 334
문오장　237, 247, 275, 375
문일지　275
문재숙　373
문재인　437, 463
문재호　130, 362
문회원　275
미애　246
민경배　8, 219, 380, 381, 382
민산웅　246
민엽　239
민장기　430

ㅂ

바넷　138
박경수(석준)　242, 243, 244
박경숙　102
박경희　139
박계갑　363, 366
박광수　130, 263, 265
박국화　349
박귀임　113, 114, 115, 117, 128, 362, 363, 364
박길성　103
박남용　316, 365, 370
박동진　280
박두진　275
박리부　242
박만용　302
박명수　8, 409, 423, 474, 481, 484
박문옥　364
박미선　142
박미애　239
박미자　380
박병무　142
박병석　429
박보배　131
박보원　89
박성배　281, 282, 283, 286, 305

박성산	11, 108, 109, 110, 112, 113, 117, 118, 128, 129, 362, 364	박정근	360, 362, 364, 365, 368, 370
박성용	89	박정례	364
박숙향	309	박정선	156
박순열	156	박정열	362
박순자	102	박정호	368, 430
박승우	152, 156	박정희	135, 136, 137, 225, 226, 235, 477, 478, 482
박영률	230		
박영찬	364, 365, 369	박조수	130
박영호	89, 229	박조준	225, 304
박영화	240	박종문	107
박완서	8	박종선	53, 67, 68, 69, 261, 262, 263, 283, 286, 295, 365, 370
박요한	194		
박용구	318		
박용규	219	박종수	130
박용래	102, 165	박종순	378
박용묵	156	박종원	254
박용순	226, 236, 344, 457	박종화	439
박원숙	239	박창전	89
박은순	102	박태희	320
박은희	239	박헌근	113, 115, 362
박응순	294, 382, 425, 453	박형규	235
박인수	143, 380	박형근	320
박재영	89	박형우	166
박재주	118, 121	박홍일	457
박재형(박여호수아)	89, 185	박희순	89
박정근	125, 126, 130, 260, 262,	반예문	280

방복심　393
방은미　243
방지일　378, 380, 383, 393
배부근　109, 110, 113, 128, 362
배인조　156
배정국　131
배진기　9, 66, 180, 182, 193, 194, 236, 384, 456
배현진　460
배혜영　186
백금녀　89
백낙순　89
백도기　8, 240, 241, 242, 243
백승억　365
백승엽　361
백인자　319, 334
백종구　8
버니스 킹　437
베델　131
베리 헨리　122, 362
베어드　392
변근영　102, 149, 165, 168
변병철　380
변종호　92, 256, 363, 484
별 넷　243
뵈시　109, 110
브루스터　138, 180, 251

빌 게이터　245, 272
빌리 그레이엄　12, 106, 184, 208, 218, 219, 220, 221, 222, 227, 271, 285, 321, 348, 374, 437, 469, 472, 484
빌 브라이트　224

ㅅ

샘 토드　10, 17, 75, 78, 79, 82, 101, 138
서광수　481
서기원　69
서남동　73
서도원　235
서명삼　441, 442
서병열　362, 364
서상진　200
서성숙　206
서수남　246
서인석　275
서임중　465
선우혜인　309
설경희　309
성룡　217
성암도　277
성우향　275

성훈기　294
셰익스피어　30
소강석　8, 193, 194, 380, 384, 385, 405, 406, 409, 425, 426, 427, 429, 431, 435, 437, 439, 447, 448, 449, 450, 458, 459, 467, 468, 471, 478, 481, 485
소교민　118, 261, 262, 344
손강국　194
손경민　467
손광현　186
손광호　139, 140, 141, 142, 144, 146, 147, 466, 481
손문수　16
손미선　367, 368
손북남　89
손석이　343
손성호　141
손소개　155
손양도　305
손학풍　294, 302, 336, 340, 343, 375, 425
송도영　247
송미영　150, 152, 156
송병기　305
송상민　235

송수영　303
송영길　429
송영달　89
송재덕　89, 90
송재호　275
송준섭　131
송창식　142, 275
쇠보체크　138
수메다 자야세나　297
쉐리　124
슈　121, 124
스기모토 수스케　368
스크랜턴　108
스테판 싸이　368
신덕희　166, 180
신민규　451
신범섭　429
신범식　133
신설영　166, 242
신성남　303, 357, 430
신성순　101
신성일　237
신성종　482
신수균　121
신영균　274
신영수　156
신영일　247

신원삼   121
신일수   275
신재옥   155
신정헌   363
신종희   166, 180
신중현   237
신중호   151, 153, 156
신직수   235
신창균   131
신현균   150, 227, 228, 230, 266,
        267, 268, 271, 276, 279,
        302, 304, 306, 307, 308,
        309, 310, 311, 313, 315,
        319, 325, 326, 355, 357,
        409, 411
신현철   101
신형식   239
신혜수   280
심명규   166
심범수   161
심상기   252
쎄미   143

ㅇ

아더 B. 체스넛   111, 113, 117,
                362
아더 C. 솔티스   120, 362
아베 나오미   124
아이노스   361
아이젠하워   386
아펜젤러   443, 459
안기호   363
안명복   364
안민수   237
안병관   121
안병기   154
안성희   309
안세실   9, 305
안승희   66
안요한   242, 378, 466, 481
안이숙   164
안인숙   163
안정옥   89
안종숙   9
안준배   2, 5, 9, 66, 140, 146,
        148, 166, 180, 182, 193,
        235, 240, 242, 245, 252,
        266, 267, 276, 277, 281,
        306, 310, 311, 316, 319,
        324, 342, 343, 344,
        364, 368, 375, 377, 378,
        380, 382, 385, 425,
        441, 467, 468, 469, 470,

안준배　474, 475, 476, 478, 479,
　　　　480, 481, 483, 484, 485
안철수　429
안태삼　365
안혜경　244
안혜초　252
안홍기　131
안희복　357, 385
알리 데스크　123
애니스　202
양동원　131, 259
양명문　252
양문승　364
양삼성　89
양승호　390, 430
양인평　281, 385
양찬석　362
양태현　131
양태홍　103
양희은　142
언더우드　443, 459
엄기호　365, 371
엄신형　378
엄의자　166
엄진용　361, 461
에디스　118
에르네스트 로페즈　201

엘던 브라운　121
엘라우드　110, 127
엘리어트　28, 472
엘비스 프레슬리　149
여경숙　151
여정남　235
연충복　16, 17
옐친　209
오경숙　237,
오관석　230, 271
오기선　277
오대원(데이비드 로스)　243
오랄 로버츠　282, 283, 284, 285,
　　　　286, 386, 400
오미선　380, 467, 480, 481
오범열　384, 453
오세훈　429, 460, 463
오숙현　237
오스굿　111, 127
오양순　89
오영갑　247
오영아　247
오완숙　166
오인정　66
오정현　430, 433, 465
오정호　430, 433
오티스 키너　395

요시야마　100
요한 웨슬리　432, 451
우상인　141, 145
우아칭　198
우영숙　145
우옥암　131
우흥선　235
워너 마일스　123, 362
원미솔　249
원희　144
웨슬레이 웨스트　124
웨인 시몬스　124
윌리엄 민시　122
윌리엄 윌슨　387
유갑녀　89
유경준　194
유명애　254
유미야마　260
유병숙　102
유상근　279
유성은　249, 250
유수양　304, 316, 354
유순식　16
유순임　384
유승민　429
유양우　252
유영민　429

유원옥　146, 147
유인촌　254
유인태　235
유재필　360, 364, 365, 369, 380
유전명　197
유전해　197, 198
유지욱　112
유지혜　113
유지회　189
유진 네스　124
유춘환　246
유한귀　268
유화문　70, 72, 73
윤남경　252
윤남인　66, 166
윤덕용　303, 368
윤동주　275
윤민영　243
윤보선　79, 235
윤복희　274, 349, 357
윤석열　429, 430, 460, 461, 463, 464
윤석전　321, 336, 357, 380
윤성덕　113, 114, 117, 128, 362, 363
윤성호　195
윤재한　103

윤재혁	103	이규형	280
윤재호	103	이규호	171, 362
윤종남	194, 234, 235	이규화	89, 153
윤진환	129	이금순	101
윤창재	430	이금주	303
윤치호	272	이기성	430
윤치영	83	이길교	243
윤학원	272	이나미	150
윤형주	237	이낙연	429
윤호진	276	이난영	349, 350, 351, 353
이강백	273, 275	이남선	186
이강평	8, 382, 481	이단열	272
이건영	292	이대엽	163
이건용	275	이덕삼	242
이건호	430	이덕희	144
이건희	89	이동복	280
이경미	370	이동원	305
이경선	89, 105, 154, 162, 392, 393	이라 스탠필	164
		이련화	89
이경애	162, 166	이만신	271, 304, 308, 309, 375
이경열	273	이만호	303, 343, 430
이경준	393	이만희	237, 238
이경화	89, 393	이맹신	245
이광지	102	이명박	400
이광희	368	이명순	66, 89
이규곤	131	이명재	237
이규대	236, 242, 243	이문근	363

이문승　254
이민자　350, 351, 352
이반　　245, 273, 274
이방석　66, 69
이배용　463
이범숙　79
이병훈　483
이복화　206
이봉구　144
이봉룡　350, 353
이봉식　365
이상문　451, 463
이상숙　102
이상용　430
이상직　89
이선희　449
이성교　252, 385
이성봉　114, 247
이세이　380
이수병　235
이수엽　243
이수자　372
이수형　9, 384, 453
이승규　241
이승규B　440
이승만　65, 106, 354
이승영　294

이승한　285, 484
이승환　162, 163
이신아　252
이안식　131
이어령　448
이엽이　103
이영교　243
이영례　165
이영무　246
이영범　105, 149, 150, 152, 153,
　　　　154, 156, 166
이영석　155
이영숙　89
이영찬　154
이영호　242
이영화　246
이영후　274
이영훈　6, 8, 10, 13, 16, 66, 102,
　　　　104, 105, 154, 245, 249,
　　　　275, 319, 332, 334, 343,
　　　　385, 387, 389, 390, 391,
　　　　392, 394, 395, 396, 397,
　　　　400, 401, 402, 403,
　　　　404, 407, 408, 420, 421,
　　　　422, 425, 426, 429, 431,
　　　　435, 438, 439, 444, 445,
　　　　448, 450, 451, 452, 460,

이영훈	462, 463, 465, 467, 473, 475, 478, 479, 484, 485	이재은	271
		이재창	359, 364, 365, 370, 375, 380
이영희	163, 166, 173, 182	이점상	186
이옥근	89	이정길	239
이요한	430	이정봉	186, 362
이용규	405	이정승	306
이용녀	89	이정현	194, 463
이용달	171	이정희	163
이용도	256	이종근	404, 405
이용복	142	이종낙	131
이원근	104, 392, 393, 394	이종용	246, 274
이원박	368	이종은	400
이원숙	142	이준석	429
이원희	151	이준아	368, 372
이유라	368	이중표	355
이은교	243	이지미	361
이은대	320, 343, 453	이창길	89, 184, 185, 318
이은엽	103	이채익	463
이응광	436	이천석	283, 355
이응원	242	이철	235
이일웅	247	이철B	429, 439, 451, 465
이장균	429, 436, 439	이철빈	305
이장호	239, 242	이철익	89
이재명	429	이초희	70, 71, 72, 73
이재식	392	이춘식	131
이재연	69	이충우	215
이재열	89		

이태구	130	임지옥	89
이태근	281, 282, 286	임헌영	235
이태희	294, 320, 323	임혜선	198
이학걸	243		
이학천	89		

ㅈ

이한염	103
이현화	277
이형자	272
이호문	150, 230, 266, 268, 271, 279, 321, 322, 349, 355
이호선	187, 188, 189, 190, 191, 193, 194, 195, 337, 425, 484
이호철	144, 235
이홍구	362, 365
이화순	89
이희준	249
임강희	249
임동진	320
임명애	272
임병재	425
임보현	245
임성숙	252
임연심	186, 187
임연철	215
임정근	380
임정현	367, 368
임종달	365, 368, 382

장기철	9, 384, 454, 456, 467, 479, 481
장두호	435
장마오송	437
장만희	451, 463
장병희	235
장수철	252
장욱정	69
장웨이	198
장일남	287
장제원	460
장종현	429, 430, 433, 436, 461, 463
장진우	283, 304, 349, 355, 356
장한업	12, 196, 198, 199, 200
장향희	9, 269, 454, 456, 482
장희열	294, 364, 365, 370, 378, 380, 382, 425
잭슨	477
잭홈	103, 236, 242, 243
전권식	131

전두환	217	정명화	142
전명진	104	정명훈	142
전병금	368	정몽준	425
전순란	252	정봉은	278
전아	320, 466, 481	정봉의	130
전용대	320	정선일	368
전용태	385	정성화	89
전유오	254	정세균	429
전유철	430	정연희	89
전재중	172	정영숙	236, 242
전재학	246	정영숙B	275, 320
전혜린	144	정용일	89
전호윤	17, 207, 208, 368, 430, 439	정우성	185, 186
		정운교	330, 397, 480, 481, 483
전호진	247	정원희	364, 366, 370
정경철	365	정을병	235
정경화	142	정인찬	384
정광희	156	정재명	430
정구영	121	정주영	478
정구현	310	정중헌	277
정균양	204, 205, 206	정진경	304, 429
정덕환	118	정찬성	362
정동균	364	정초자	343
정동성	131	정호승	447
정두영	131	정홍은	430
정려성	268	정훈희	303
정명소	142, 245	정희성	275

정희수　182
정희조　89
젠 스코트　137
조규선　148
조난희　66
조동천　130
조두천　20, 21, 22, 23, 29, 44, 45, 46, 162, 250, 252
조명록　131, 257, 258, 259, 260, 261, 262, 263, 264
조명호　101, 104
조문경　229, 230
조문숙　102
조민제　16, 17, 412, 429, 435, 439, 450
조병호　53, 64, 65, 66, 67, 69, 172
조성기　480
조성도　20
조숙자　131
조순희　89, 104
조승룡　247
조승미　357
조승제　429
조연구　236
조영래　235
조영혜　20
조오희　104, 105, 180

조용기　2, 4, 5, 6, 7, 8, 9, 10, 11, 12, 13, 16, 17, 18, 19, 20, 21, 22, 23, 24, 25, 26, 27, 28, 29, 30, 31, 32, 33, 35, 38, 39, 40, 41, 43, 44, 45, 46, 47, 48, 49, 52, 53, 61, 62, 65, 67, 70, 71, 72, 73, 74, 75, 76, 77, 79, 82, 83, 84, 85, 86, 87, 89, 90, 91, 92, 93, 94, 95, 96, 97, 98, 99, 101, 103, 104, 105, 106, 107, 118, 120, 123, 124, 125, 126, 127, 131, 132, 133, 134, 135, 136, 137, 138, 139, 140, 145, 146, 151, 152, 153, 157, 158, 159, 160, 161, 163, 165, 169, 170, 171, 174, 175, 176, 178, 179, 180, 181, 183, 184, 185, 187, 188, 189, 195, 196, 197, 199, 200, 201, 202, 203, 204, 205, 206, 207, 208, 209, 210, 211, 212, 213, 214, 215, 216, 217, 220, 225, 229, 230, 231, 233,

조용기　237, 238, 245, 247, 248, 249, 250, 251, 252, 253, 254, 255, 256, 257, 258, 259, 260, 261, 262, 263, 264, 265, 266, 267, 268, 269, 270, 271, 275, 276, 278, 280, 282, 283, 284, 285, 286, 287, 288, 289, 290, 291, 292, 293, 294, 295, 299, 302, 303, 304, 305, 306, 307, 308, 309, 310, 311, 312, 315, 316, 317, 319, 320, 322, 323, 324, 325, 326, 331, 333, 334, 335, 337, 339, 340, 341, 342, 343, 344, 345, 347, 355, 356, 357, 359, 360, 361, 362, 363, 364, 366, 368, 369, 370, 371, 372, 374, 376, 377, 378, 379, 380, 381, 383, 384, 385, 386, 387, 388, 389, 390, 391, 392, 394, 396, 397, 398, 399, 400, 401, 403, 404, 405, 406, 407, 408, 409, 410, 411, 412, 413, 414, 415, 416,

조용기　417, 418, 419, 420, 421, 424, 425, 426, 427, 428, 429, 430, 431, 432, 433, 434, 435, 436, 437, 438, 439, 440, 441, 442, 443, 444, 445, 446, 448, 449, 450, 451, 452, 453, 454, 455, 456, 457, 465, 466, 467, 468, 469, 470, 472, 473, 474, 475, 476, 477, 478, 479, 480, 481, 482, 483, 484, 485

조용목　20, 162, 166, 167, 180, 181, 198, 400

조용배　20

조용우　20, 292

조용찬　20, 95, 96, 148, 149, 248, 249, 250, 485

조원길　229, 230

조인원　272

조장식　240

조재창　101

조정희　101, 104, 166, 167

조중건　25

조지 베브리쉐아　271

조지 우드　400

조창구　36

조태호 104
조항록 110, 276
조현숙 20
조현옥 20
조혜숙 20, 27
조희준 356, 357, 429, 442
존 F. 케네디 386
존 노(노종윤) 116
존 스텟츠 118, 124, 125, 126, 259, 362, 367, 368
존 주르겐센 113
존 허스턴 39, 76, 78, 82, 83, 84, 87, 90, 97, 106, 119, 120, 131, 159, 185, 284, 362
주권태 430
주남석 193, 194, 382, 425, 481, 482
주완순 89
지미 카터 386
지예연 89
지인숙 366
지학순 235
지형은 451
진수철 268
진유식 192, 194
진유철 104, 194
짐머만 134, 180, 183

ㅊ

차덕희 103
차명수 425
차성호 166
차실백 89
차옥화 66
차왈수 89
차일석 158, 217, 283, 286, 293, 356
차정순 89
차종화 364
찰스 버더필드 120, 121, 126, 362, 368
찰스 G. 피니 477
채명신 217
천봉화 380
천은진 242
초근수 365
최경락 131
최경옥 103
최광순 245, 466
최길호 275
최낙중 380, 382, 425
최남규 149
최노득 89
최동인 248

최명국 241
최명수 275
최명우 102, 180, 181, 182, 240,
       242, 390, 391, 430
최병문 151
최보람 361
최복규 150, 355
최부경 66
최선자 275, 320
최성구 121
최성규 17, 175, 176, 209, 294,
       304, 308, 310, 311, 316,
       324, 332, 342, 343, 349,
       362, 364, 365, 370, 380,
       430, 433, 439, 481
최성만 122, 131
최성민 318, 319
최성수 280
최성신 249
최성찬 320
최수곤 43
최영광 310, 312, 313, 314, 372
최영란 150, 151
최옥화 66
최완기 234, 235
최완호 166
최요열 130, 362

최용돌 112
최용호 430
최원철 362
최은종 218
최은하 254
최이식 89, 294, 304, 308, 310,
       311, 312, 314, 316, 318,
       319, 322, 336, 340, 342,
       343, 354, 355, 375
최이식B 89
최인규 194
최인선 103, 226, 344
최자실 16, 17, 39, 40, 43, 45, 46,
       47, 48, 49, 50, 51, 52, 53,
       54, 56, 57, 58, 59, 60, 61,
       62, 63, 64, 65, 69, 72,
       73, 76, 77, 79, 82, 84,
       91, 98, 99, 100, 103, 104,
       105, 106, 118, 131, 150,
       151, 159, 162, 163, 164,
       165, 166, 172, 184, 198,
       200, 213, 247, 248, 249,
       259, 260, 347, 362, 374,
       385, 393, 419, 439, 445,
       454, 455, 472, 478, 482,
       485
최재열 180

최재형   429
최종률   368, 380
최종문   239
최준호   229, 230, 279
최지원   247
최창수   121
최창업   98, 200, 243, 244
최창윤   312
최치봉   362
최태섭   279
최태옥   166
최태일   150, 166, 180
최한수   252
최현   142, 144
최훈   271, 304
최희섭   239, 344
추원호   286

ㅋ

캘빈 버츠   386
케이트 인트레이터   318
켄 타이즈   10, 30, 31, 32, 34, 35, 38, 73
켈리(Kelly)   338
쿨시스터즈   243, 244, 274
크리스토퍼 델 코소   437

클리프 리처드   244

ㅌ

탁명환   168
탁정신   466
탈미지   393
태현실   163
테모스 사카리안   215
텐버드   108
토마스 E. 트라스크   126, 369
톨스토이   28, 472
톰 볼   350
트루디   220
티나 강   320, 325

ㅍ

팔선   109, 110, 113
팝   116, 122, 149, 150
패티 페이지   350
팻 로버슨   341, 342, 343
퍼시 솔레이시   143
포드   386
폴 앙카   143
폴랜드   188, 189
표재순   273
프랑크 그레이엄   437

플래터스　143
피종진　266, 268, 271, 294, 295,
　　　　308, 313, 316, 319, 322,
　　　　368, 377, 378, 380, 382,
　　　　480, 481
피터슨　131

ㅎ

하길종　239
하디　108
하르트만　274
하비 콕스　239
하용달　390
하용조　274
하재원　235
한경직　83, 218, 219, 222, 224,
　　　　255, 271, 393, 411, 429,
　　　　474, 475
한명설　89
한명자　131
한명희　287
한상국　92
한상미　303
한상숙　206
한상인　430
한성옥　89
한성율　181
한영훈　295, 378, 380
한완석　268
한웅원　361
한인수　275, 303
한인호　242
한정열　466
한정희　131
한진관　13, 286, 305, 320, 325,
　　　　326, 332, 337, 338, 340,
　　　　341, 342, 343
한진자　368
한치완　362
한태관　286
할리　220
함동근　365, 368, 369, 371, 372,
　　　　480, 481, 482
함상군　130
함순녀　89
허규행　156
허균　89, 194
허림　244
허만(Herman)　44, 45, 49
허순회　131
허승실　66
허현숙　102
허홍　11, 108, 109, 110, 111,

허홍	113, 117, 127, 128, 129, 130, 131, 259, 362, 364	황교안	429
		황규현	143
헤론	108	황금찬	252
헤르만 헤세	28, 250, 472	황대익	280
헨델	272	황명자	303
헨리 스웨인	122	황모영	197, 199, 362
헬무트 골비처	236	황석영	238
현매향	156	황성수	83, 150
현미	246, 303	황순원	251
현순도	280	황영교	150, 154
현의섭	252, 276	황정순	163
현이	94, 143, 237	황진안	89
현제명	337	황희	429, 456, 463
혜은이	239	황희자	456, 466
호건	133, 134		
홍금란	186		
홍난파	337		
홍만표	343		
홍민	142		
홍석임	250		
홍선주	252		
홍성국	131		
홍오례	162, 163		
홍요셉	186		
홍준표	429		
홍진숙	151		
황경옥	152, 166